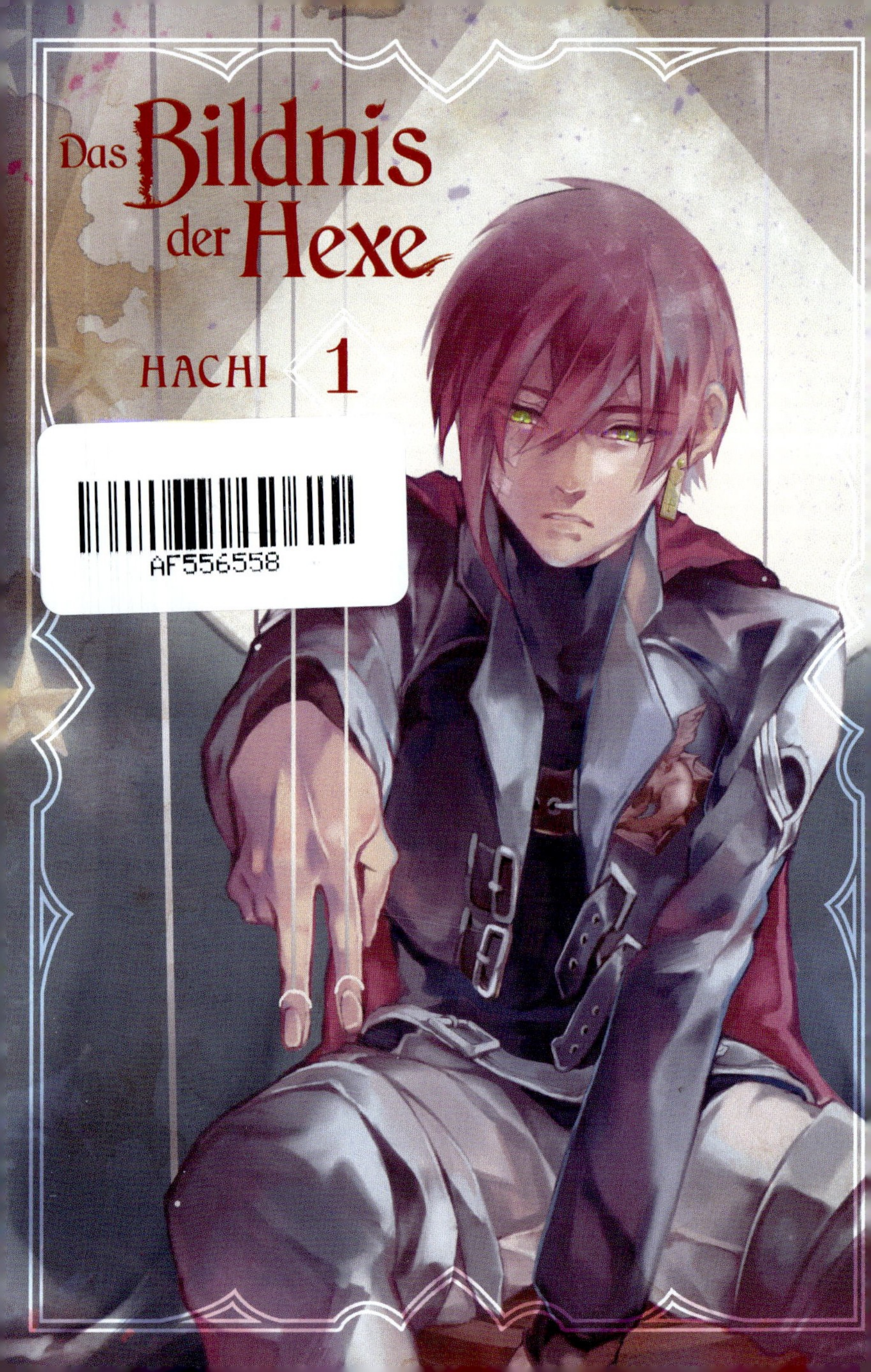
Das Bildnis der Hexe
HACHI
1
AF556558

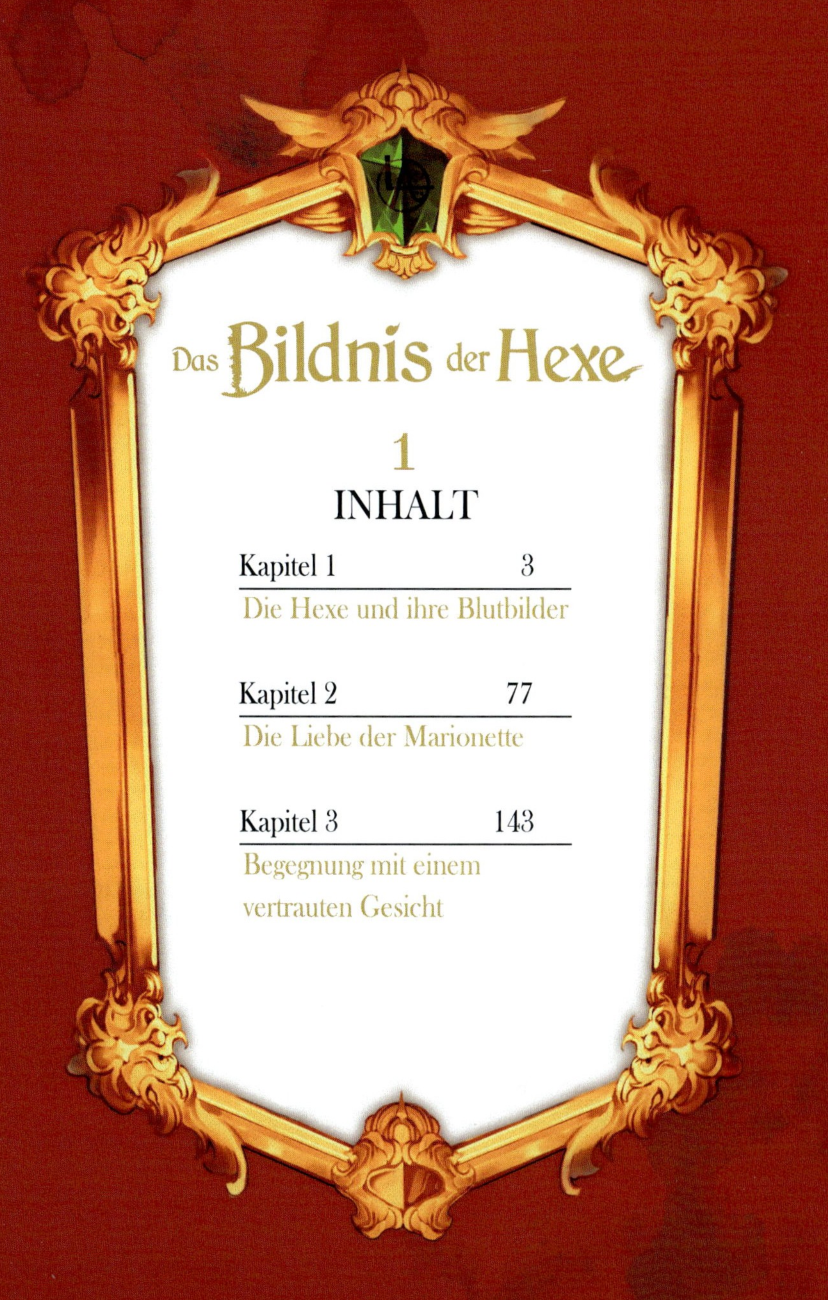

Das Bildnis der Hexe

1

INHALT

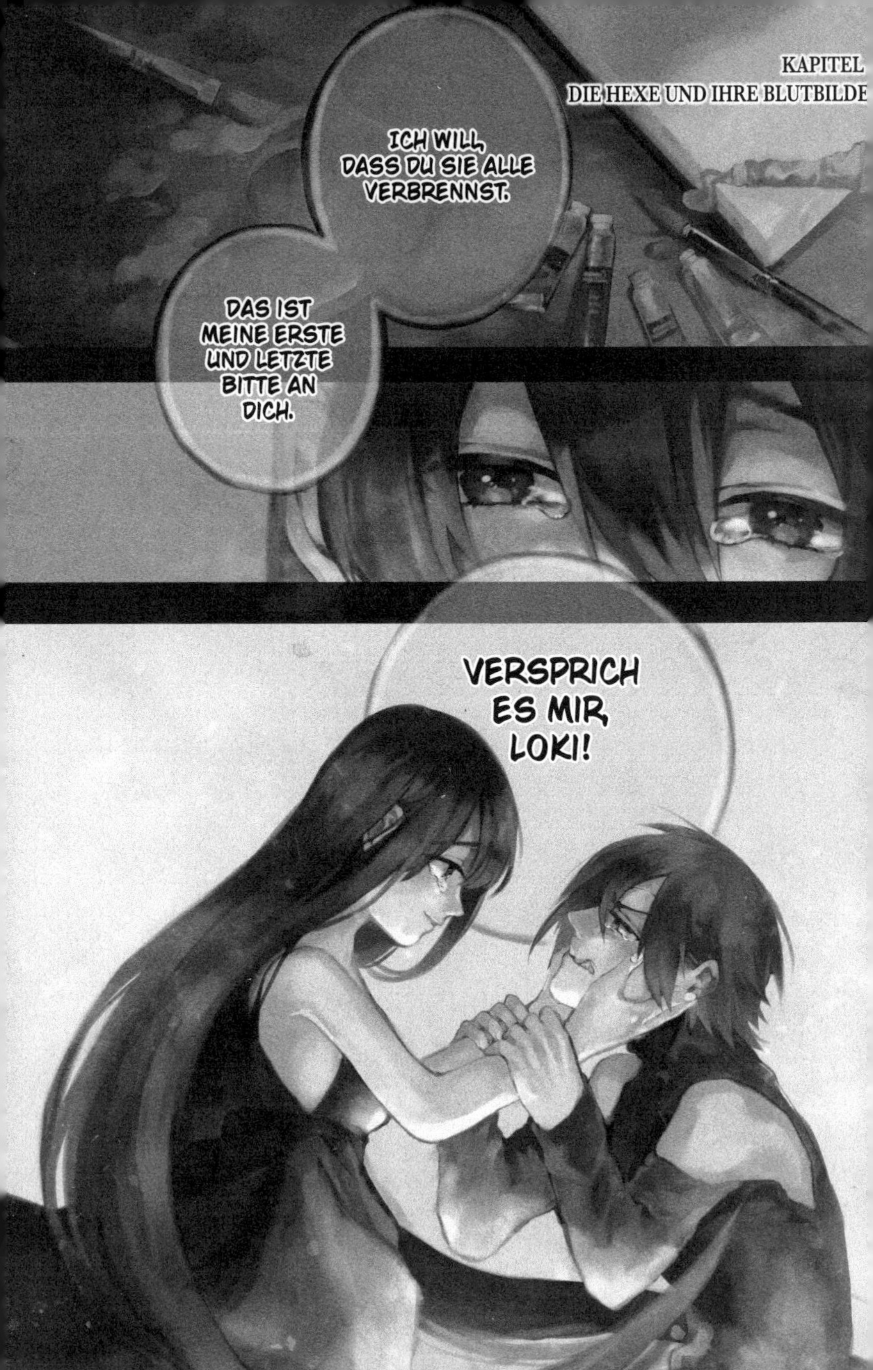
KAPITEL
DIE HEXE UND IHRE BLUTBILDE
ICH WILL, DASS DU SIE ALLE VERBRENNST.
DAS IST MEINE ERSTE UND LETZTE BITTE AN DICH.
VERSPRICH ES MIR, LOKI!

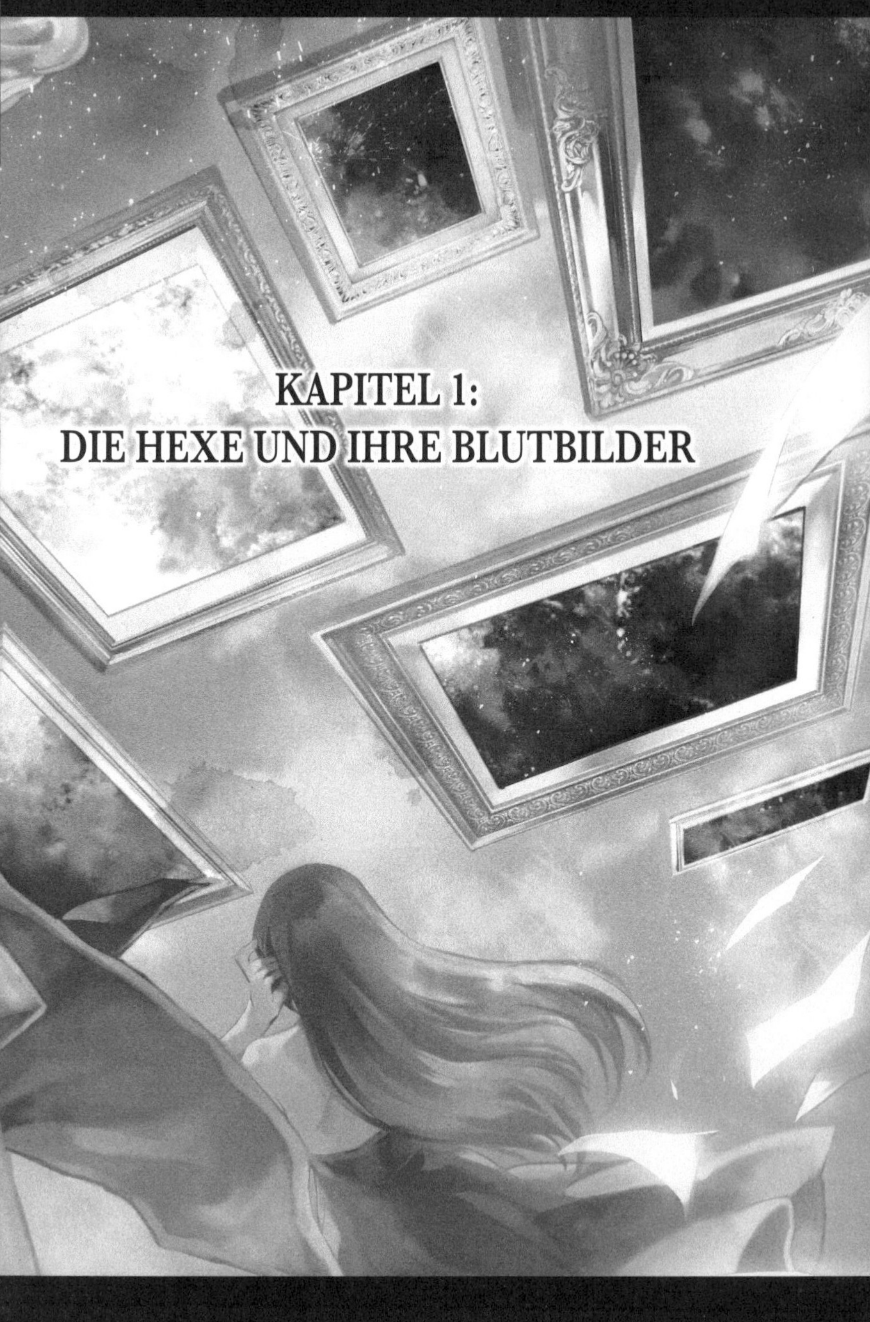
KAPITEL 1:
DIE HEXE UND IHRE BLUTBILDER

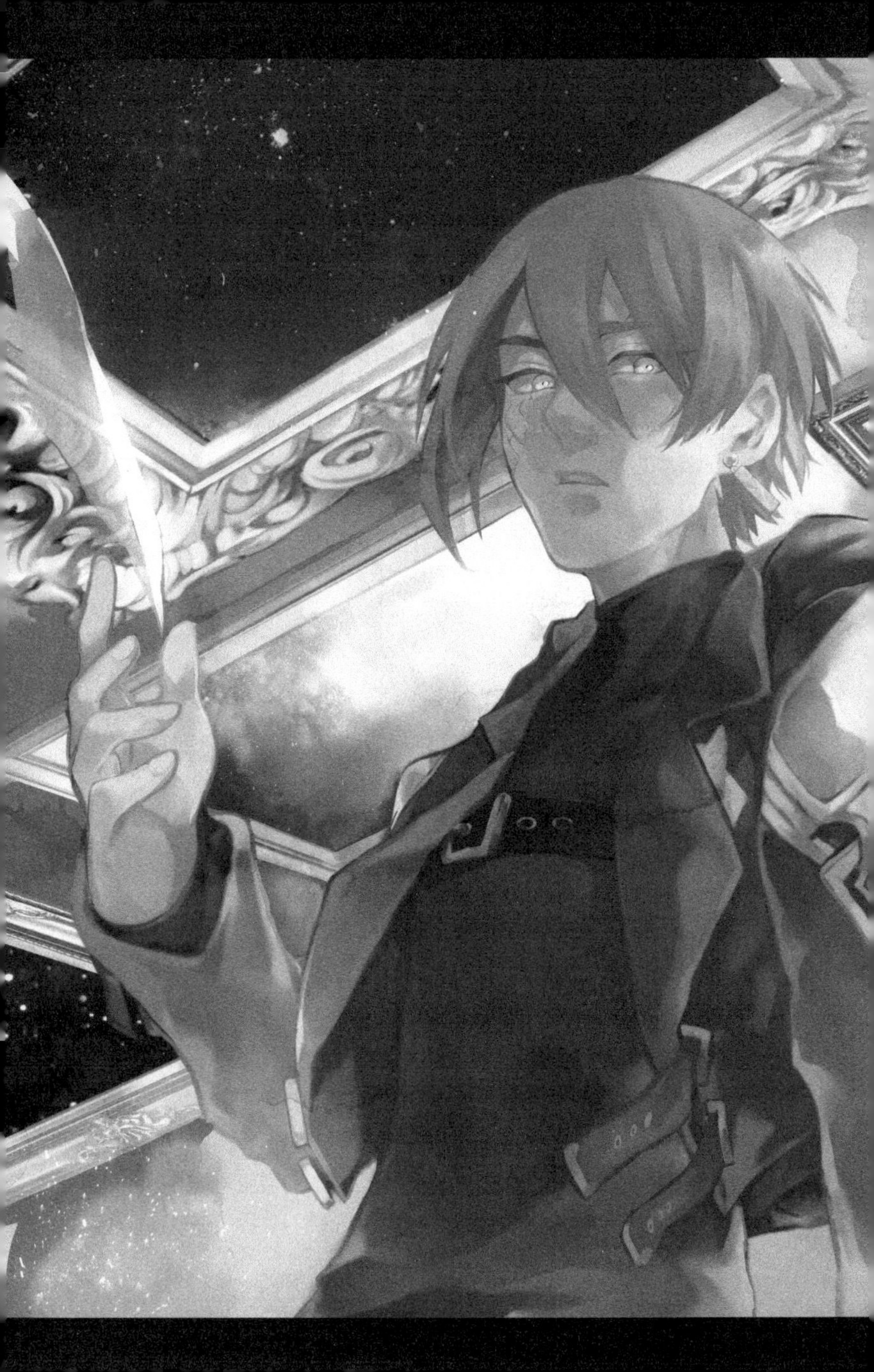

Das Bildnis der Hexe

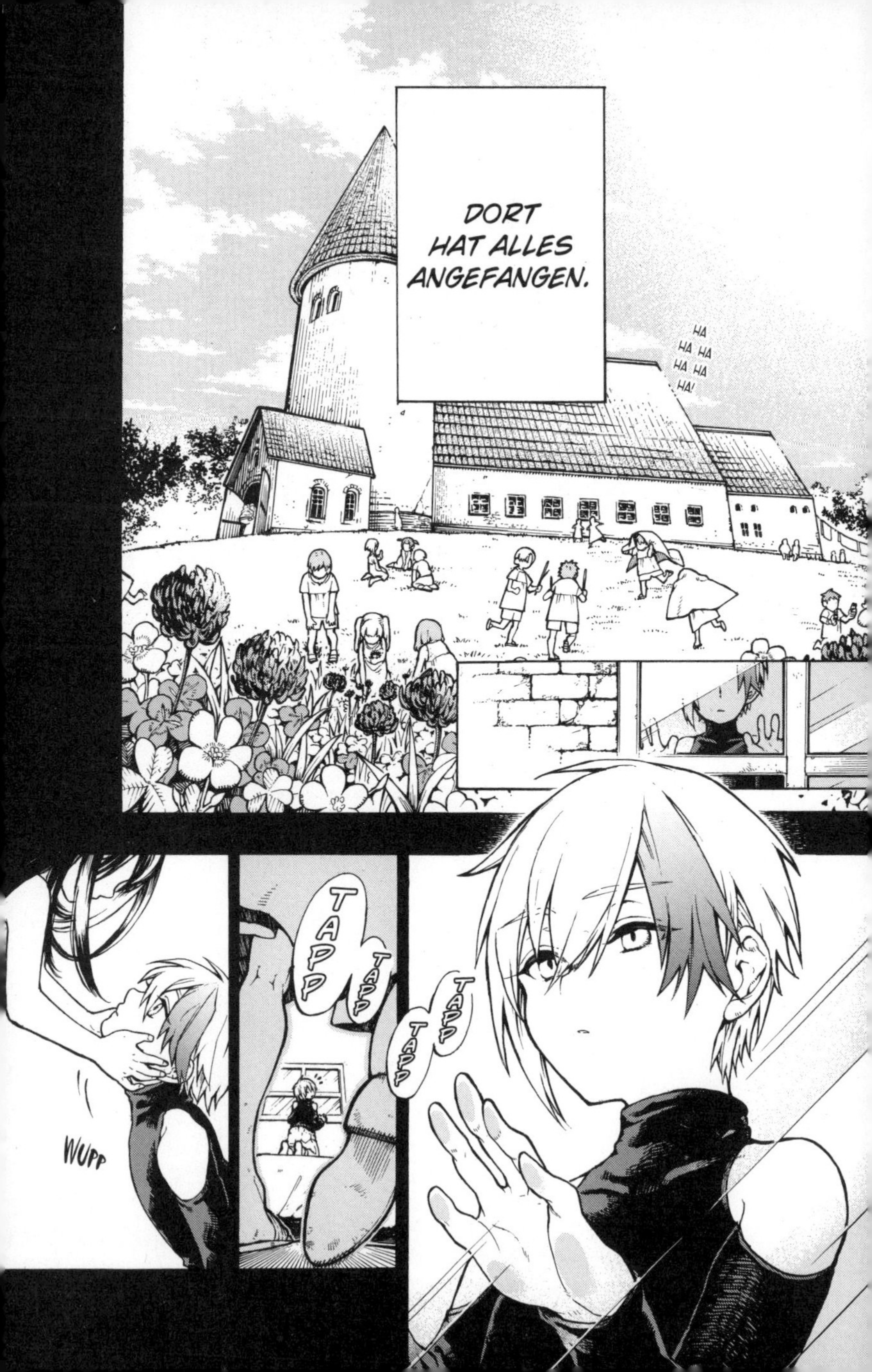
DORT HAT ALLES ANGEFANGEN.
HA HA HA HA HA HA!
TAPP TAPP
TAPP TAPP
WUPP

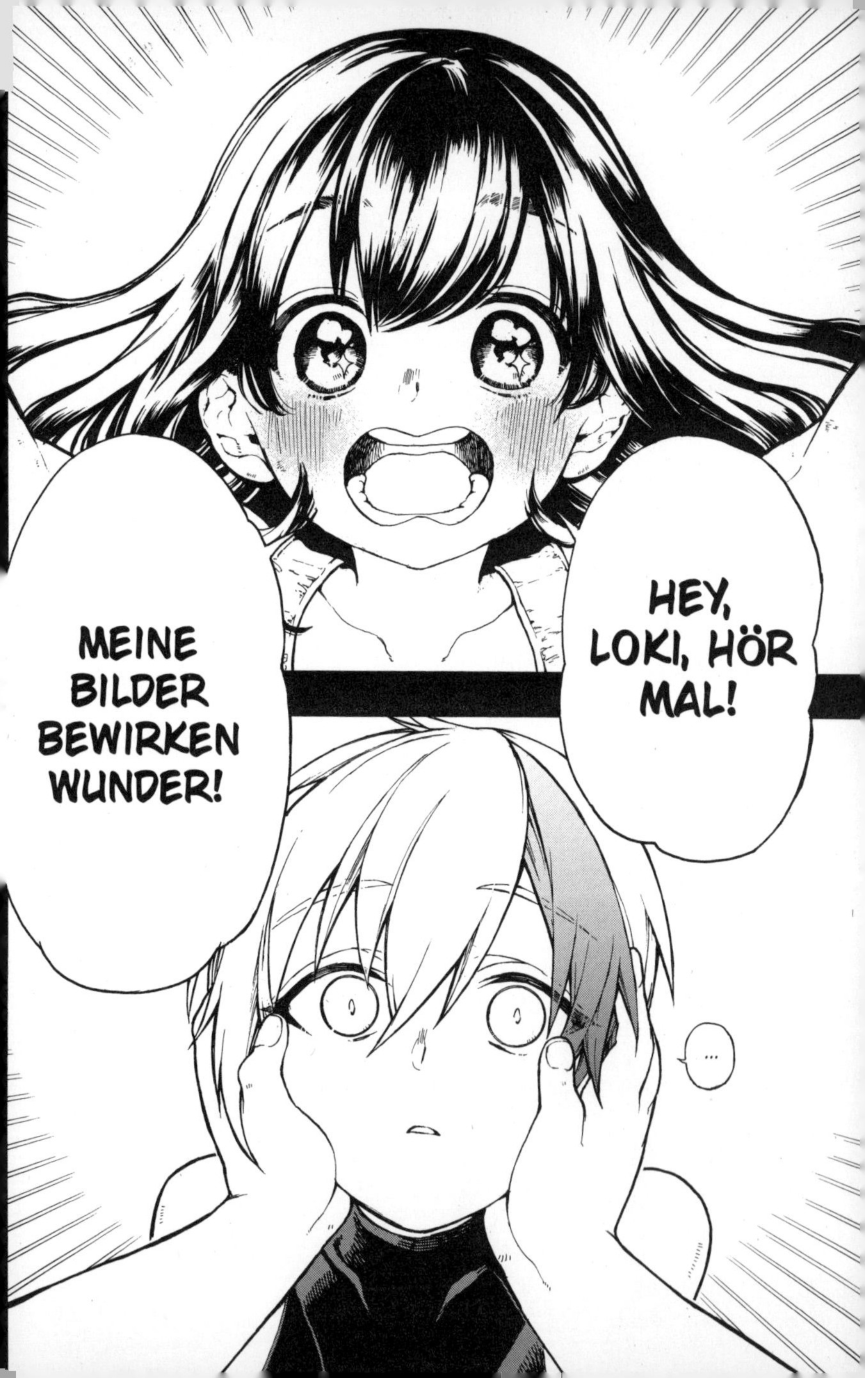
HEY, LOKI, HÖR MAL!
MEINE BILDER BEWIRKEN WUNDER!
...

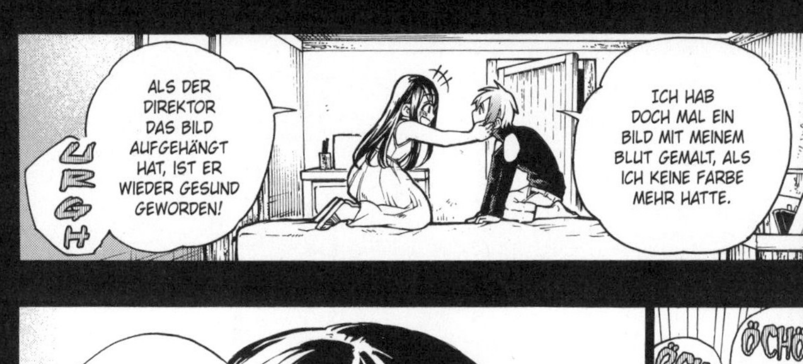

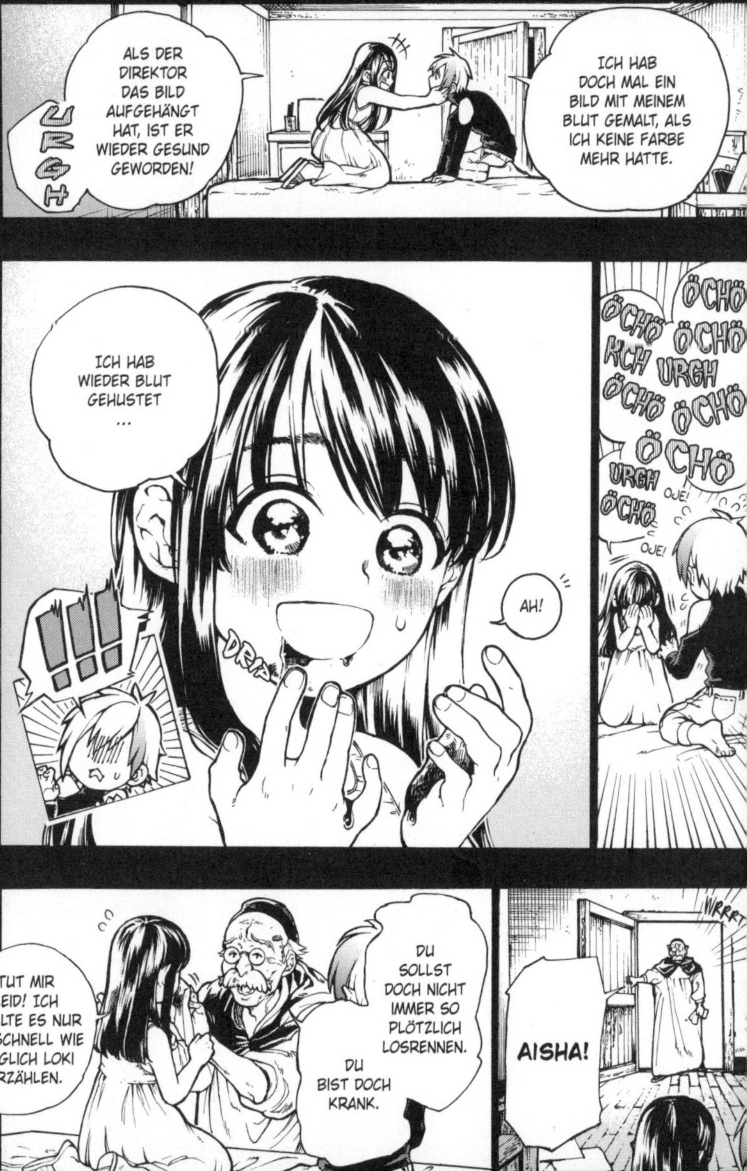

ÖCHÖ ÖCHÖ ÖCHÖ KCH URGH ÖCHÖ ÖCHÖ ÖCHÖ URGH ÖCHÖ

OJE!

OJE!

AH!

DRIP

!!!

ICH HAB WIEDER BLUT GEHUSTET ...

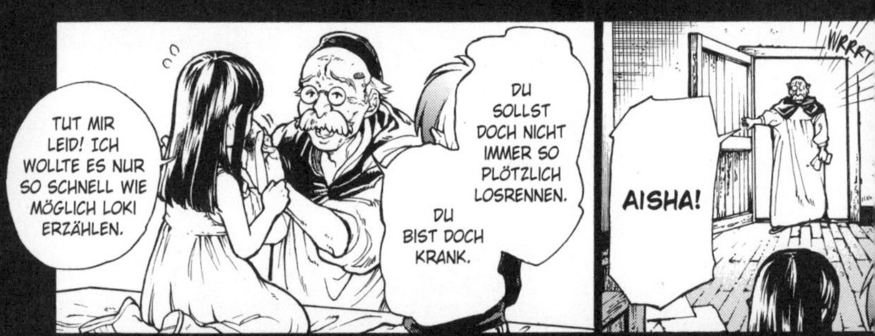

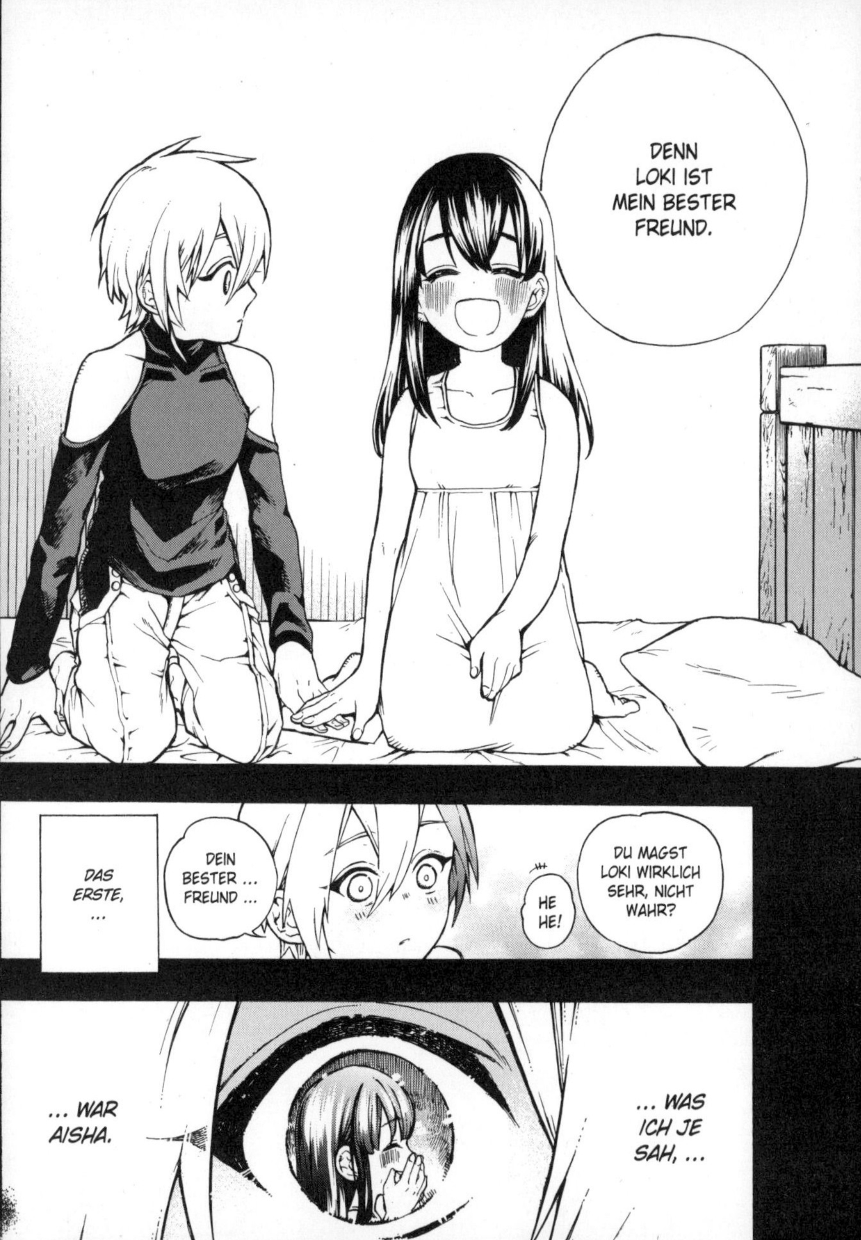
DENN LOKI IST MEIN BESTER FREUND.
DU MAGST LOKI WIRKLICH SEHR, NICHT WAHR?
HE HE!
DEIN BESTER ... FREUND ...
DAS ERSTE, ...
... WAS ICH JE SAH, ...
... WAR AISHA.

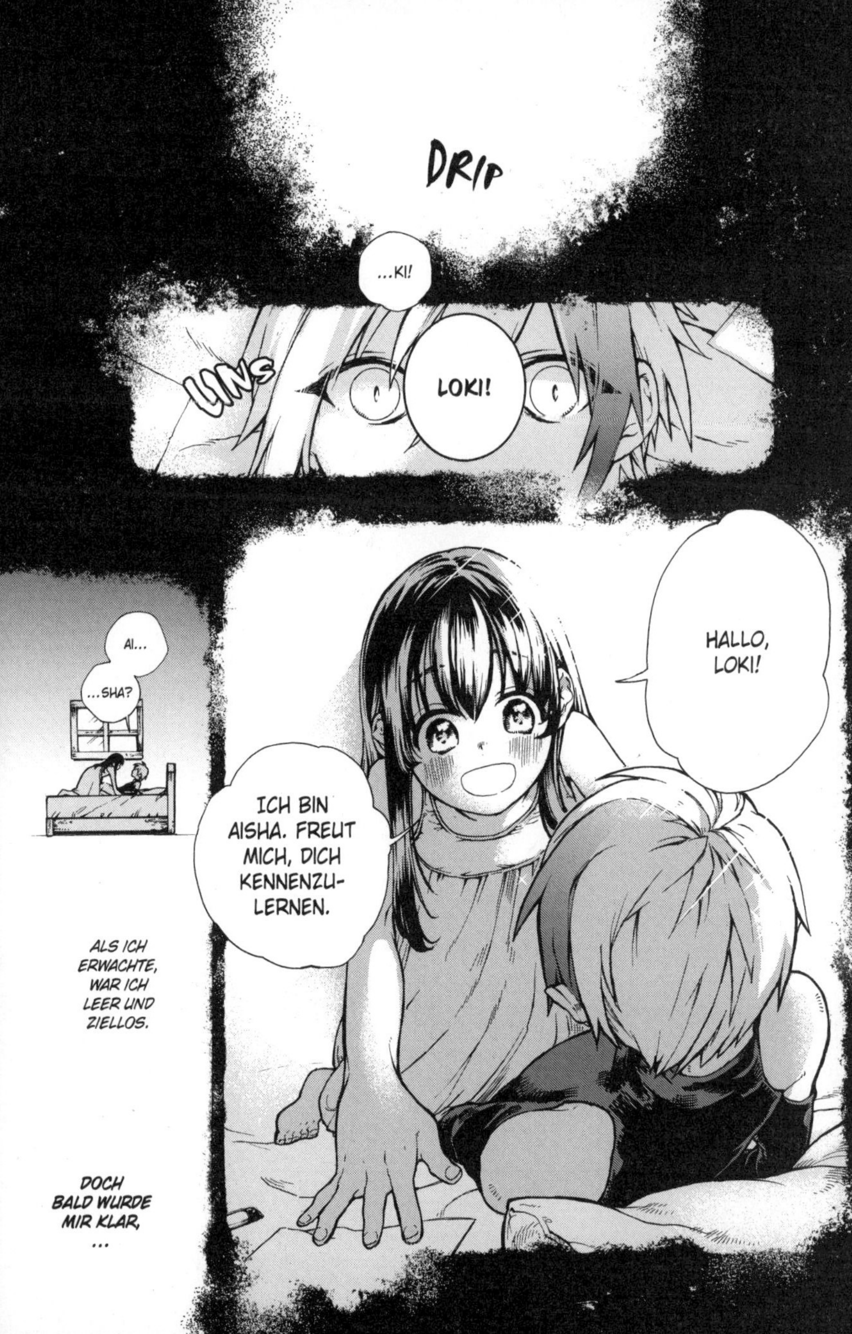
DRIP
...KI!
LINS
LOKI!
AI...
...SHA?
HALLO, LOKI!
ICH BIN AISHA. FREUT MICH, DICH KENNENZU-LERNEN.
ALS ICH ERWACHTE, WAR ICH LEER UND ZIELLOS.
DOCH BALD WURDE MIR KLAR, ...

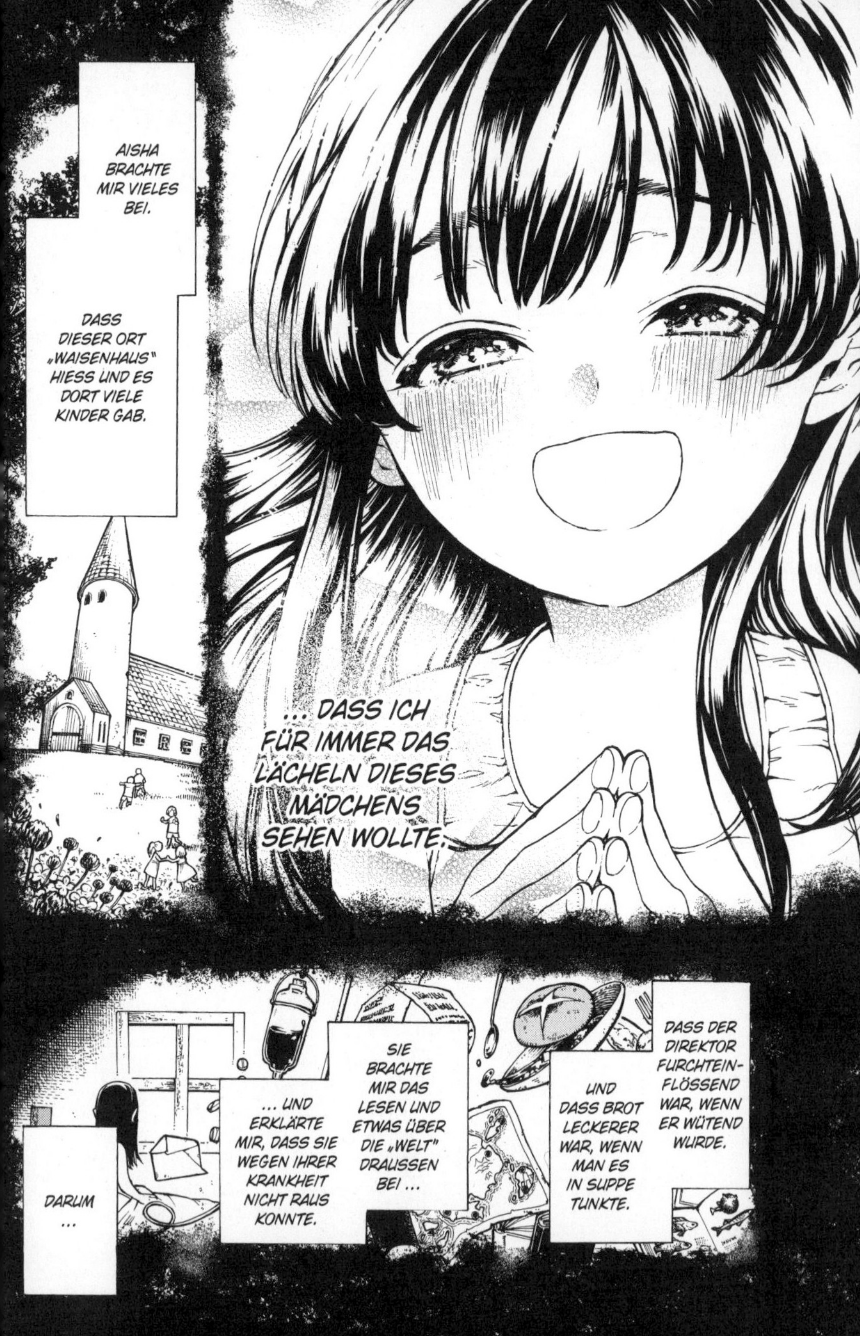
AISHA BRACHTE MIR VIELES BEI.
DASS DIESER ORT „WAISENHAUS" HIESS UND ES DORT VIELE KINDER GAB.
DASS DER DIREKTOR FURCHTEIN-FLÖSSEND WAR, WENN ER WÜTEND WURDE.
UND DASS BROT LECKERER WAR, WENN MAN ES IN SUPPE TUNKTE.
SIE BRACHTE MIR DAS LESEN UND ETWAS ÜBER DIE „WELT" DRAUSSEN BEI …
… UND ERKLÄRTE MIR, DASS SIE WEGEN IHRER KRANKHEIT NICHT RAUS KONNTE.
DARUM …
… DASS ICH FÜR IMMER DAS LÄCHELN DIESES MÄDCHENS SEHEN WOLLTE.

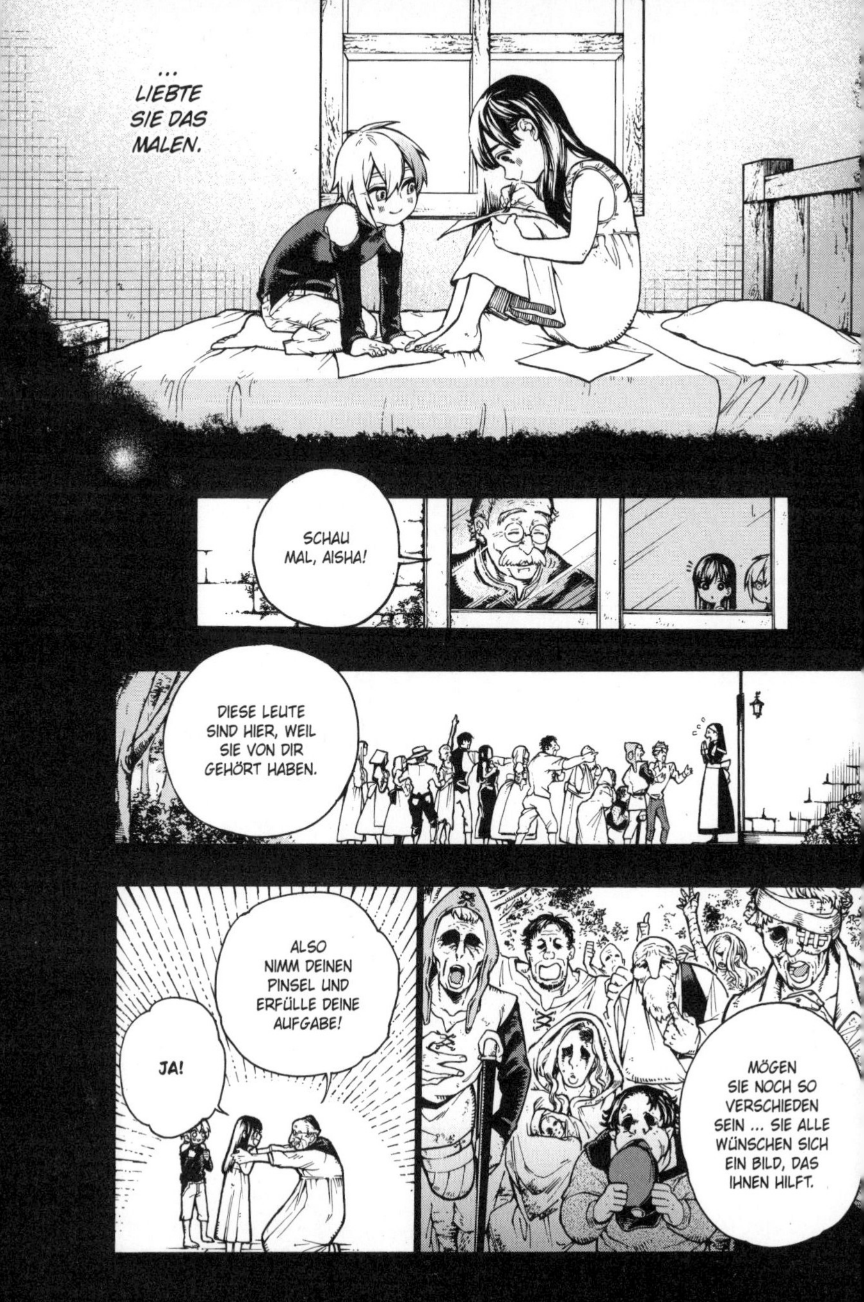
... LIEBTE SIE DAS MALEN.
SCHAU MAL, AISHA!
DIESE LEUTE SIND HIER, WEIL SIE VON DIR GEHÖRT HABEN.
ALSO NIMM DEINEN PINSEL UND ERFÜLLE DEINE AUFGABE!
JA!
MÖGEN SIE NOCH SO VERSCHIEDEN SEIN ... SIE ALLE WÜNSCHEN SICH EIN BILD, DAS IHNEN HILFT.

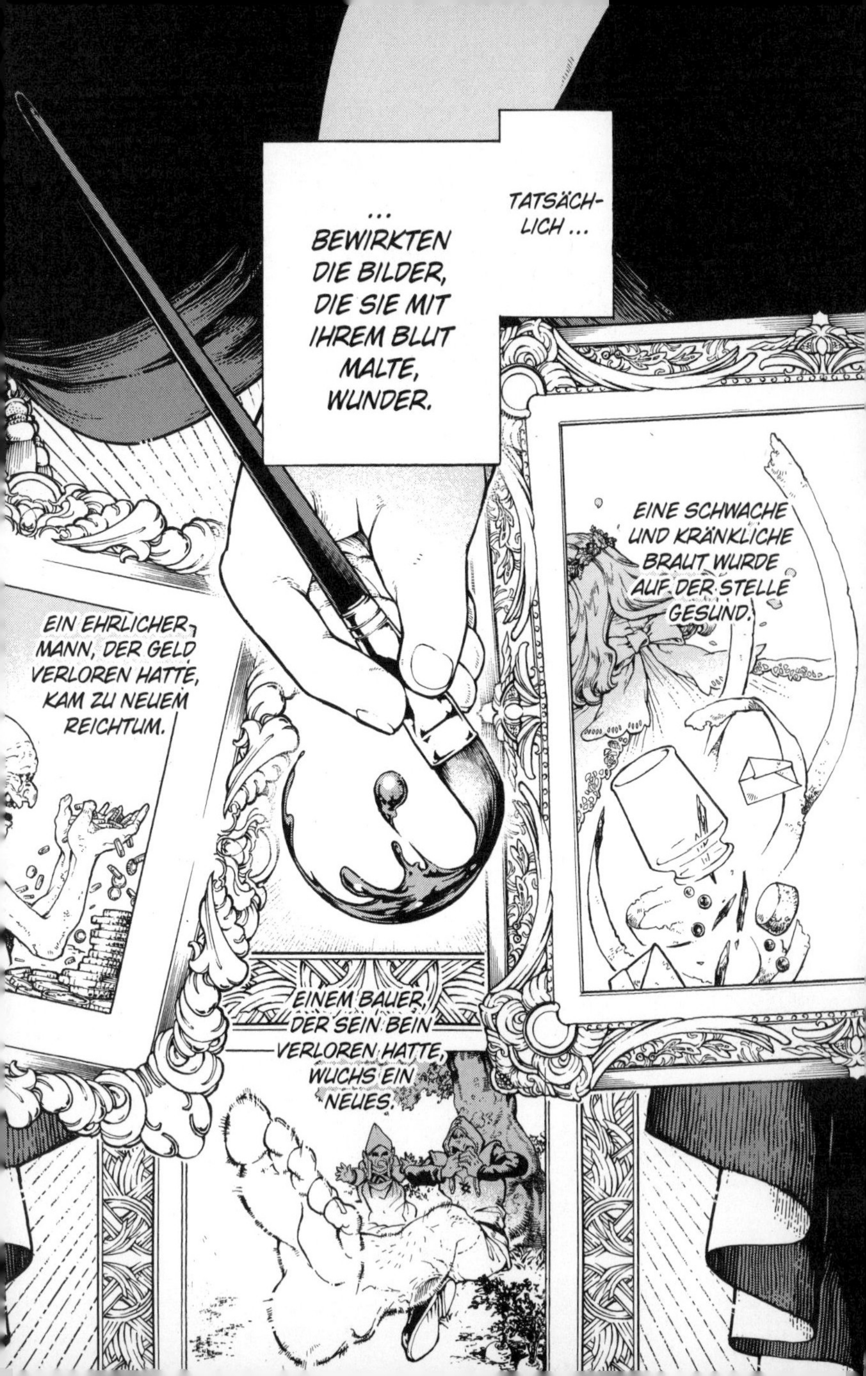

TATSÄCH-LICH ...
... BEWIRKTEN DIE BILDER, DIE SIE MIT IHREM BLUT MALTE, WUNDER.
EINE SCHWACHE UND KRÄNKLICHE BRAUT WURDE AUF DER STELLE GESUND.
EIN EHRLICHER MANN, DER GELD VERLOREN HATTE, KAM ZU NEUEM REICHTUM.
EINEM BAUER, DER SEIN BEIN VERLOREN HATTE, WUCHS EIN NEUES.

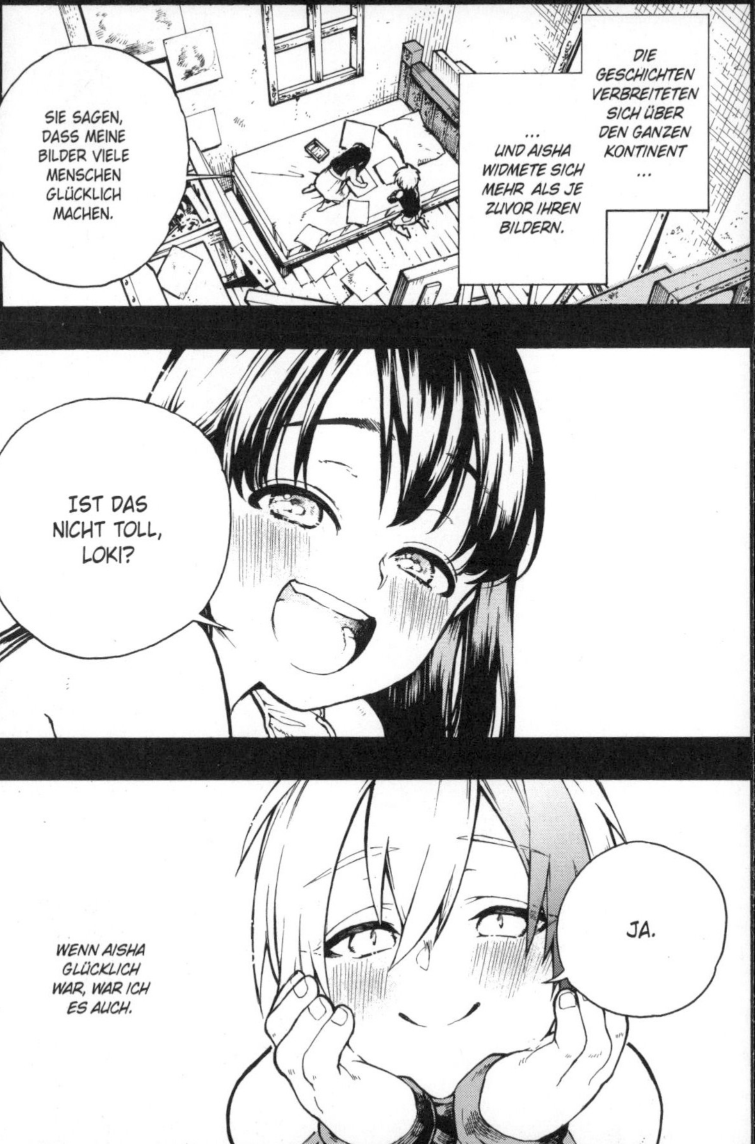

DIE GESCHICHTEN VERBREITETEN SICH ÜBER DEN GANZEN KONTINENT ...

... UND AISHA WIDMETE SICH MEHR ALS JE ZUVOR IHREN BILDERN.

SIE SAGEN, DASS MEINE BILDER VIELE MENSCHEN GLÜCKLICH MACHEN.

IST DAS NICHT TOLL, LOKI?

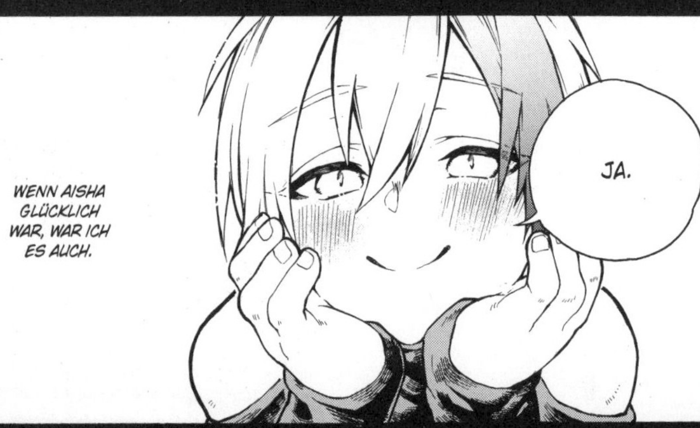

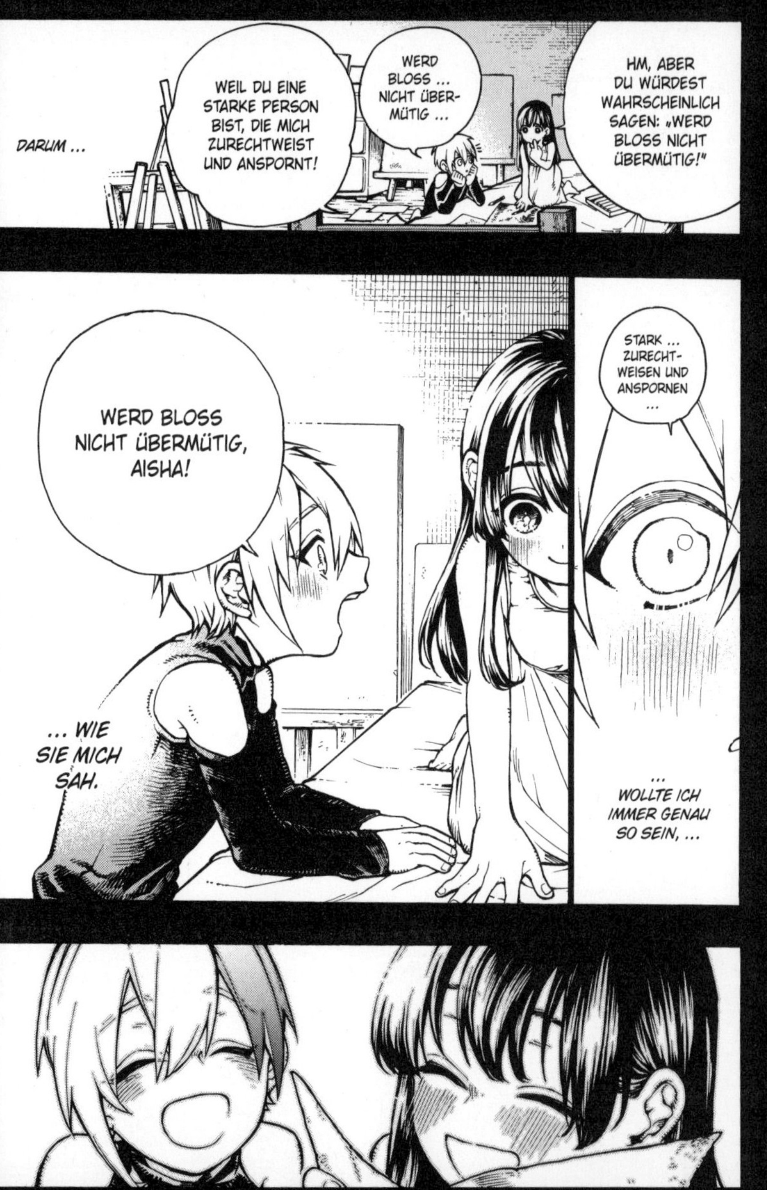
HM, ABER DU WÜRDEST WAHRSCHEINLICH SAGEN: „WERD BLOSS NICHT ÜBERMÜTIG!"
WERD BLOSS ... NICHT ÜBERMÜTIG ...
WEIL DU EINE STARKE PERSON BIST, DIE MICH ZURECHTWEIST UND ANSPORNT!
DARUM ...
STARK ... ZURECHT-WEISEN UND ANSPORNEN ...
... WOLLTE ICH IMMER GENAU SO SEIN, ...
WERD BLOSS NICHT ÜBERMÜTIG, AISHA!
... WIE SIE MICH SAH.

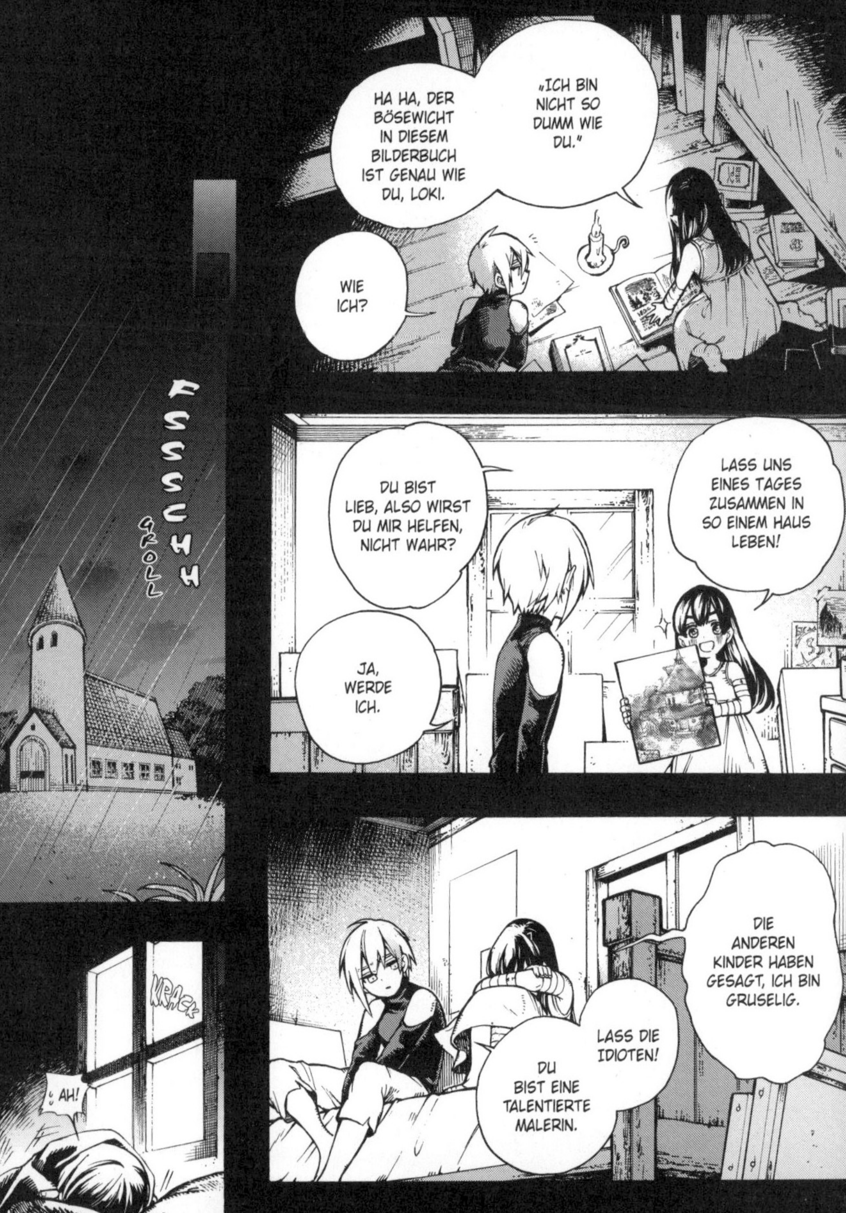
„ICH BIN NICHT SO DUMM WIE DU."
HA HA, DER BÖSEWICHT IN DIESEM BILDERBUCH IST GENAU WIE DU, LOKI.
WIE ICH?
LASS UNS EINES TAGES ZUSAMMEN IN SO EINEM HAUS LEBEN!
DU BIST LIEB, ALSO WIRST DU MIR HELFEN, NICHT WAHR?
JA, WERDE ICH.
DIE ANDEREN KINDER HABEN GESAGT, ICH BIN GRUSELIG.
LASS DIE IDIOTEN!
DU BIST EINE TALENTIERTE MALERIN.
FSSSCHH
GROLL
KRACK
AH!

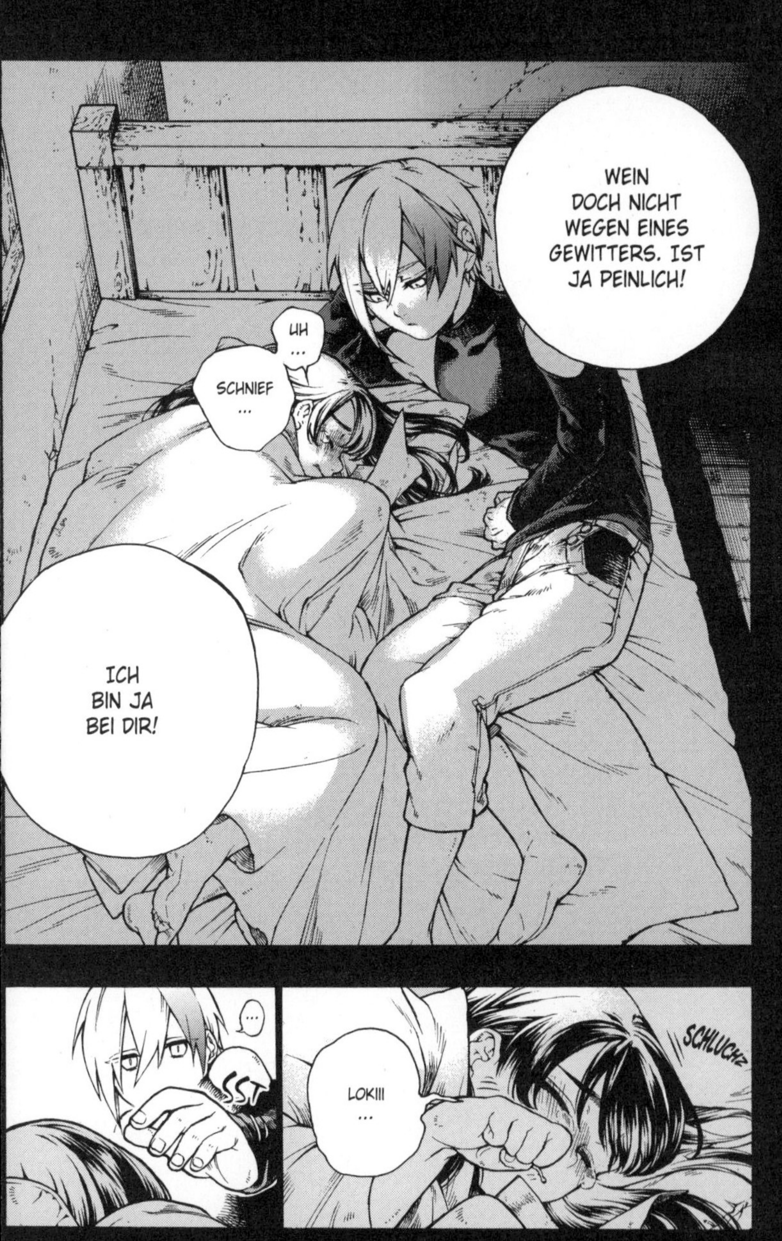
WEIN DOCH NICHT WEGEN EINES GEWITTERS. IST JA PEINLICH!
UH ...
SCHNIEF ...
ICH BIN JA BEI DIR!
SCHLUCHZ
LOKIII ...
...
SST

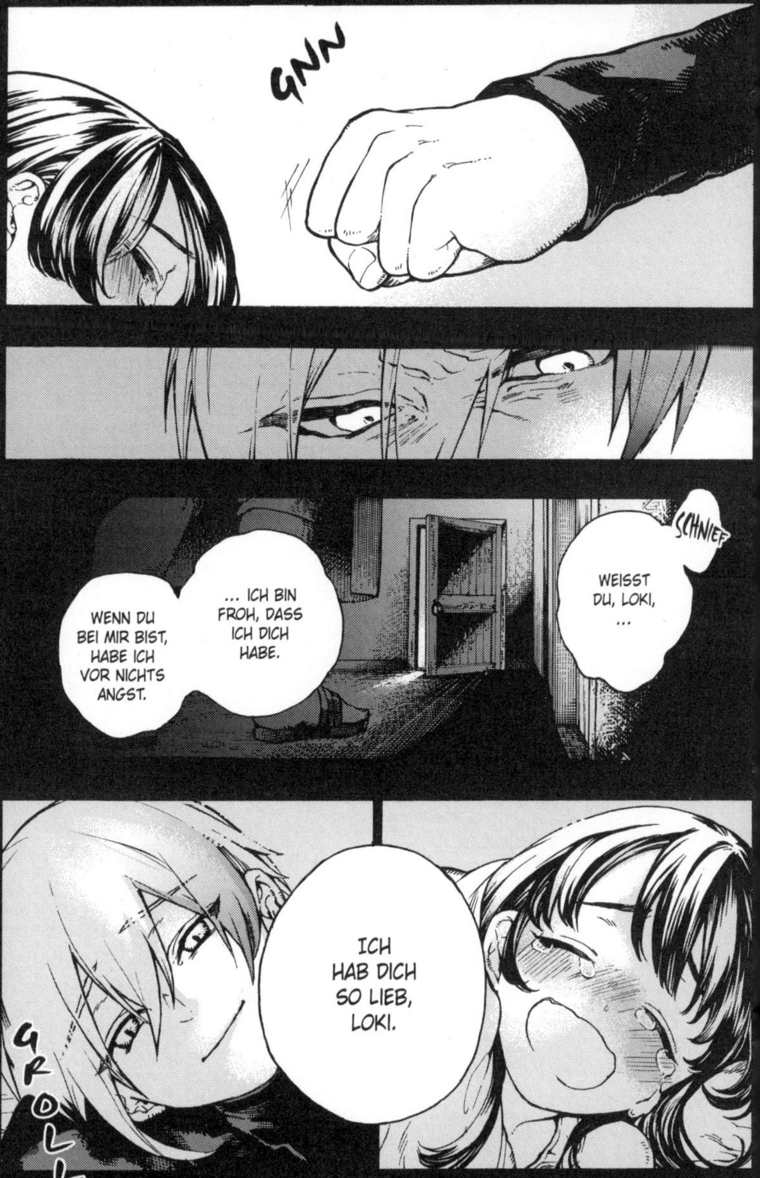

GNN

SCHNIEF

WEISST DU, LOKI, …

… ICH BIN FROH, DASS ICH DICH HABE.

WENN DU BEI MIR BIST, HABE ICH VOR NICHTS ANGST.

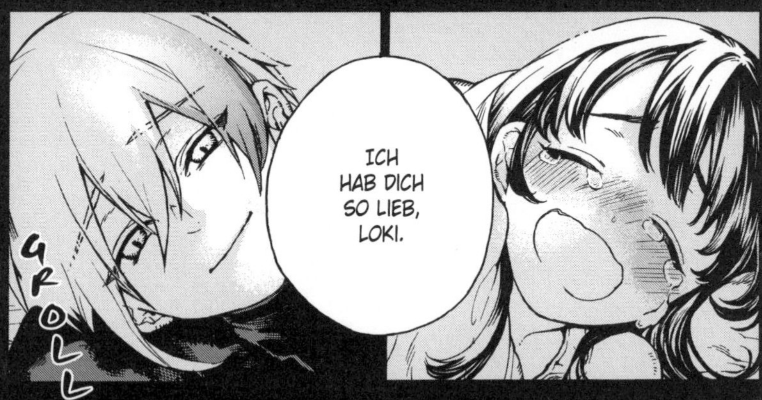

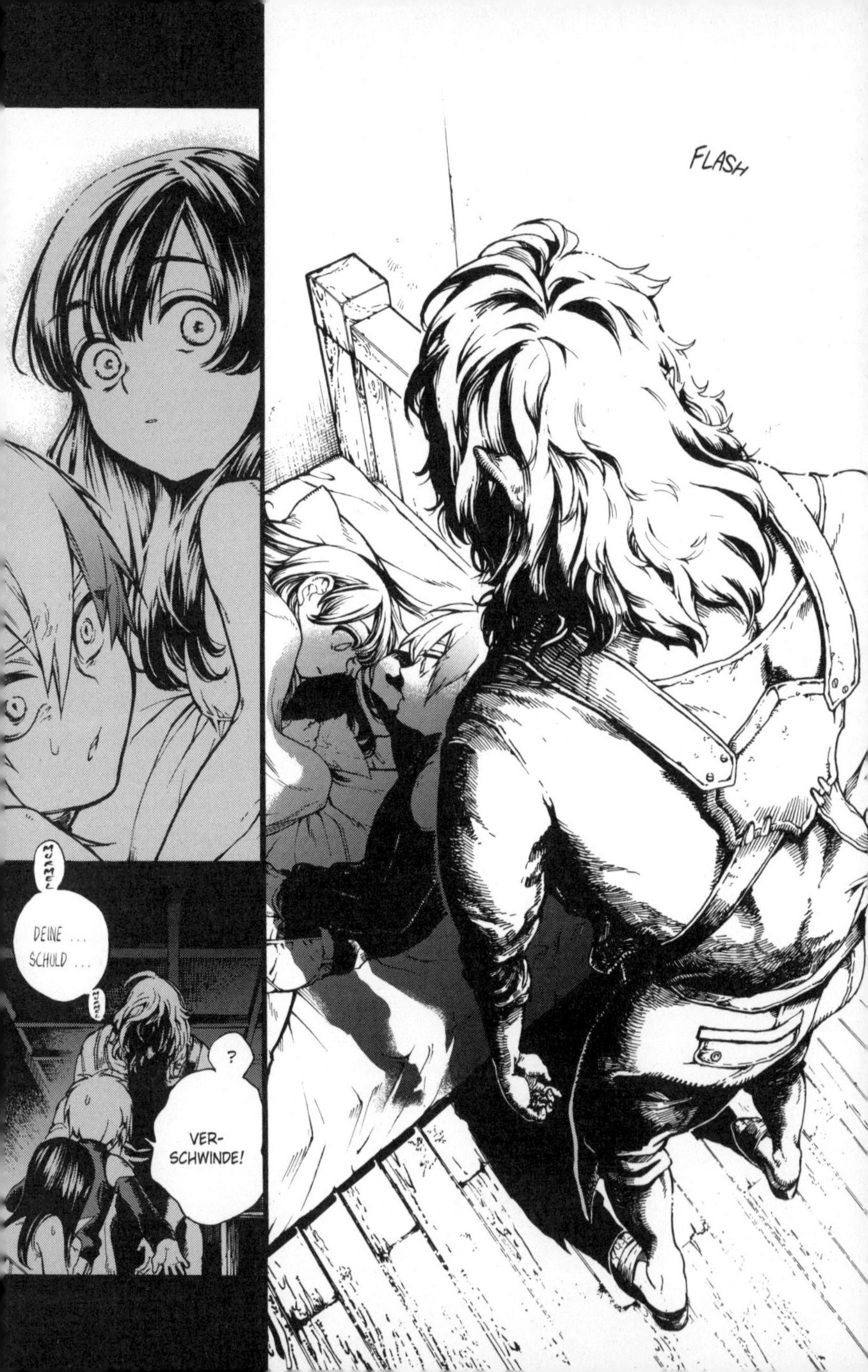
FLASH
MURMEL
DEINE ...
SCHULD ...
?
VER-
SCHWINDE!

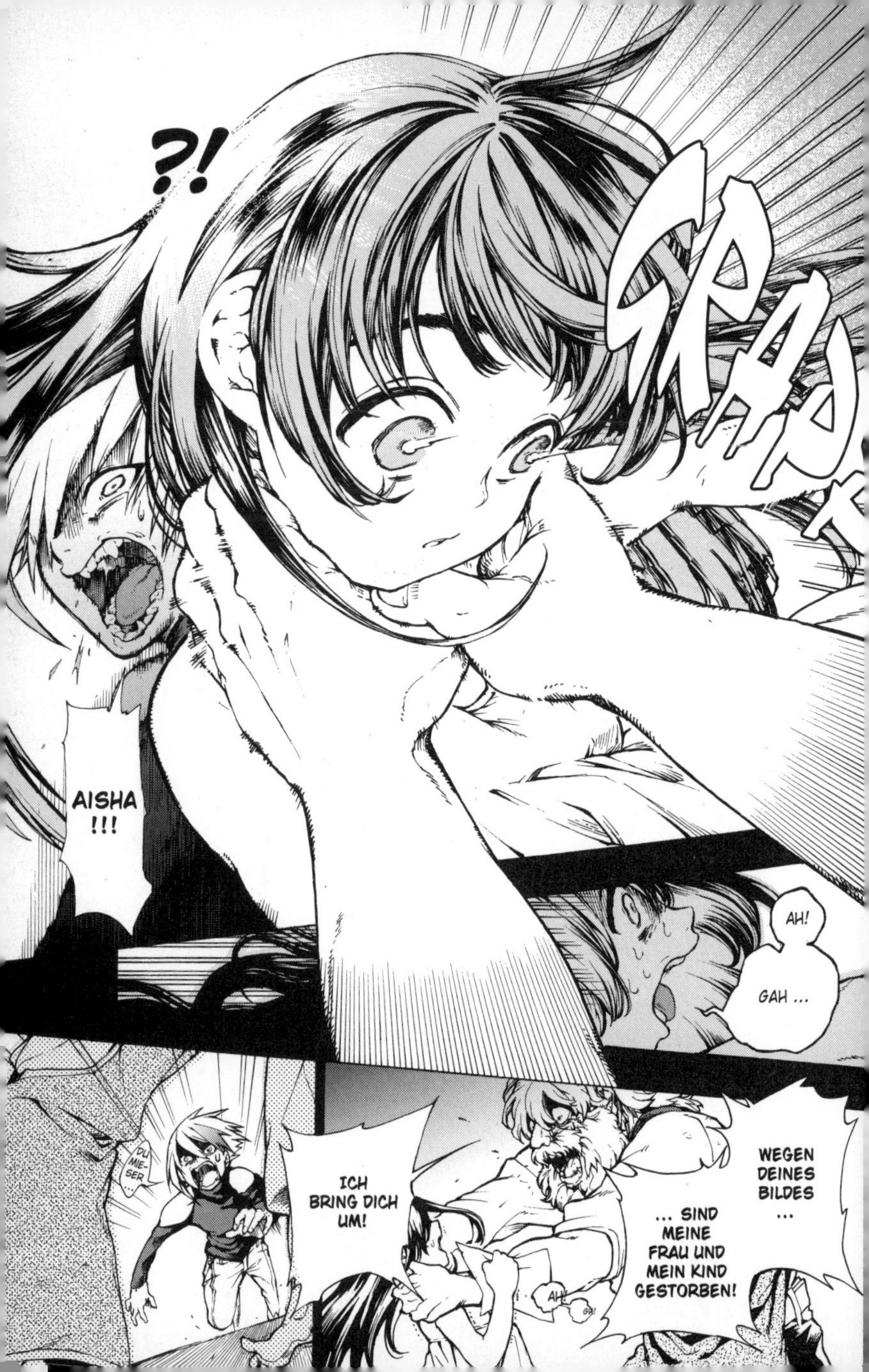
GRAP
?!
AISHA !!!
AH!
GAH …
WEGEN DEINES BILDES …
… SIND MEINE FRAU UND MEIN KIND GESTORBEN!
AH!
ICH BRING DICH UM!
DU MIESER …

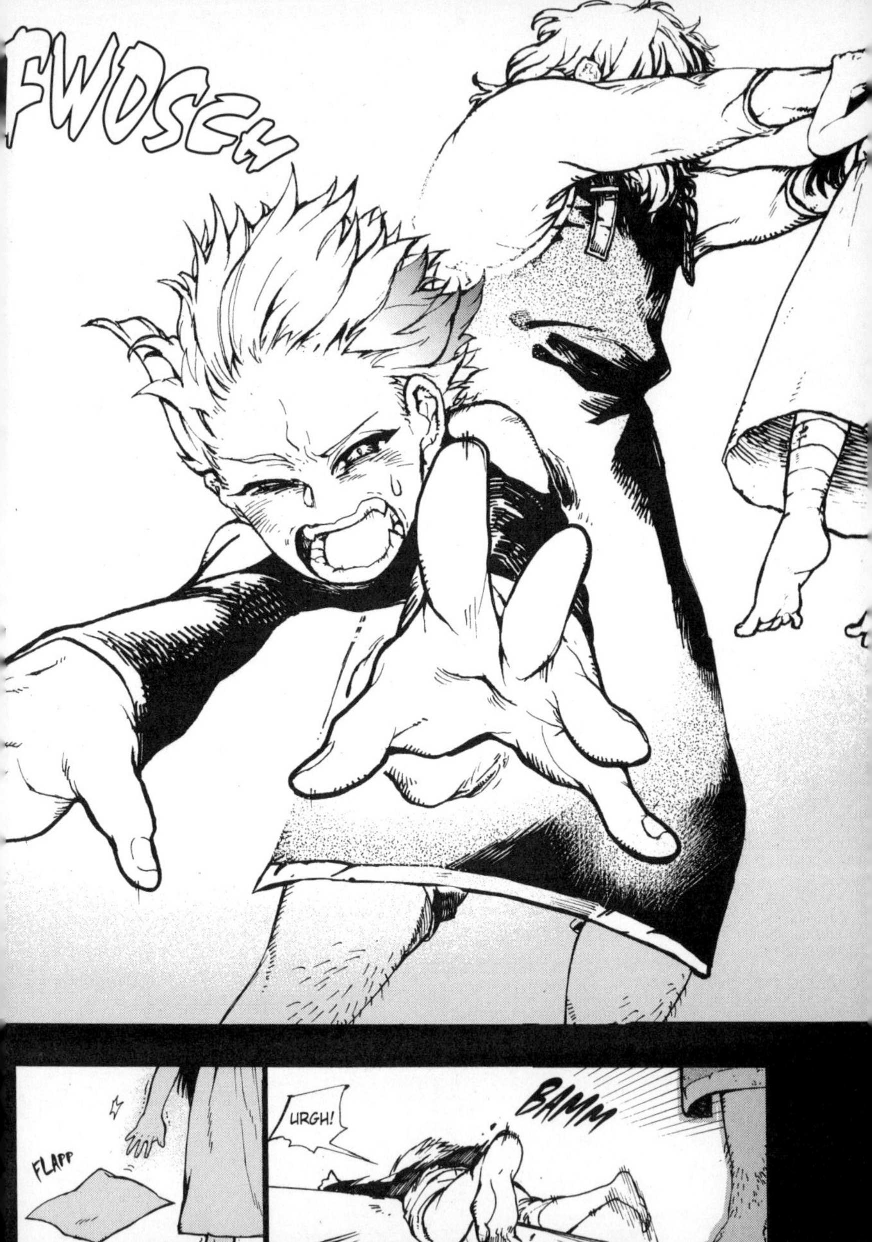
FWOSCH
FLAPP
URGH!
BAMM

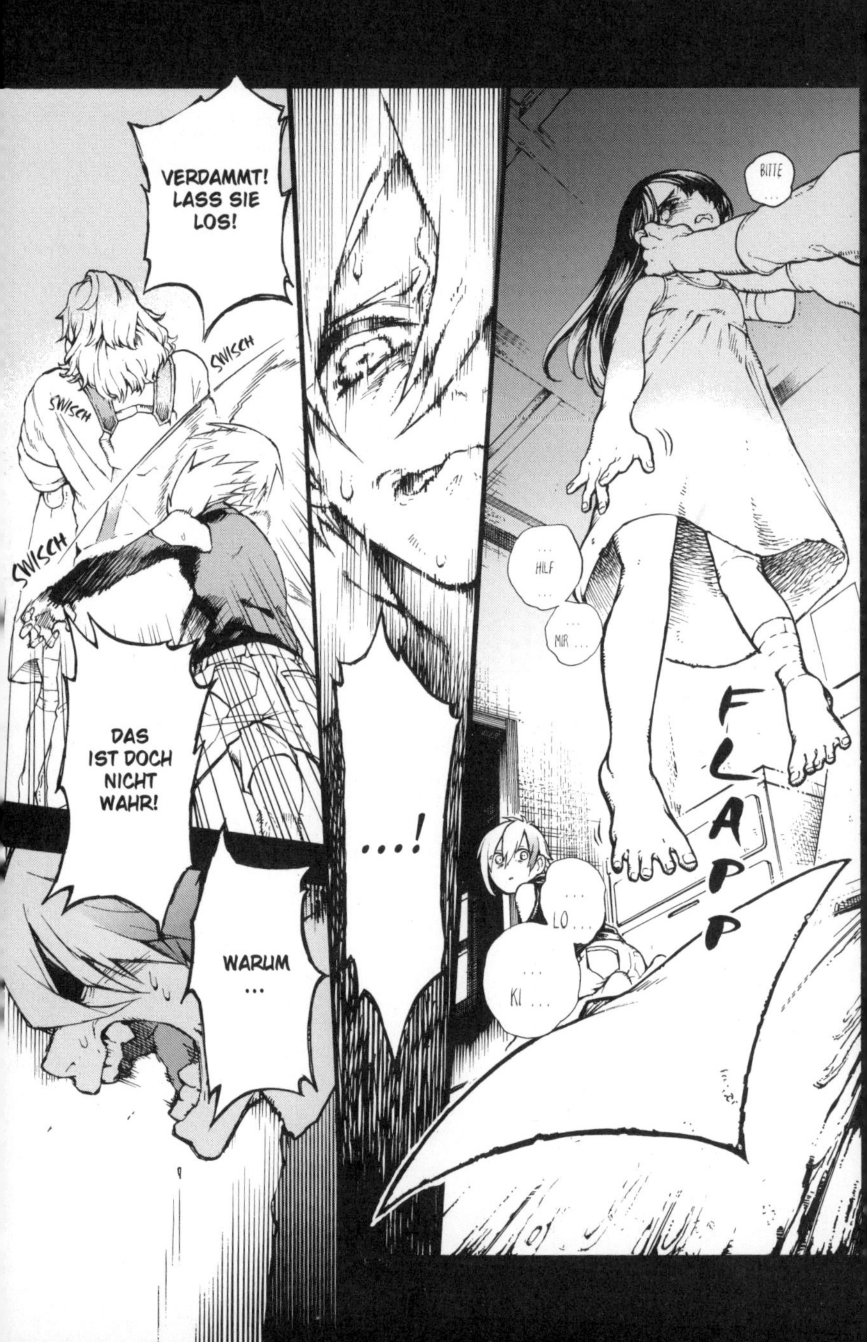
BITTE …
… HILF …
… MIR …
… LO …
… KI …
FLAPP
…!
VERDAMMT! LASS SIE LOS!
SWISCH
SWISCH
SWISCH
DAS IST DOCH NICHT WAHR!
WARUM …

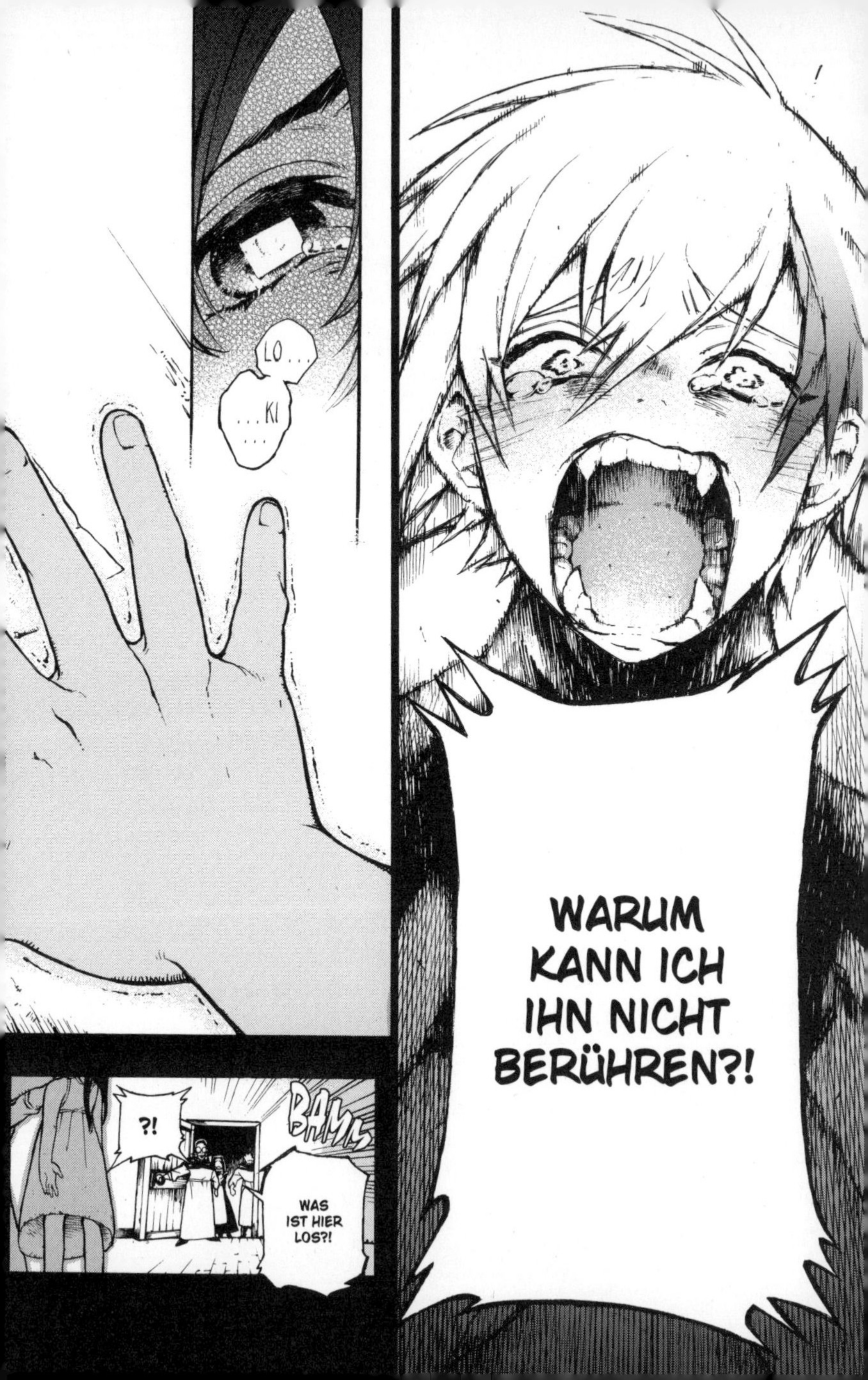
WARUM KANN ICH IHN NICHT BERÜHREN?!
LO...
...KI ...
BAM
WAS IST HIER LOS?!
?!

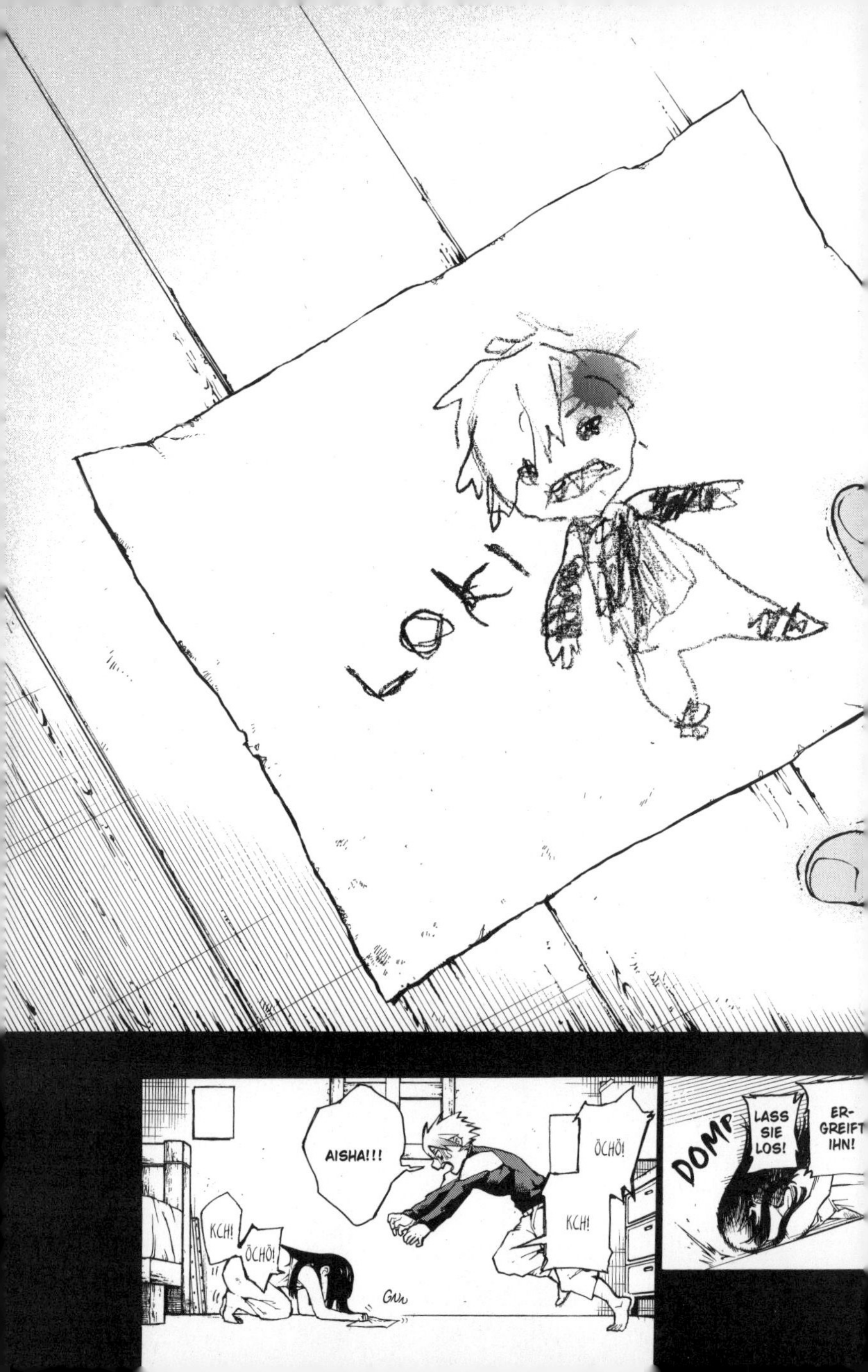
LOKI
ER-
GREIFT
IHN!
LASS
SIE
LOS!
DOMP
ÖCHÖ!
KCH!
AISHA!!!
ÖCHÖ!
KCH!
GNN

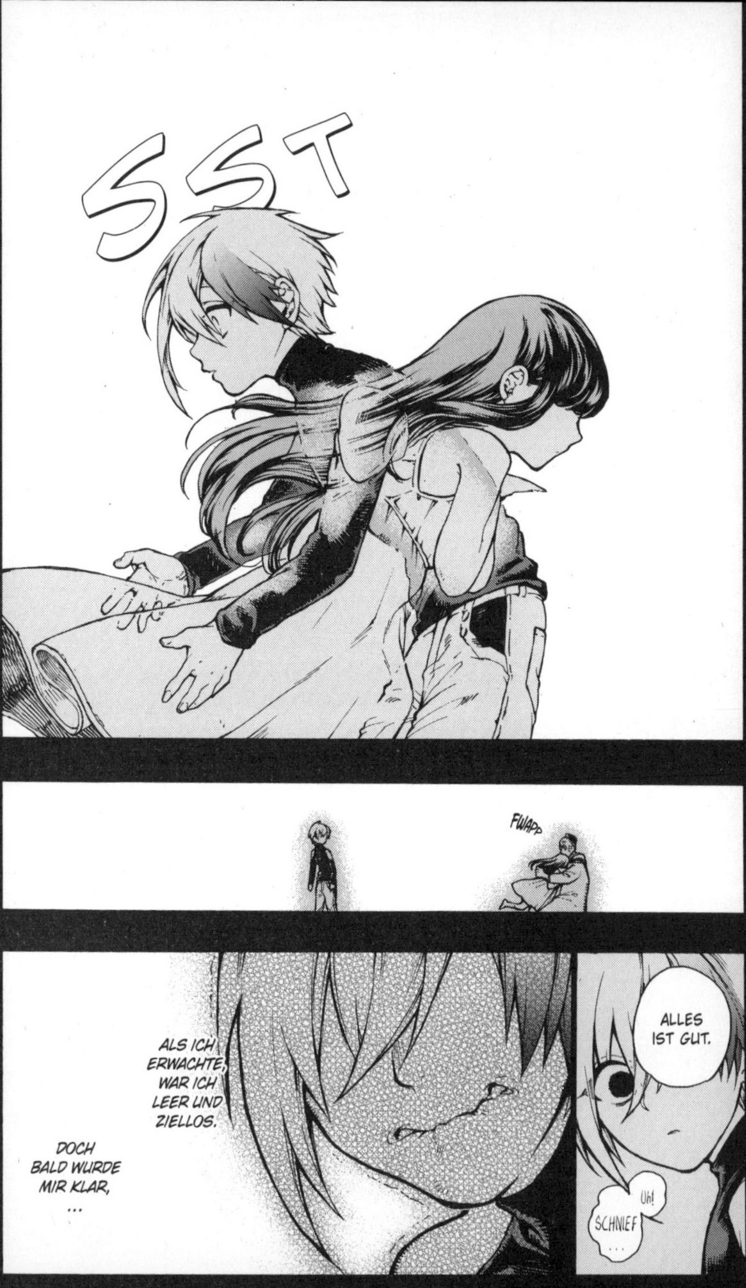

SST

FWAPP

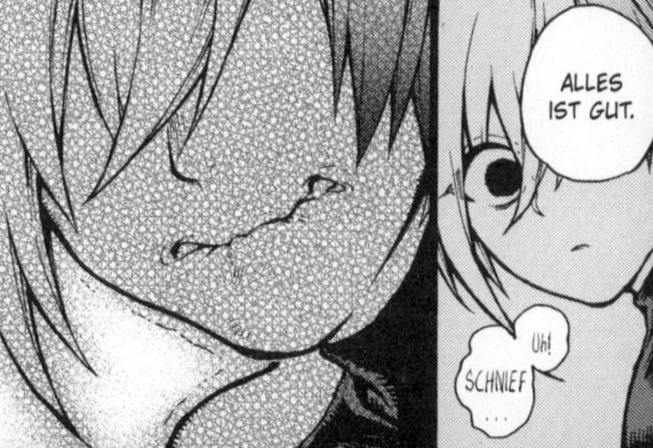

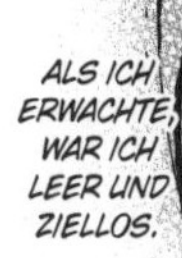

DOCH BALD WURDE MIR KLAR, ...

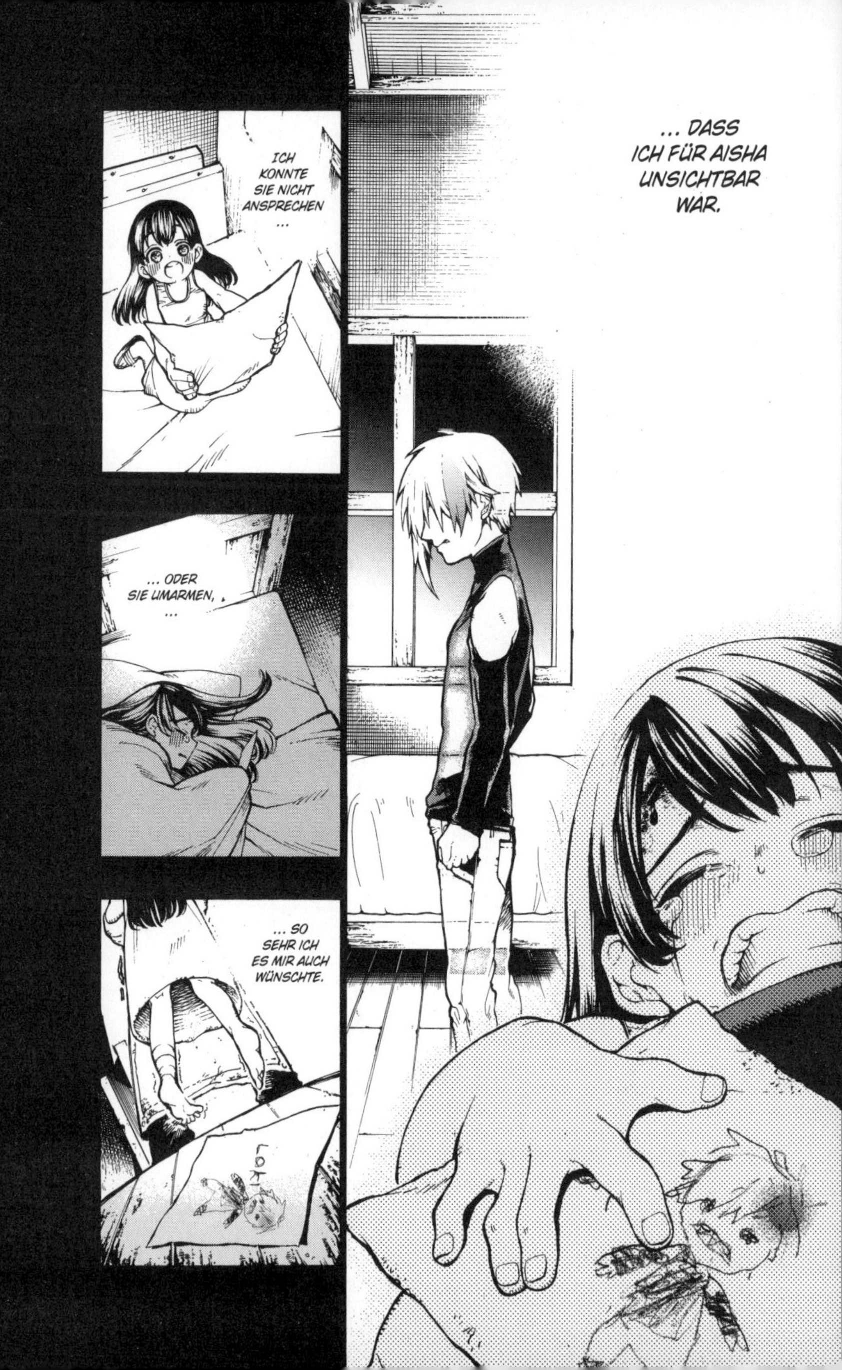
... DASS ICH FÜR AISHA UNSICHTBAR WAR.
ICH KONNTE SIE NICHT ANSPRECHEN ...
... ODER SIE UMARMEN, ...
... SO SEHR ICH ES MIR AUCH WÜNSCHTE.
LOKI

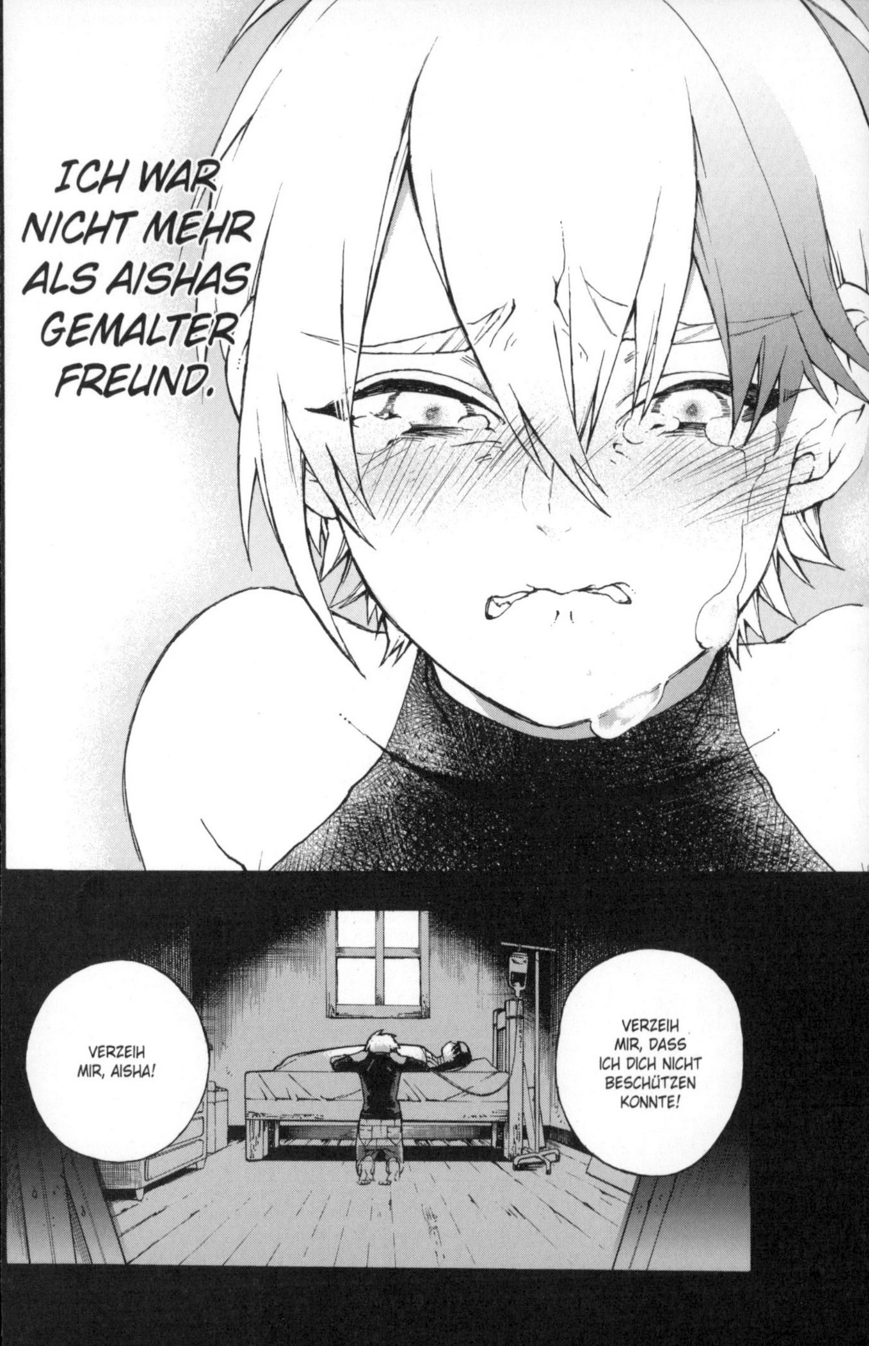
ICH WAR NICHT MEHR ALS AISHAS GEMALTER FREUND.
VERZEIH MIR, DASS ICH DICH NICHT BESCHÜTZEN KONNTE!
VERZEIH MIR, AISHA!

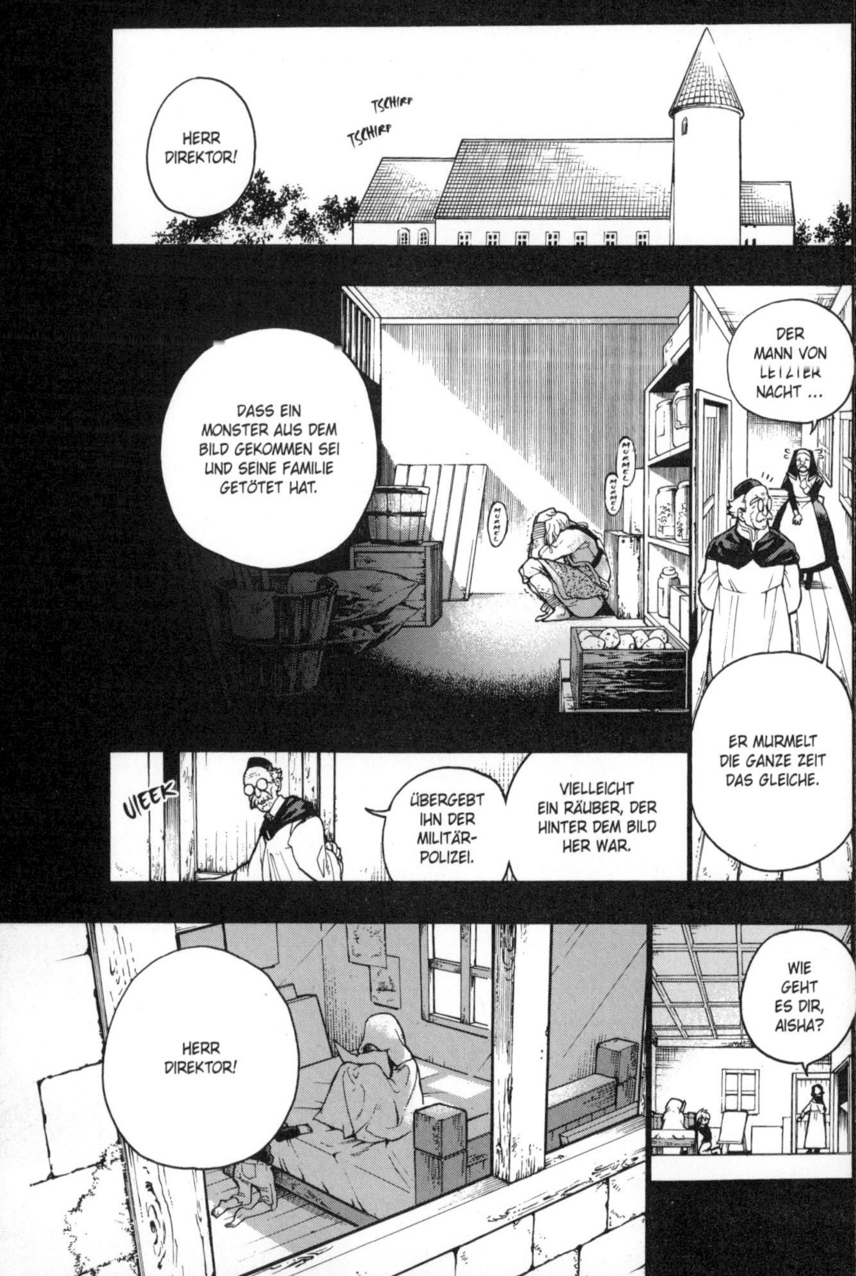
TSCHIRP
TSCHIRP
HERR DIREKTOR!
DER MANN VON LETZTER NACHT ...
ER MURMELT DIE GANZE ZEIT DAS GLEICHE.
MURMEL
MURMEL
MURMEL
DASS EIN MONSTER AUS DEM BILD GEKOMMEN SEI UND SEINE FAMILIE GETÖTET HAT.
VIELLEICHT EIN RÄUBER, DER HINTER DEM BILD HER WAR.
ÜBERGEBT IHN DER MILITÄR-POLIZEI.
UIEEK
WIE GEHT ES DIR, AISHA?
HERR DIREKTOR!

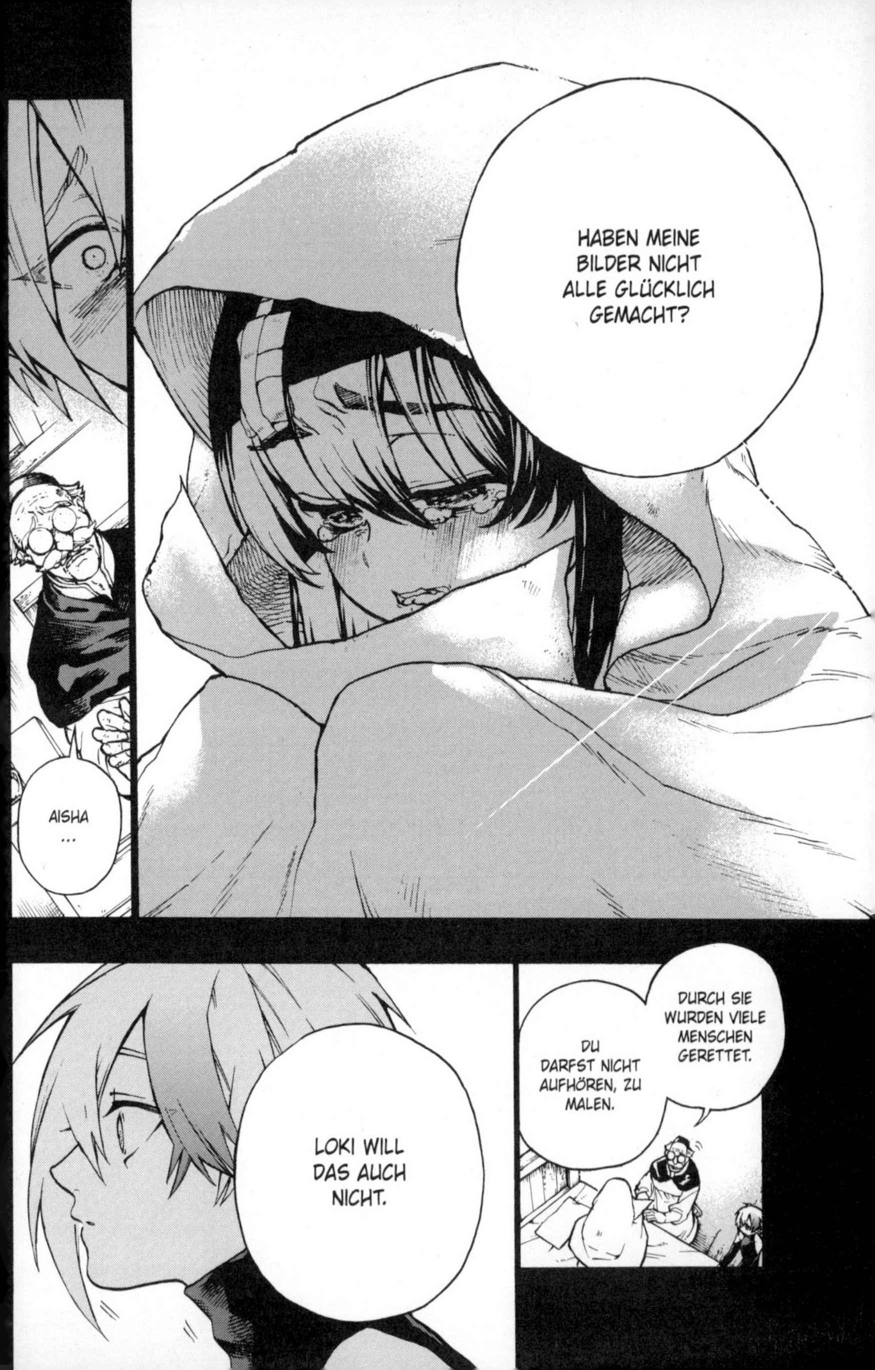
HABEN MEINE BILDER NICHT ALLE GLÜCKLICH GEMACHT?
AISHA ...
DURCH SIE WURDEN VIELE MENSCHEN GERETTET.
DU DARFST NICHT AUFHÖREN, ZU MALEN.
LOKI WILL DAS AUCH NICHT.

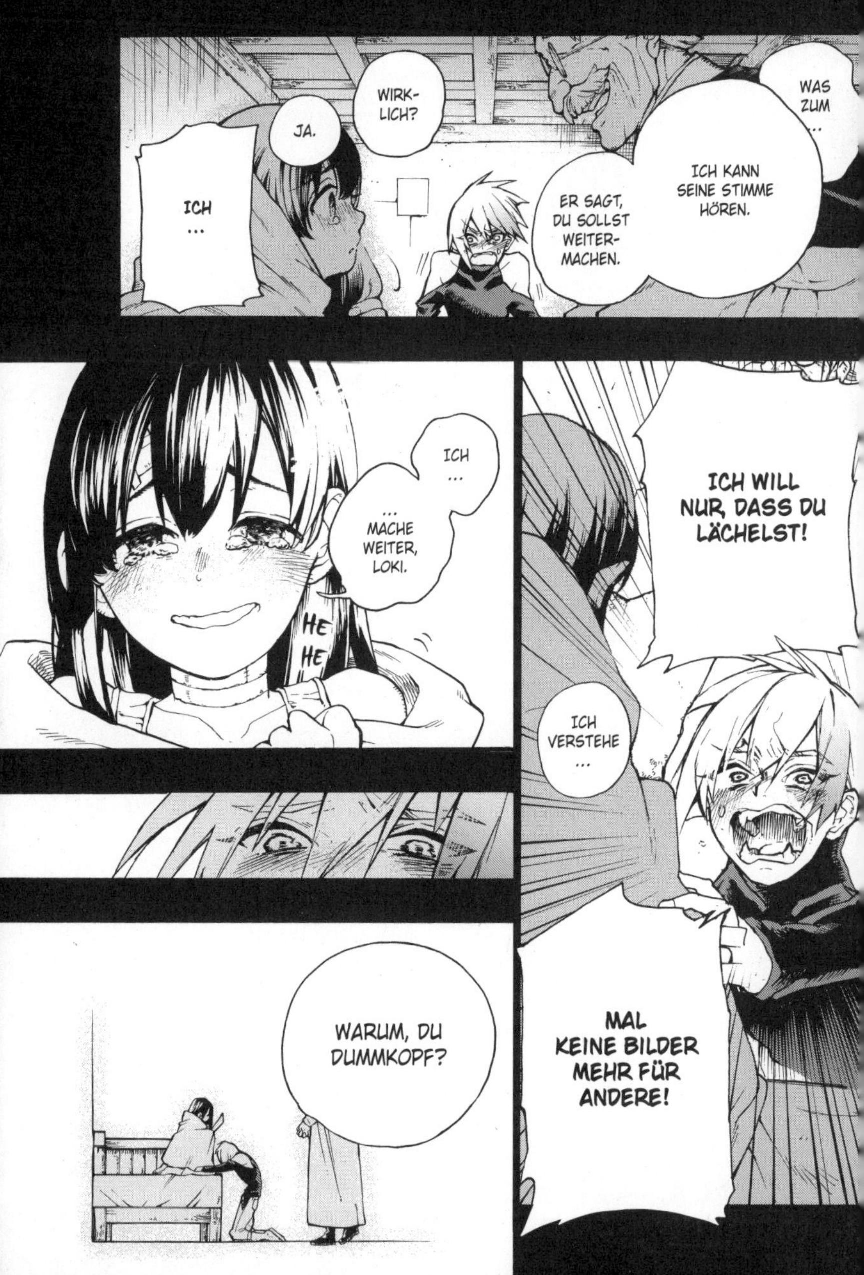
WAS ZUM ...
ICH KANN SEINE STIMME HÖREN.
ER SAGT, DU SOLLST WEITER-MACHEN.
WIRK-LICH?
JA.
ICH ...
ICH WILL NUR, DASS DU LÄCHELST!
MAL KEINE BILDER MEHR FÜR ANDERE!
ICH VERSTEHE ...
ICH ...
... MACHE WEITER, LOKI.
HE HE
WARUM, DU DUMMKOPF?

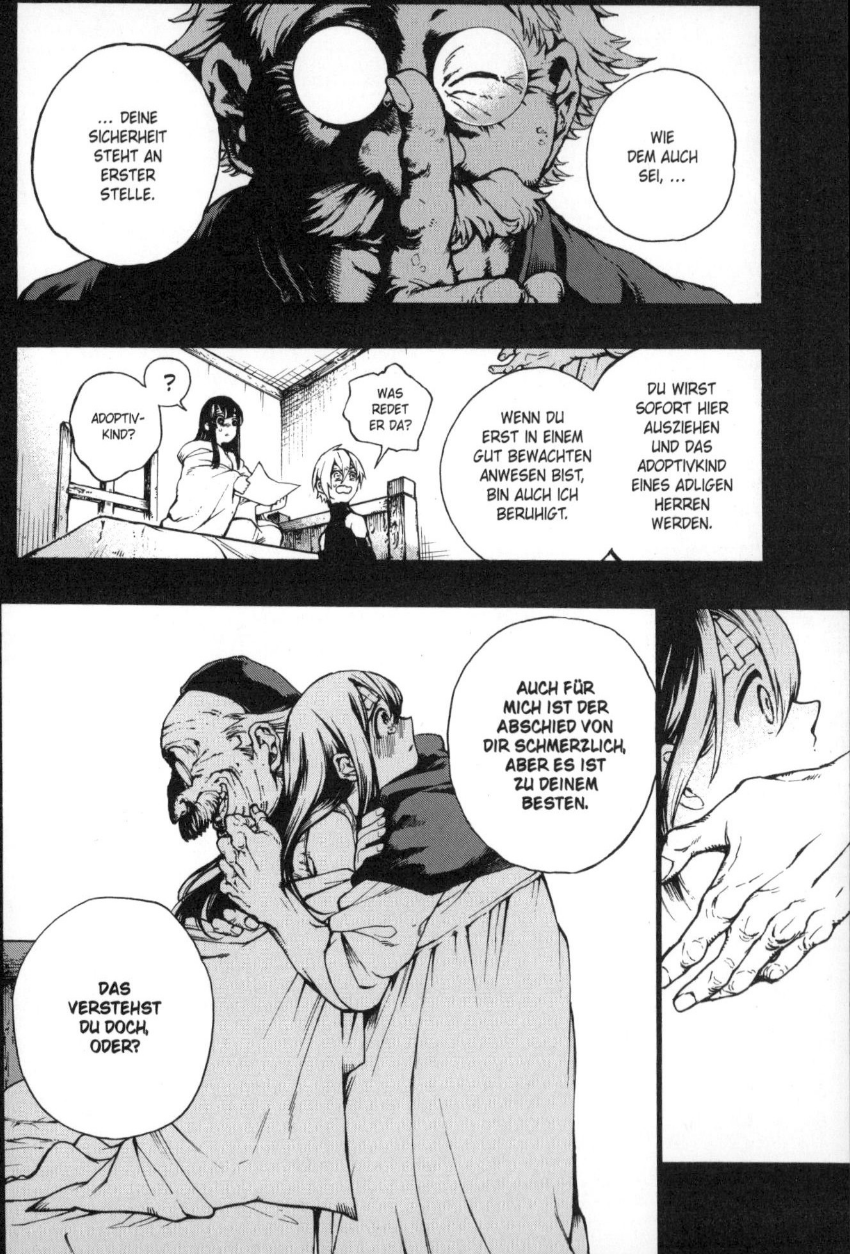

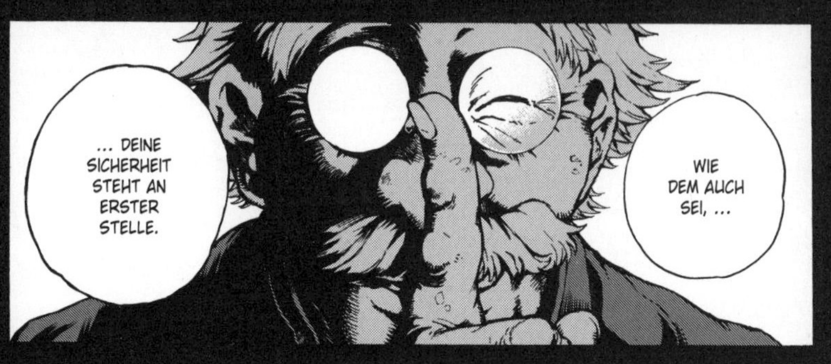

DU WIRST SOFORT HIER AUSZIEHEN UND DAS ADOPTIVKIND EINES ADLIGEN HERREN WERDEN.

WENN DU ERST IN EINEM GUT BEWACHTEN ANWESEN BIST, BIN AUCH ICH BERUHIGT.

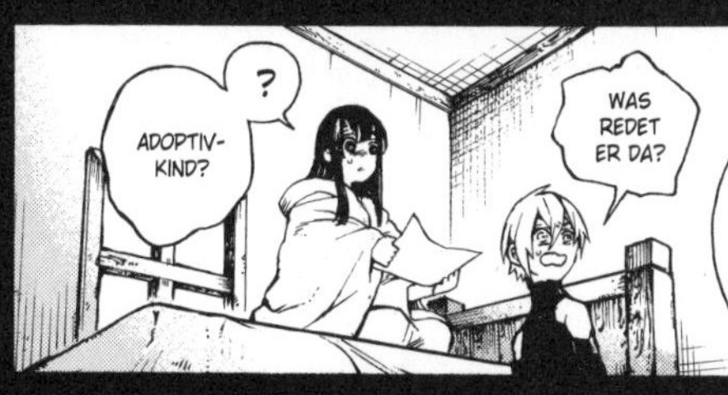

AUCH FÜR MICH IST DER ABSCHIED VON DIR SCHMERZLICH, ABER ES IST ZU DEINEM BESTEN.

DAS VERSTEHST DU DOCH, ODER?

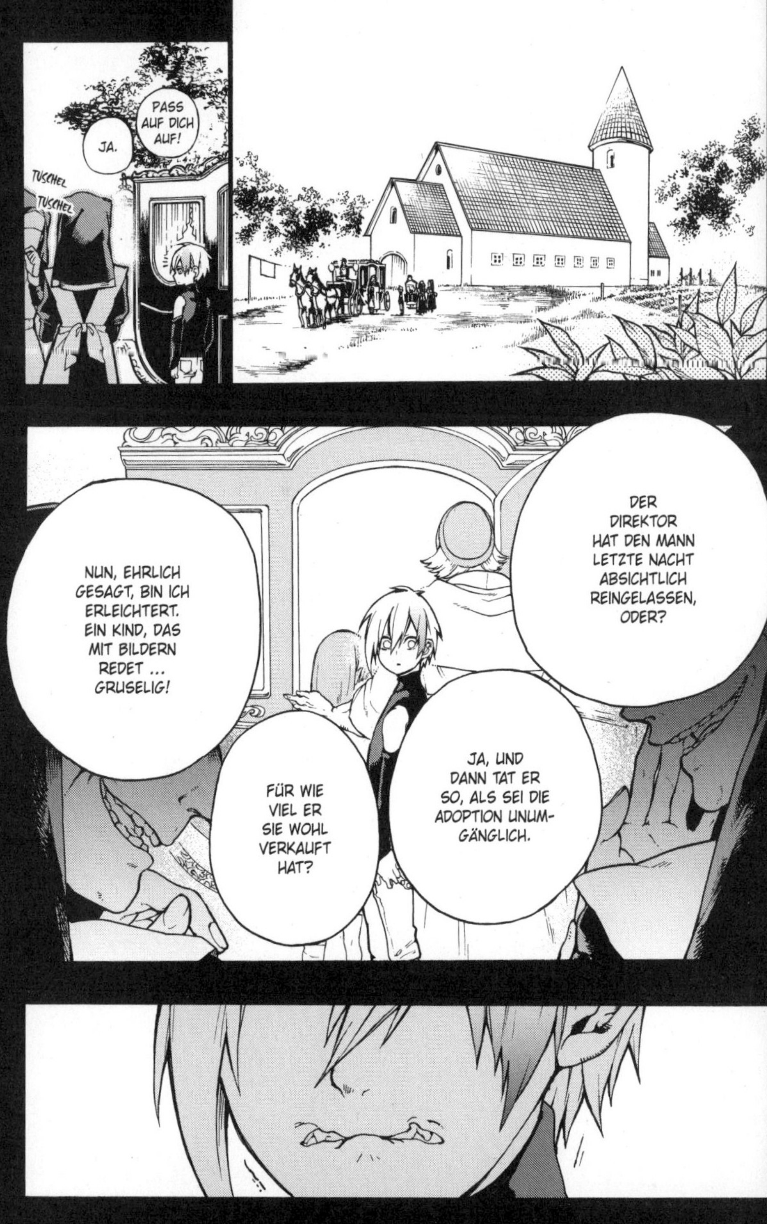
PASS AUF DICH AUF!
JA.
TUSCHEL
TUSCHEL
DER DIREKTOR HAT DEN MANN LETZTE NACHT ABSICHTLICH REINGELASSEN, ODER?
JA, UND DANN TAT ER SO, ALS SEI DIE ADOPTION UNUMGÄNGLICH.
FÜR WIE VIEL ER SIE WOHL VERKAUFT HAT?
NUN, EHRLICH GESAGT, BIN ICH ERLEICHTERT. EIN KIND, DAS MIT BILDERN REDET … GRUSELIG!

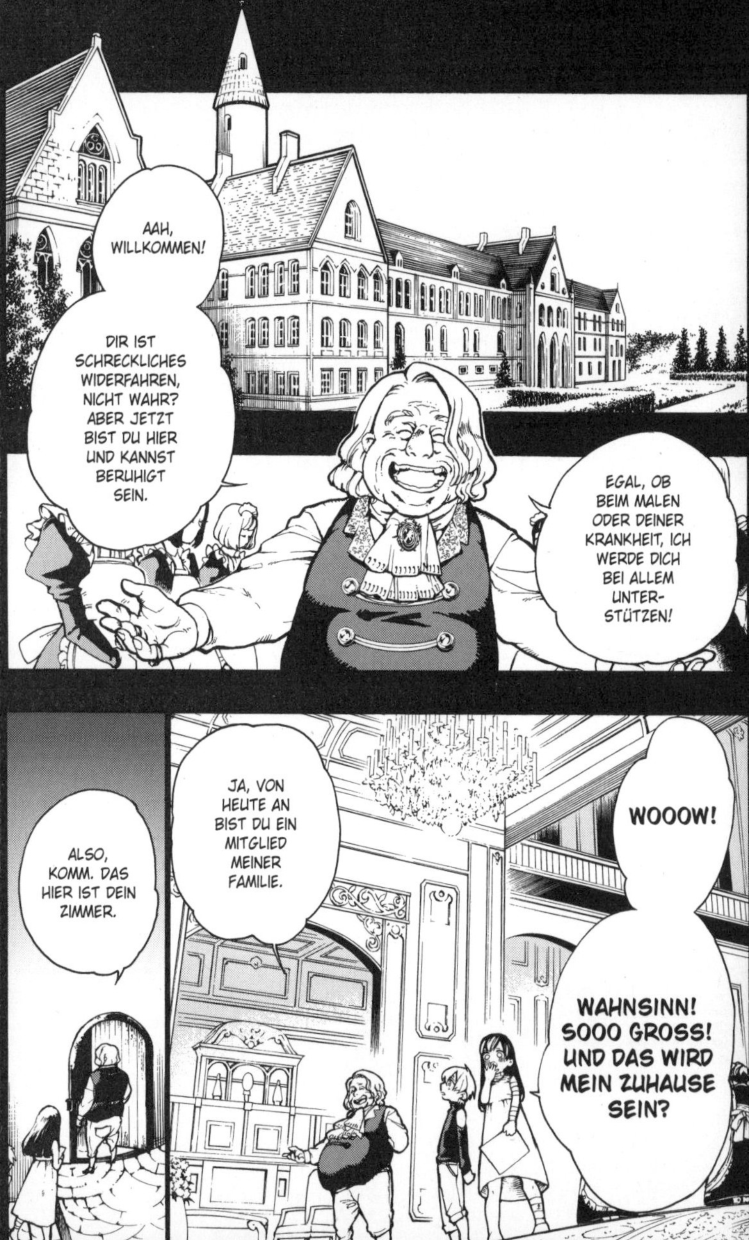
AAH, WILLKOMMEN!
DIR IST SCHRECKLICHES WIDERFAHREN, NICHT WAHR? ABER JETZT BIST DU HIER UND KANNST BERUHIGT SEIN.
EGAL, OB BEIM MALEN ODER DEINER KRANKHEIT, ICH WERDE DICH BEI ALLEM UNTER-STÜTZEN!
WOOOW!
WAHNSINN! SOOO GROSS! UND DAS WIRD MEIN ZUHAUSE SEIN?
JA, VON HEUTE AN BIST DU EIN MITGLIED MEINER FAMILIE.
ALSO, KOMM. DAS HIER IST DEIN ZIMMER.

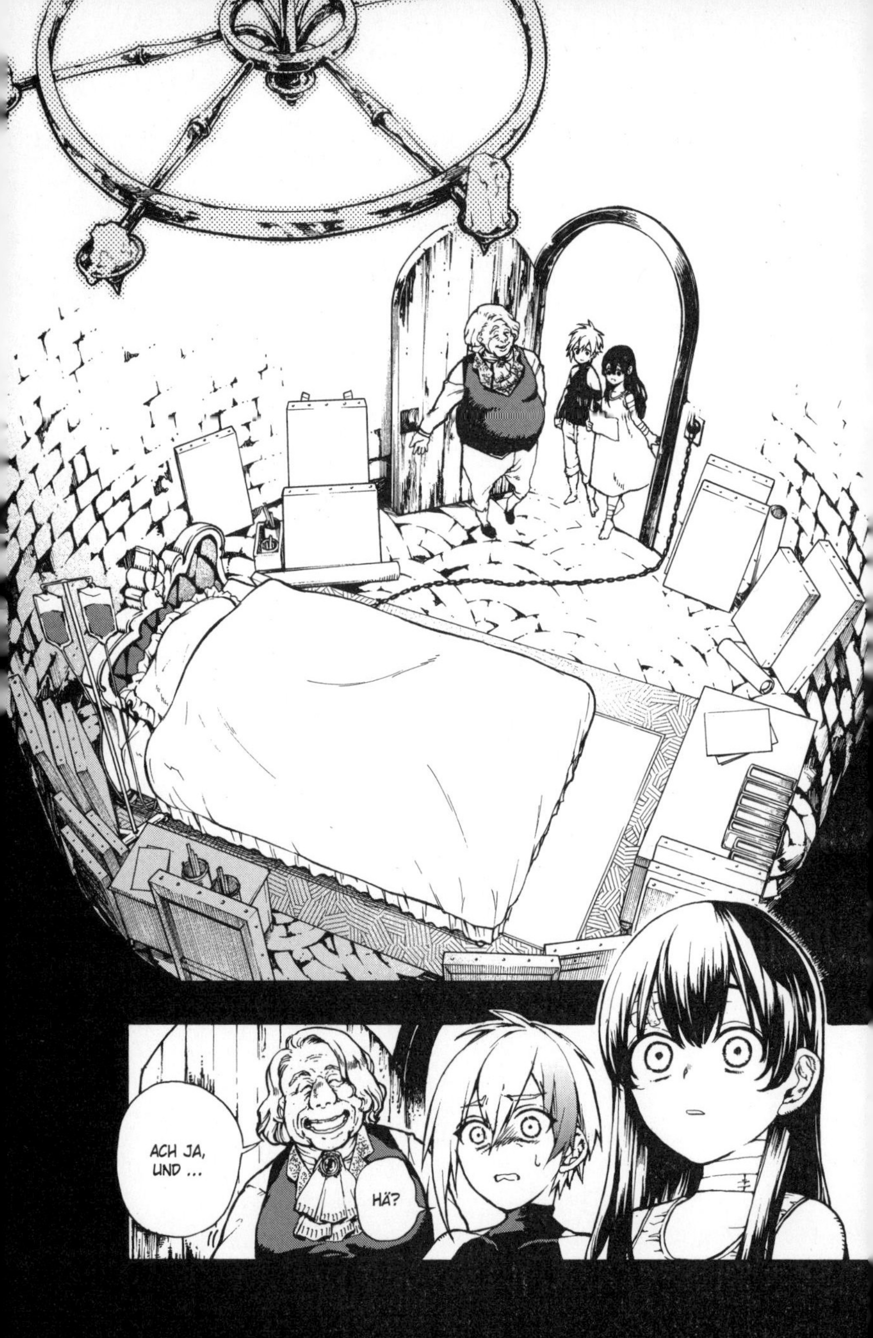
ACH JA, UND ...
HÄ?

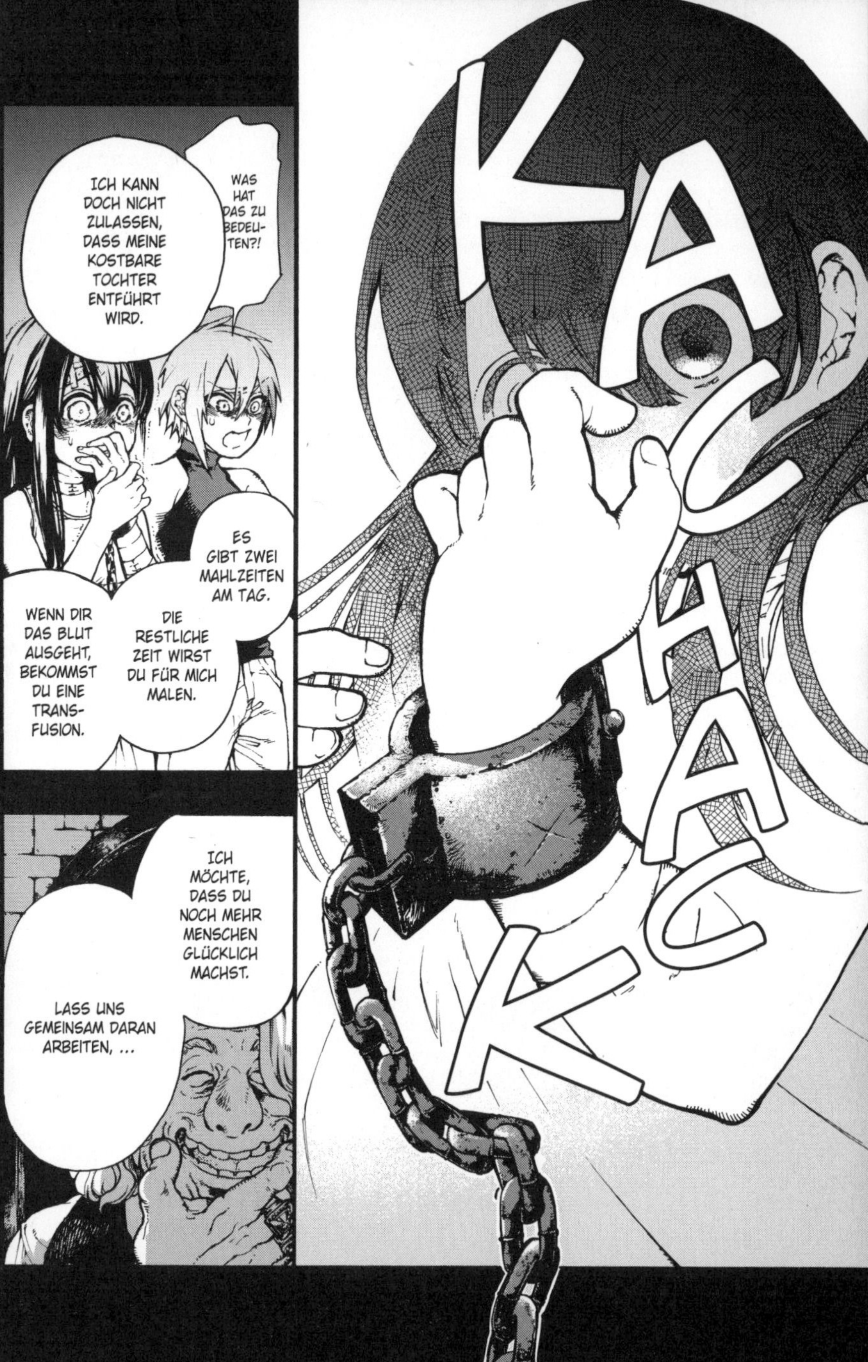

KA
HACK
WAS HAT DAS ZU BEDEUTEN?!
ICH KANN DOCH NICHT ZULASSEN, DASS MEINE KOSTBARE TOCHTER ENTFÜHRT WIRD.
ES GIBT ZWEI MAHLZEITEN AM TAG.
DIE RESTLICHE ZEIT WIRST DU FÜR MICH MALEN.
WENN DIR DAS BLUT AUSGEHT, BEKOMMST DU EINE TRANS-FUSION.
ICH MÖCHTE, DASS DU NOCH MEHR MENSCHEN GLÜCKLICH MACHST.
LASS UNS GEMEINSAM DARAN ARBEITEN, ...

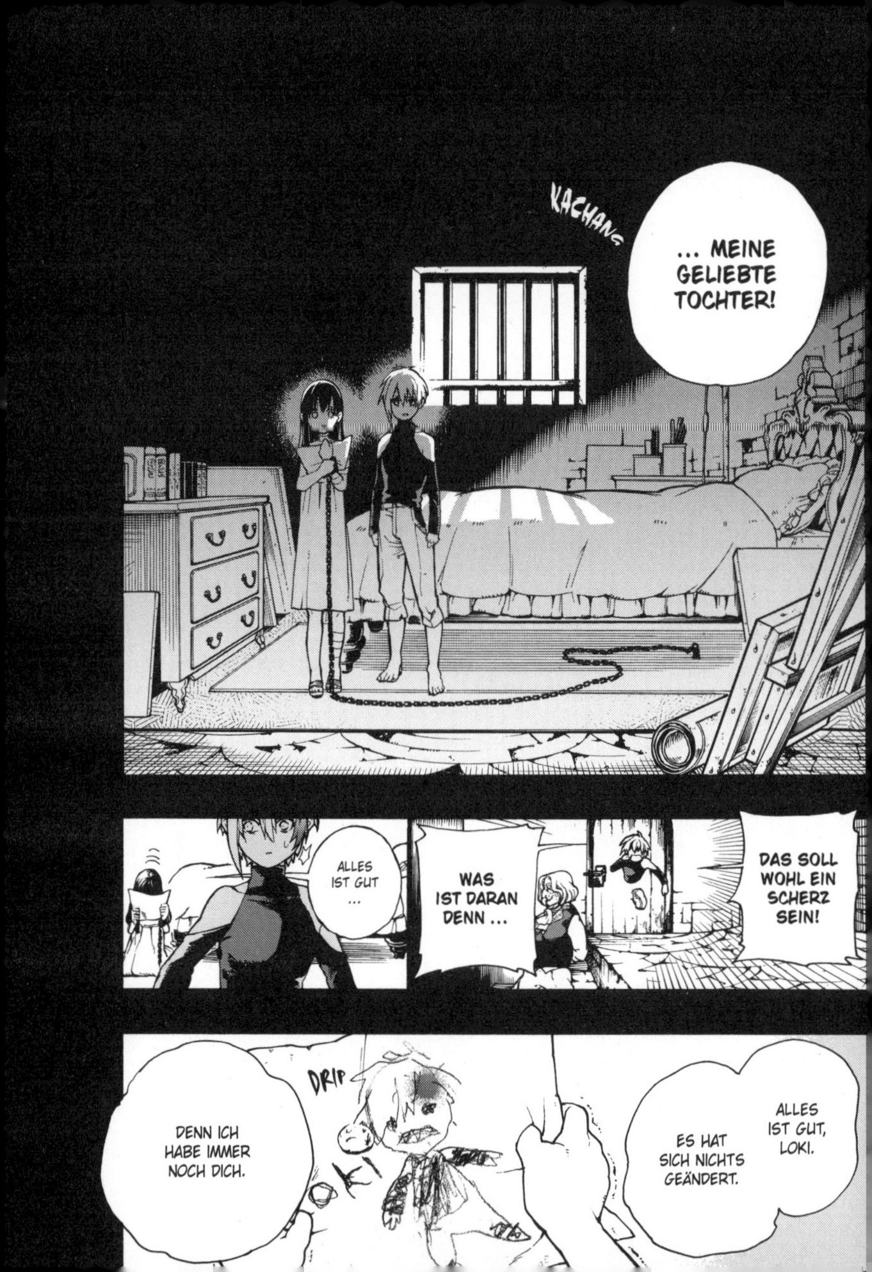

KACHANG

... MEINE GELIEBTE TOCHTER!

DAS SOLL WOHL EIN SCHERZ SEIN!

WAS IST DARAN DENN ...

ALLES IST GUT ...

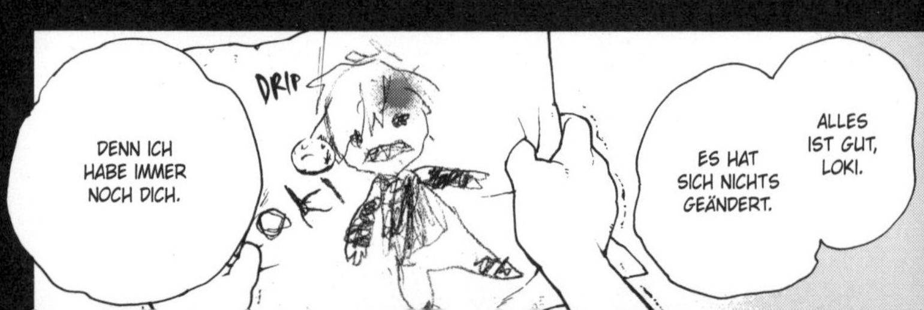

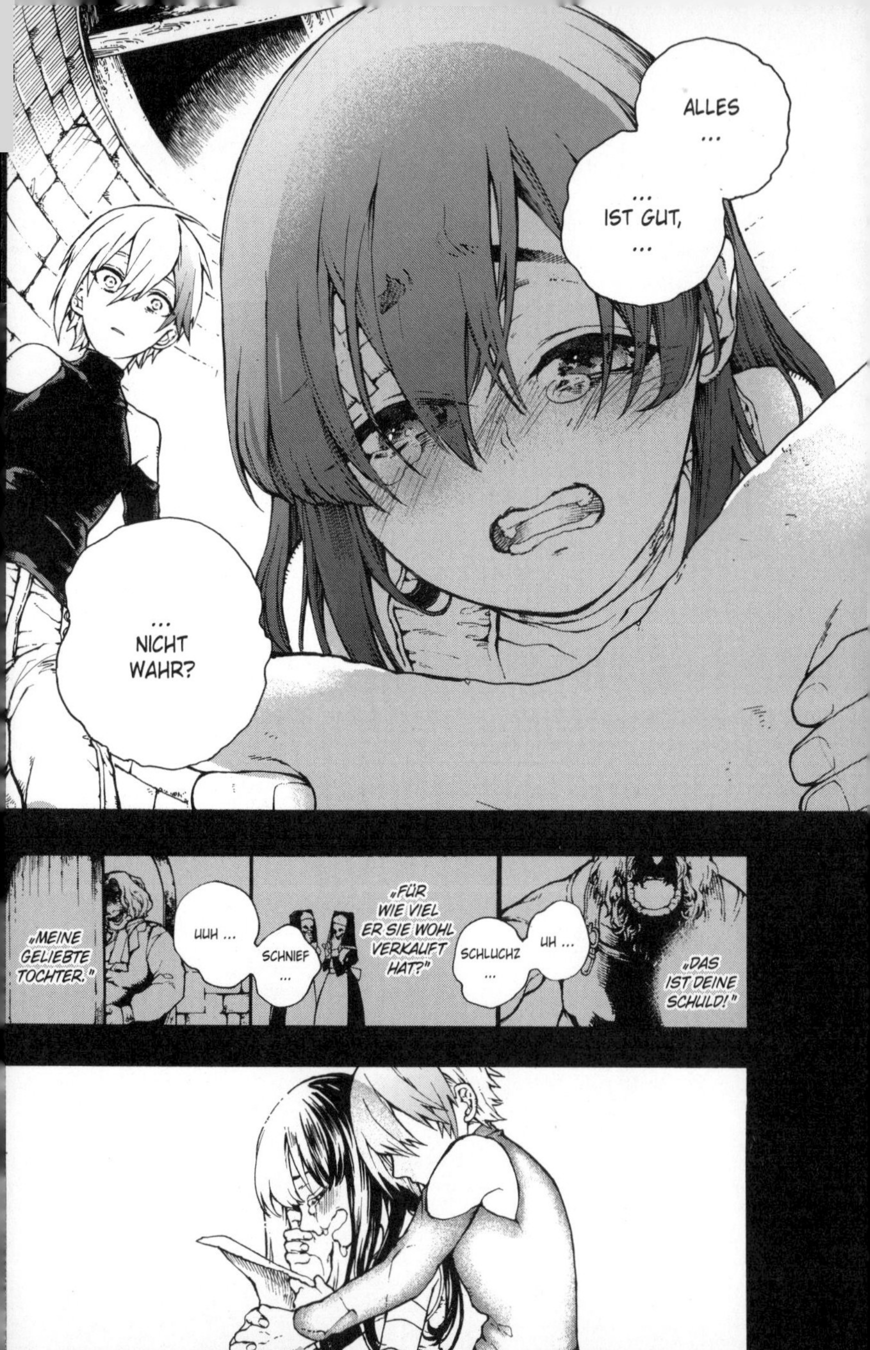
ALLES ... ... IST GUT, ...
... NICHT WAHR?
„DAS IST DEINE SCHULD!"
UH ...
SCHLUCHZ ...
„FÜR WIE VIEL ER SIE WOHL VERKAUFT HAT?"
SCHNIEF ...
UUH ...
„MEINE GELIEBTE TOCHTER."

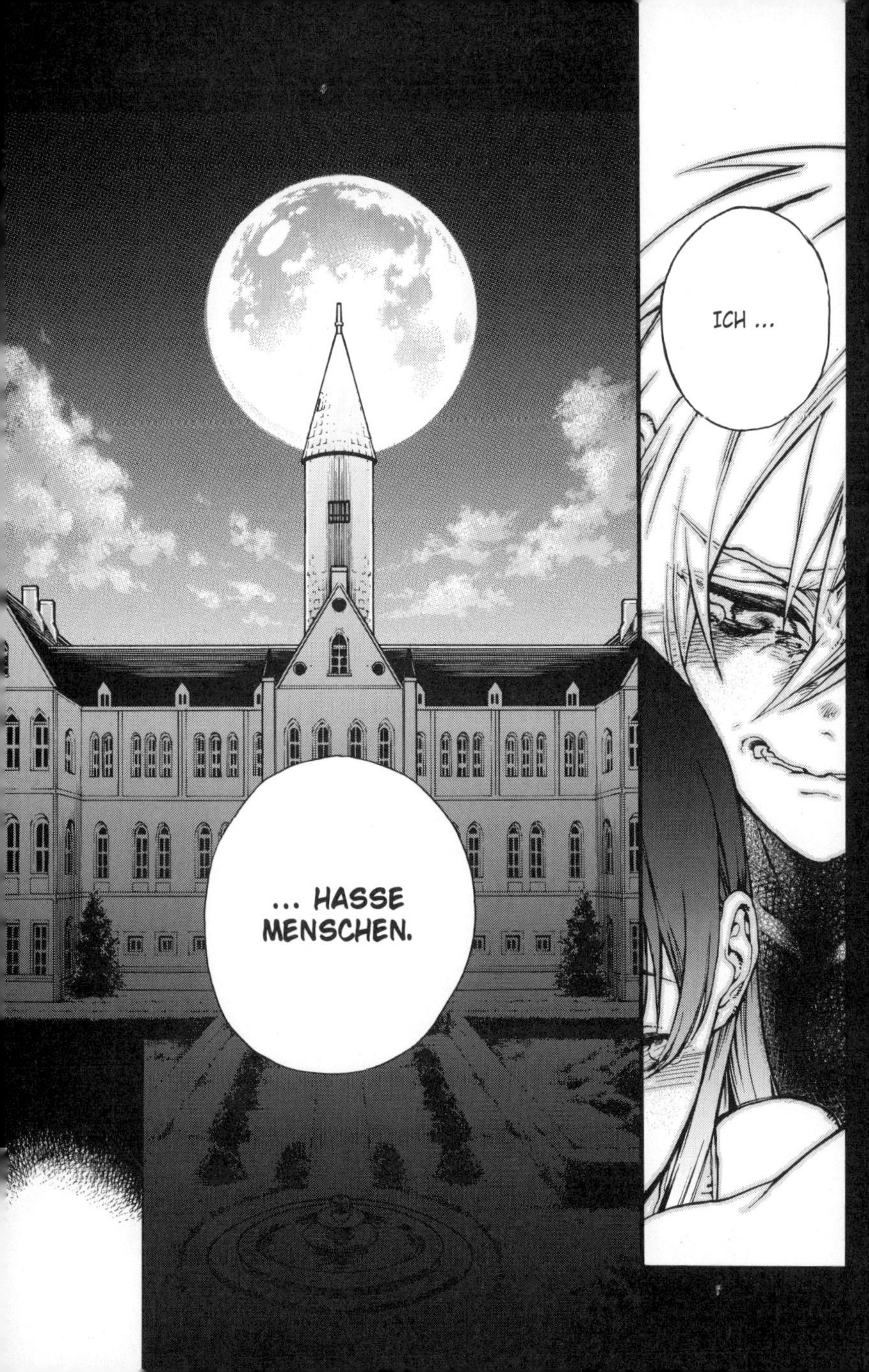
ICH ...
... HASSE MENSCHEN.

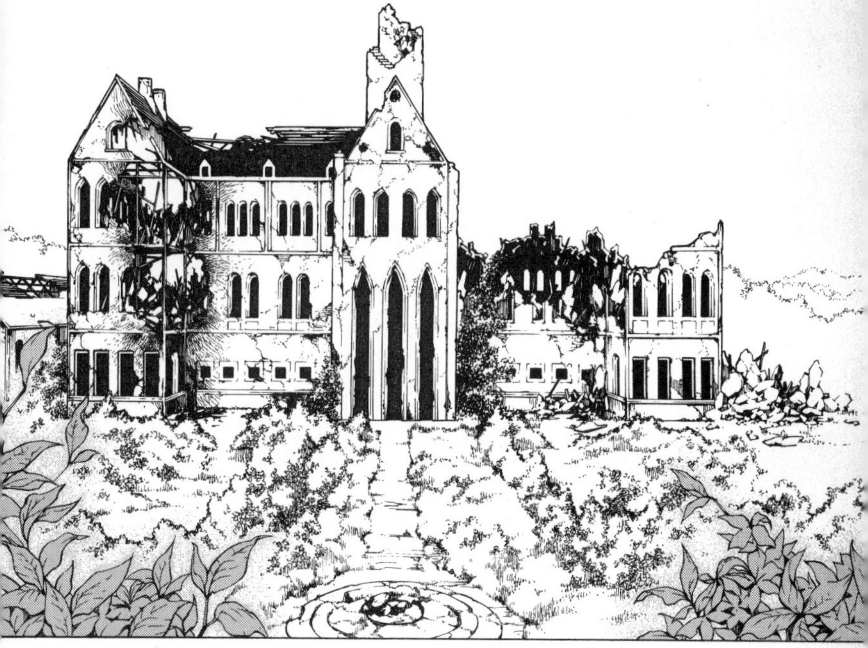

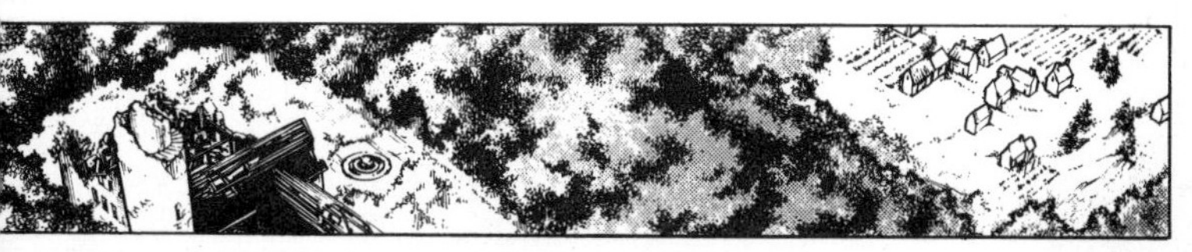

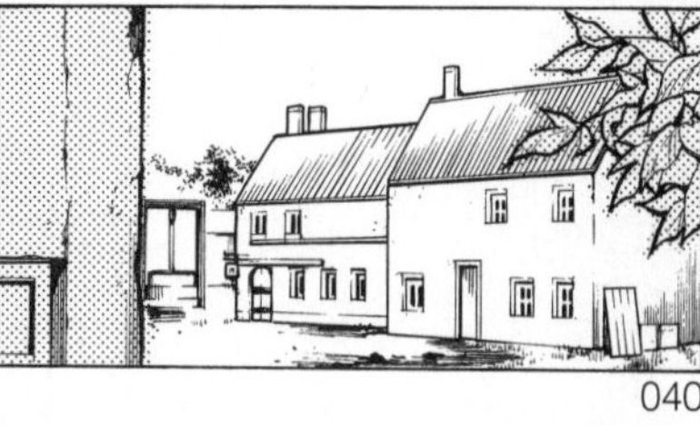

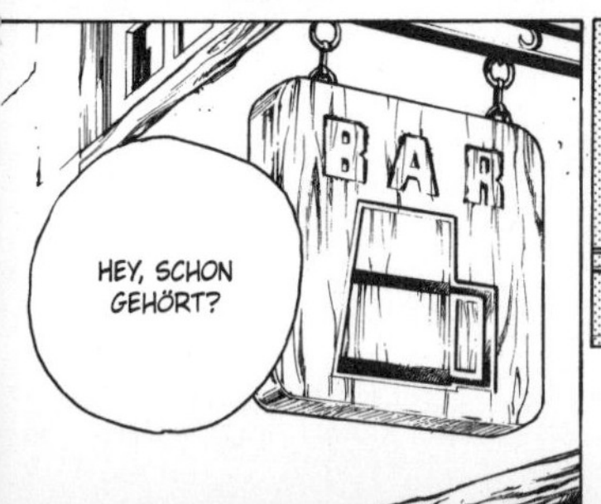
BAR
HEY, SCHON GEHÖRT?

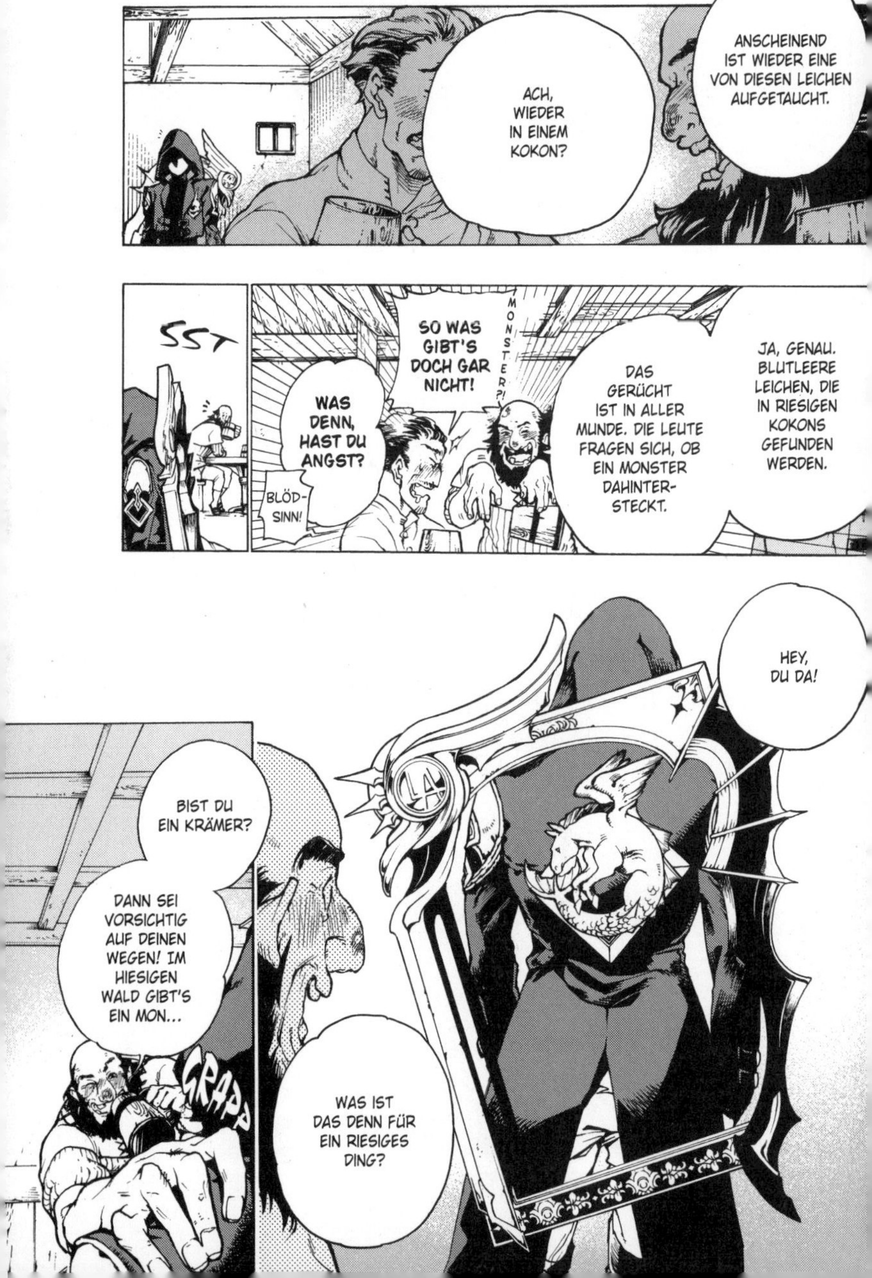

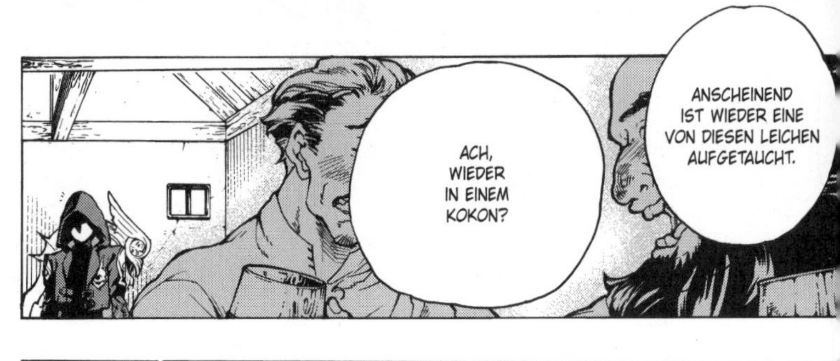
ANSCHEINEND IST WIEDER EINE VON DIESEN LEICHEN AUFGETAUCHT.
ACH, WIEDER IN EINEM KOKON?

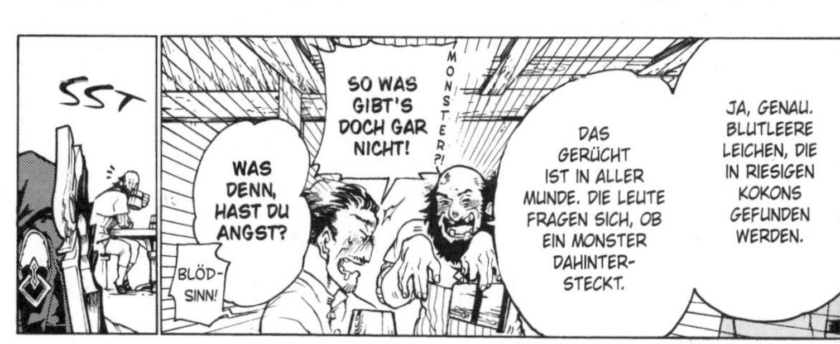
JA, GENAU. BLUTLEERE LEICHEN, DIE IN RIESIGEN KOKONS GEFUNDEN WERDEN.
DAS GERÜCHT IST IN ALLER MUNDE. DIE LEUTE FRAGEN SICH, OB EIN MONSTER DAHINTER-STECKT.
MONSTER?!
SO WAS GIBT'S DOCH GAR NICHT!
WAS DENN, HAST DU ANGST?
BLÖD-SINN!
SST

HEY, DU DA!
BIST DU EIN KRÄMER?
DANN SEI VORSICHTIG AUF DEINEN WEGEN! IM HIESIGEN WALD GIBT'S EIN MON...
GRAPP
WAS IST DAS DENN FÜR EIN RIESIGES DING?

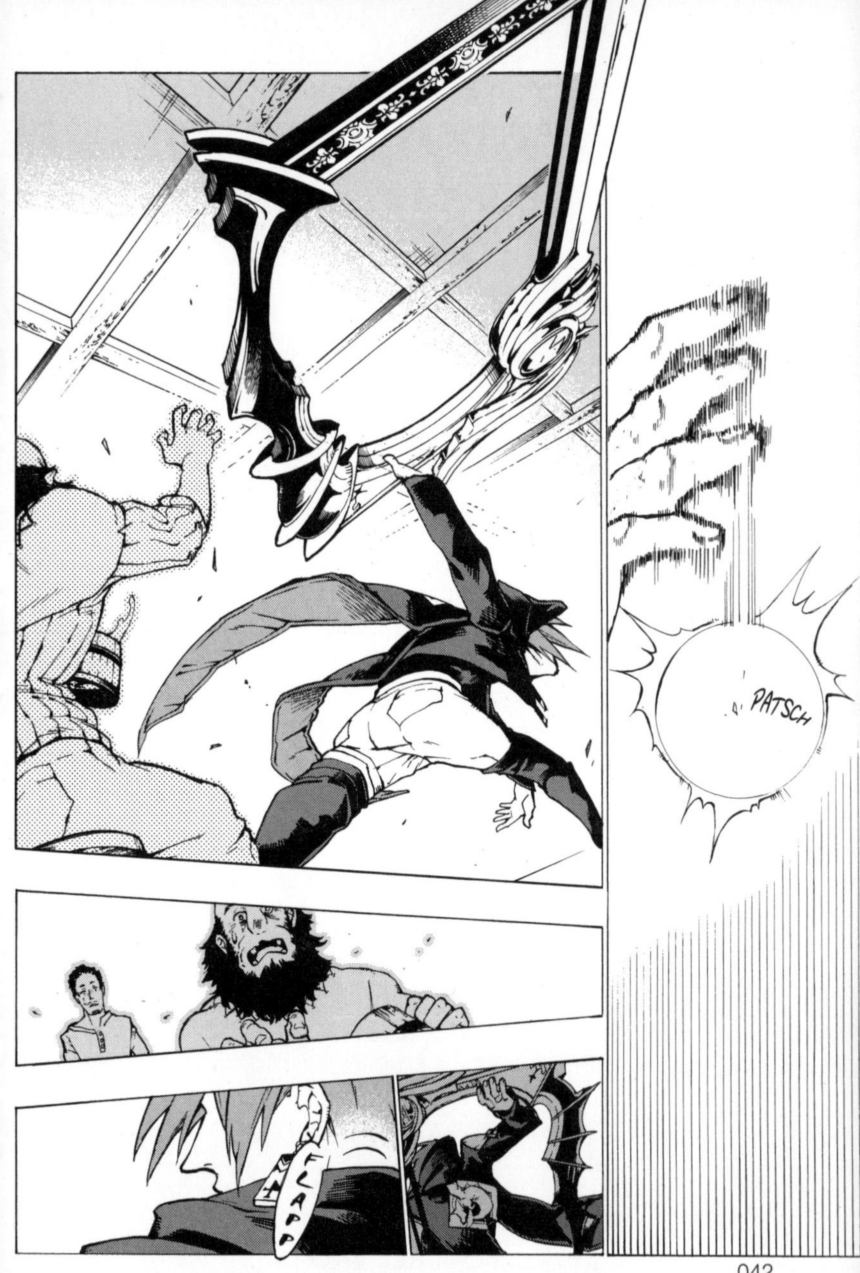
PATSCH
FLAPP

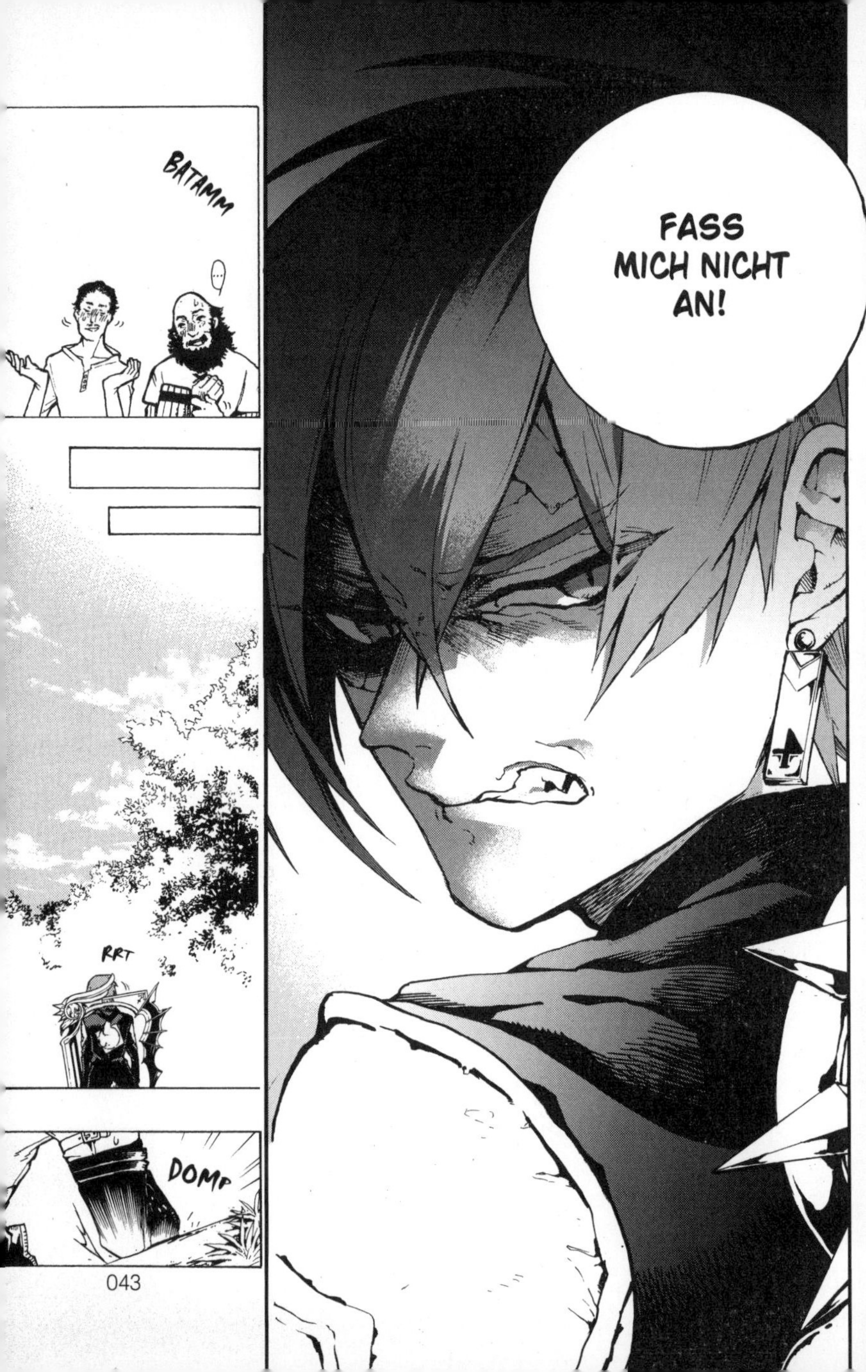
FASS MICH NICHT AN!
BATAMM
...
RRT
DOMP

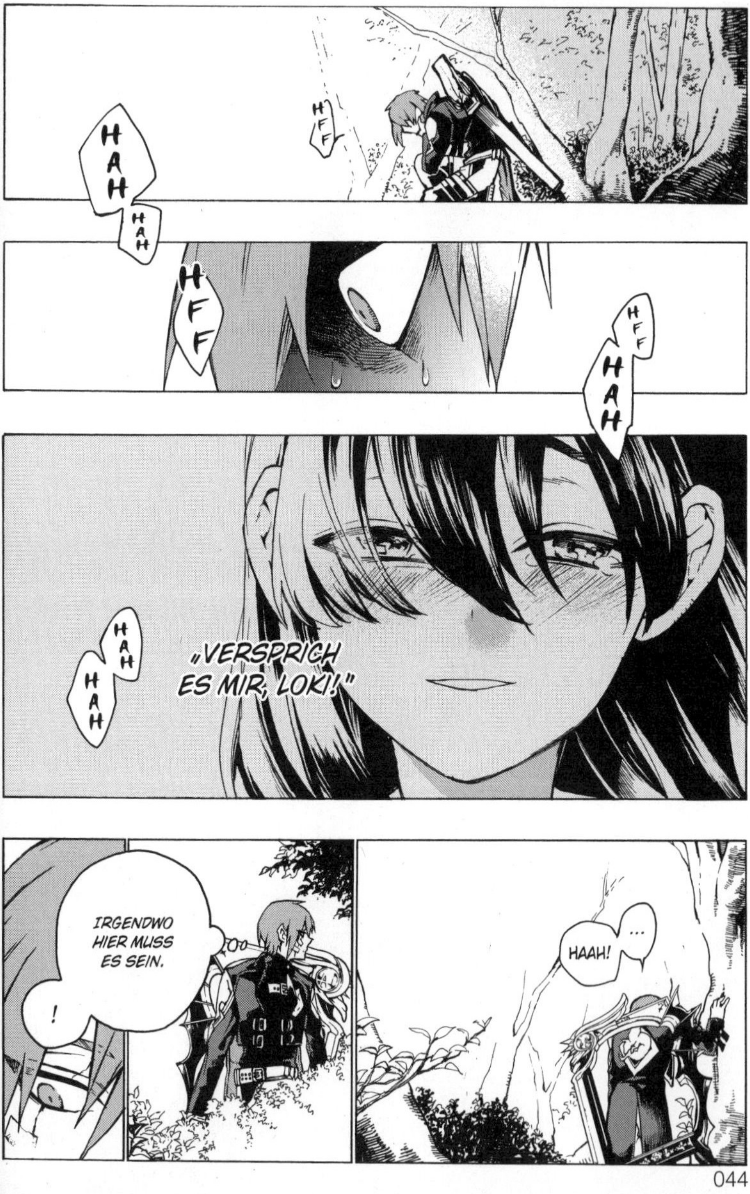

HFF

HAH

HAH

HFF

HFF

HAH

HAH

HAH

„VERSPRICH ES MIR, LOKI!“

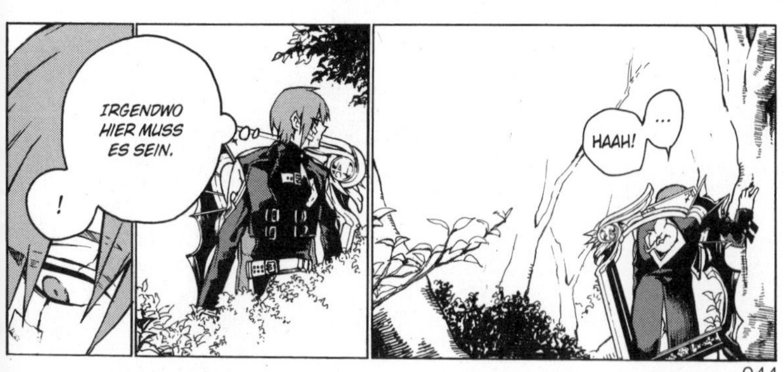

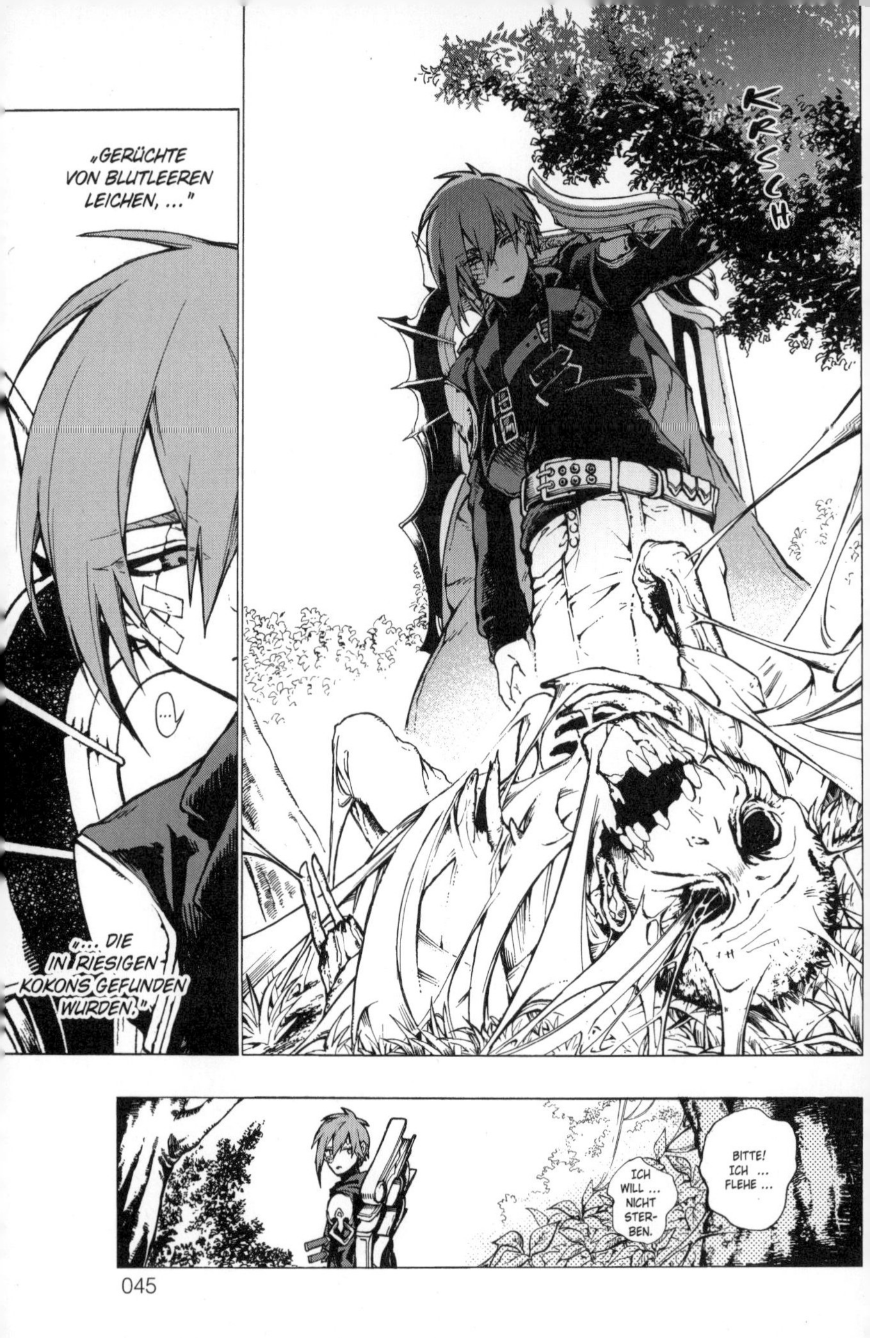

„GERÜCHTE VON BLUTLEEREN LEICHEN, ...“

...

„... DIE IN RIESIGEN KOKONS GEFUNDEN WURDEN.“

KRSCH

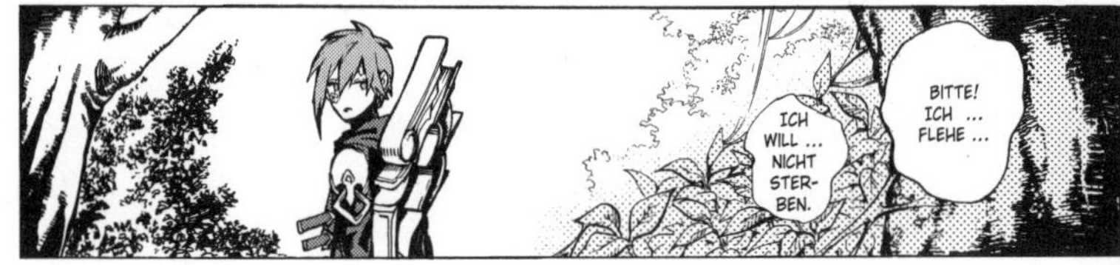

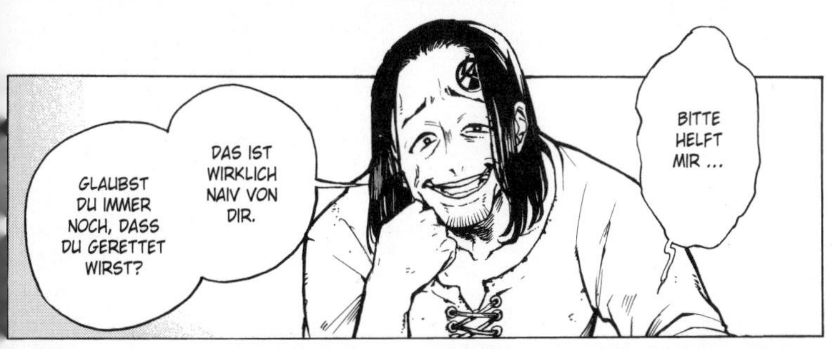
BITTE HELFT MIR ...
DAS IST WIRKLICH NAIV VON DIR.
GLAUBST DU IMMER NOCH, DASS DU GERETTET WIRST?
WARUM DENKST DU, DASS AUSGERECHNET DU ...
... ALS EINZIGE AM LEBEN GELASSEN WIRST?
KRSCH
ZACK

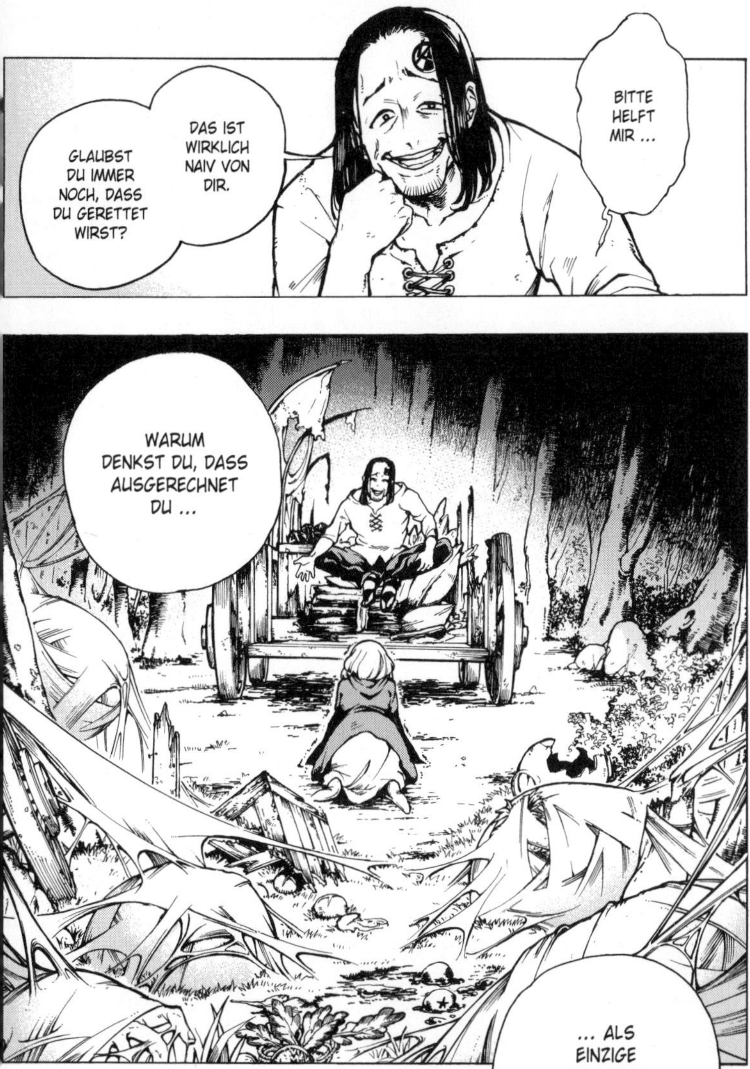

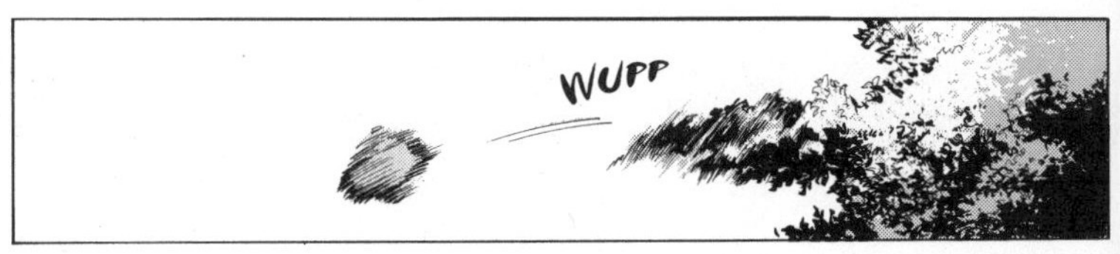

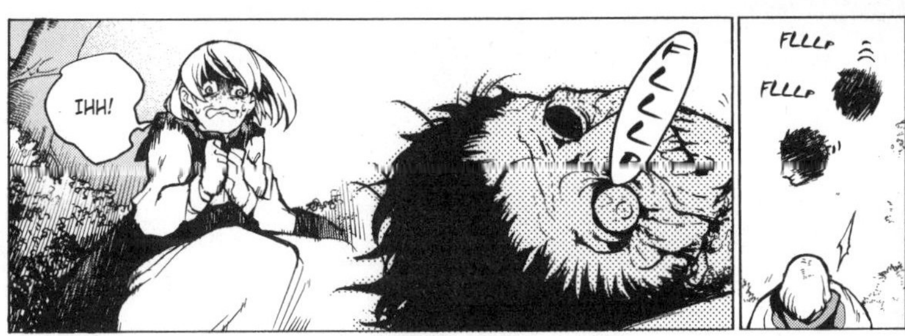

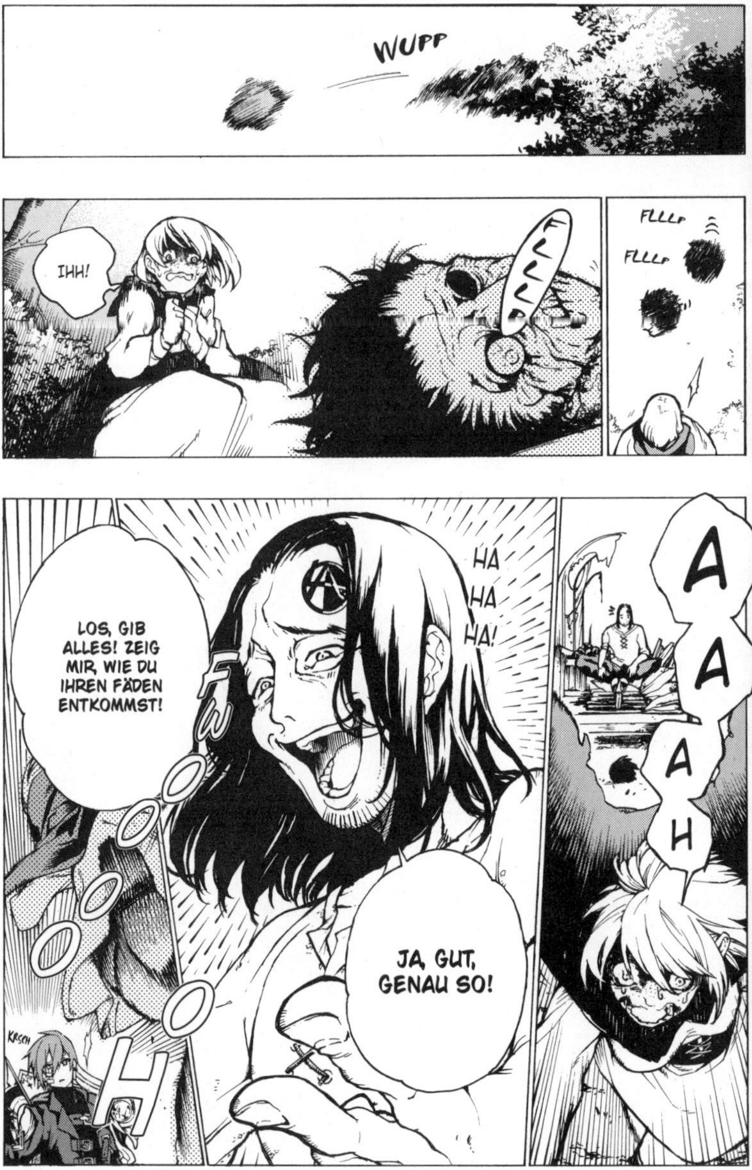

AAAAH

HA HA HA!

LOS, GIB ALLES! ZEIG MIR, WIE DU IHREN FÄDEN ENTKOMMST!

FWOOOOOOOOH

JA, GUT, GENAU SO!

KRSCH

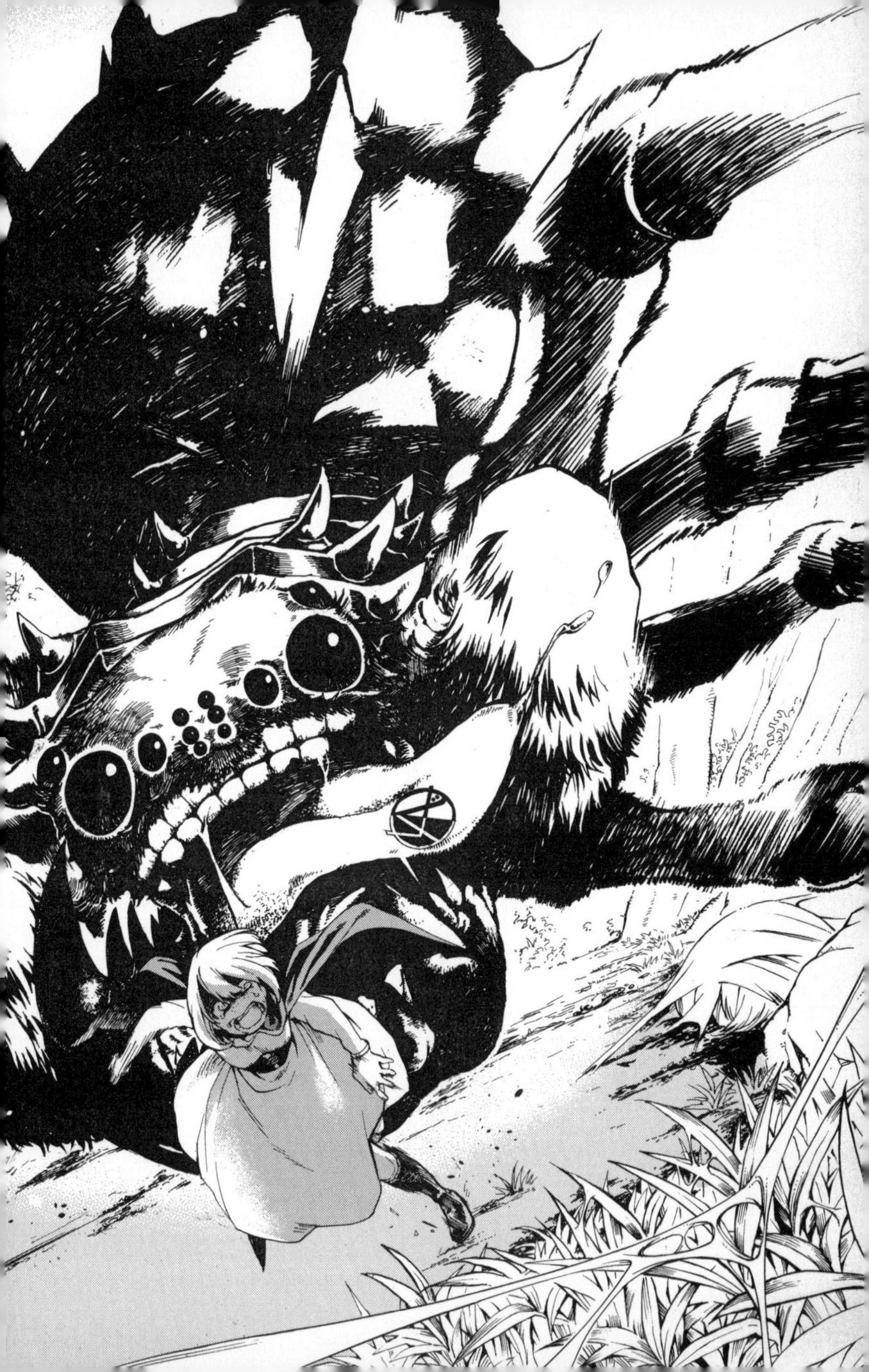

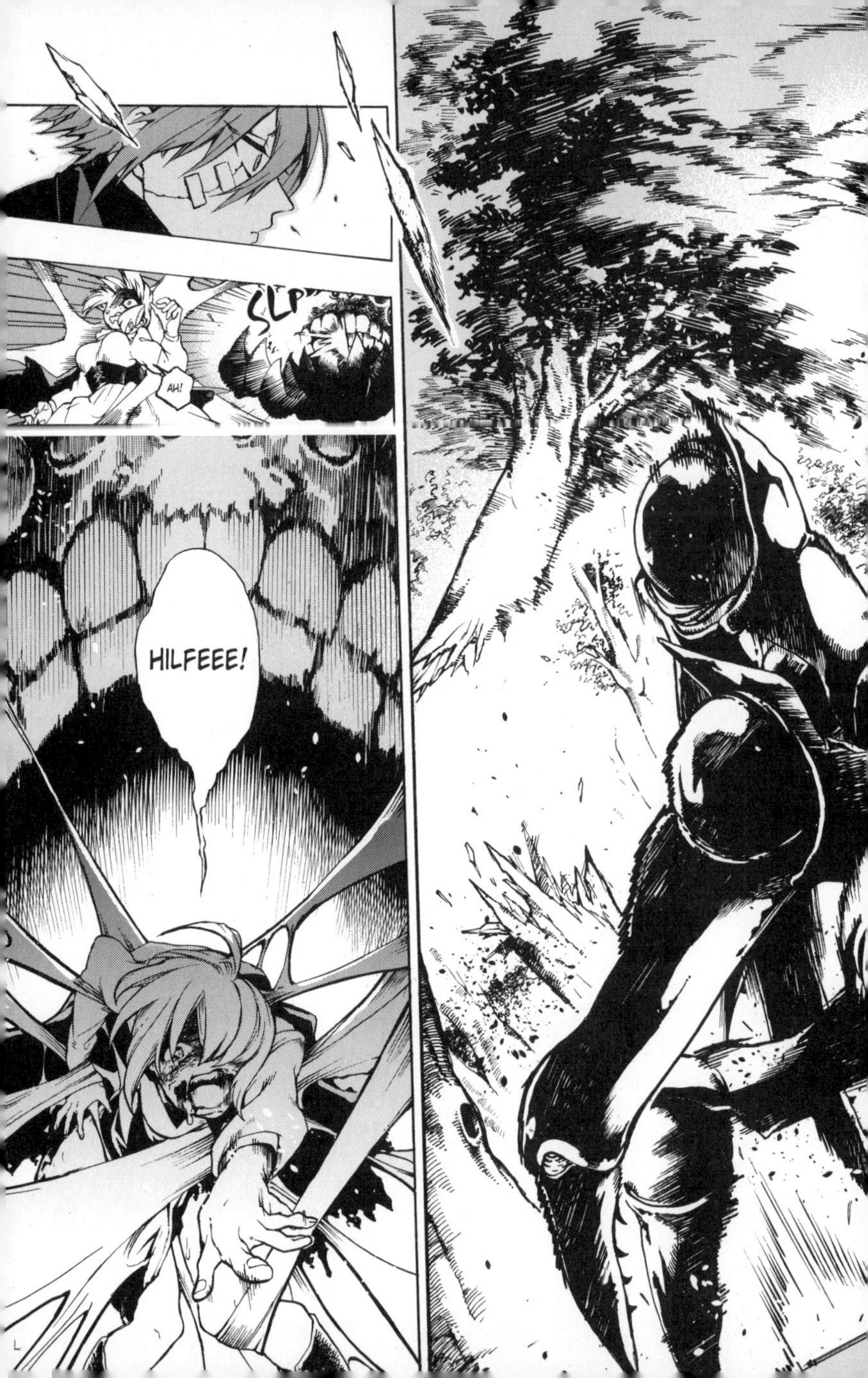
SLP
AH!
HILFEEE!

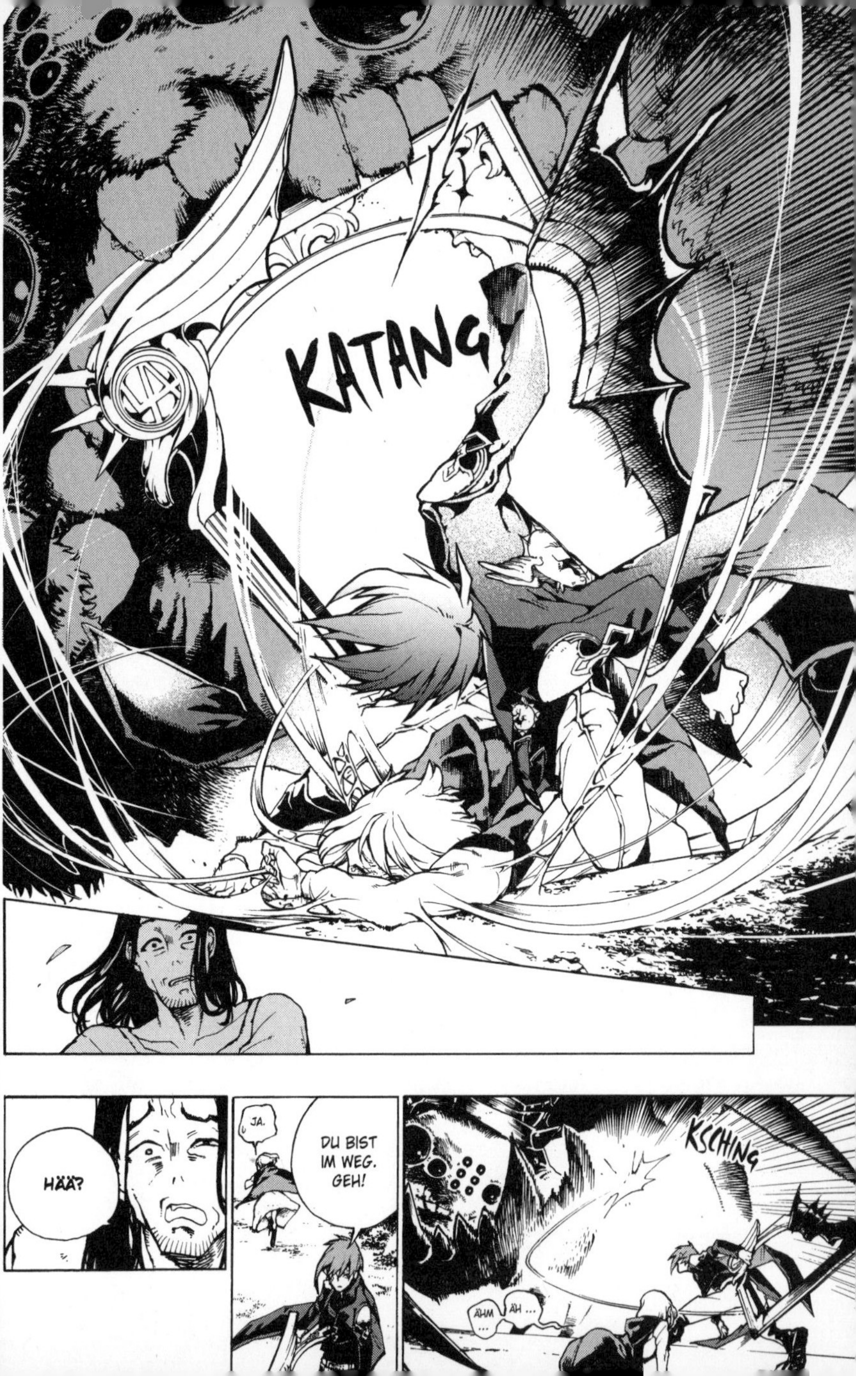

KATANG

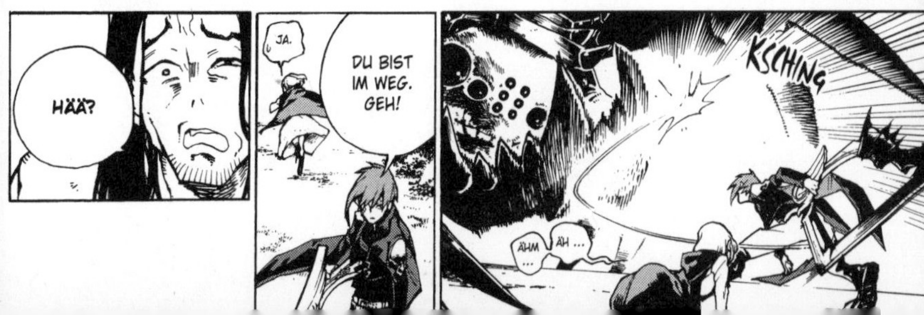

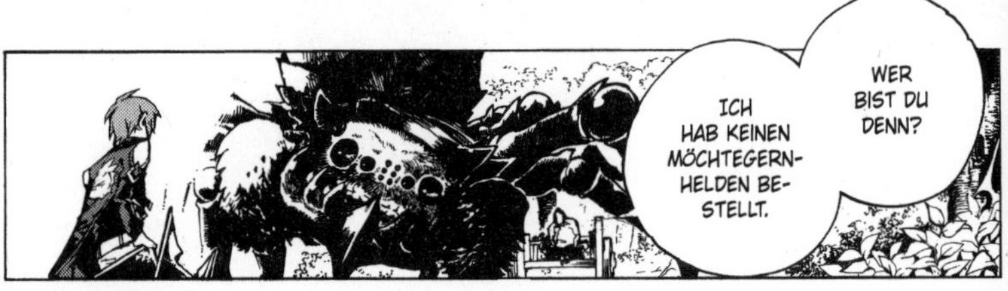

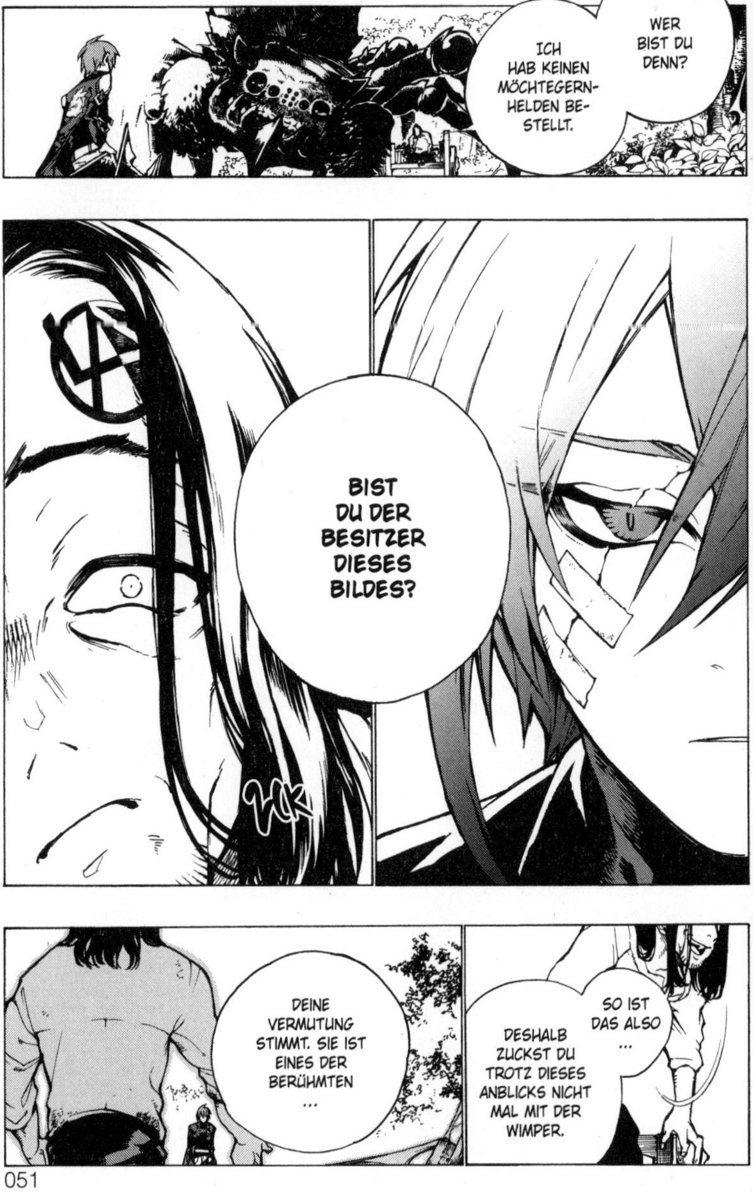

BIST DU DER BESITZER DIESES BILDES?

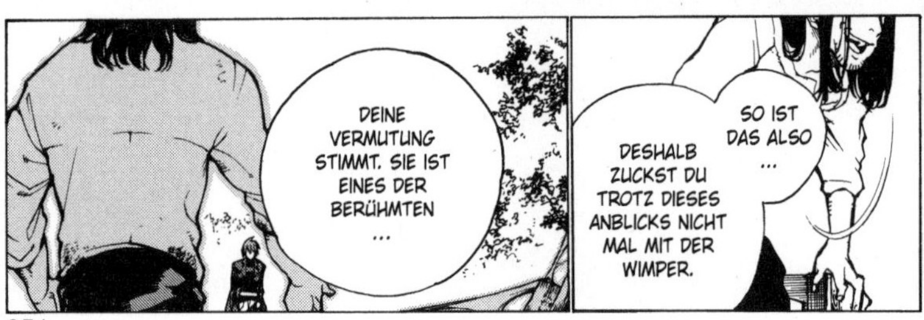

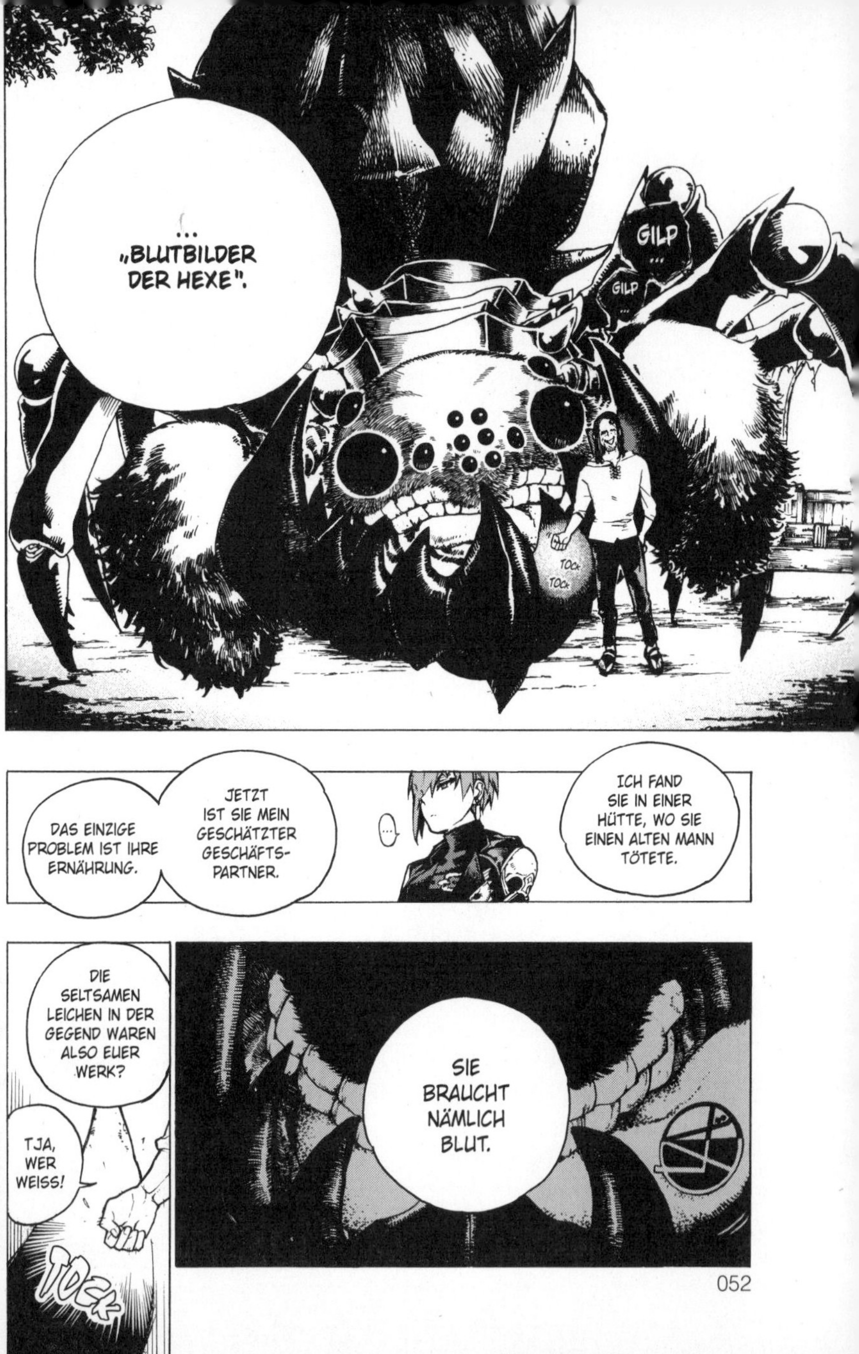

... „BLUTBILDER DER HEXE".
GILP ...
GILP ...
TOCK
TOCK

ICH FAND SIE IN EINER HÜTTE, WO SIE EINEN ALTEN MANN TÖTETE.

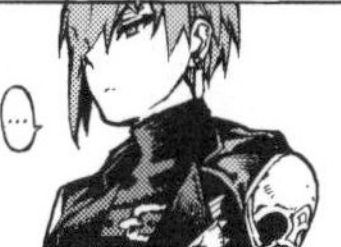

JETZT IST SIE MEIN GESCHÄTZTER GESCHÄFTSPARTNER.
DAS EINZIGE PROBLEM IST IHRE ERNÄHRUNG.

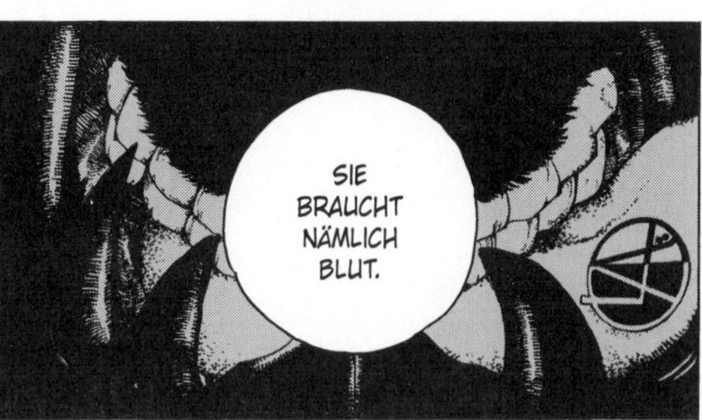

DIE SELTSAMEN LEICHEN IN DER GEGEND WAREN ALSO EUER WERK?
TJA, WER WEISS!
TOCK

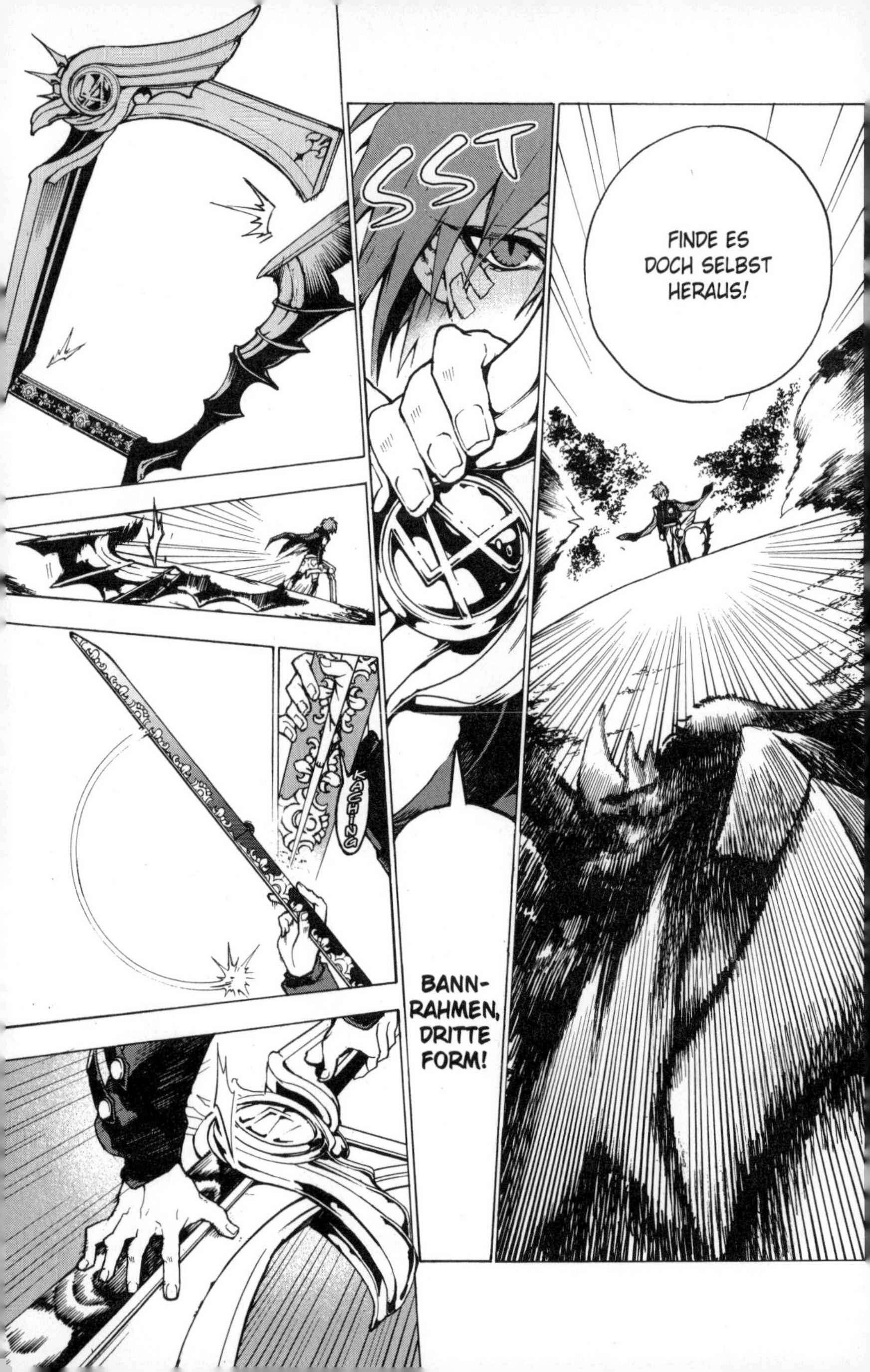
FINDE ES DOCH SELBST HERAUS!
SST
BANN-RAHMEN, DRITTE FORM!
KASHING

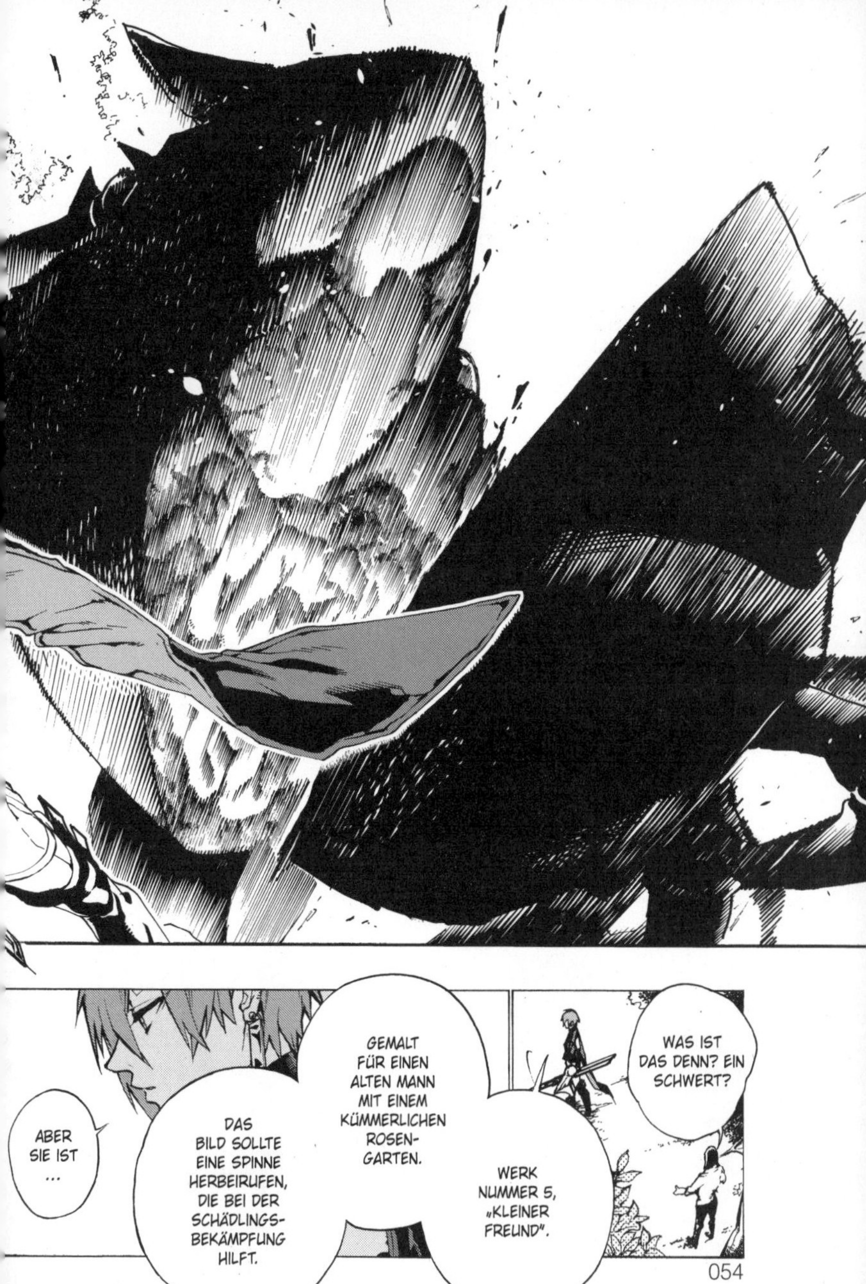
WAS IST DAS DENN? EIN SCHWERT?
WERK NUMMER 5, „KLEINER FREUND".
GEMALT FÜR EINEN ALTEN MANN MIT EINEM KÜMMERLICHEN ROSEN-GARTEN.
DAS BILD SOLLTE EINE SPINNE HERBEIRUFEN, DIE BEI DER SCHÄDLINGS-BEKÄMPFUNG HILFT.
ABER SIE IST ...

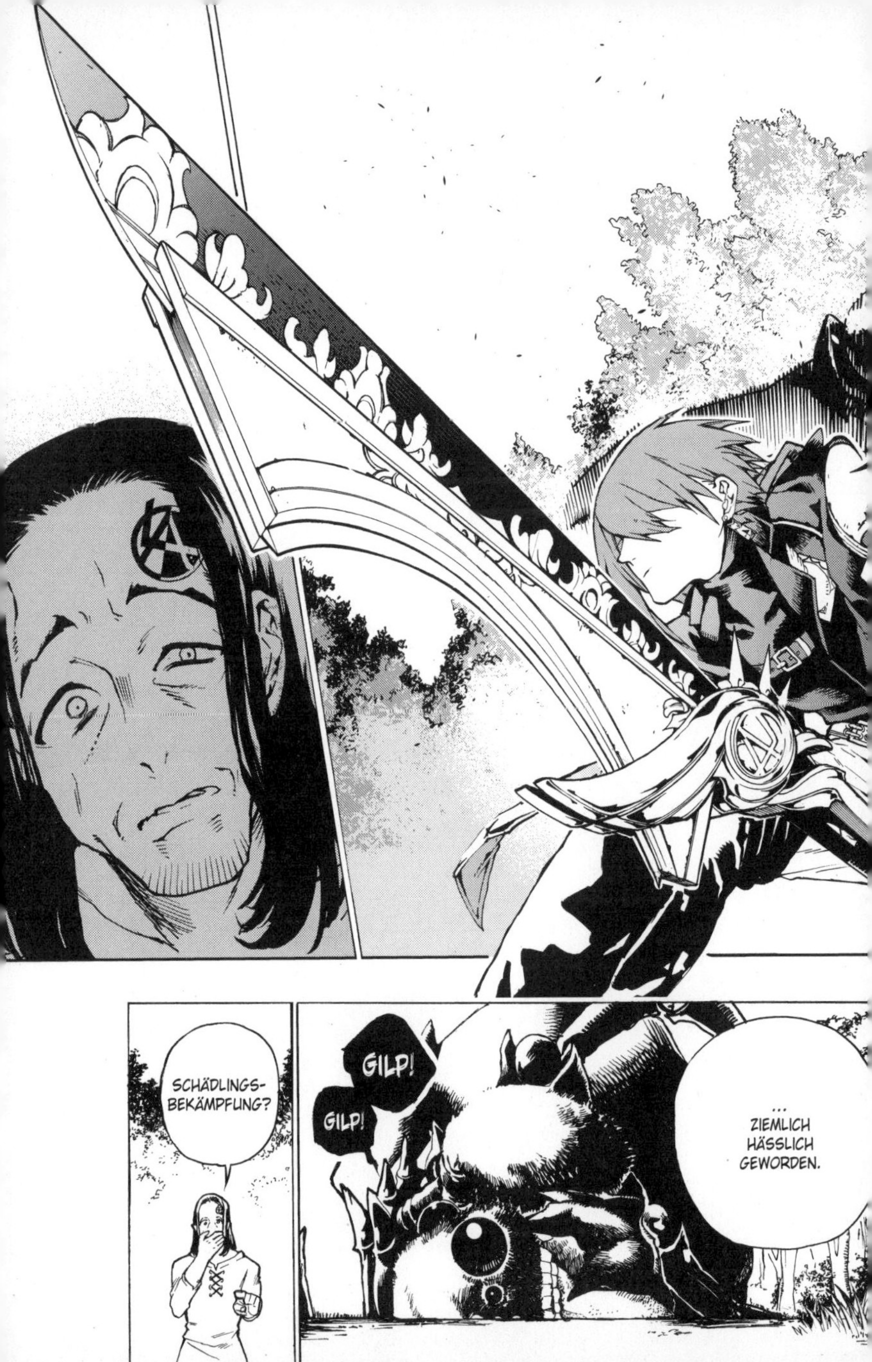

... ZIEMLICH HÄSSLICH GEWORDEN.
GILP!
GILP!
SCHÄDLINGS-BEKÄMPFUNG?

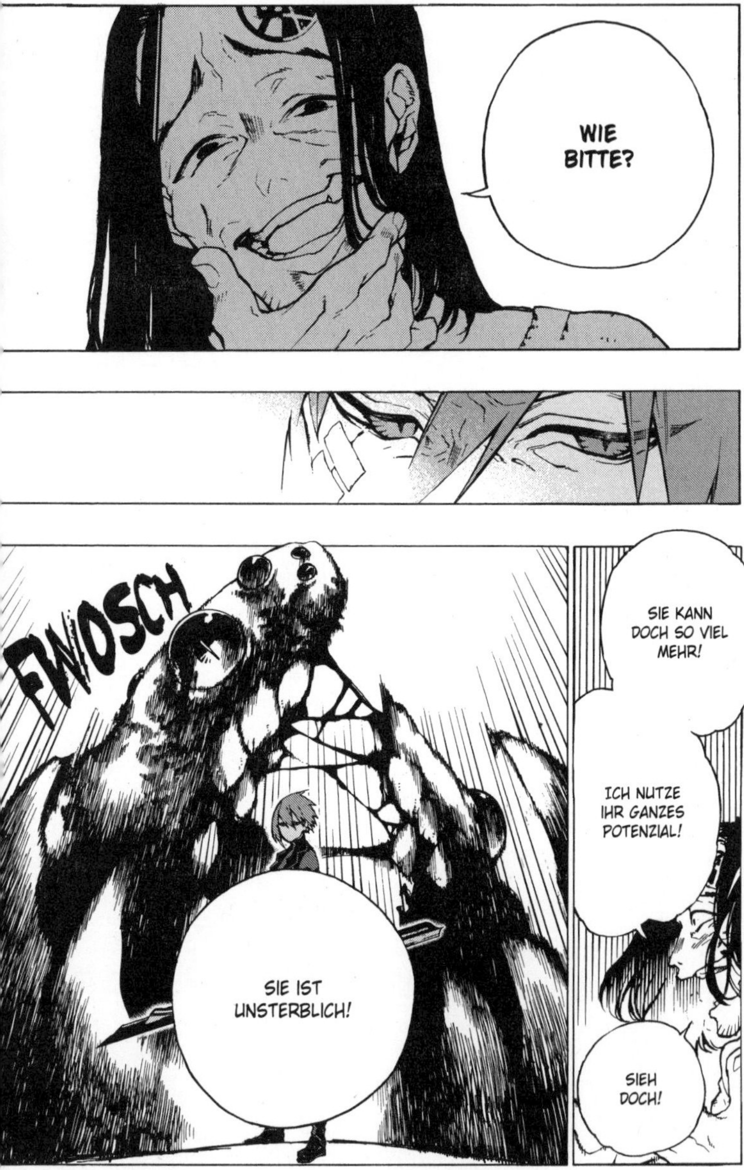

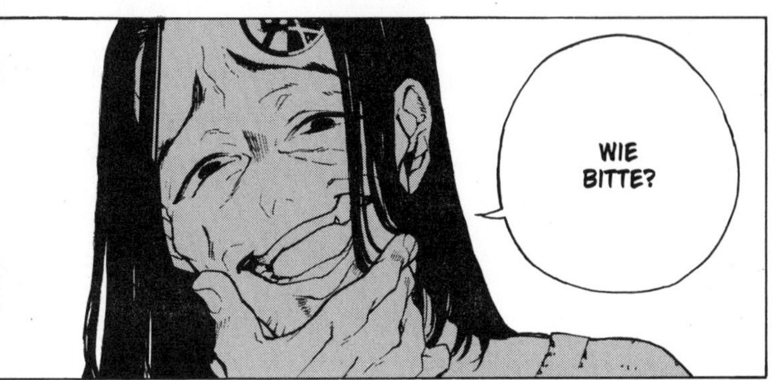
WIE BITTE?

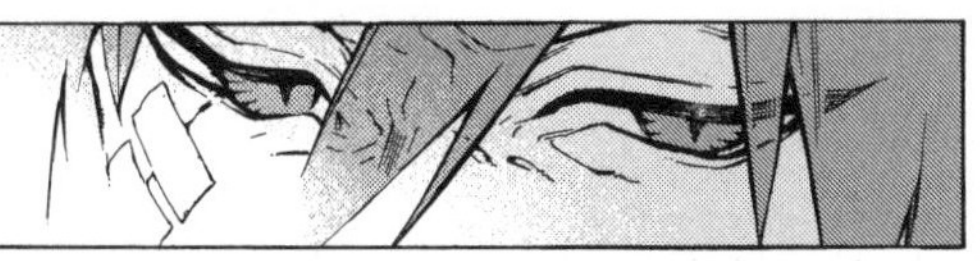

SIE KANN DOCH SO VIEL MEHR!
ICH NUTZE IHR GANZES POTENZIAL!
SIEH DOCH!
FWOSCH
SIE IST UNSTERBLICH!

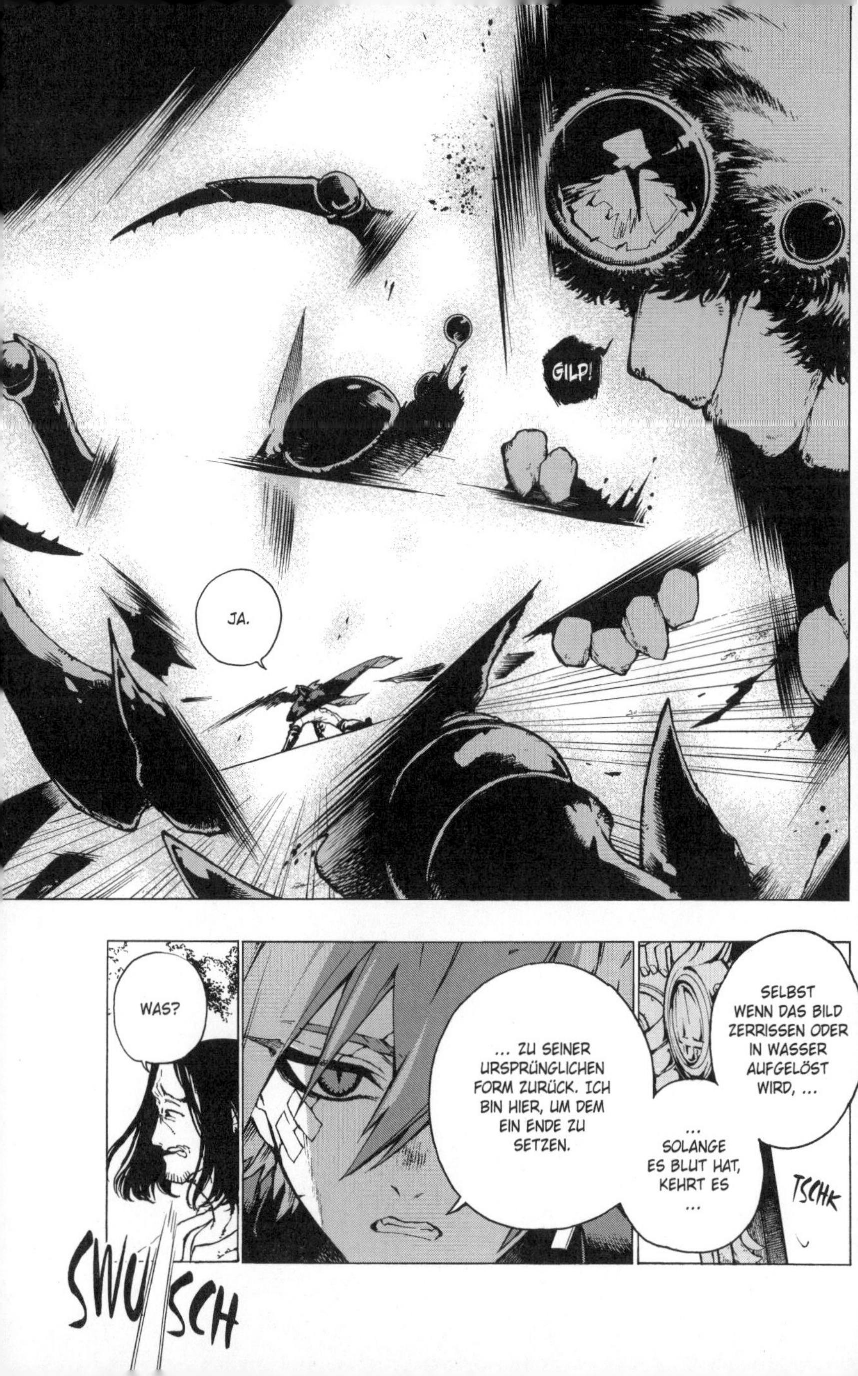

GILP!

JA.

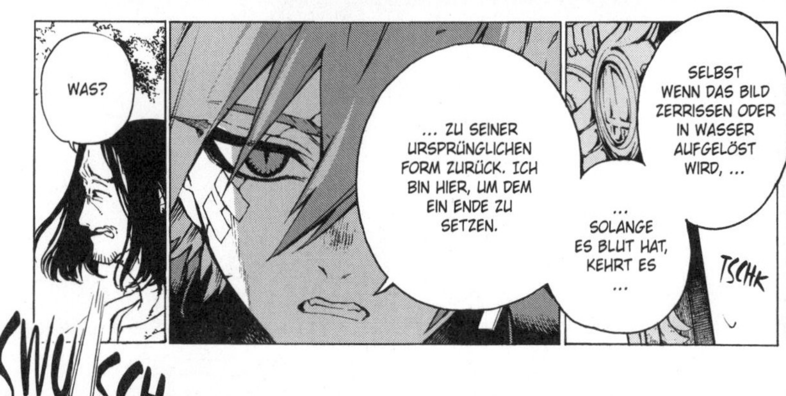

SELBST WENN DAS BILD ZERRISSEN ODER IN WASSER AUFGELÖST WIRD, …
… SOLANGE ES BLUT HAT, KEHRT ES …
TSCHK
… ZU SEINER URSPRÜNGLICHEN FORM ZURÜCK. ICH BIN HIER, UM DEM EIN ENDE ZU SETZEN.
WAS?
SWUSCH

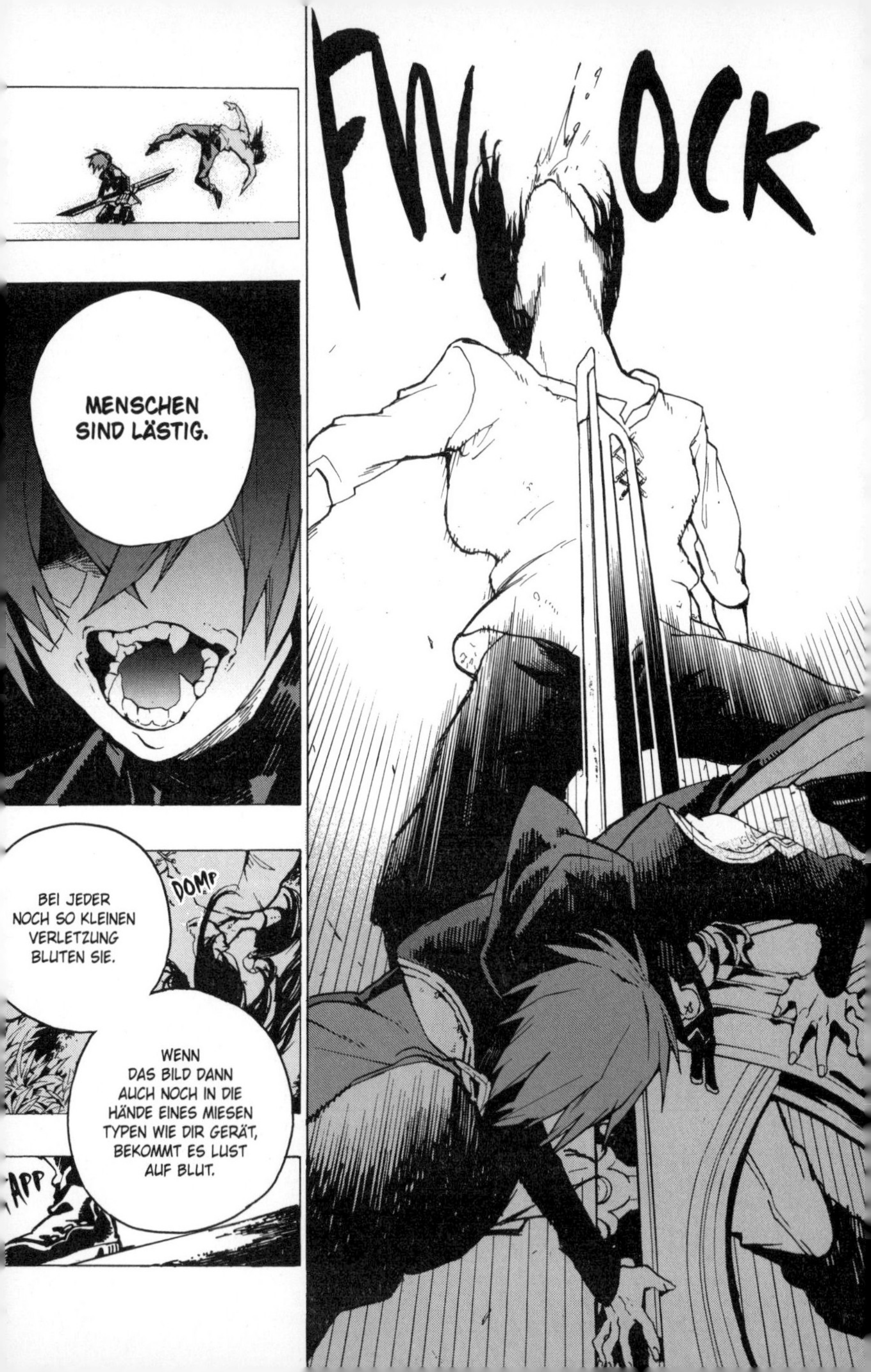

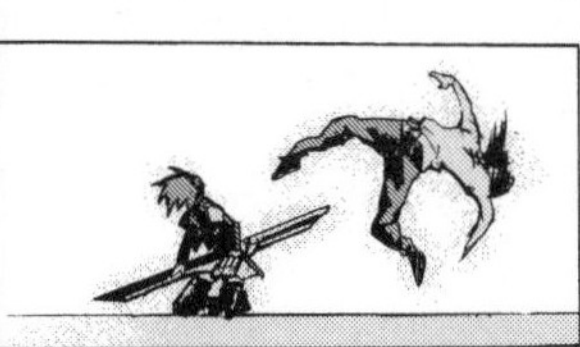

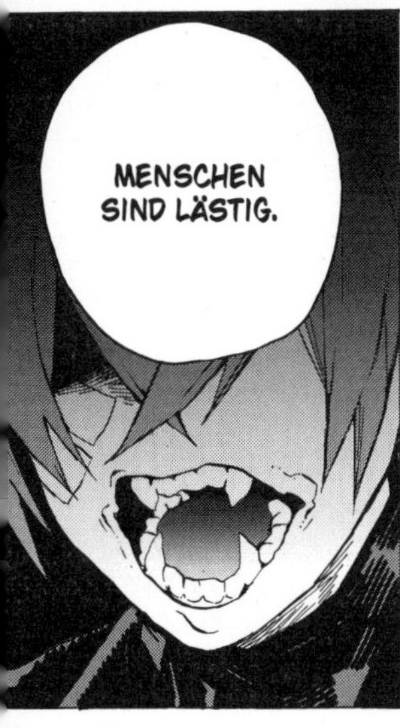
MENSCHEN SIND LÄSTIG.

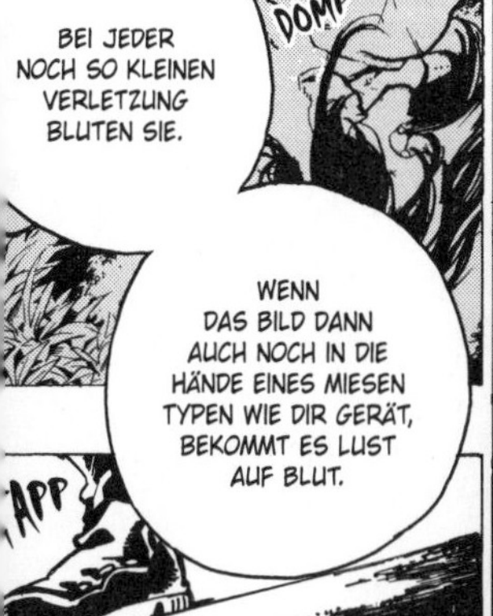
DOMP
BEI JEDER NOCH SO KLEINEN VERLETZUNG BLUTEN SIE.
WENN DAS BILD DANN AUCH NOCH IN DIE HÄNDE EINES MIESEN TYPEN WIE DIR GERÄT, BEKOMMT ES LUST AUF BLUT.
APP

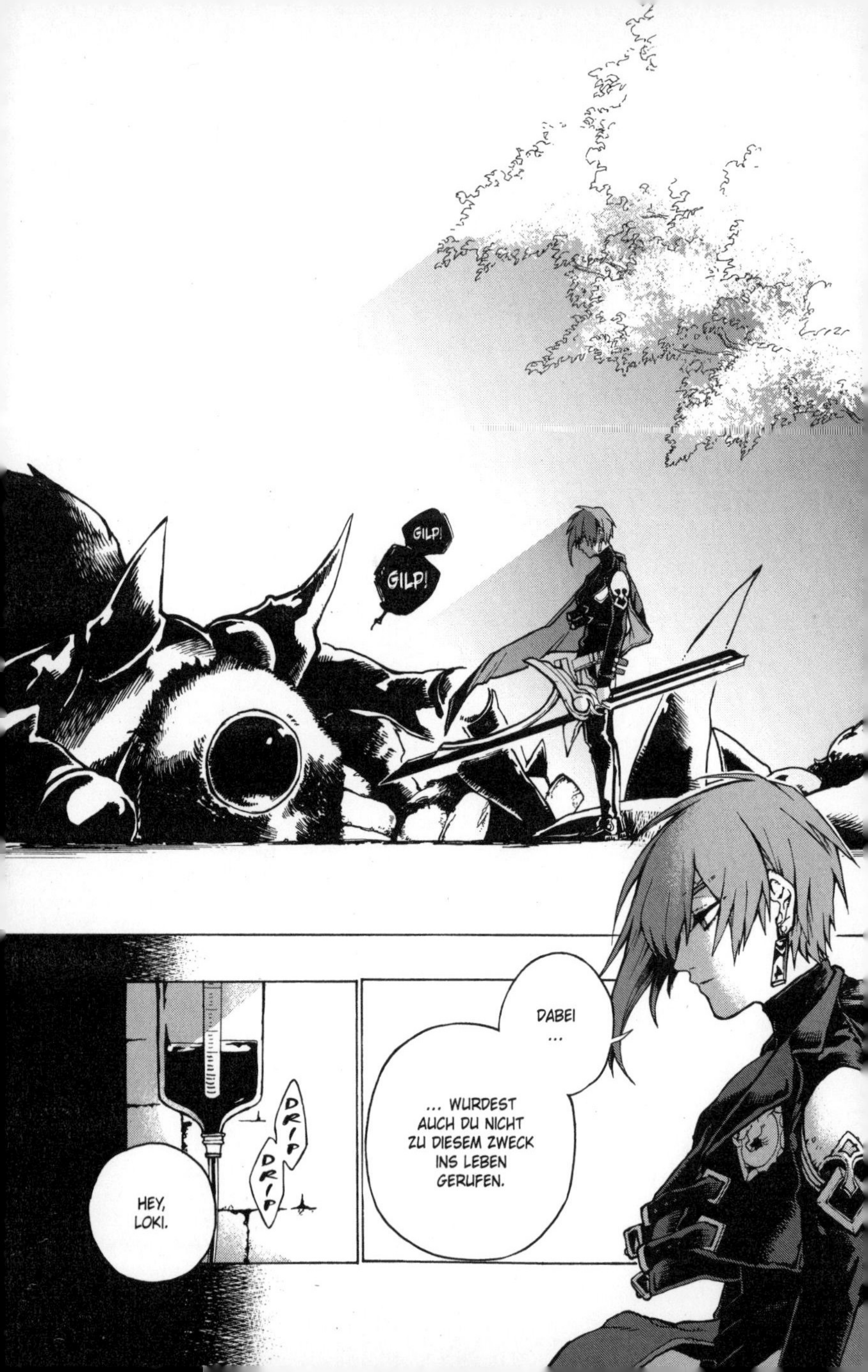
GILP!
GILP!
DABEI …
… WURDEST AUCH DU NICHT ZU DIESEM ZWECK INS LEBEN GERUFEN.
DRIP
DRIP
HEY, LOKI.

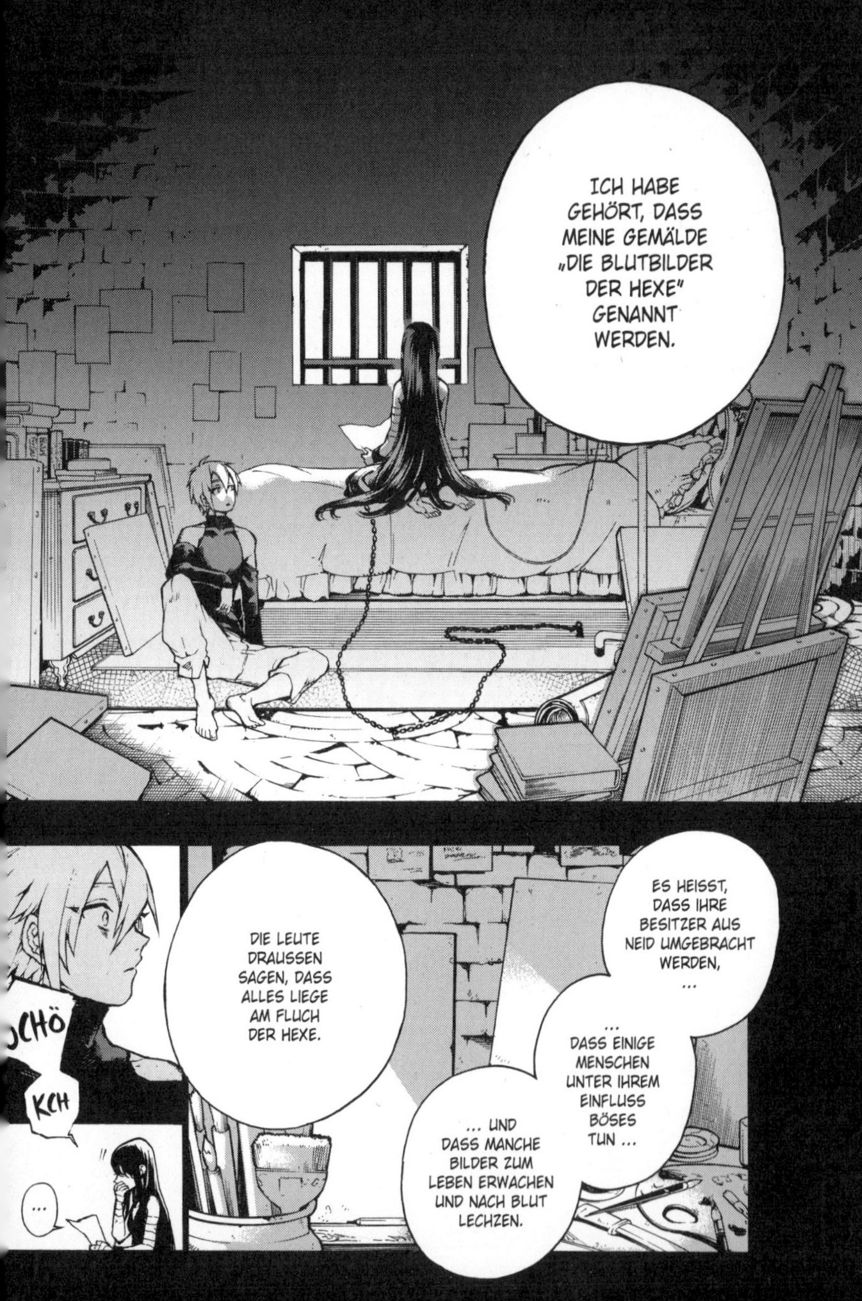
ICH HABE GEHÖRT, DASS MEINE GEMÄLDE „DIE BLUTBILDER DER HEXE" GENANNT WERDEN.
ES HEISST, DASS IHRE BESITZER AUS NEID UMGEBRACHT WERDEN, …
DIE LEUTE DRAUSSEN SAGEN, DASS ALLES LIEGE AM FLUCH DER HEXE.
… DASS EINIGE MENSCHEN UNTER IHREM EINFLUSS BÖSES TUN …
… UND DASS MANCHE BILDER ZUM LEBEN ERWACHEN UND NACH BLUT LECHZEN.
CHÖ
KCH
…

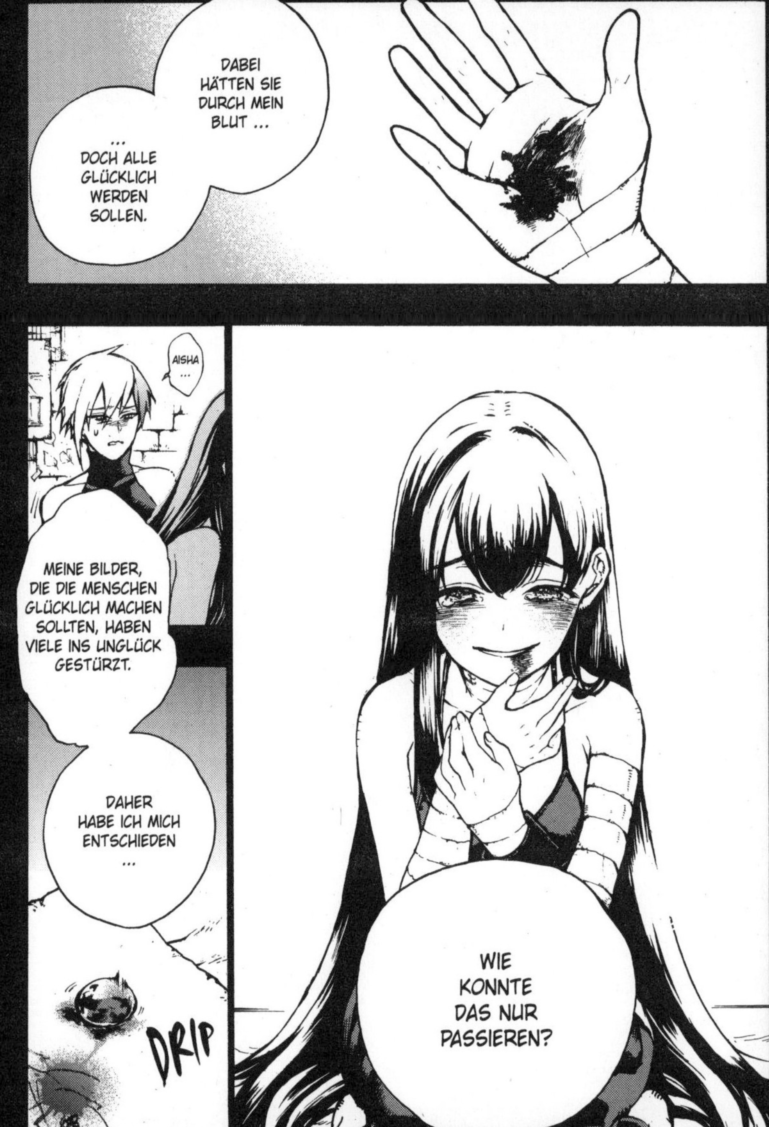
DABEI HÄTTEN SIE DURCH MEIN BLUT ...
... DOCH ALLE GLÜCKLICH WERDEN SOLLEN.
AISHA ...
MEINE BILDER, DIE DIE MENSCHEN GLÜCKLICH MACHEN SOLLTEN, HABEN VIELE INS UNGLÜCK GESTÜRZT.
DAHER HABE ICH MICH ENTSCHIEDEN ...
WIE KONNTE DAS NUR PASSIEREN?
DRIP

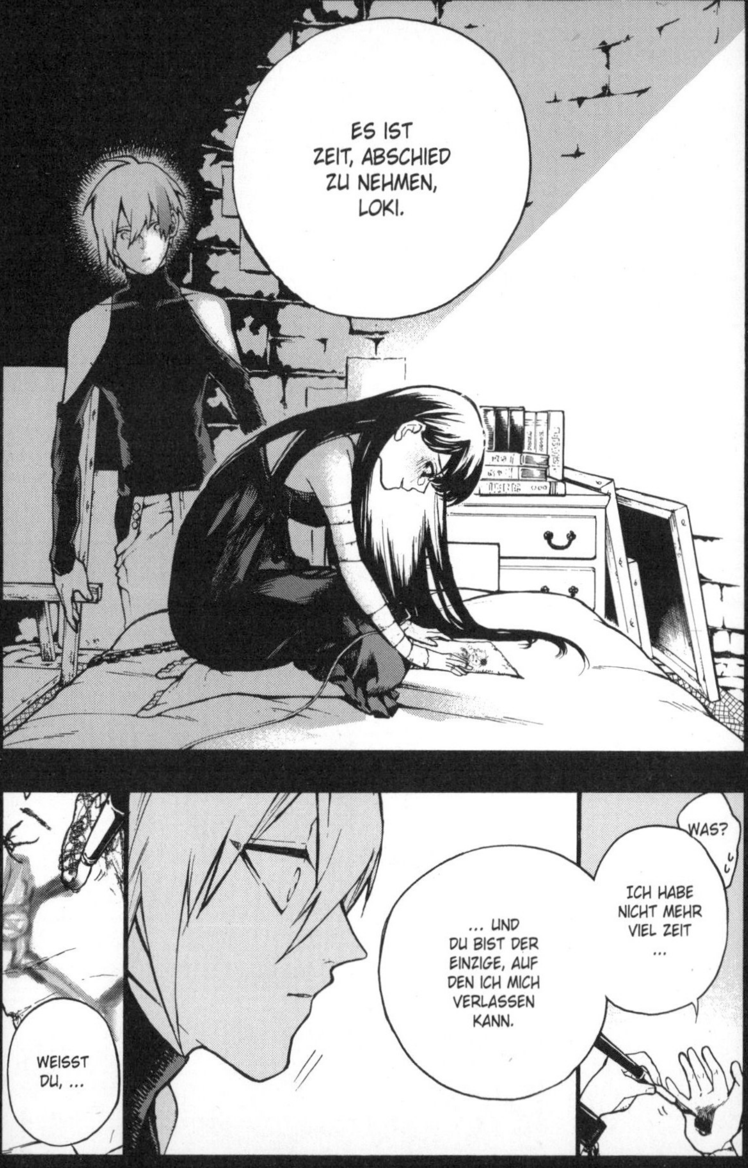

ES IST ZEIT, ABSCHIED ZU NEHMEN, LOKI.

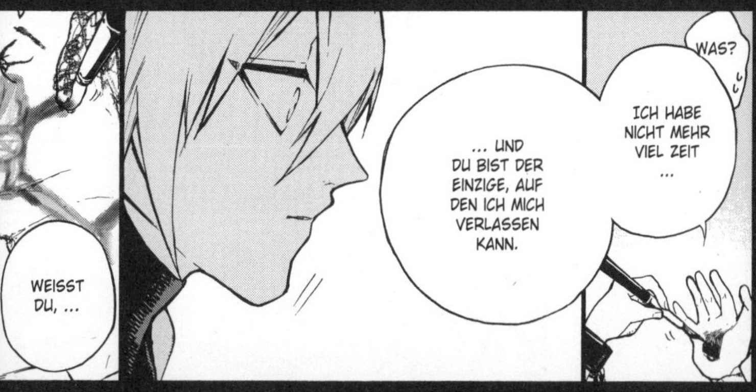

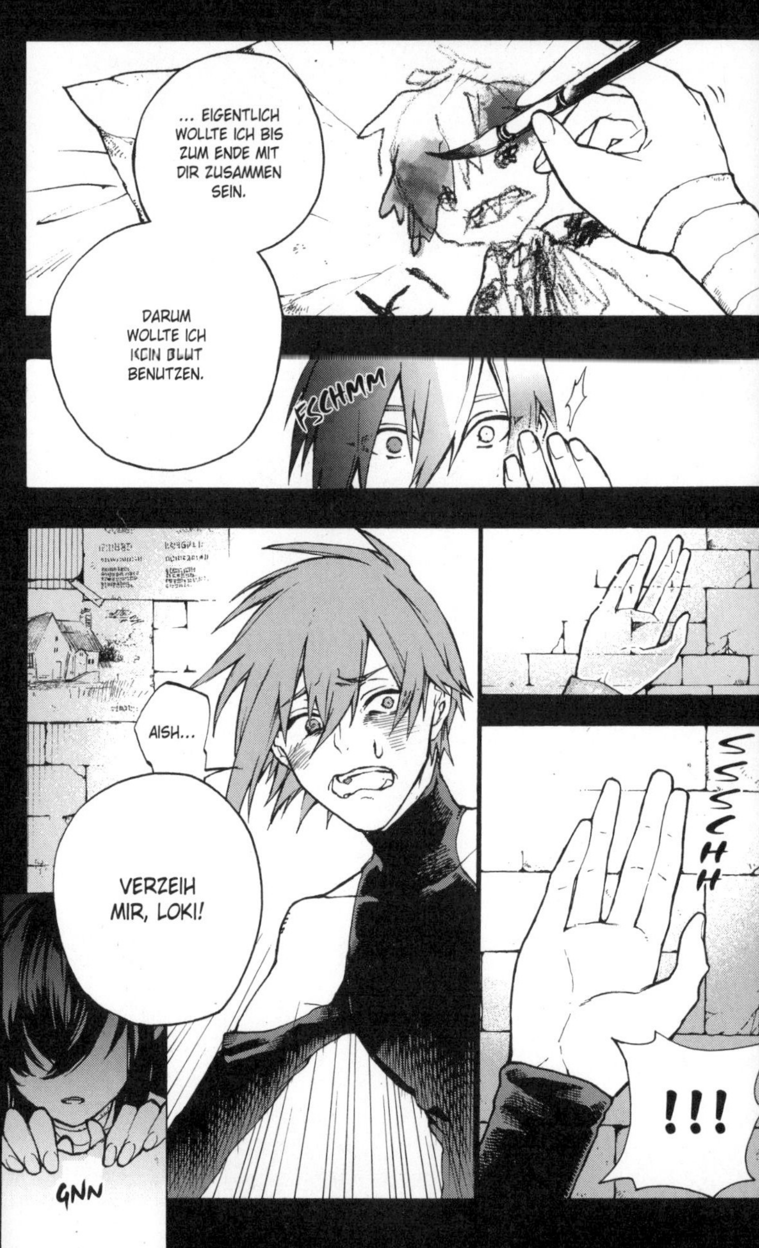
... EIGENTLICH WOLLTE ICH BIS ZUM ENDE MIT DIR ZUSAMMEN SEIN.
DARUM WOLLTE ICH KEIN BLUT BENUTZEN.
FSCHMM
AISH...
VERZEIH MIR, LOKI!
SSSSCHH
!!!
GNN

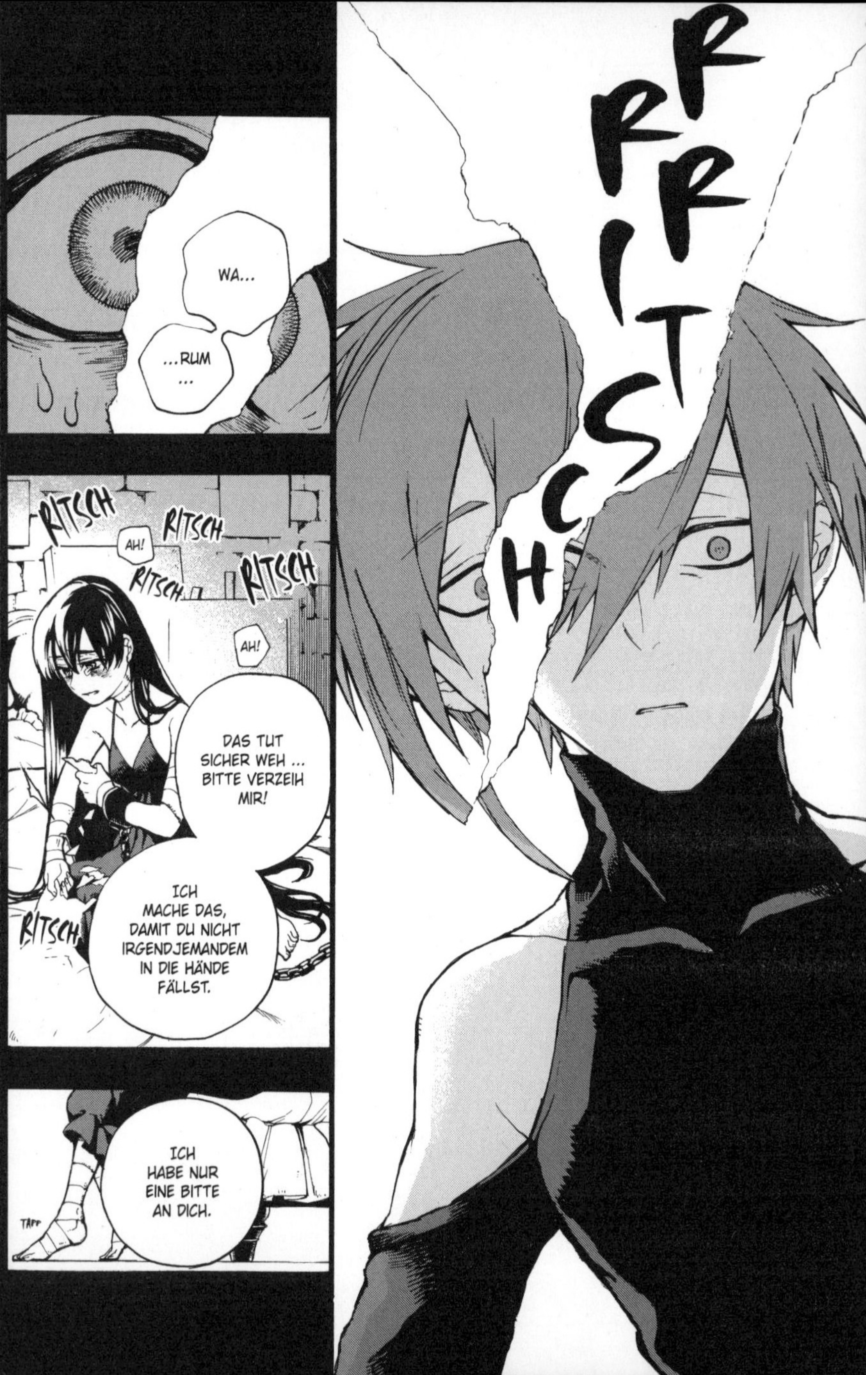
RRRITSCH
WA…
…RUM …
RITSCH
RITSCH
AH!
RITSCH
RITSCH
AH!
DAS TUT SICHER WEH … BITTE VERZEIH MIR!
RITSCH
ICH MACHE DAS, DAMIT DU NICHT IRGENDJEMANDEM IN DIE HÄNDE FÄLLST.
TAPP
ICH HABE NUR EINE BITTE AN DICH.

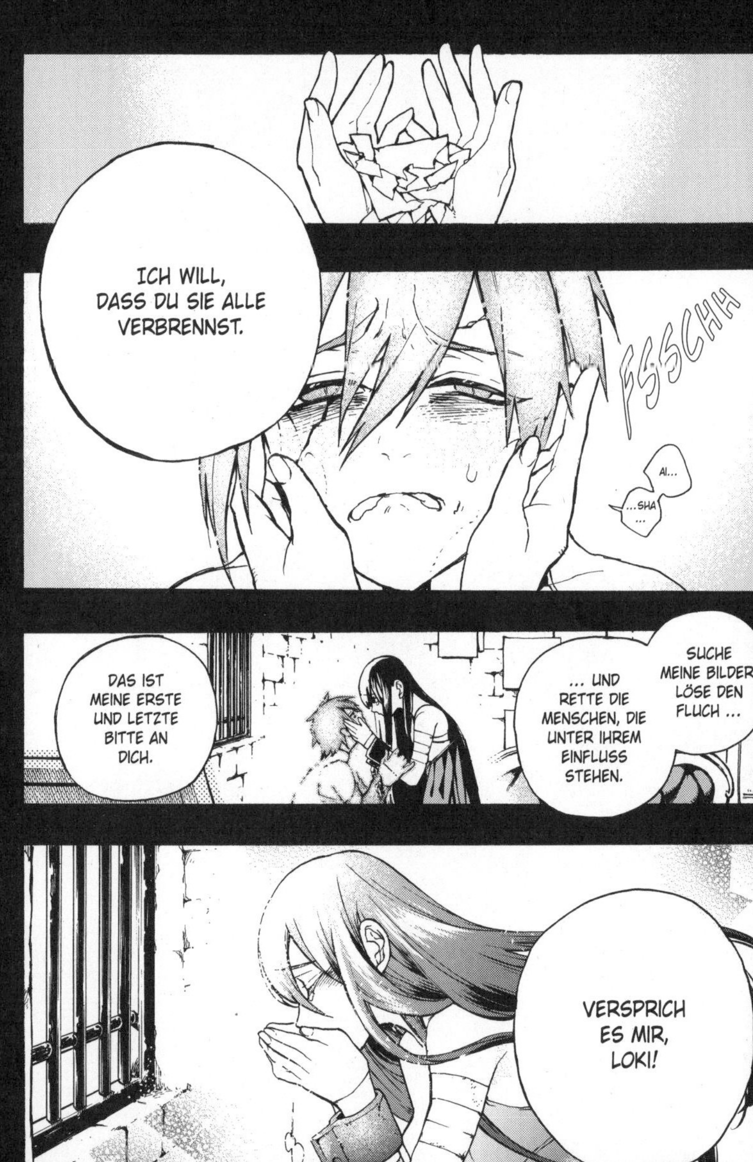
ICH WILL, DASS DU SIE ALLE VERBRENNST.
FSSCHH
AI...
...SHA ...
SUCHE MEINE BILDER, LÖSE DEN FLUCH ...
... UND RETTE DIE MENSCHEN, DIE UNTER IHREM EINFLUSS STEHEN.
DAS IST MEINE ERSTE UND LETZTE BITTE AN DICH.
VERSPRICH ES MIR, LOKI!

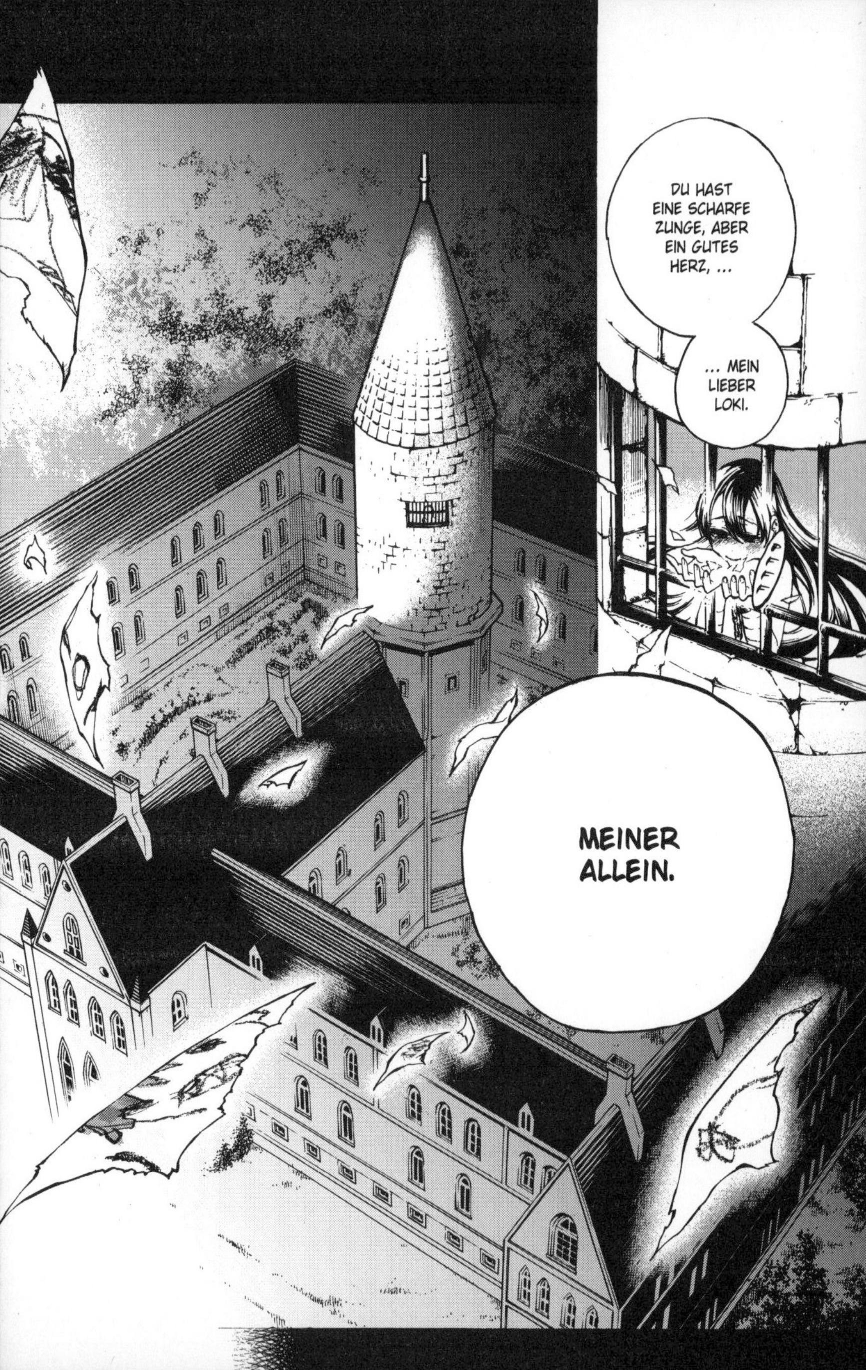
DU HAST EINE SCHARFE ZUNGE, ABER EIN GUTES HERZ, ...
... MEIN LIEBER LOKI.
MEINER ALLEIN.

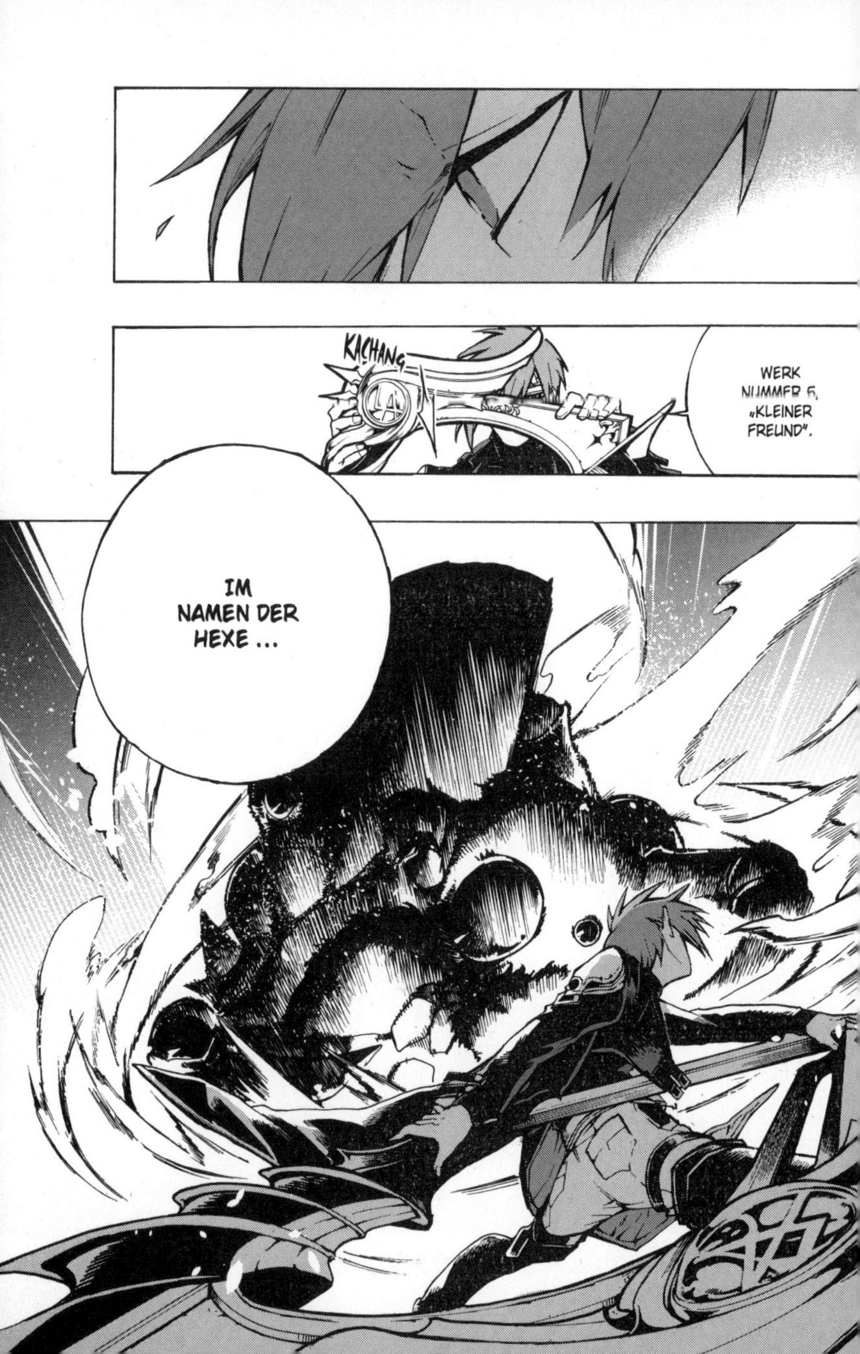
WERK NUMMER 6, „KLEINER FREUND".
KACHANG
IM NAMEN DER HEXE …

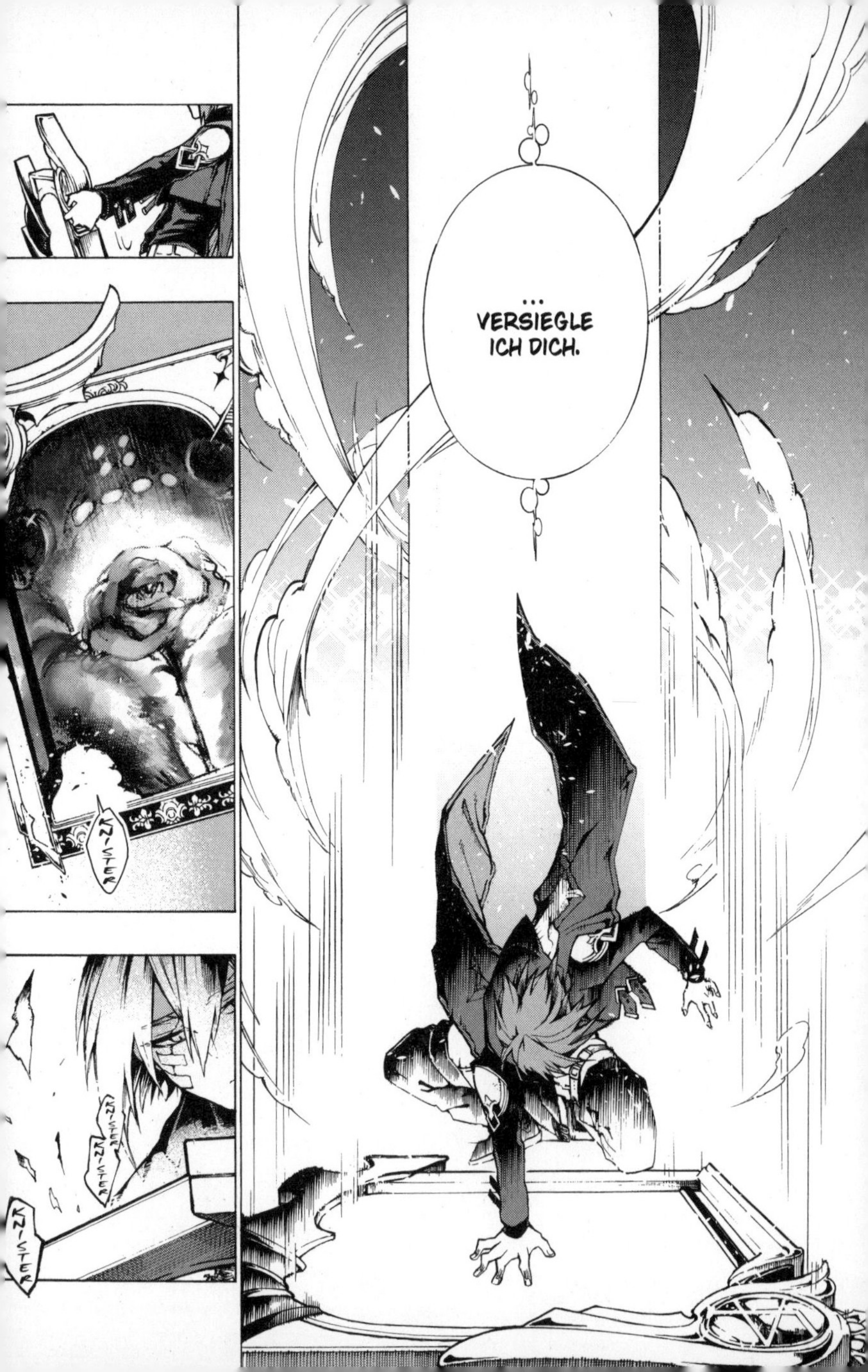
... VERSIEGLE ICH DICH.
KNISTER
KNISTER KNISTER
KNISTER

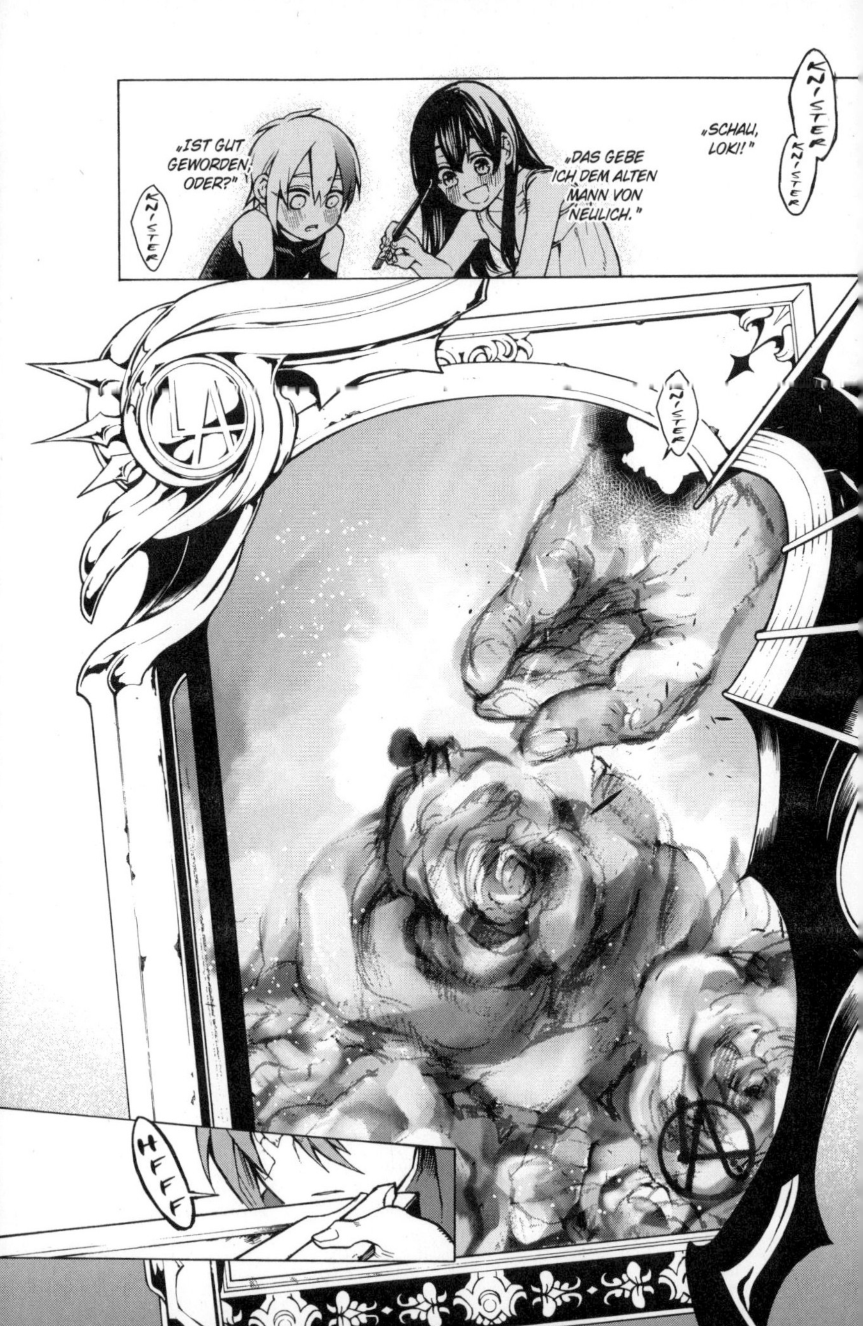
KNISTER KNISTER
„SCHAU, LOKI!"
„DAS GEBE ICH DEM ALTEN MANN VON NEULICH."
„IST GUT GEWORDEN, ODER?"
KNISTER
LA
KNISTER
HFFF

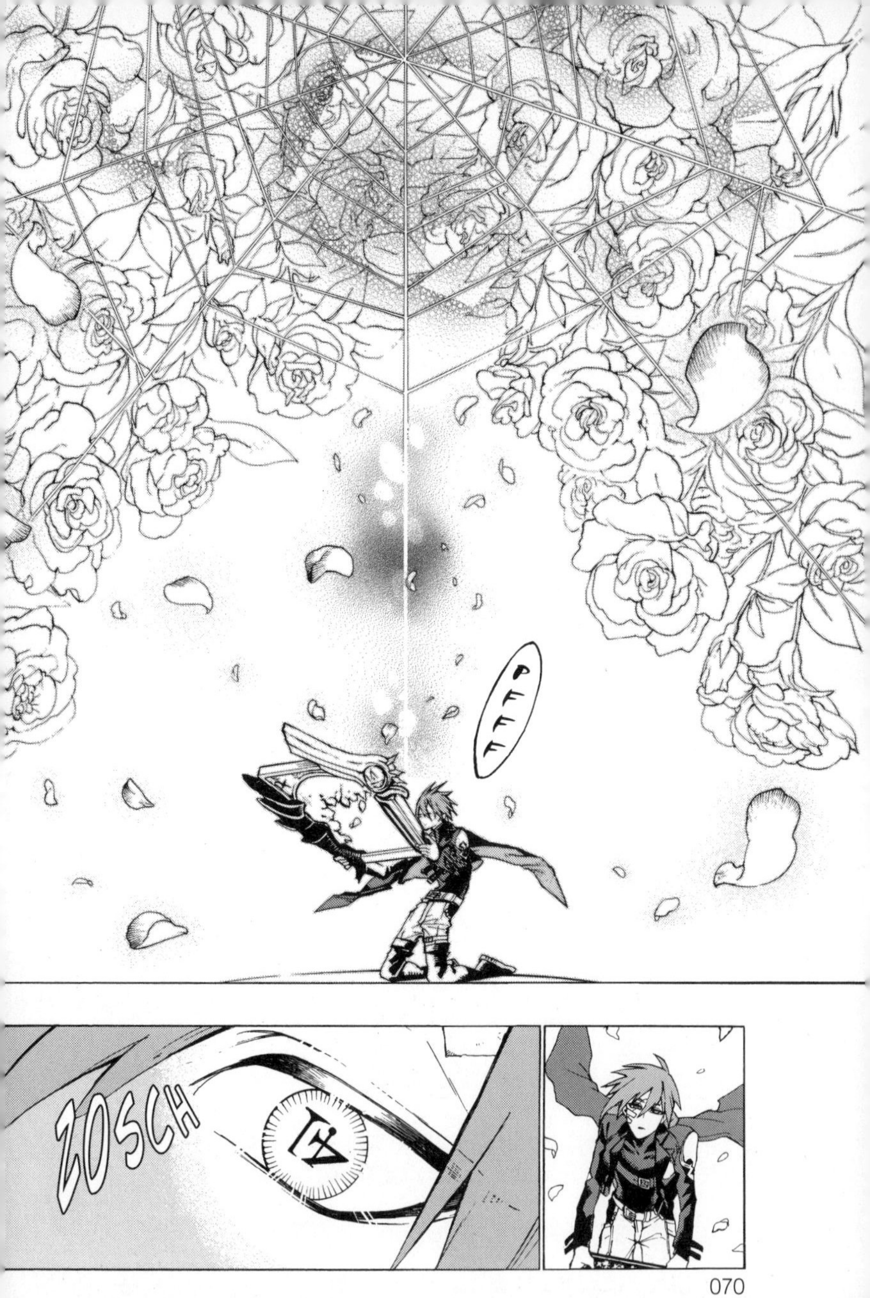

PFFF

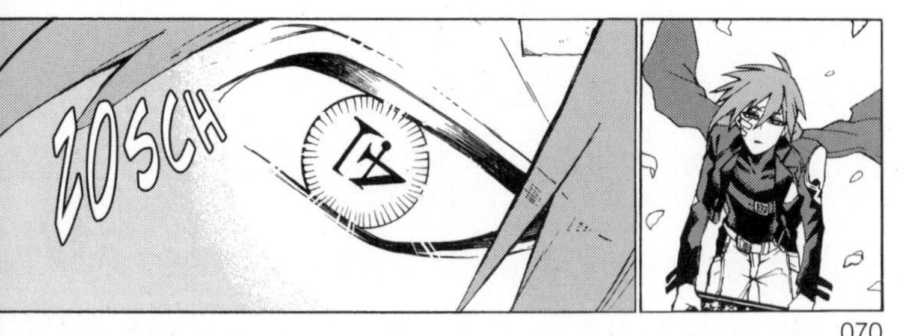

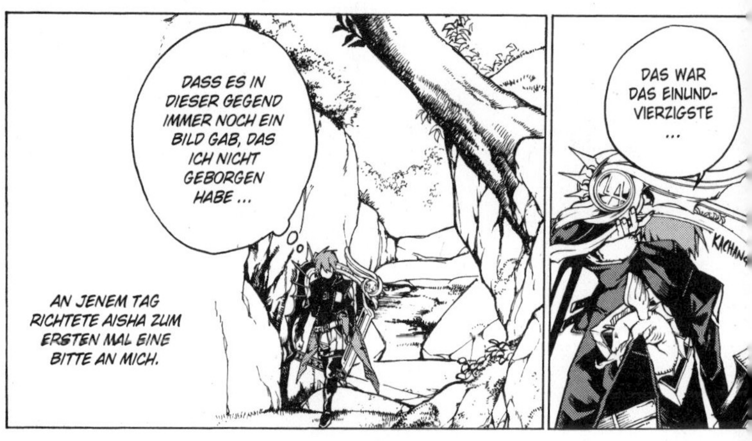
KACHANG
DAS WAR DAS EINUND-VIERZIGSTE ...
DASS ES IN DIESER GEGEND IMMER NOCH EIN BILD GAB, DAS ICH NICHT GEBORGEN HABE ...
AN JENEM TAG RICHTETE AISHA ZUM ERSTEN MAL EINE BITTE AN MICH.

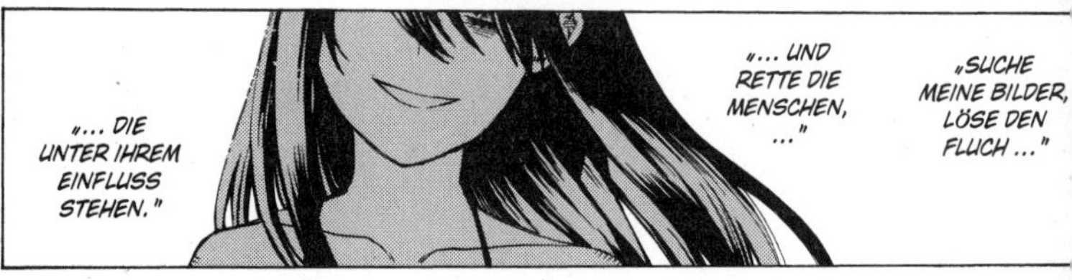
„SUCHE MEINE BILDER, LÖSE DEN FLUCH ..."
„... UND RETTE DIE MENSCHEN, ..."
„... DIE UNTER IHREM EINFLUSS STEHEN."

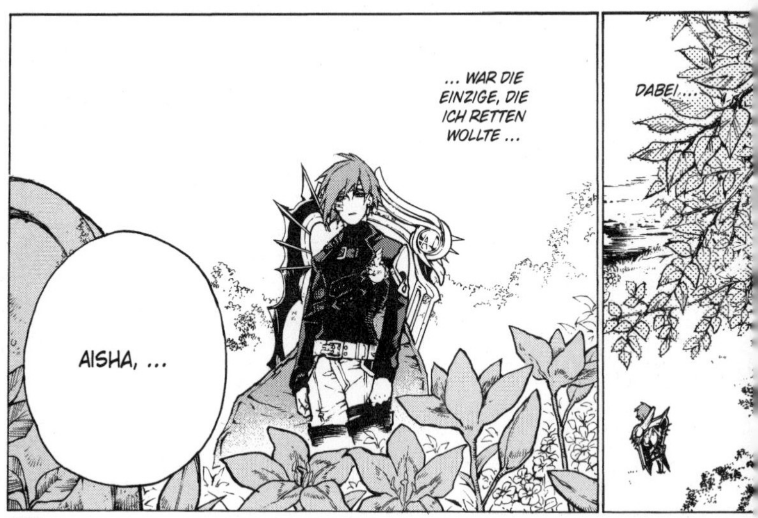
DABEI ...
... WAR DIE EINZIGE, DIE ICH RETTEN WOLLTE ...
AISHA, ...

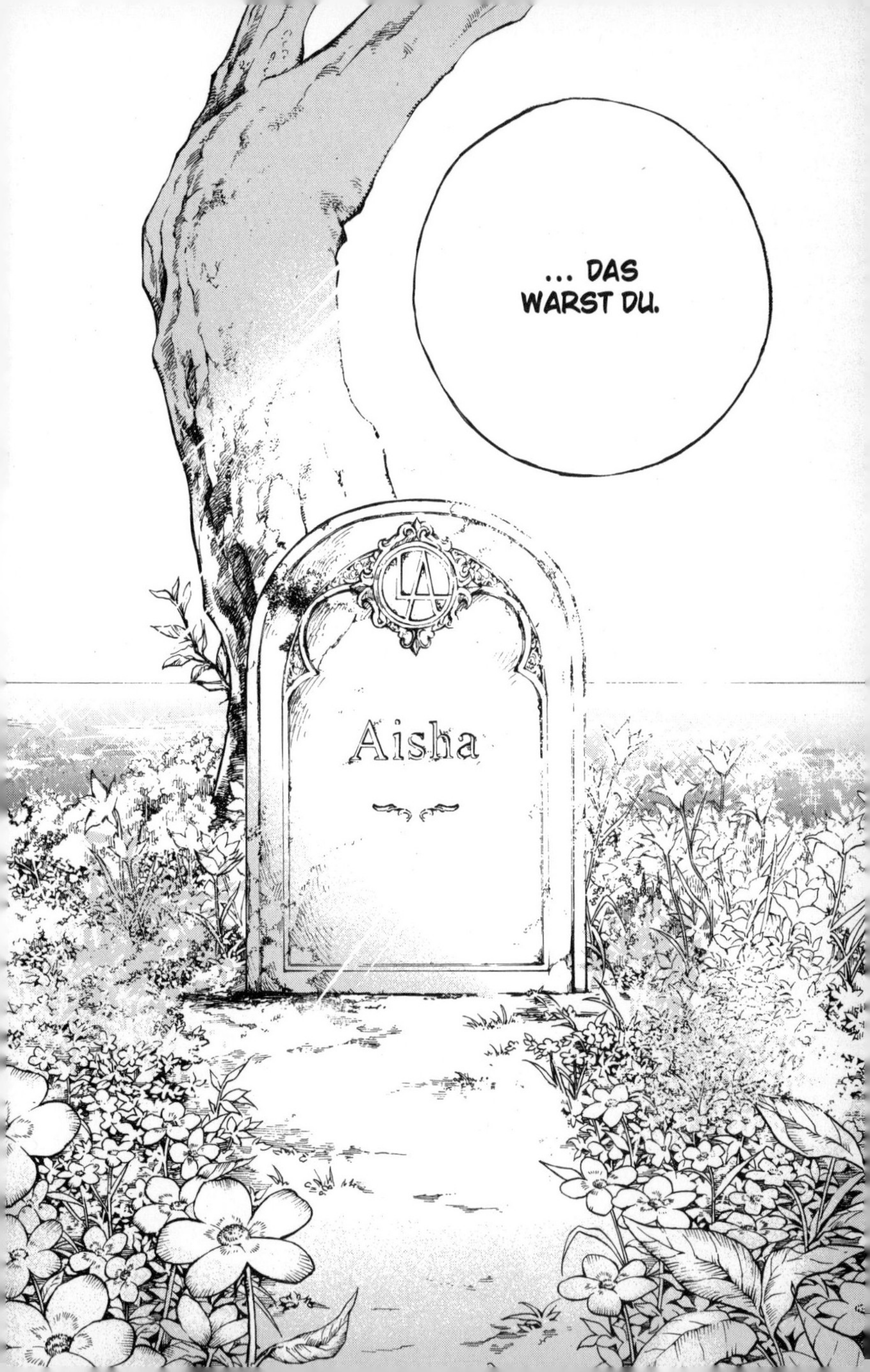
... DAS
WARST DU.
Aisha

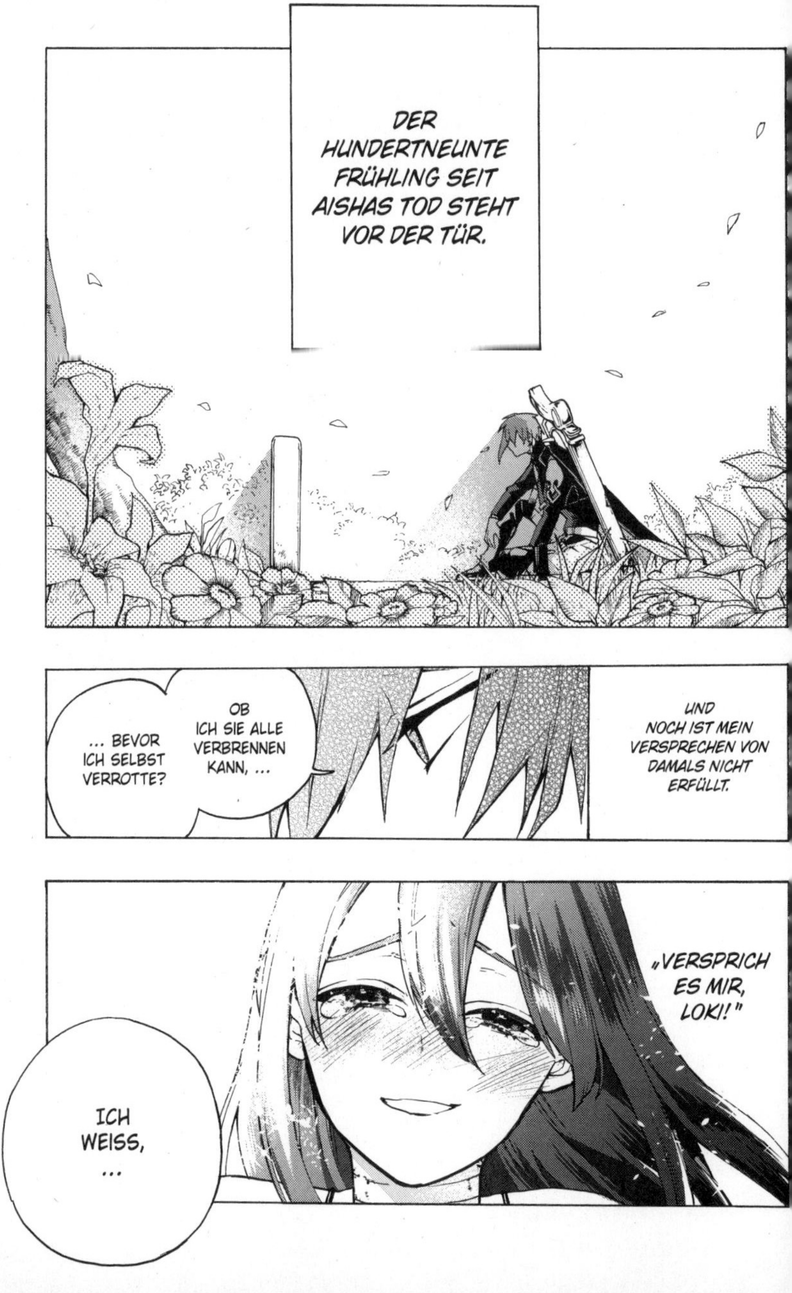

DER HUNDERTNEUNTE FRÜHLING SEIT AISHAS TOD STEHT VOR DER TÜR.

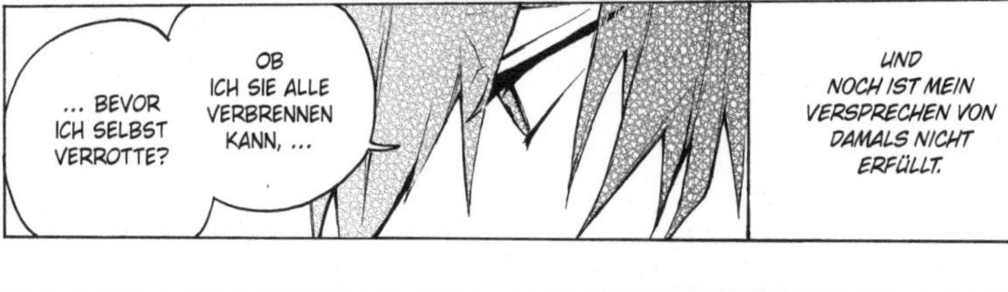

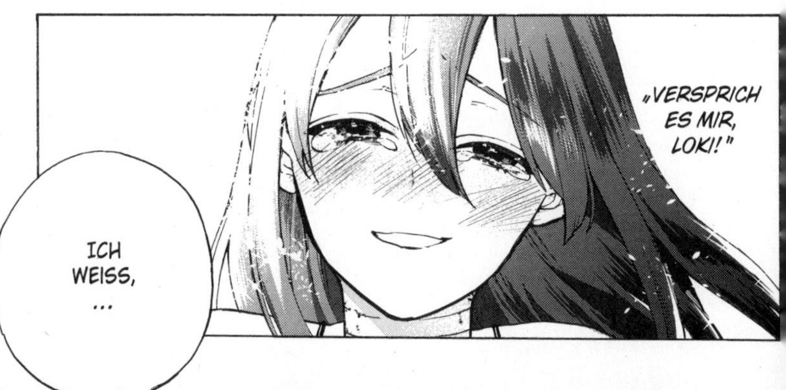

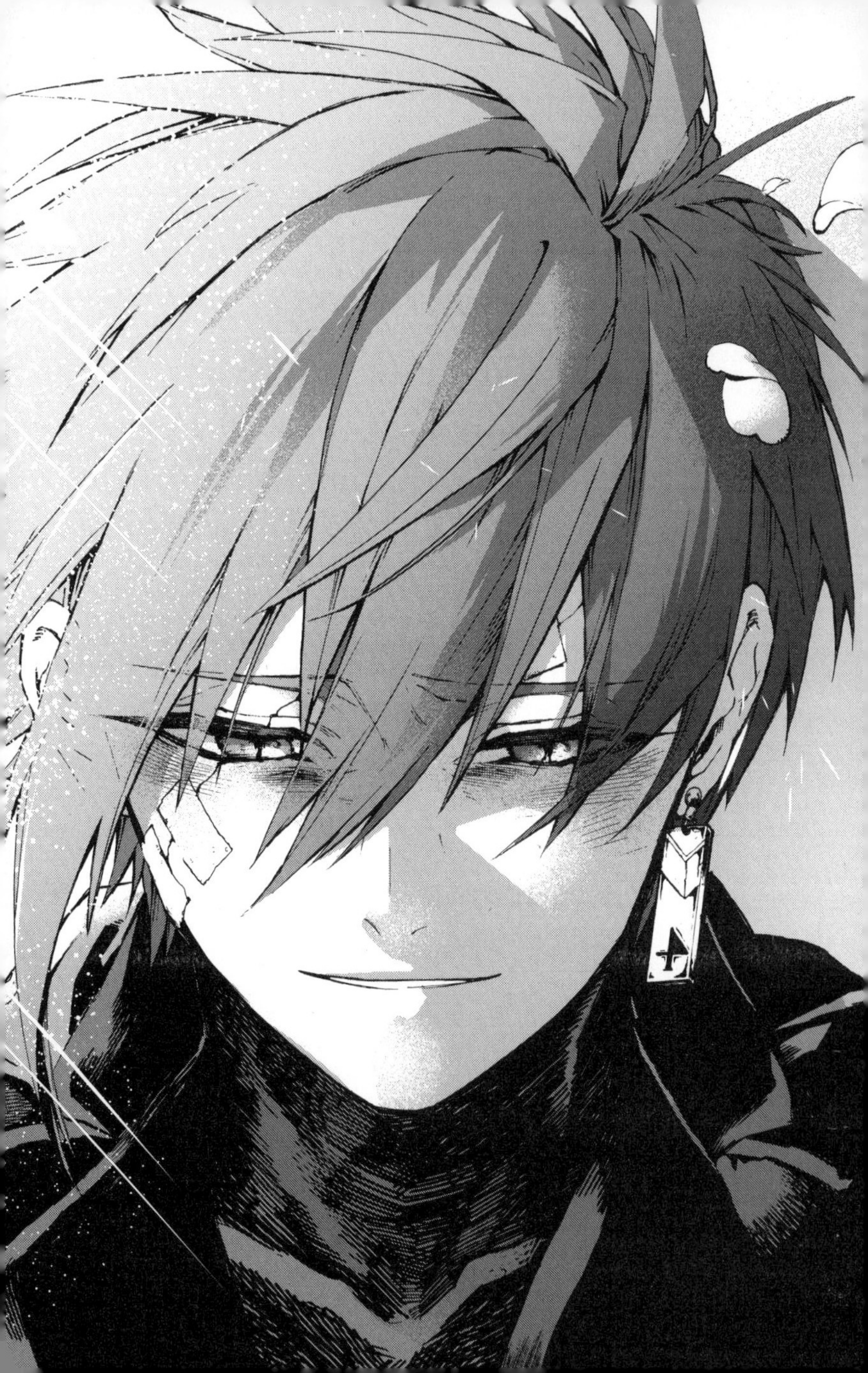

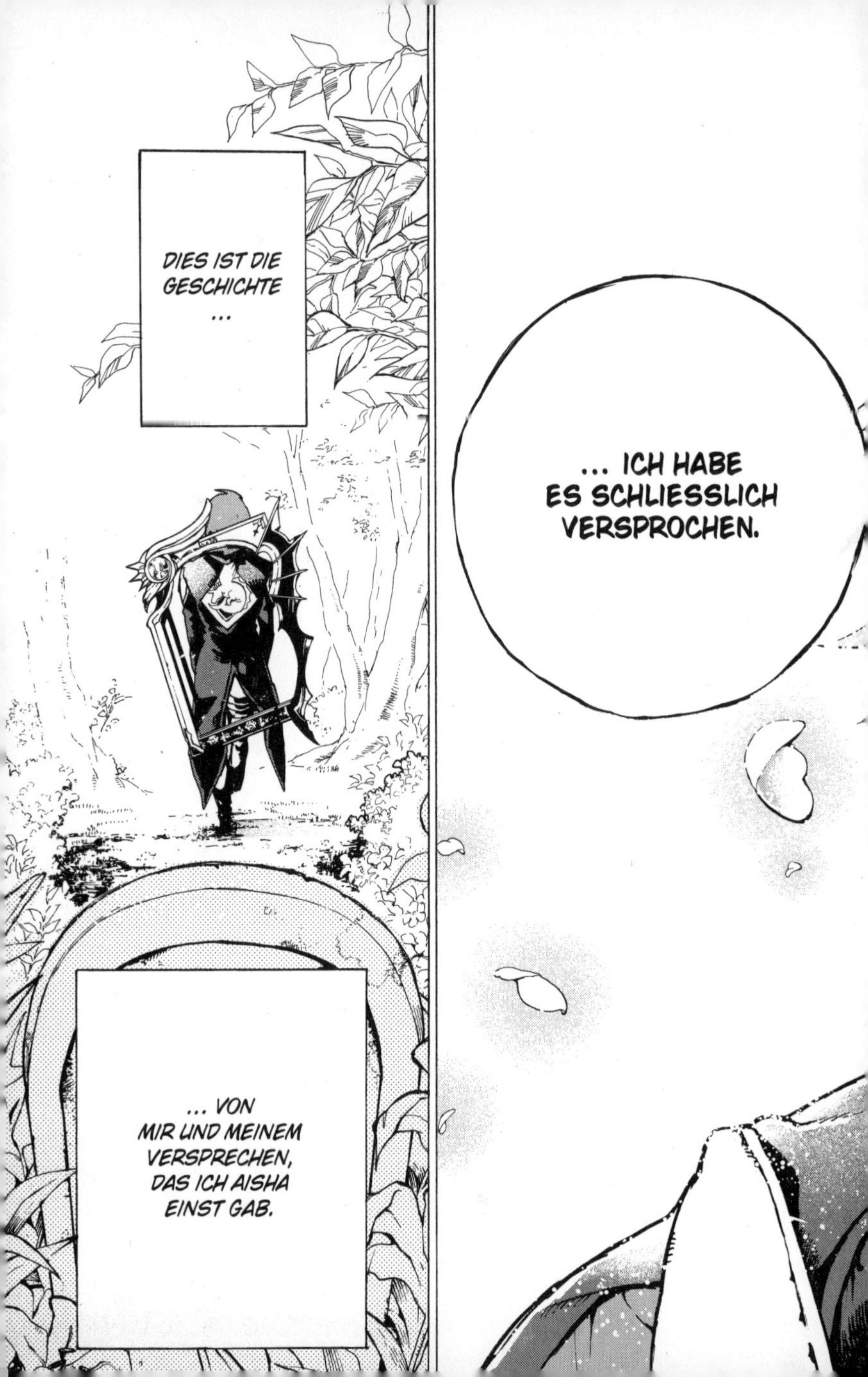
... ICH HABE ES SCHLIESSLICH VERSPROCHEN.
DIES IST DIE GESCHICHTE ...
... VON MIR UND MEINEM VERSPRECHEN, DAS ICH AISHA EINST GAB.

DIE BLUTBILDER DER HEXE

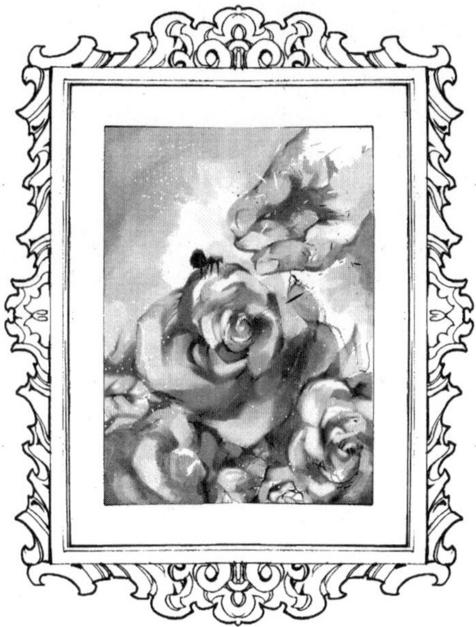

Nr. 05

„Kleiner Freund"

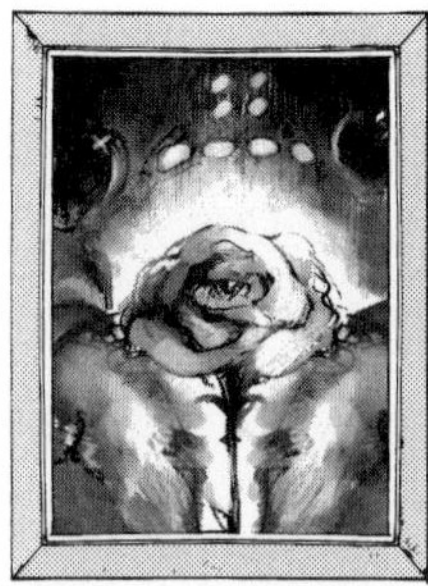

Status: Blutbild

Gemalt für einen alten Mann mit einem kümmerlichen Rosengarten. Das Bild rief eine Spinne herbei, die dem Alten mit der schwachen Hüfte bei der Schädlingsbekämpfung half. Nach dem Tod des Mannes wurde es in einem Schuppen verstaut. Zu Zeiten seines Urenkels wurde es von einem Räuber gestohlen und daraufhin zu einem Blutbild.

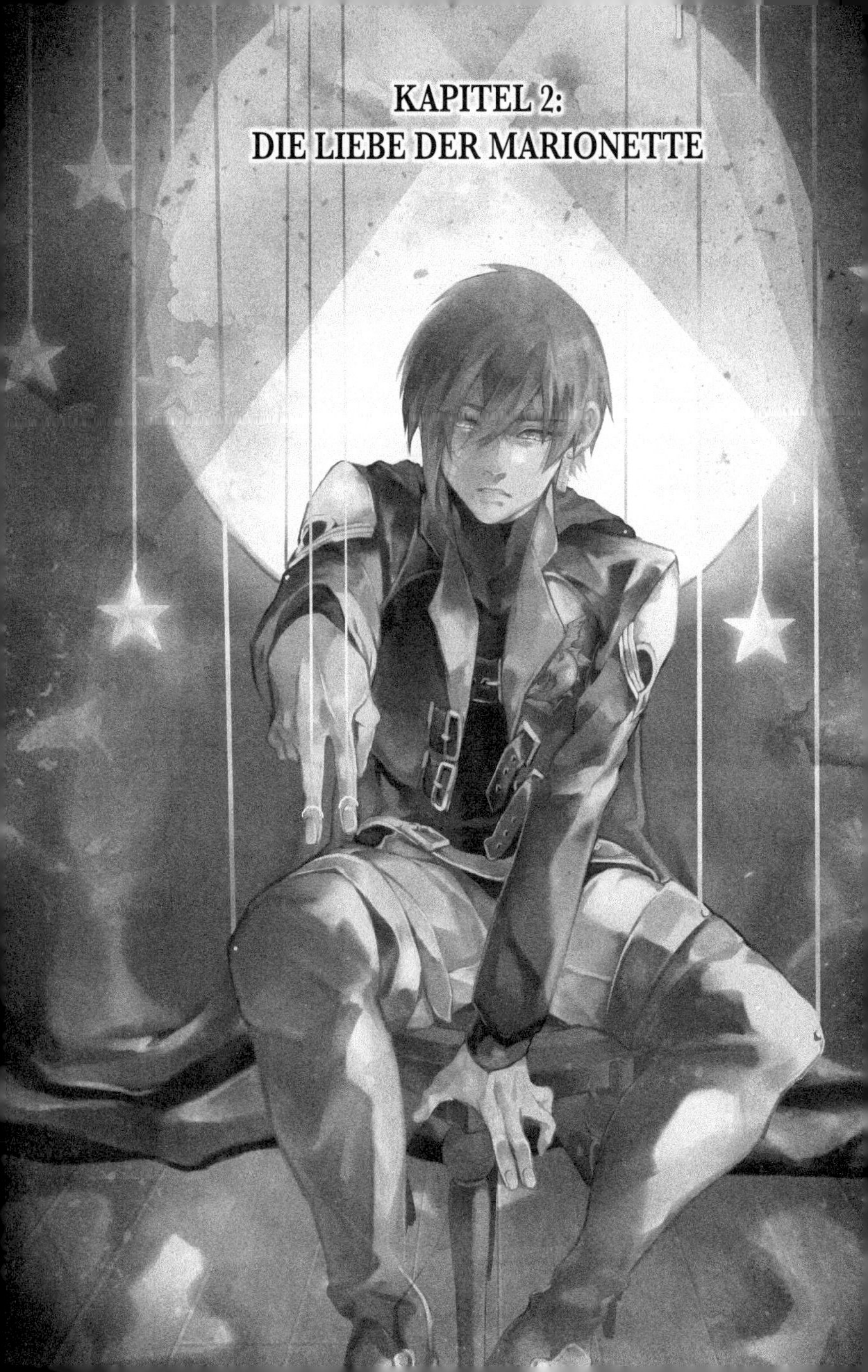
KAPITEL 2:
DIE LIEBE DER MARIONETTE

Das Bildnis der Hexe

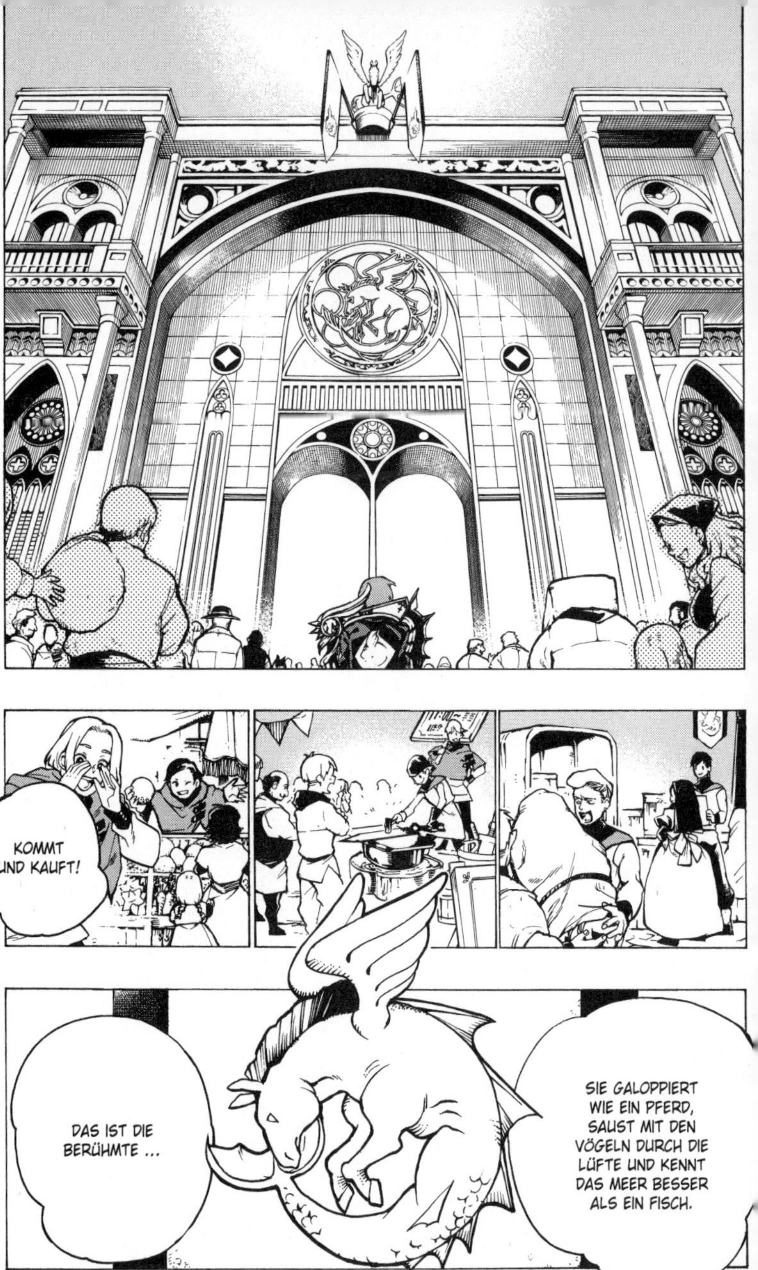

KOMMT UND KAUFT!
DAS IST DIE BERÜHMTE ...
SIE GALOPPIERT WIE EIN PFERD, SAUST MIT DEN VÖGELN DURCH DIE LÜFTE UND KENNT DAS MEER BESSER ALS EIN FISCH.

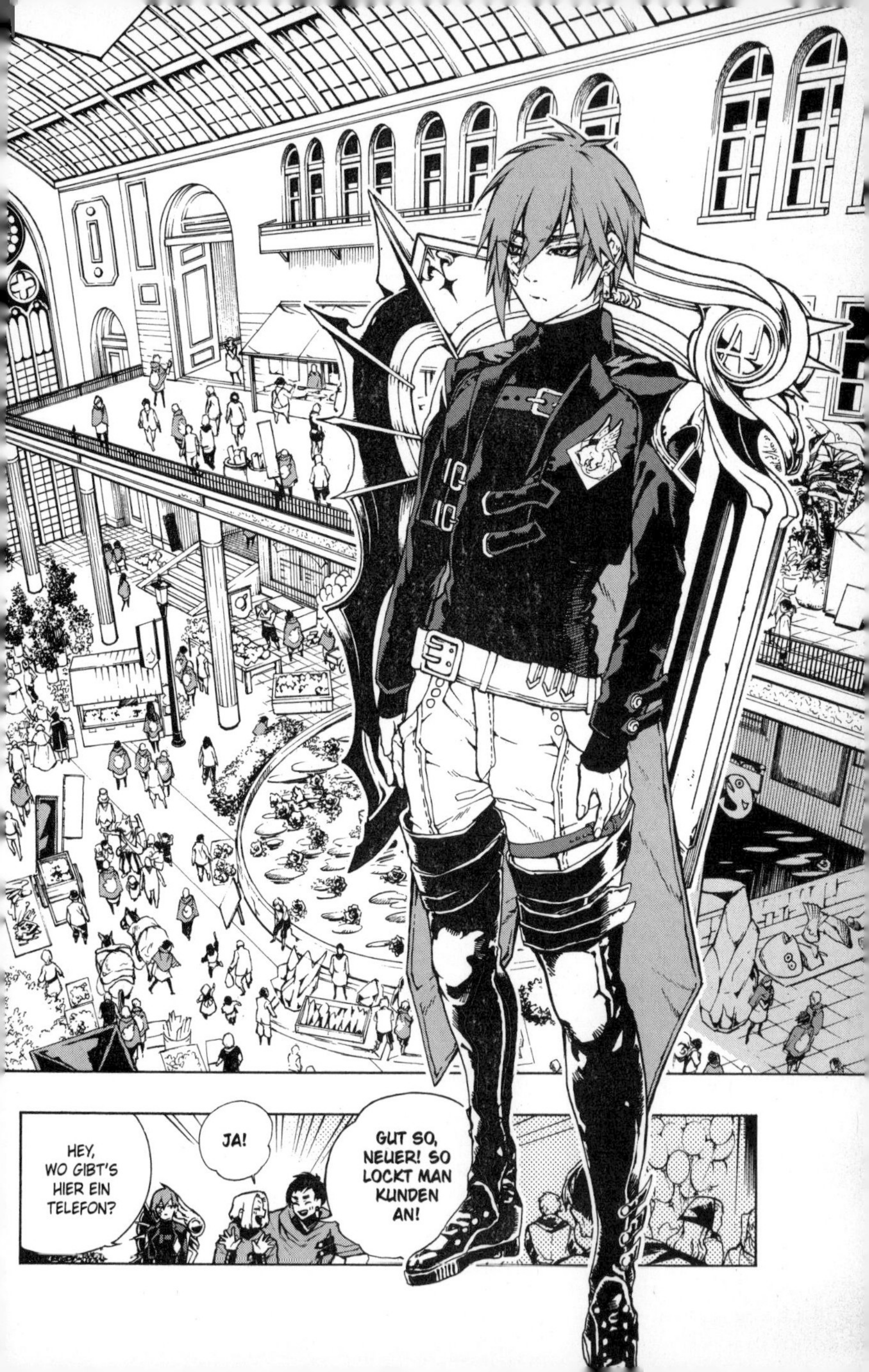
GUT SO, NEUER! SO LOCKT MAN KUNDEN AN!
JA!
HEY, WO GIBT'S HIER EIN TELEFON?

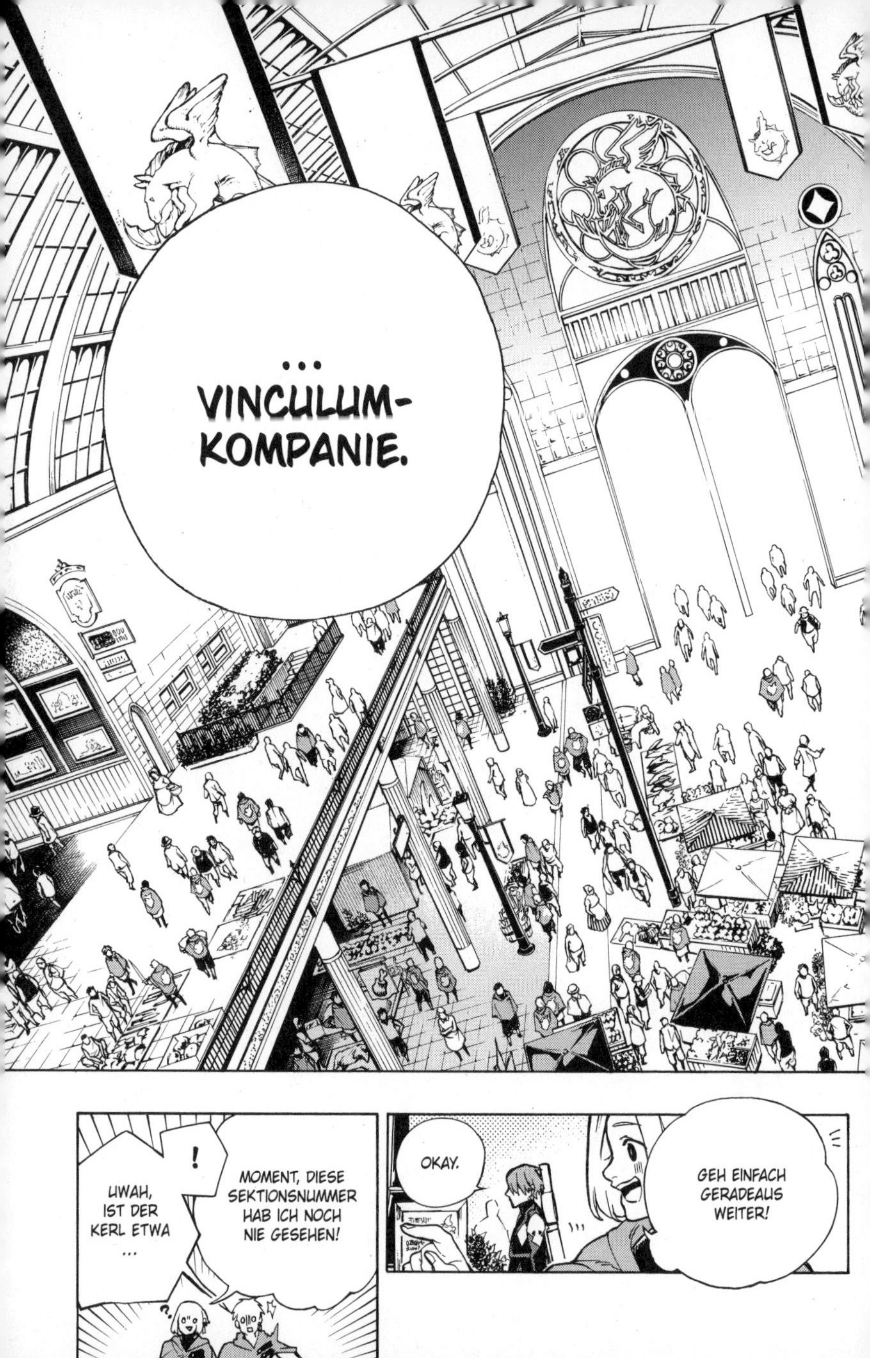
...
VINCULUM-KOMPANIE.
GEH EINFACH GERADEAUS WEITER!
OKAY.
!
MOMENT, DIESE SEKTIONSNUMMER HAB ICH NOCH NIE GESEHEN!
UWAH, IST DER KERL ETWA ...

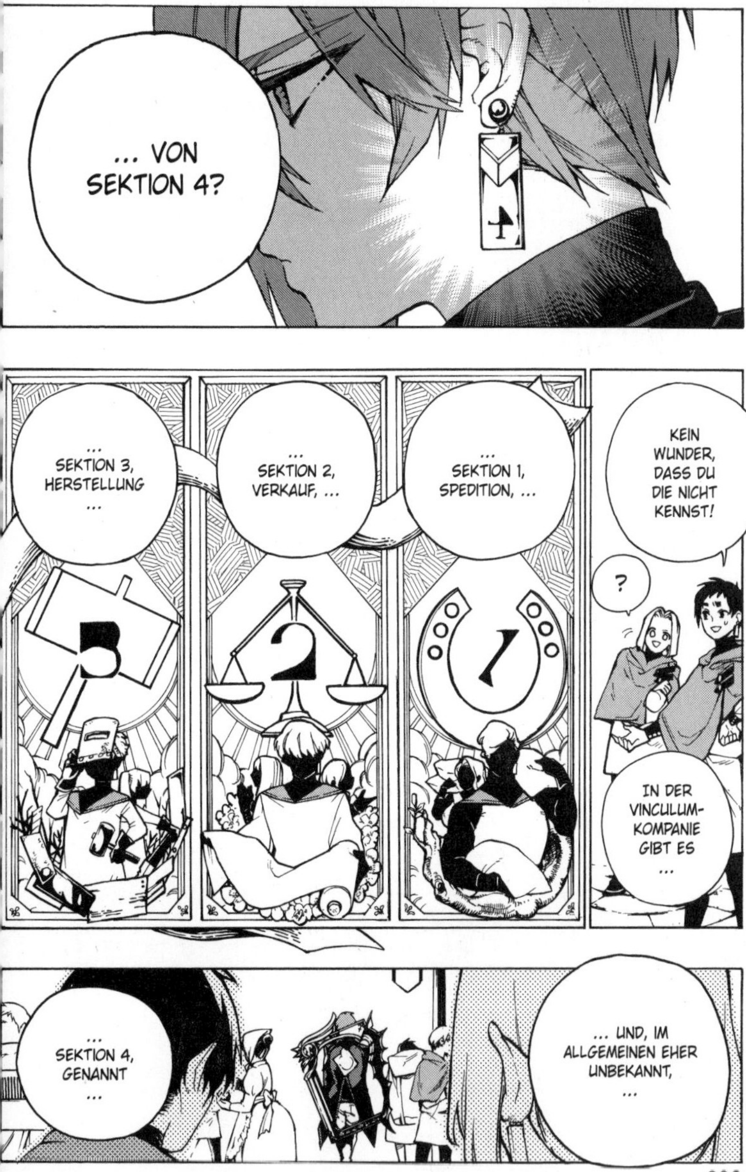

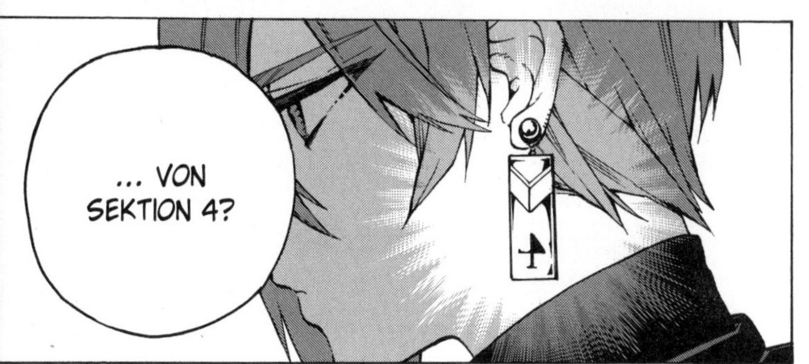
... VON SEKTION 4?
KEIN WUNDER, DASS DU DIE NICHT KENNST!
?
IN DER VINCULUM-KOMPANIE GIBT ES ...
... SEKTION 1, SPEDITION, ...
... SEKTION 2, VERKAUF, ...
... SEKTION 3, HERSTELLUNG ...
... UND, IM ALLGEMEINEN EHER UNBEKANNT, ...
... SEKTION 4, GENANNT ...

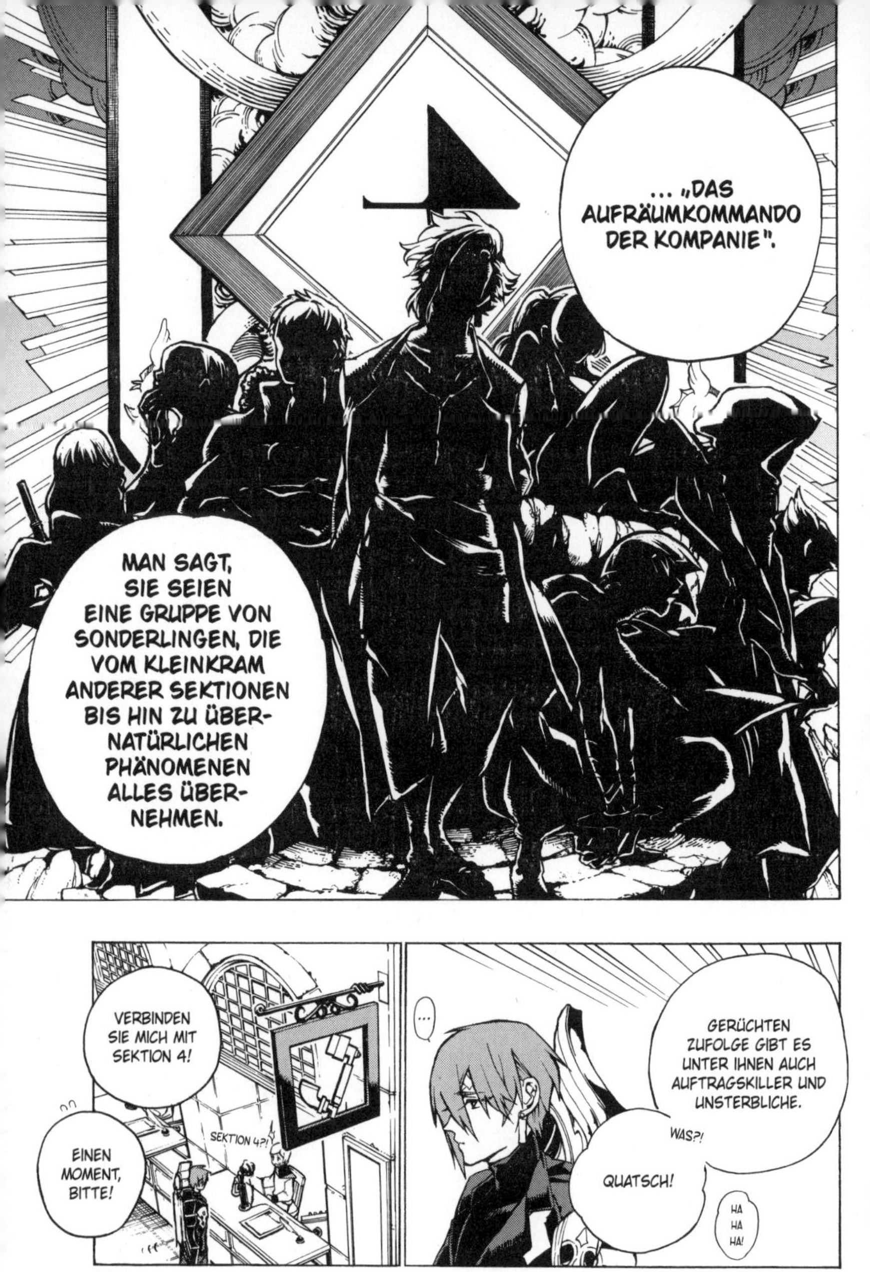

... „DAS AUFRÄUMKOMMANDO DER KOMPANIE".

MAN SAGT, SIE SEIEN EINE GRUPPE VON SONDERLINGEN, DIE VOM KLEINKRAM ANDERER SEKTIONEN BIS HIN ZU ÜBERNATÜRLICHEN PHÄNOMENEN ALLES ÜBERNEHMEN.

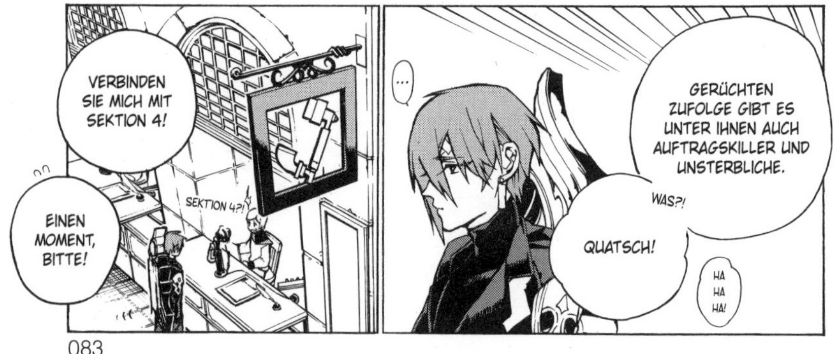

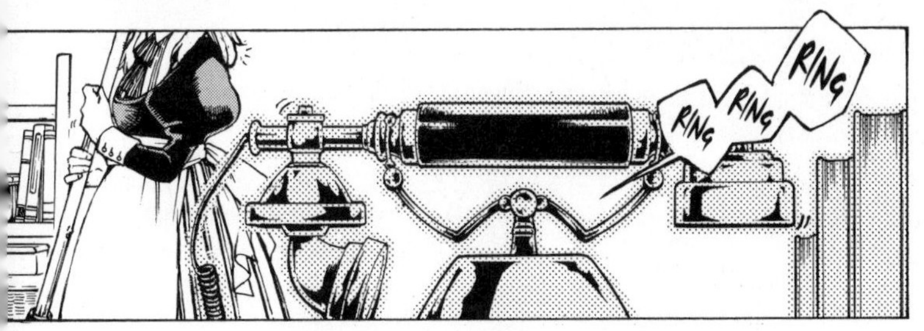
RING
RING
RING

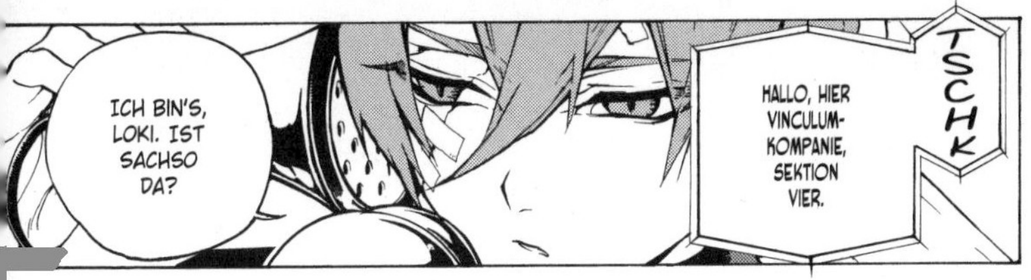
TSCHK
HALLO, HIER VINCULUM-KOMPANIE, SEKTION VIER.
ICH BIN'S, LOKI. IST SACHSO DA?

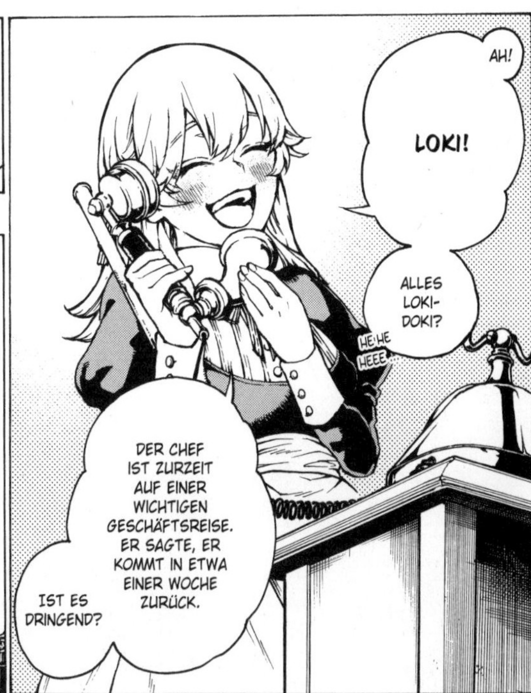
AH!
LOKI!
ALLES LOKI-DOKI?
HE HE HEEE
DER CHEF IST ZURZEIT AUF EINER WICHTIGEN GESCHÄFTSREISE. ER SAGTE, ER KOMMT IN ETWA EINER WOCHE ZURÜCK.
IST ES DRINGEND?

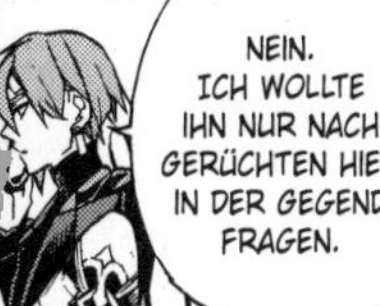
NEIN. ICH WOLLTE IHN NUR NACH GERÜCHTEN HIER IN DER GEGEND FRAGEN.

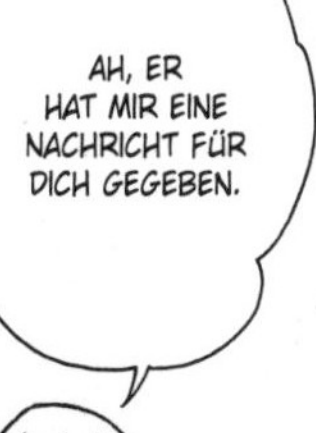
AH, ER HAT MIR EINE NACHRICHT FÜR DICH GEGEBEN.

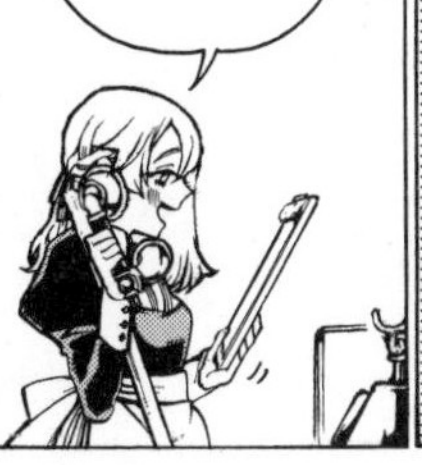

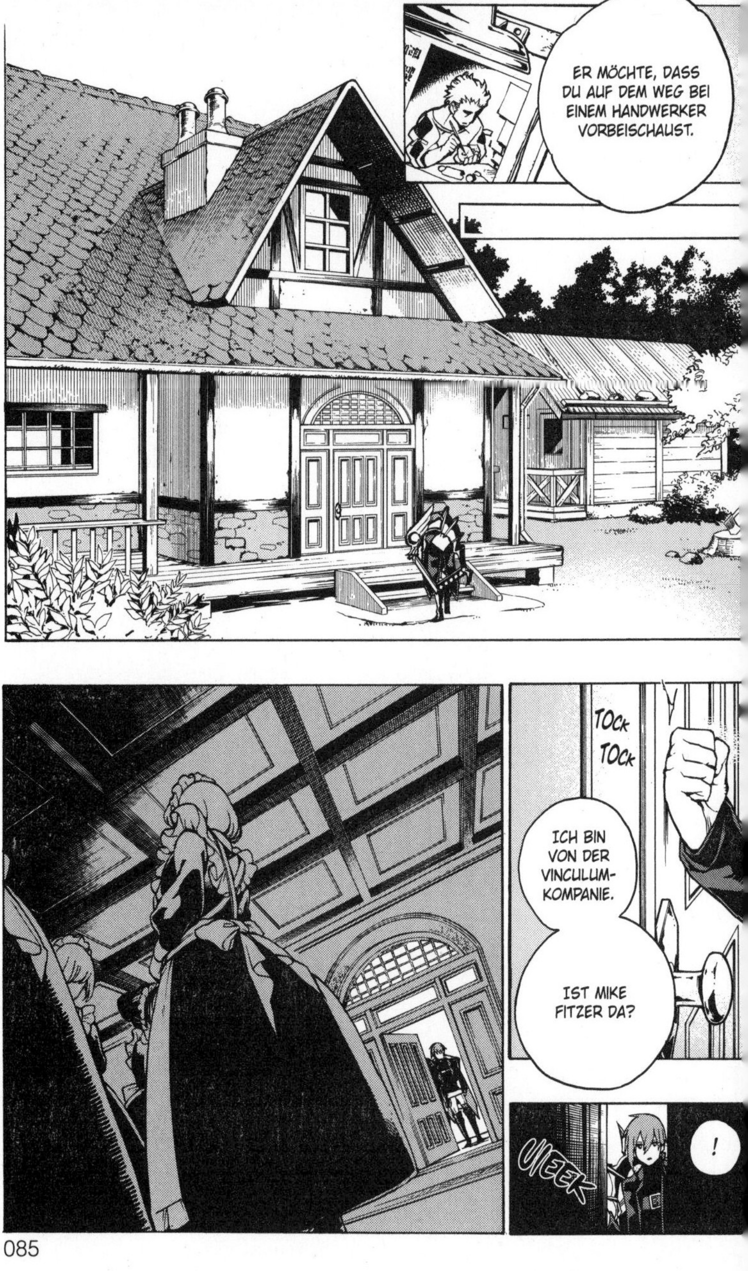

ER MÖCHTE, DASS DU AUF DEM WEG BEI EINEM HANDWERKER VORBEISCHAUST.

TOCK TOCK

ICH BIN VON DER VINCULUM-KOMPANIE.

IST MIKE FITZER DA?

!

UIEEEK

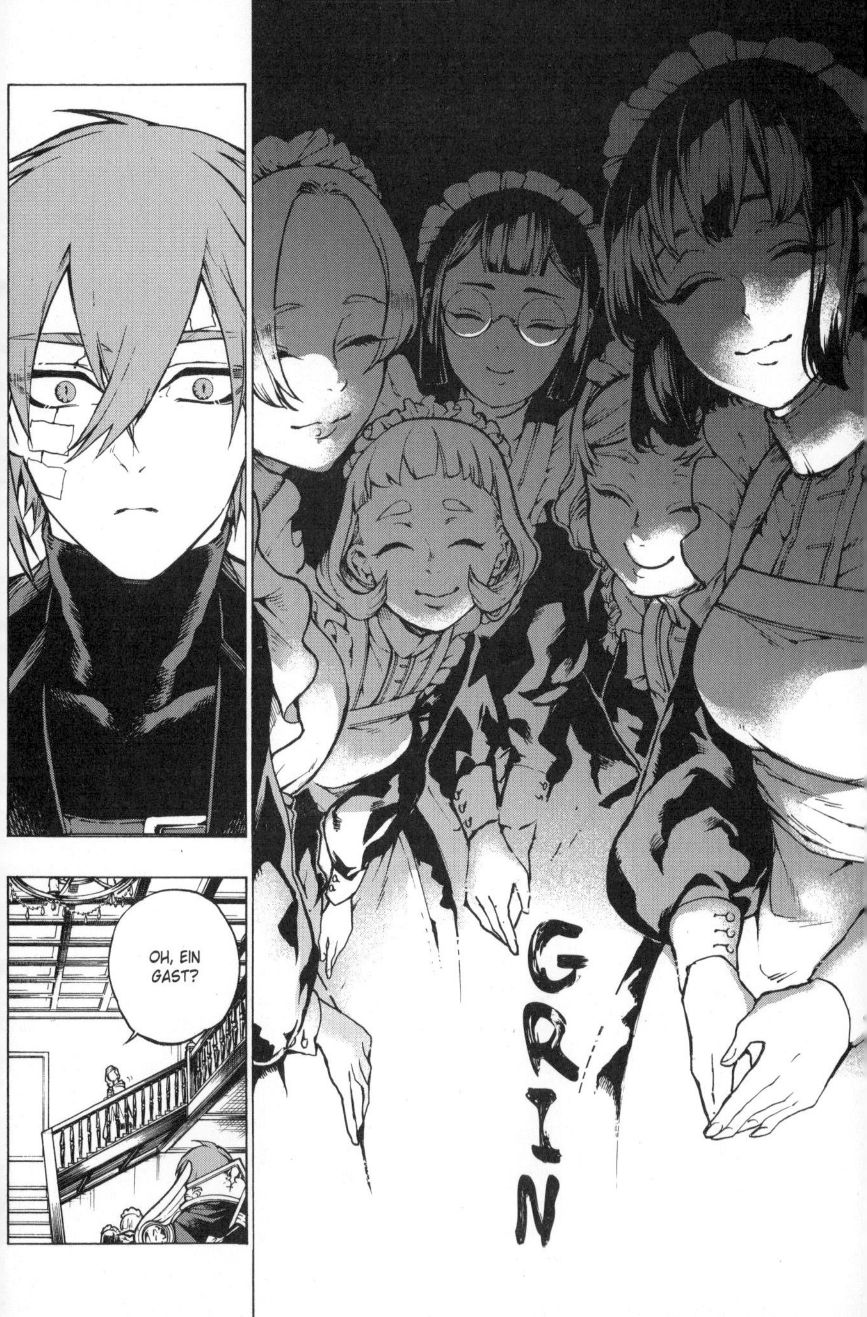
OH, EIN GAST?
GRIN

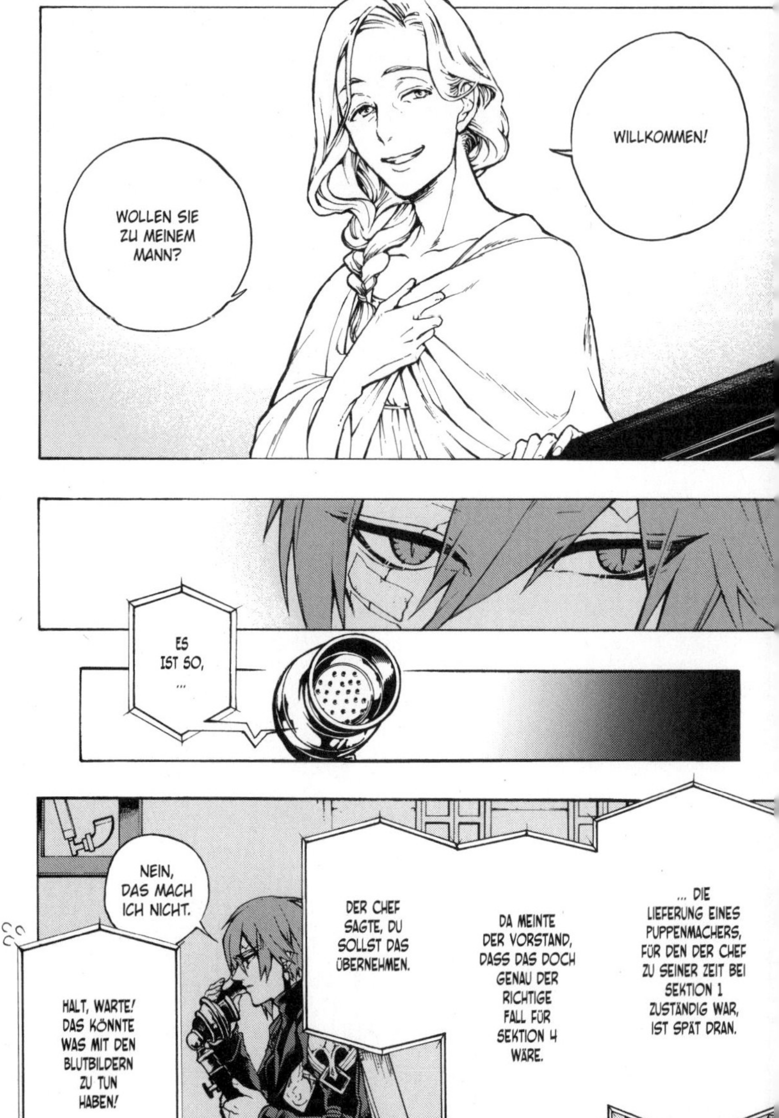

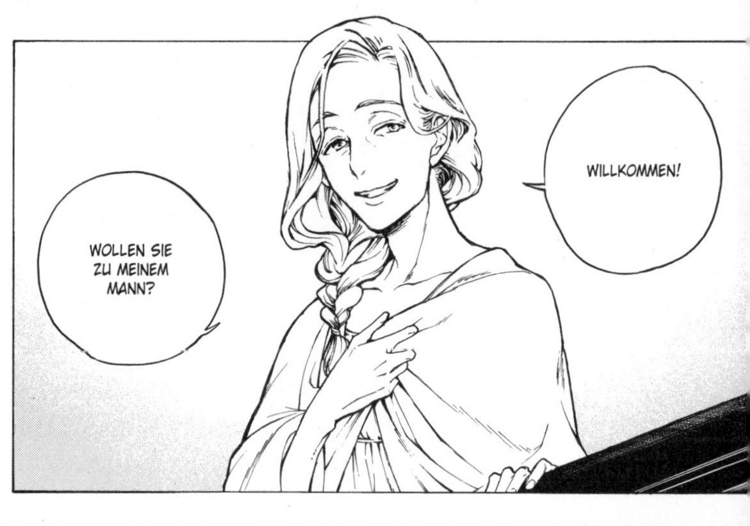

ES IST SO, ...

... DIE LIEFERUNG EINES PUPPENMACHERS, FÜR DEN DER CHEF ZU SEINER ZEIT BEI SEKTION 1 ZUSTÄNDIG WAR, IST SPÄT DRAN.

DA MEINTE DER VORSTAND, DASS DAS DOCH GENAU DER RICHTIGE FALL FÜR SEKTION 4 WÄRE.

DER CHEF SAGTE, DU SOLLST DAS ÜBERNEHMEN.

NEIN, DAS MACH ICH NICHT.

HALT, WARTE! DAS KÖNNTE WAS MIT DEN BLUTBILDERN ZU TUN HABEN!

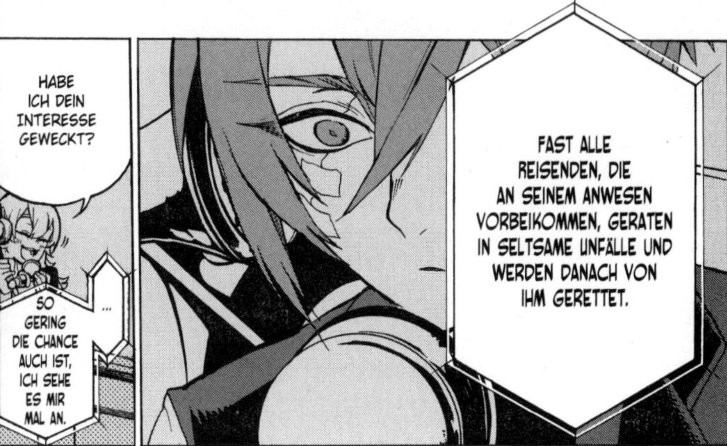
FAST ALLE REISENDEN, DIE AN SEINEM ANWESEN VORBEIKOMMEN, GERATEN IN SELTSAME UNFÄLLE UND WERDEN DANACH VON IHM GERETTET.
HABE ICH DEIN INTERESSE GEWECKT?
...
SO GERING DIE CHANCE AUCH IST, ICH SEHE ES MIR MAL AN.

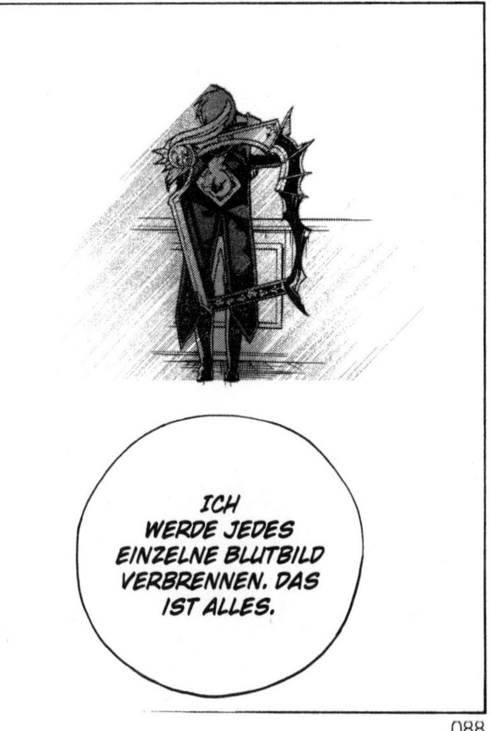
ICH WERDE JEDES EINZELNE BLUTBILD VERBRENNEN. DAS IST ALLES.

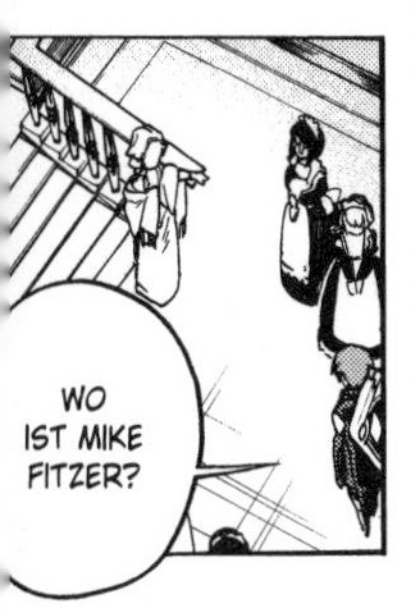
WO IST MIKE FITZER?

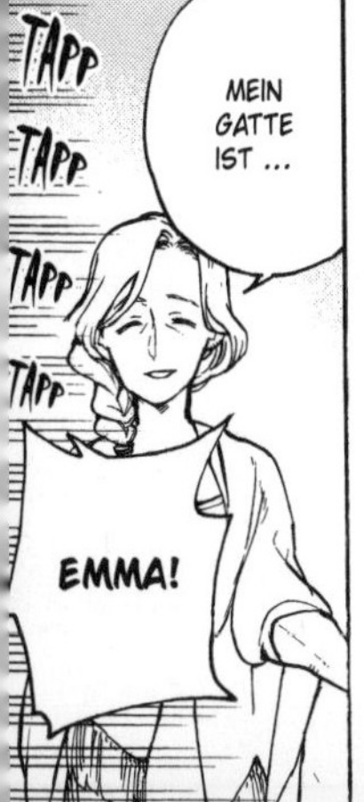
MEIN GATTE IST ...
TAPP
TAPP
TAPP
TAPP
EMMA!

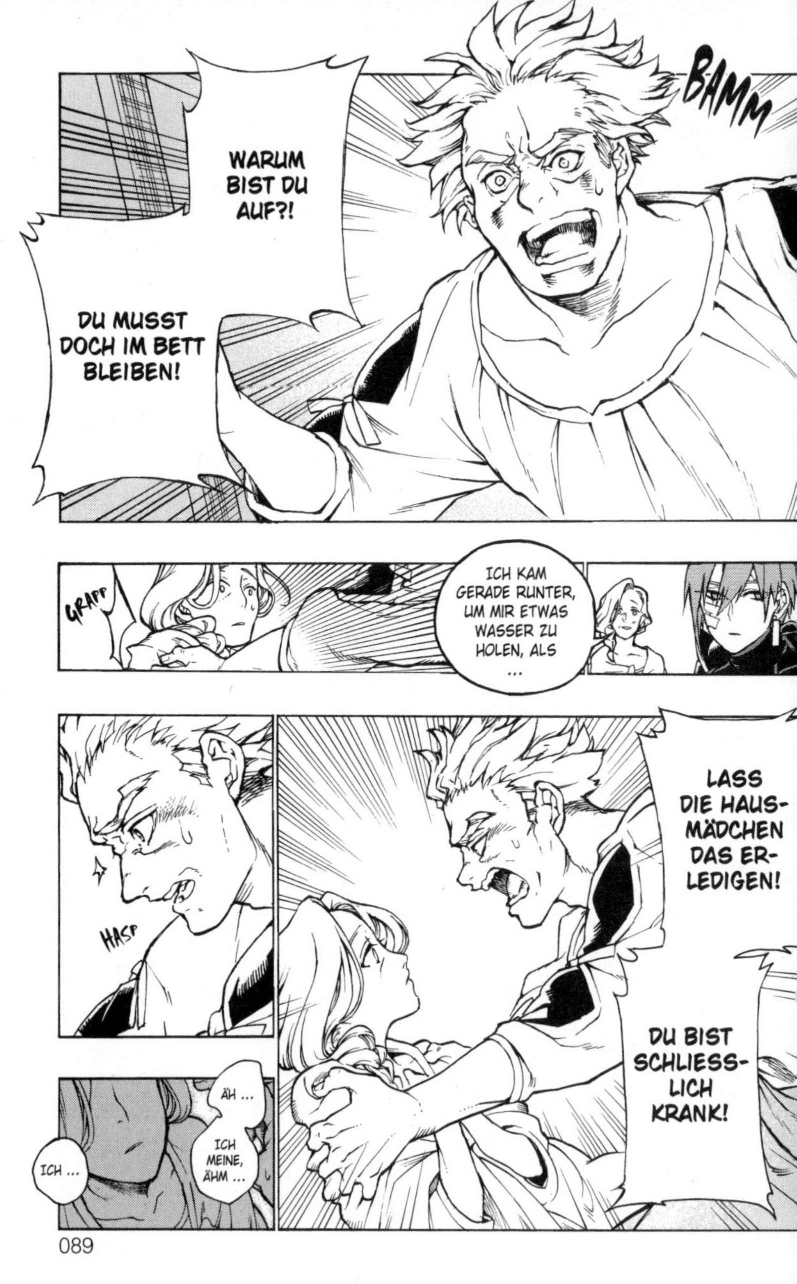
BAMM
WARUM BIST DU AUF?!
DU MUSST DOCH IM BETT BLEIBEN!
GRAPP
ICH KAM GERADE RUNTER, UM MIR ETWAS WASSER ZU HOLEN, ALS …
LASS DIE HAUS-MÄDCHEN DAS ER-LEDIGEN!
DU BIST SCHLIESS-LICH KRANK!
HASP
ÄH …
ICH MEINE, ÄHM …
ICH …

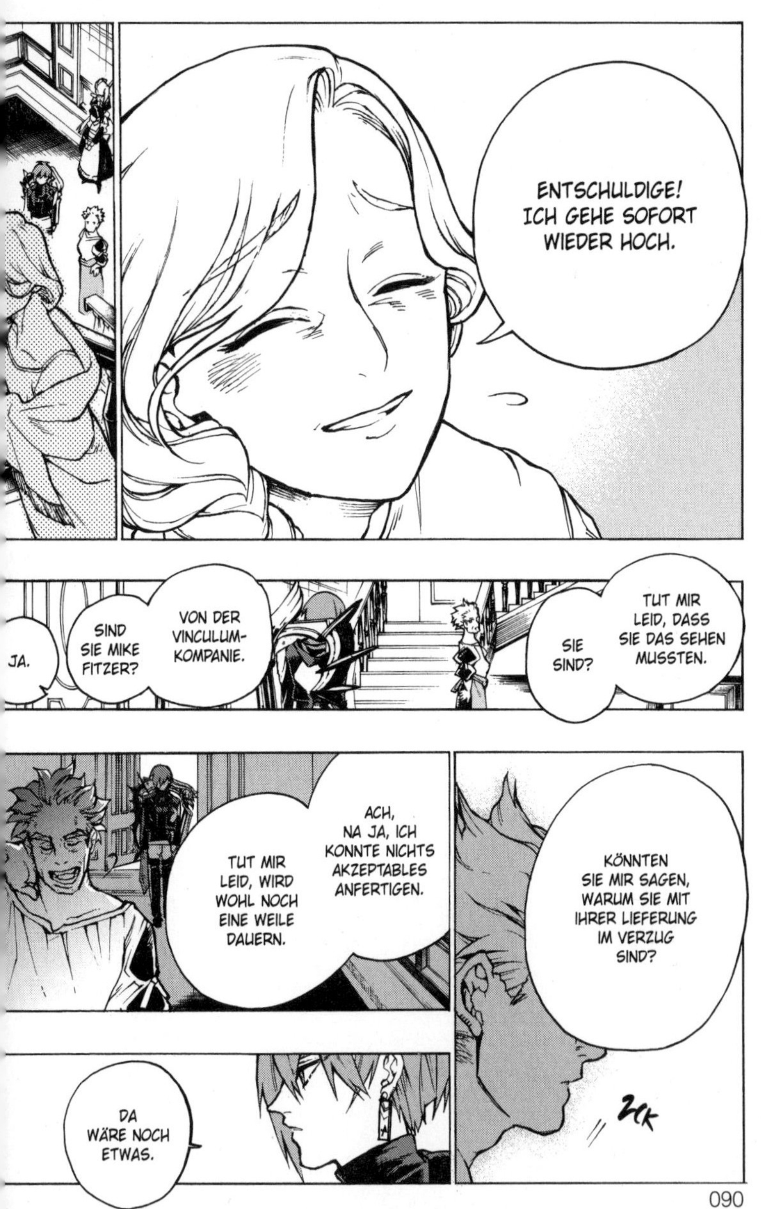
ENTSCHULDIGE! ICH GEHE SOFORT WIEDER HOCH.
TUT MIR LEID, DASS SIE DAS SEHEN MUSSTEN.
SIE SIND?
VON DER VINCULUM-KOMPANIE.
SIND SIE MIKE FITZER?
JA.
KÖNNTEN SIE MIR SAGEN, WARUM SIE MIT IHRER LIEFERUNG IM VERZUG SIND?
ACH, NA JA, ICH KONNTE NICHTS AKZEPTABLES ANFERTIGEN.
TUT MIR LEID, WIRD WOHL NOCH EINE WEILE DAUERN.
ZCK
DA WÄRE NOCH ETWAS.

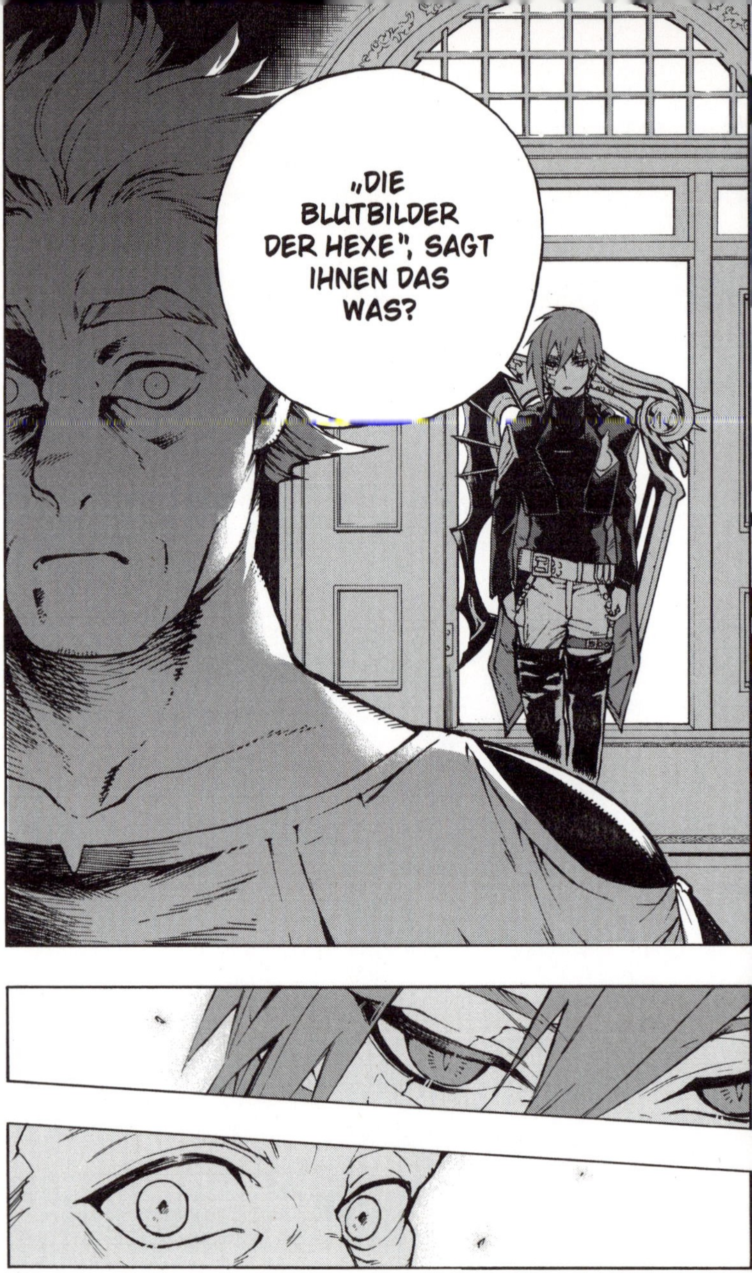

„DIE BLUTBILDER DER HEXE", SAGT IHNEN DAS WAS?

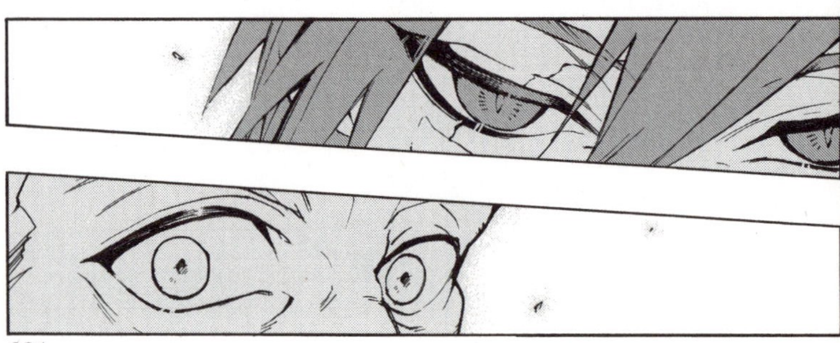

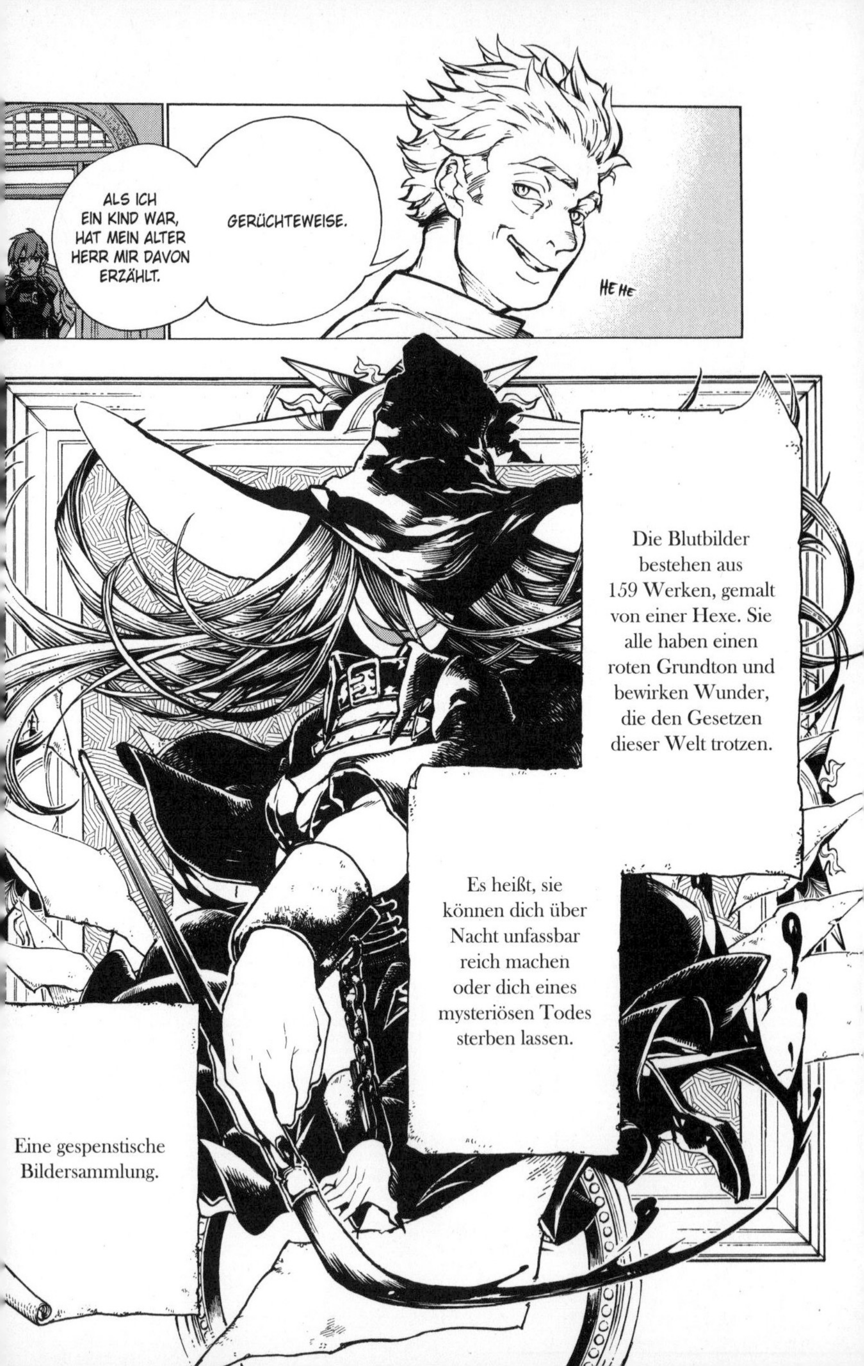
GERÜCHTEWEISE.
ALS ICH EIN KIND WAR, HAT MEIN ALTER HERR MIR DAVON ERZÄHLT.
HEHE
Die Blutbilder bestehen aus 159 Werken, gemalt von einer Hexe. Sie alle haben einen roten Grundton und bewirken Wunder, die den Gesetzen dieser Welt trotzen.
Es heißt, sie können dich über Nacht unfassbar reich machen oder dich eines mysteriösen Todes sterben lassen.
Eine gespenstische Bildersammlung.

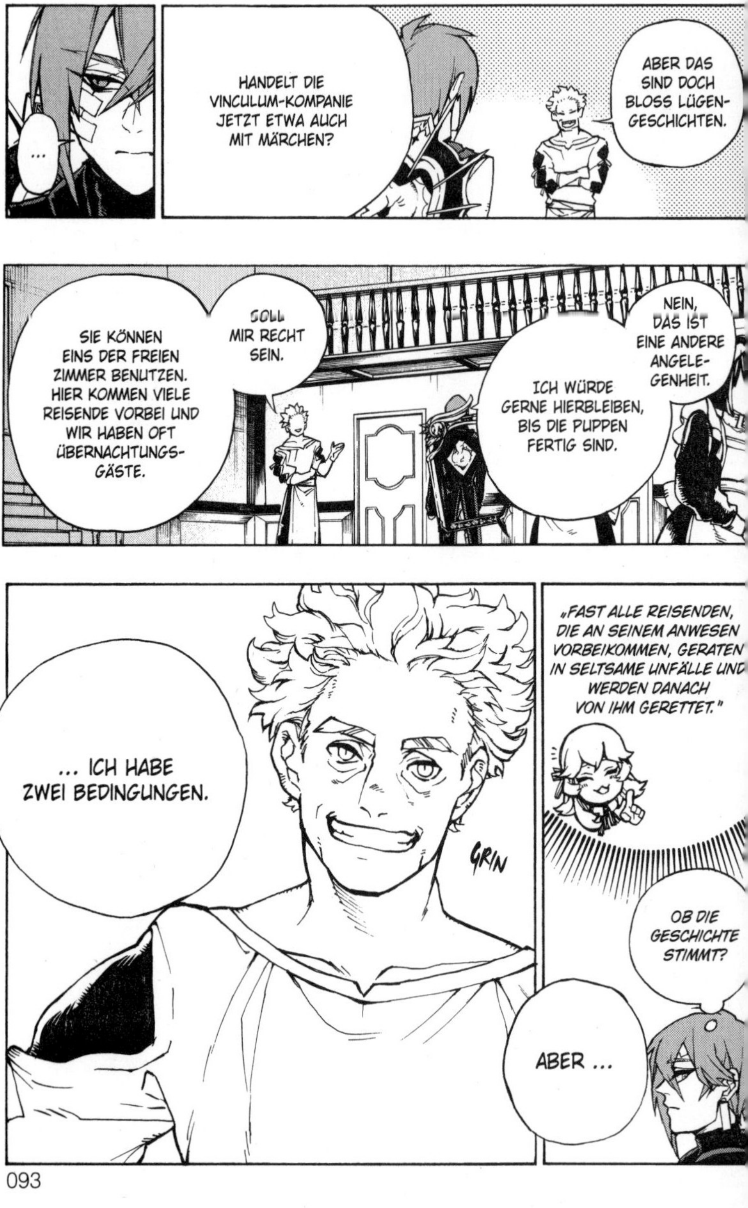

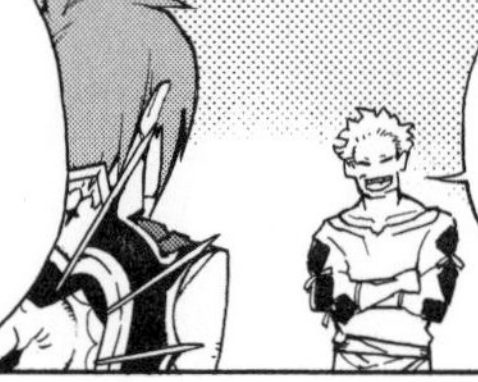

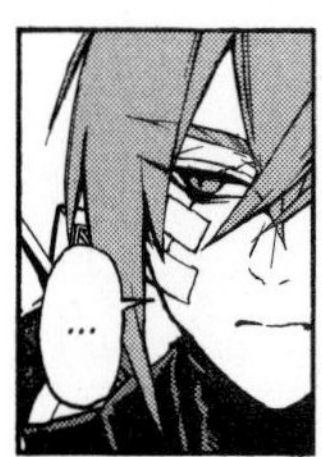

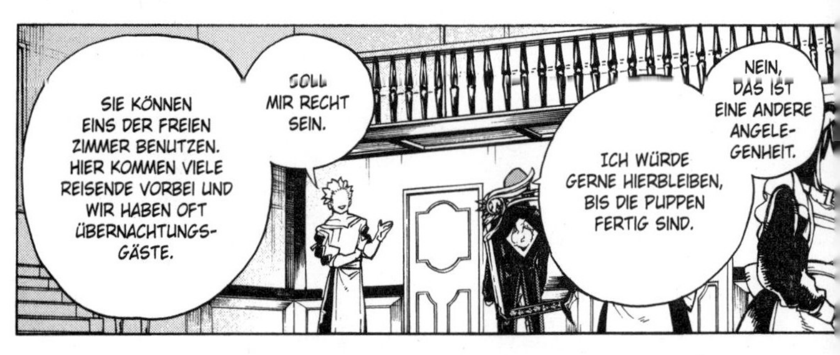

„FAST ALLE REISENDEN, DIE AN SEINEM ANWESEN VORBEIKOMMEN, GERATEN IN SELTSAME UNFÄLLE UND WERDEN DANACH VON IHM GERETTET."

OB DIE GESCHICHTE STIMMT?

ABER ...

... ICH HABE ZWEI BEDINGUNGEN.

GRIN

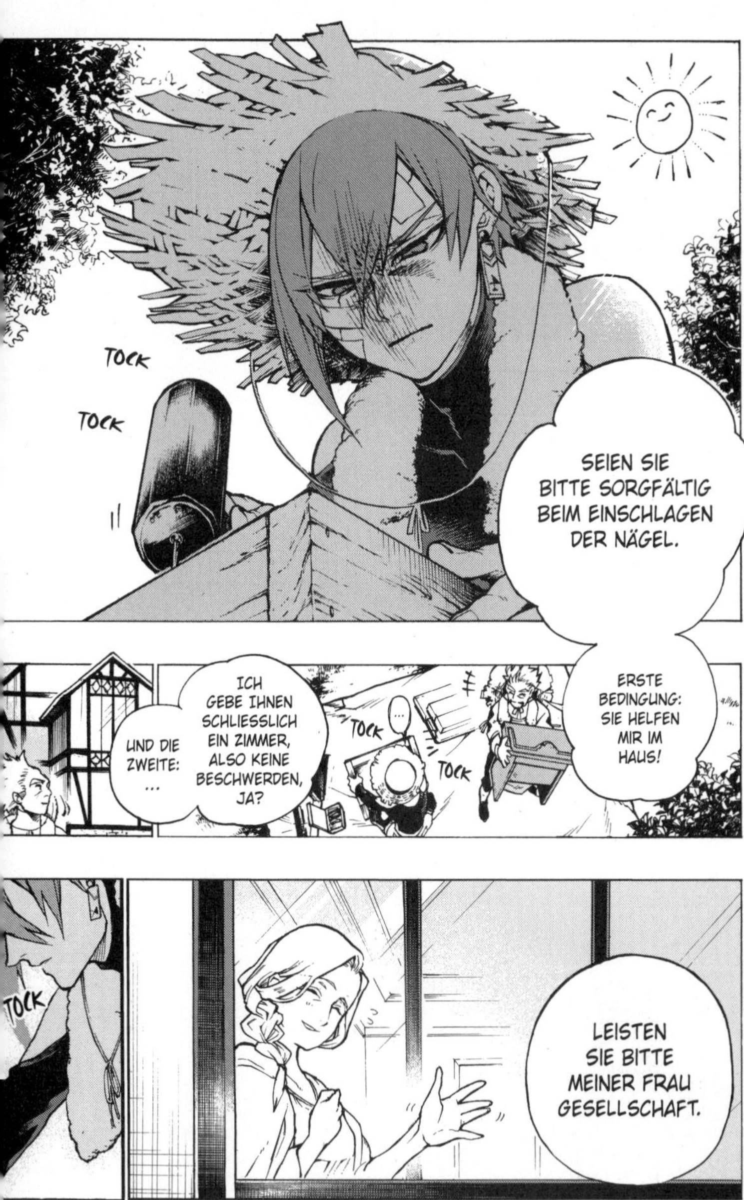
TOCK
TOCK
SEIEN SIE BITTE SORGFÄLTIG BEIM EINSCHLAGEN DER NÄGEL.
ERSTE BEDINGUNG: SIE HELFEN MIR IM HAUS!
TOCK
TOCK
...
ICH GEBE IHNEN SCHLIESSLICH EIN ZIMMER, ALSO KEINE BESCHWERDEN, JA?
UND DIE ZWEITE: ...
TOCK
LEISTEN SIE BITTE MEINER FRAU GESELLSCHAFT.

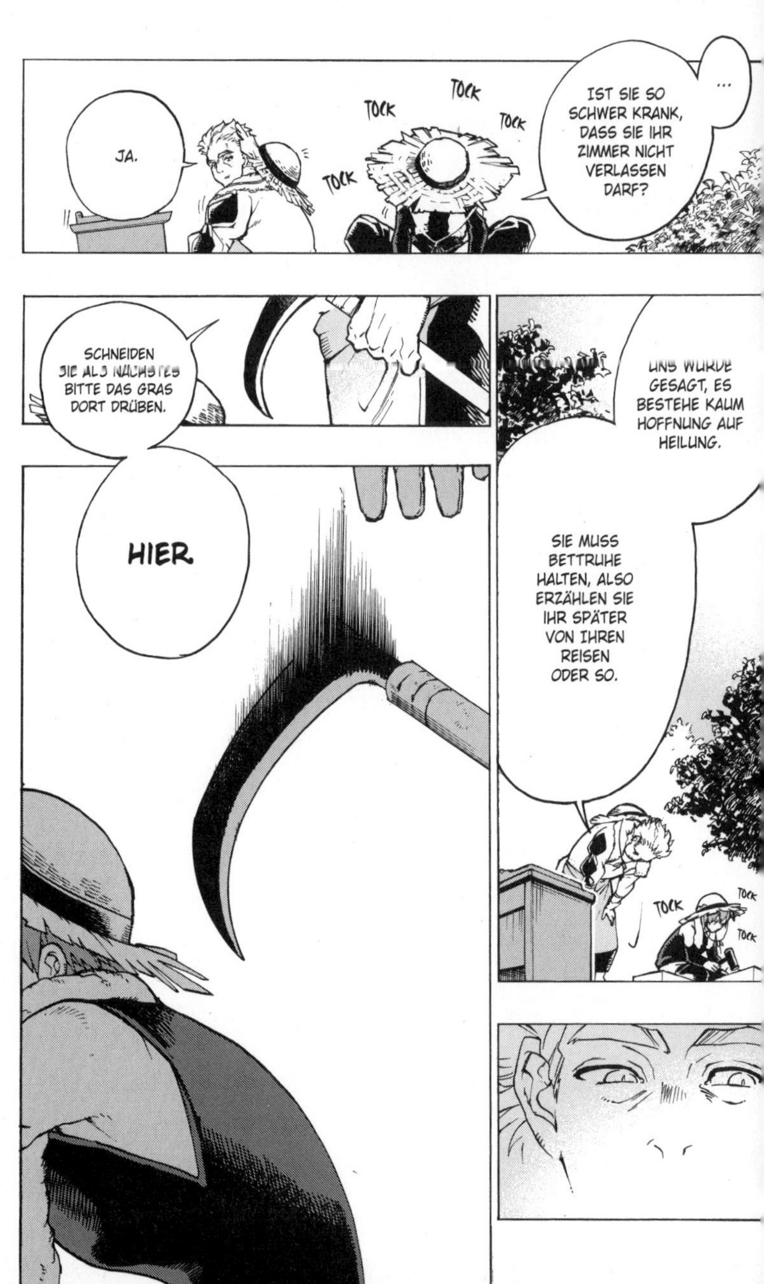
…
IST SIE SO SCHWER KRANK, DASS SIE IHR ZIMMER NICHT VERLASSEN DARF?
TOCK
TOCK
TOCK
TOCK
JA.
UNS WURDE GESAGT, ES BESTEHE KAUM HOFFNUNG AUF HEILUNG.
SIE MUSS BETTRUHE HALTEN, ALSO ERZÄHLEN SIE IHR SPÄTER VON IHREN REISEN ODER SO.
TOCK
TOCK
TOCK
SCHNEIDEN SIE ALS NÄCHSTES BITTE DAS GRAS DORT DRÜBEN.
HIER.

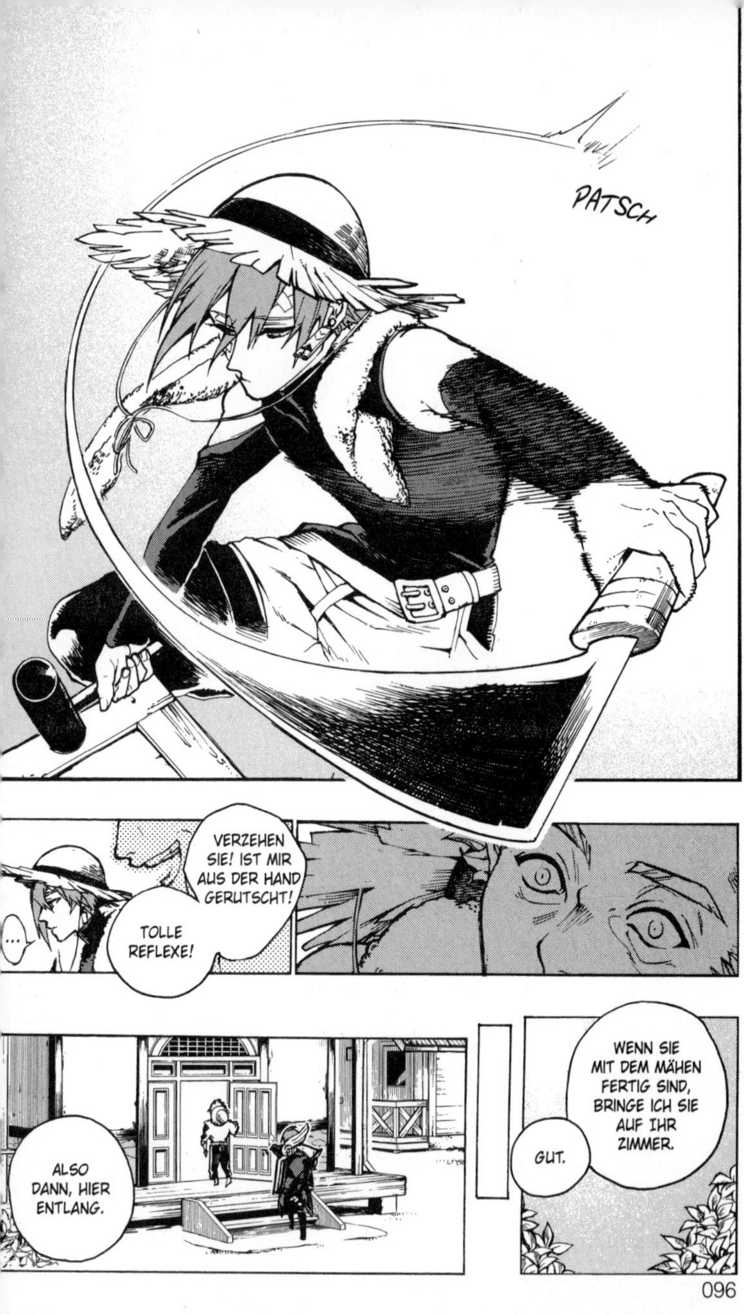

PATSCH

VERZEHEN SIE! IST MIR AUS DER HAND GERUTSCHT!
TOLLE REFLEXE!
...

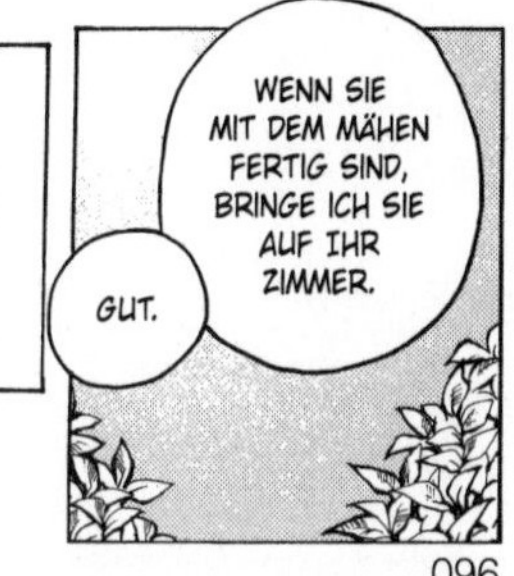

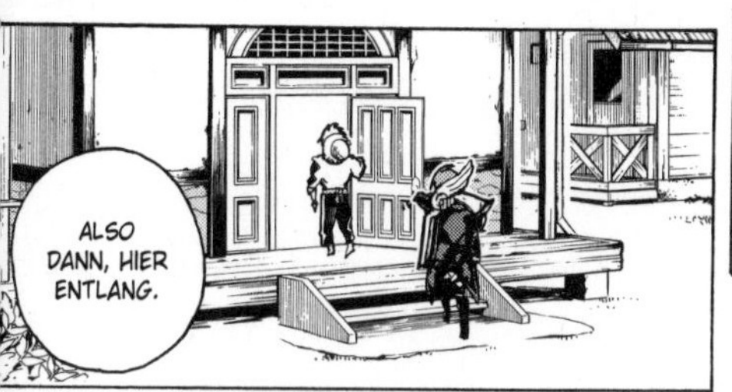

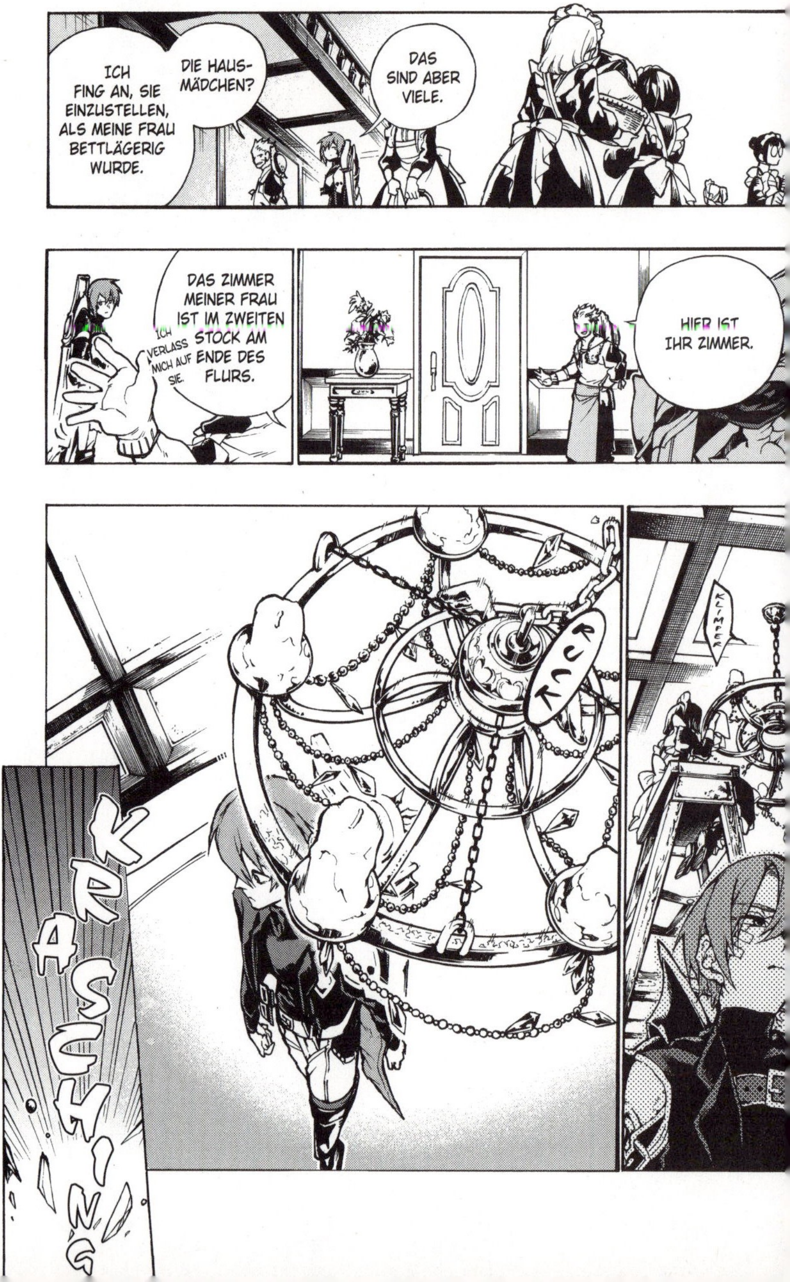

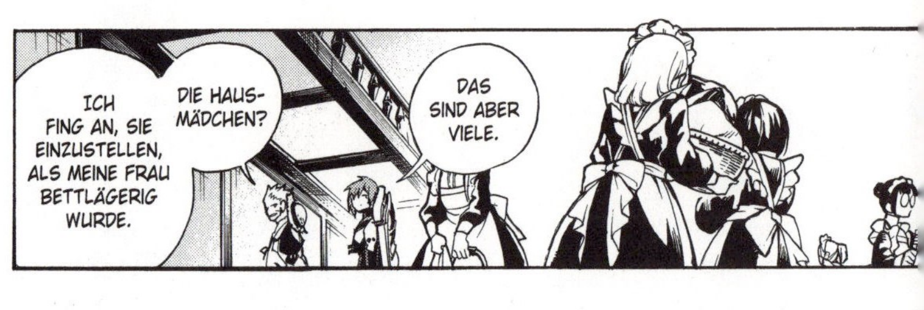

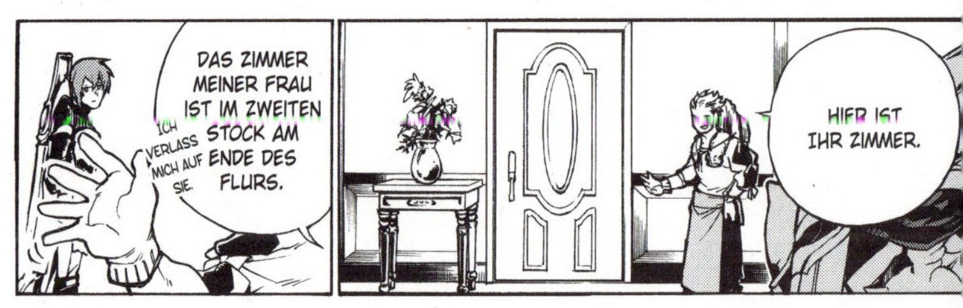

KLIMPER

KNACK

KRASCHING

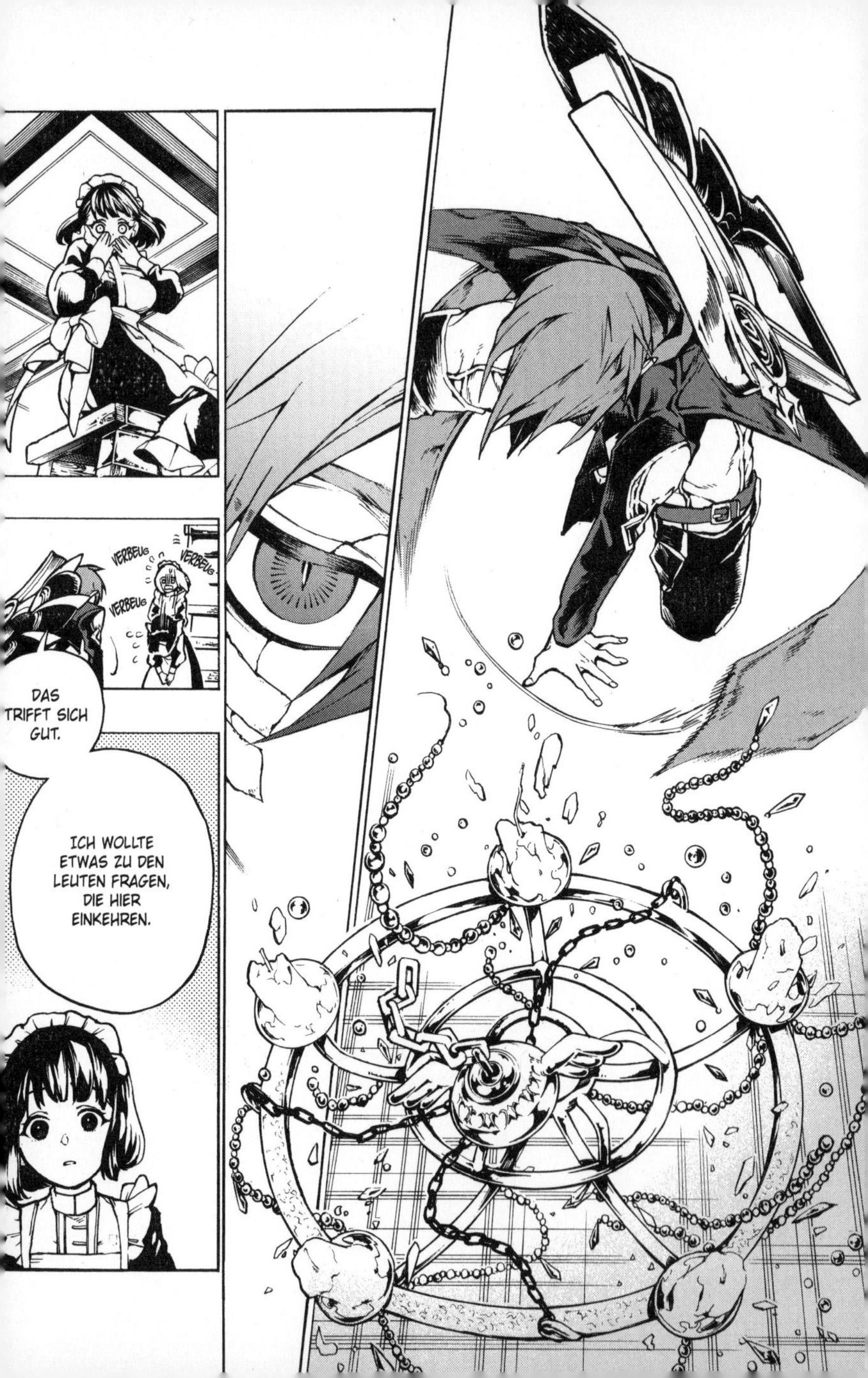
VERBEUG
VERBEUG
VERBEUG
DAS TRIFFT SICH GUT.
ICH WOLLTE ETWAS ZU DEN LEUTEN FRAGEN, DIE HIER EINKEHREN.

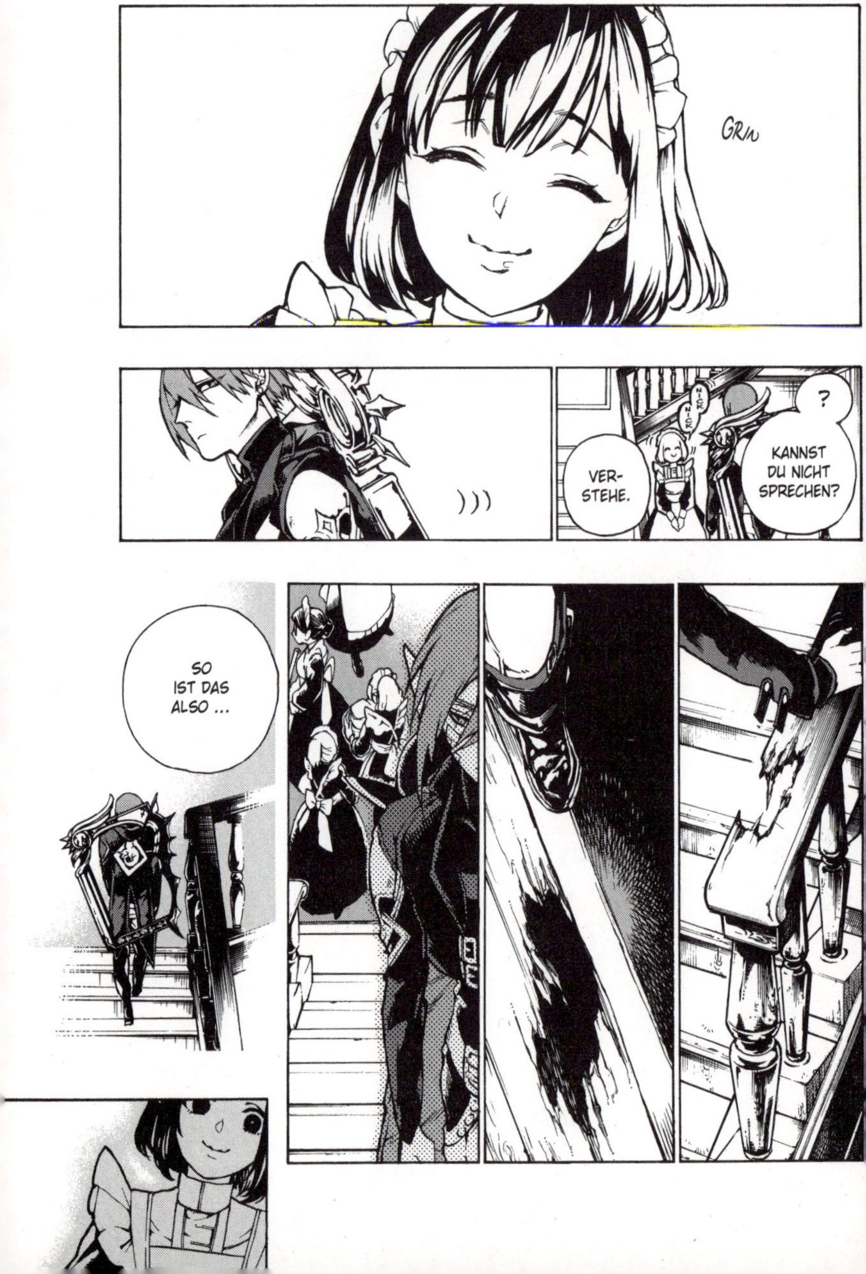

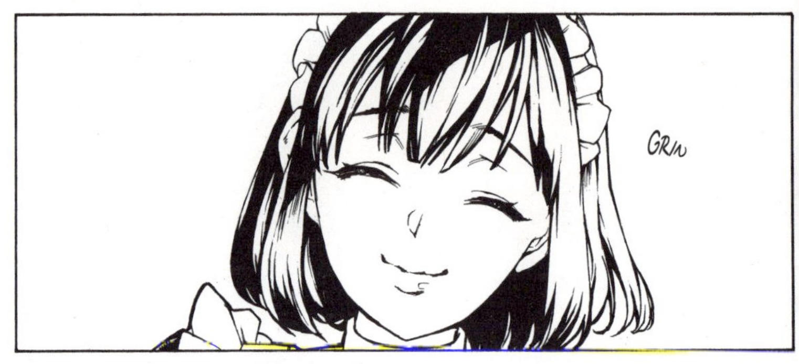

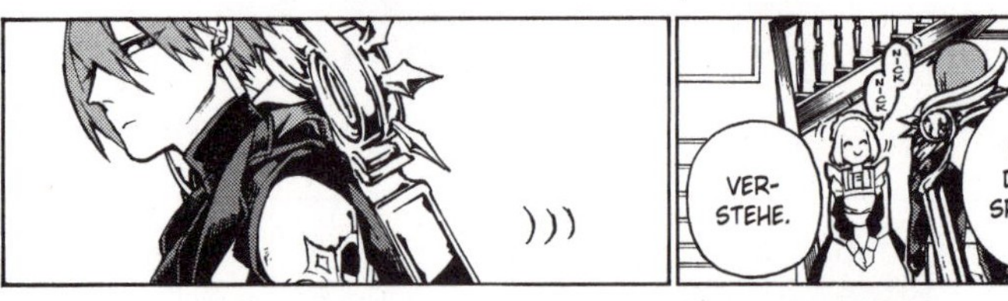

SO IST DAS ALSO …

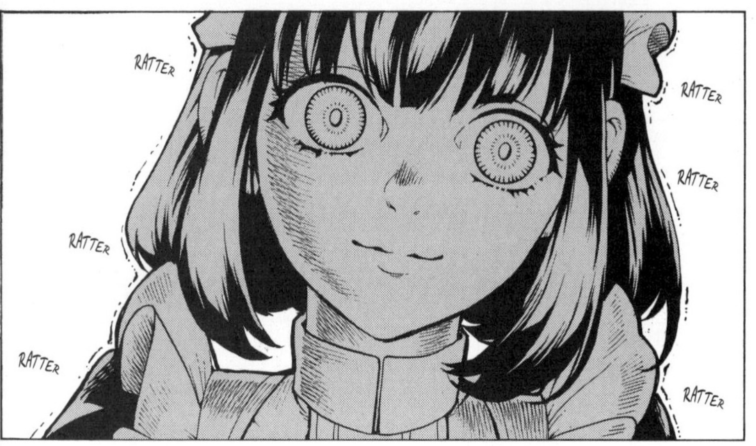
RATTER
RATTER
RATTER
RATTER
RATTER
RATTER

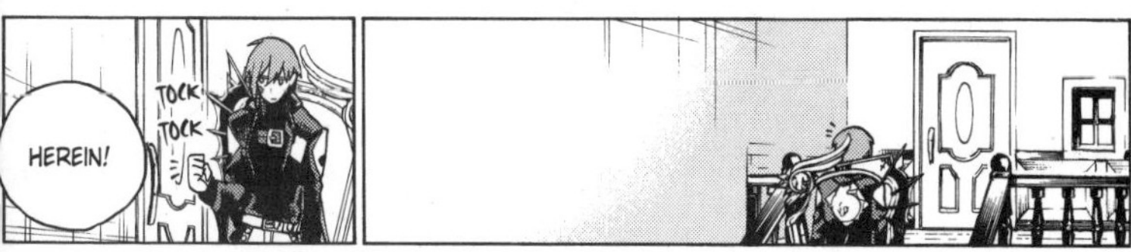
TOCK
TOCK
HEREIN!

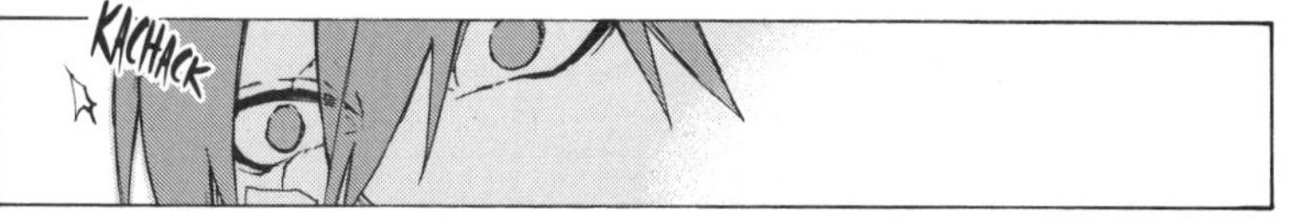
KACHACK

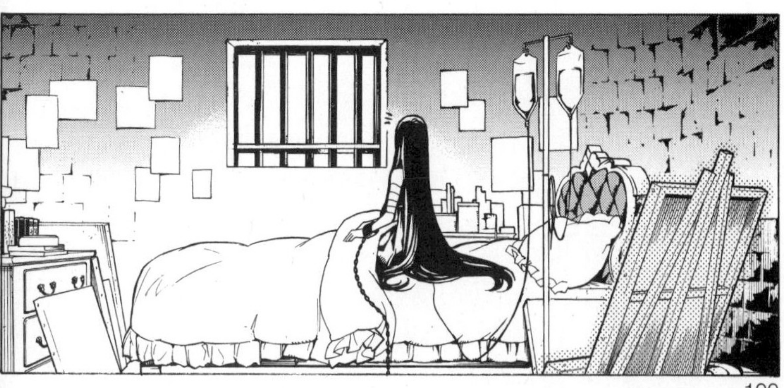

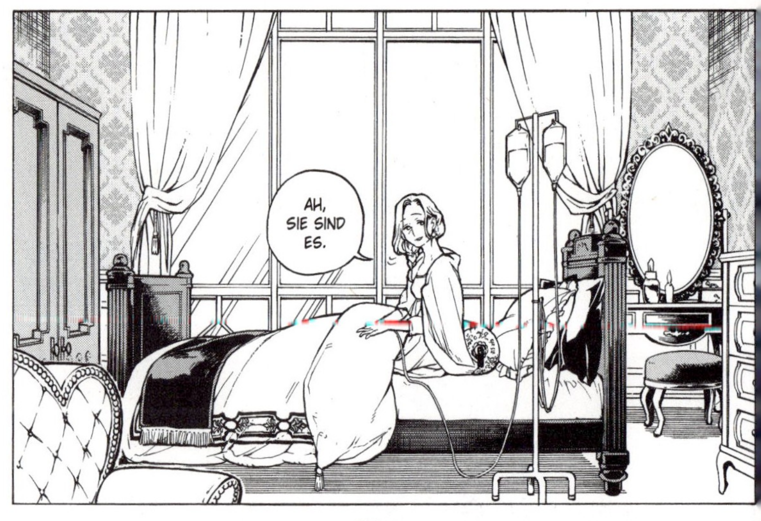
AH, SIE SIND ES.

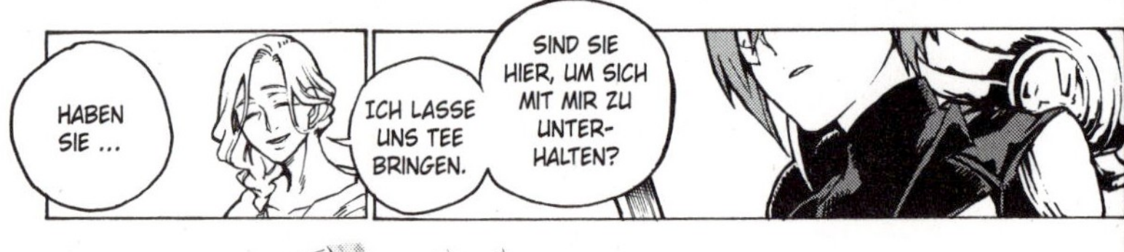
SIND SIE HIER, UM SICH MIT MIR ZU UNTER-HALTEN?
ICH LASSE UNS TEE BRINGEN.
HABEN SIE ...

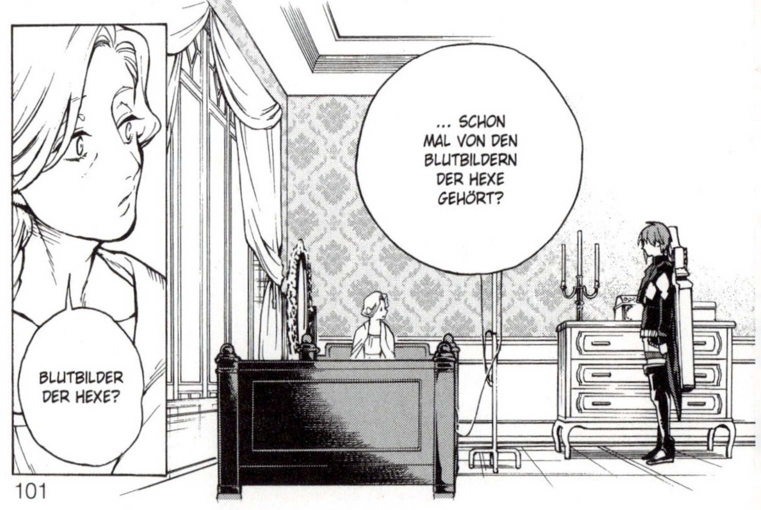
... SCHON MAL VON DEN BLUTBILDERN DER HEXE GEHÖRT?
BLUTBILDER DER HEXE?

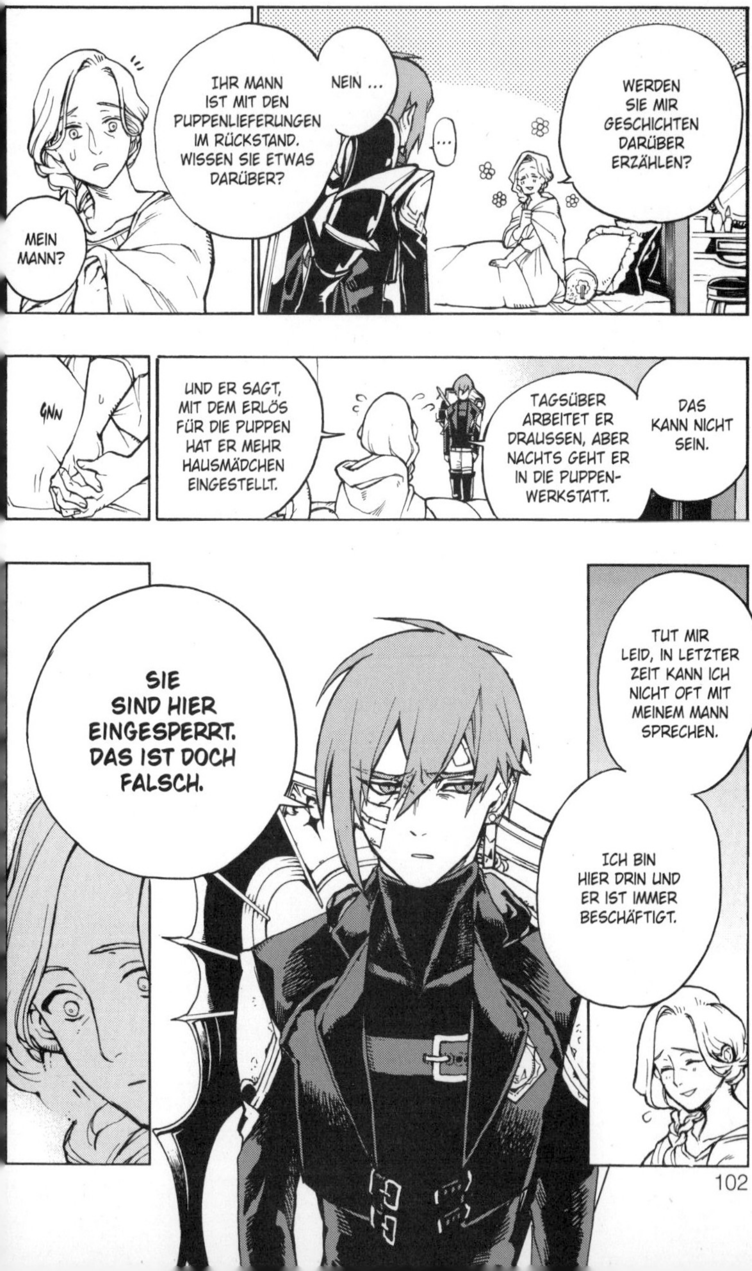

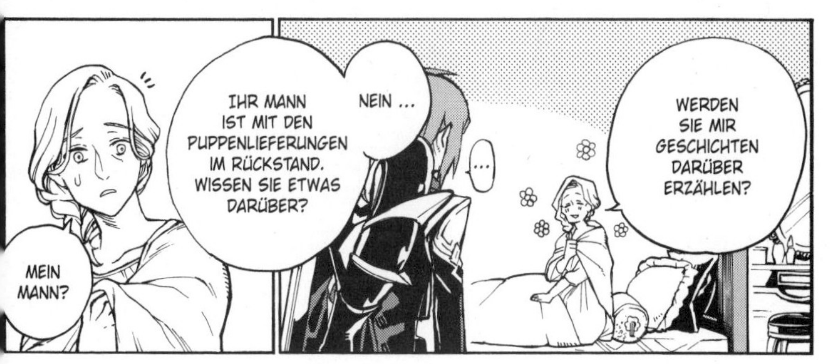
WERDEN SIE MIR GESCHICHTEN DARÜBER ERZÄHLEN?
...
NEIN ...
IHR MANN IST MIT DEN PUPPENLIEFERUNGEN IM RÜCKSTAND. WISSEN SIE ETWAS DARÜBER?
MEIN MANN?

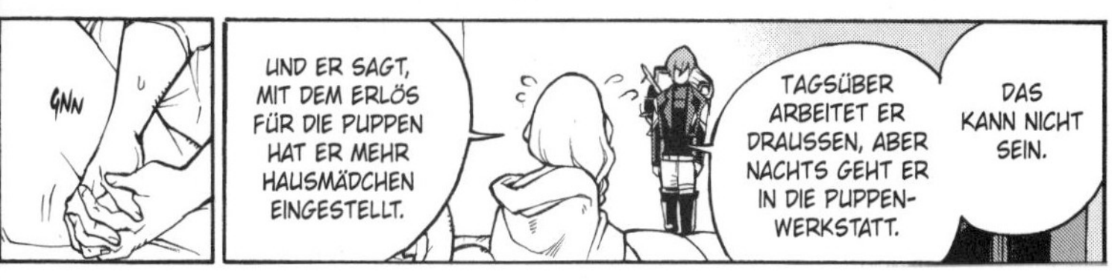
DAS KANN NICHT SEIN.
TAGSÜBER ARBEITET ER DRAUSSEN, ABER NACHTS GEHT ER IN DIE PUPPEN-WERKSTATT.
UND ER SAGT, MIT DEM ERLÖS FÜR DIE PUPPEN HAT ER MEHR HAUSMÄDCHEN EINGESTELLT.
GNN

TUT MIR LEID, IN LETZTER ZEIT KANN ICH NICHT OFT MIT MEINEM MANN SPRECHEN.
ICH BIN HIER DRIN UND ER IST IMMER BESCHÄFTIGT.
SIE SIND HIER EINGESPERRT. DAS IST DOCH FALSCH.

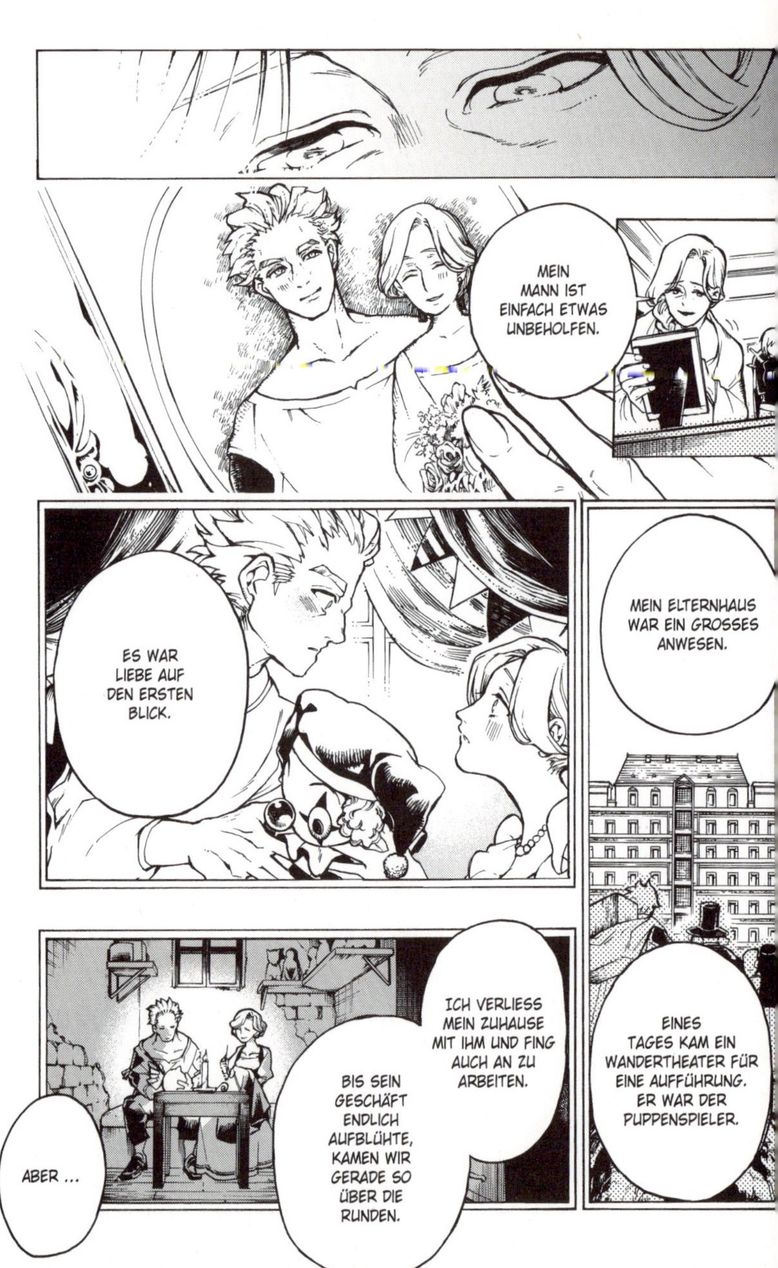
MEIN MANN IST EINFACH ETWAS UNBEHOLFEN.
MEIN ELTERNHAUS WAR EIN GROSSES ANWESEN.
EINES TAGES KAM EIN WANDERTHEATER FÜR EINE AUFFÜHRUNG. ER WAR DER PUPPENSPIELER.
ES WAR LIEBE AUF DEN ERSTEN BLICK.
ICH VERLIESS MEIN ZUHAUSE MIT IHM UND FING AUCH AN ZU ARBEITEN.
BIS SEIN GESCHÄFT ENDLICH AUFBLÜHTE, KAMEN WIR GERADE SO ÜBER DIE RUNDEN.
ABER ...

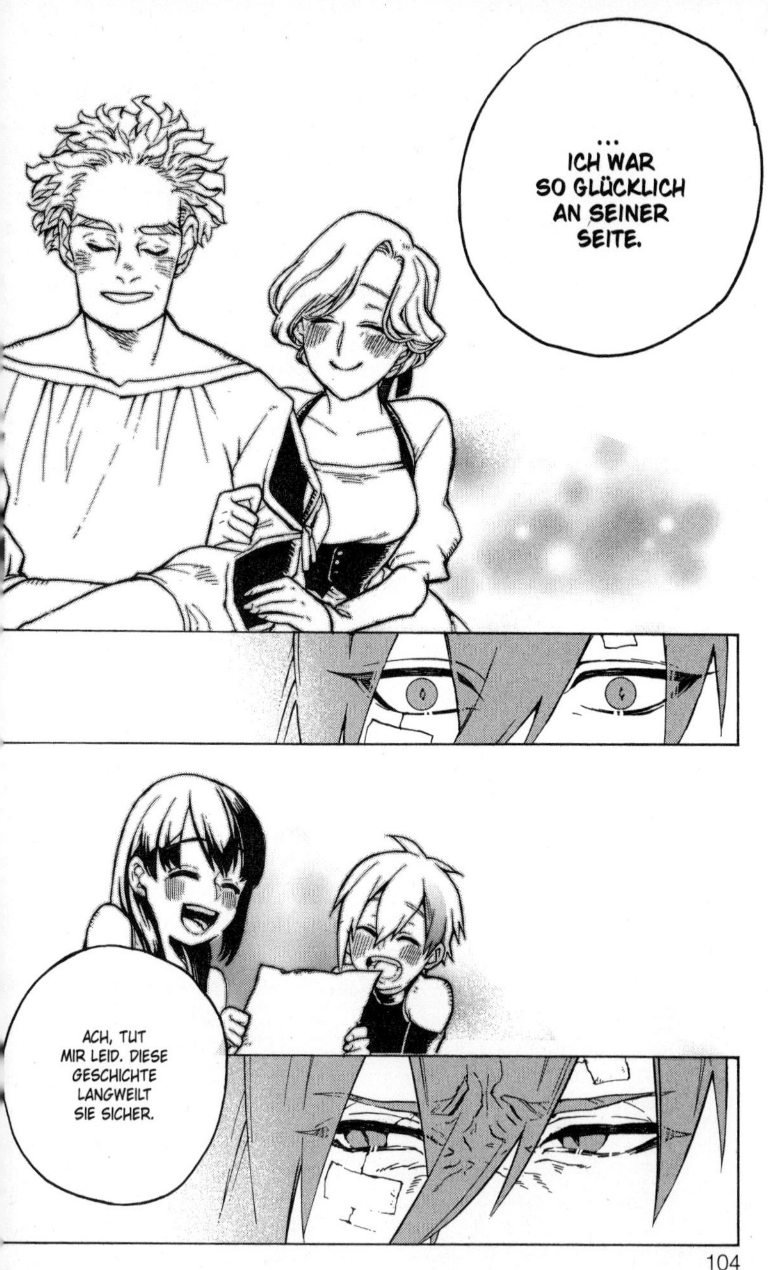
...
ICH WAR
SO GLÜCKLICH
AN SEINER
SEITE.
ACH, TUT
MIR LEID. DIESE
GESCHICHTE
LANGWEILT
SIE SICHER.

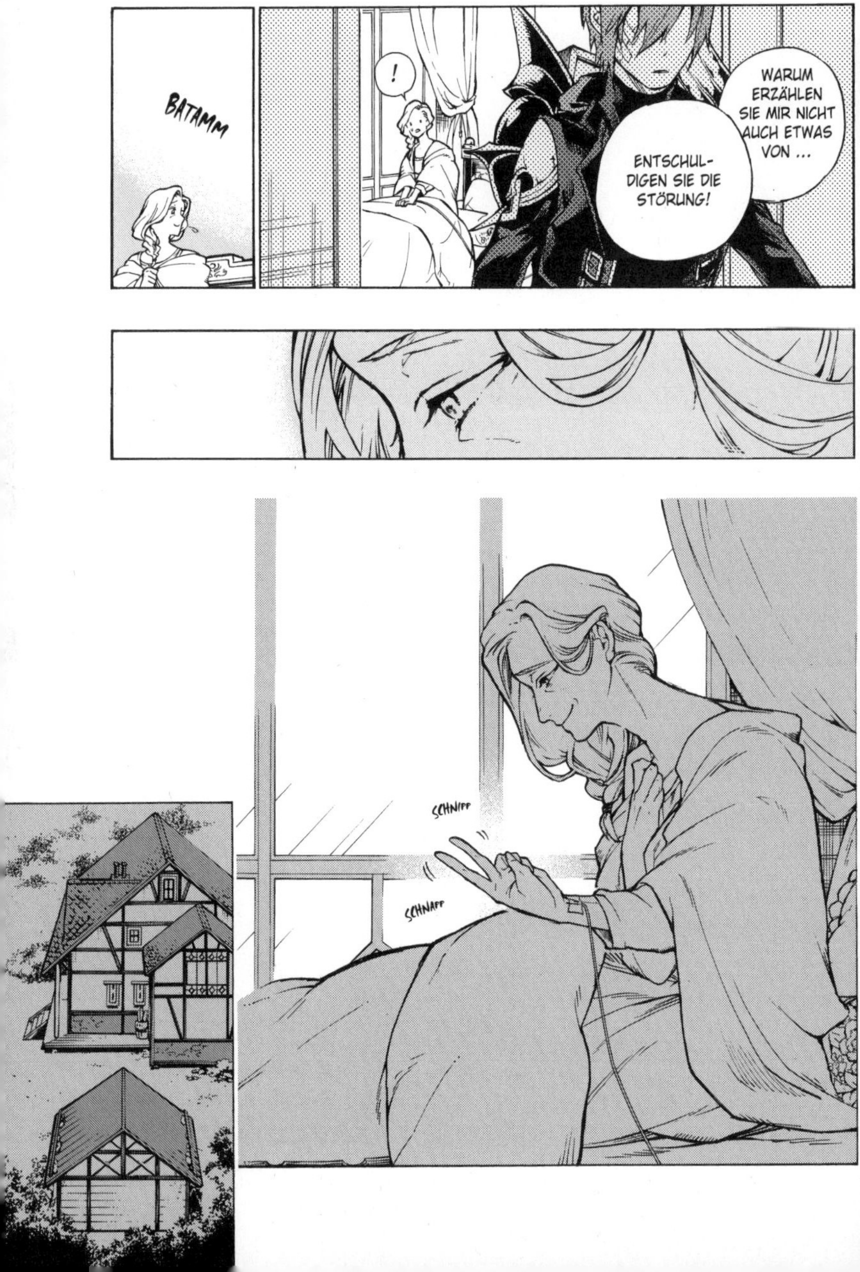

WARUM ERZÄHLEN SIE MIR NICHT AUCH ETWAS VON …
ENTSCHULDIGEN SIE DIE STÖRUNG!
!
BATAMM
SCHNIFF
SCHNAPP

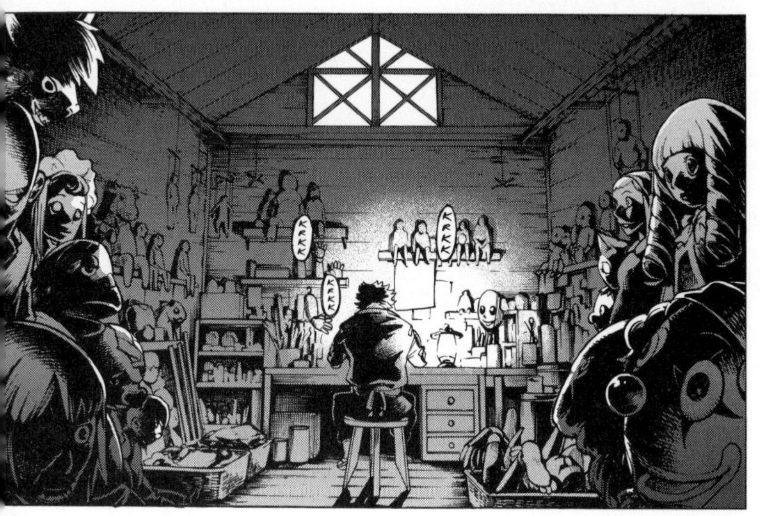
KRKK
KRKK
KRKK

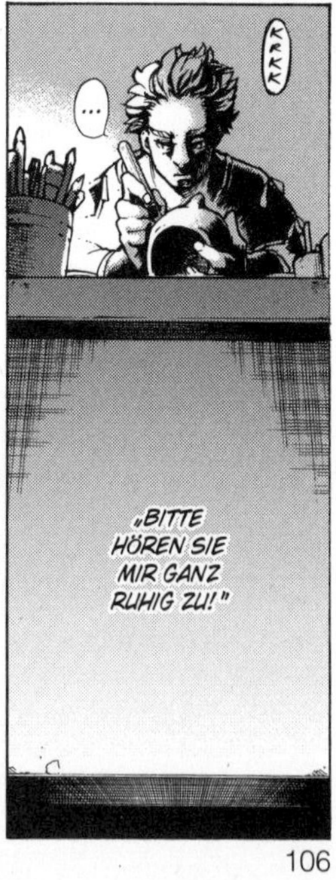
KRKK
...
„BITTE HÖREN SIE MIR GANZ RUHIG ZU!"

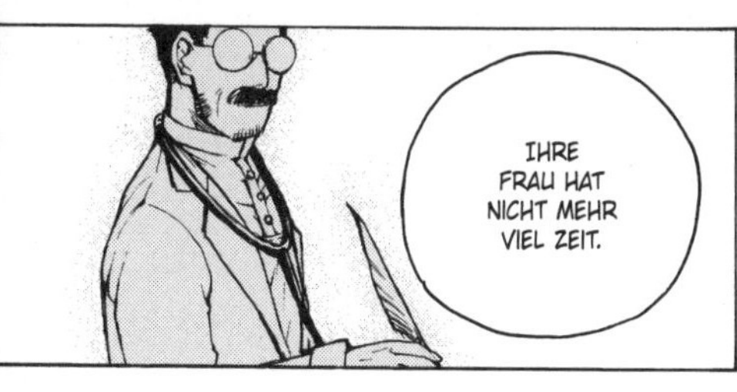
IHRE FRAU HAT NICHT MEHR VIEL ZEIT.

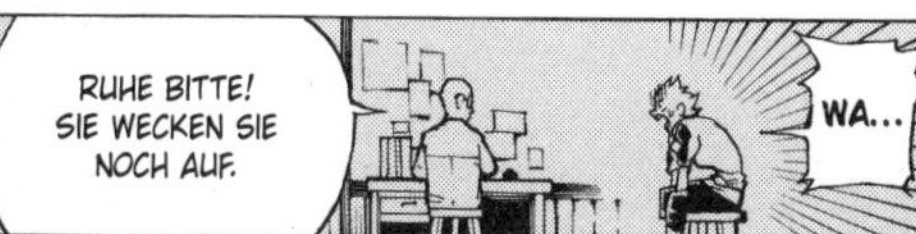
WA...
RUHE BITTE! SIE WECKEN SIE NOCH AUF.

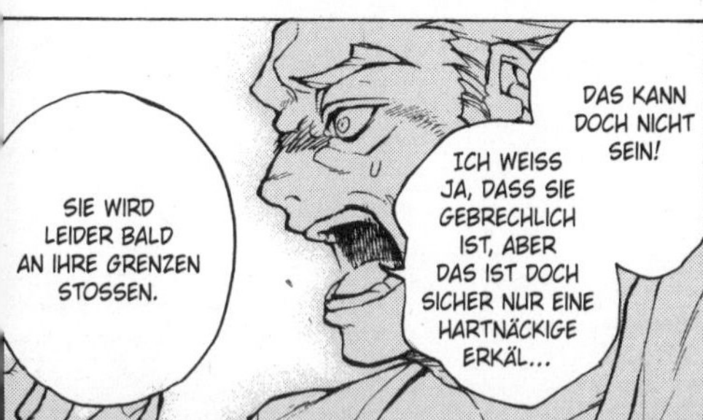
DAS KANN DOCH NICHT SEIN!
ICH WEISS JA, DASS SIE GEBRECHLICH IST, ABER DAS IST DOCH SICHER NUR EINE HARTNÄCKIGE ERKÄL...
SIE WIRD LEIDER BALD AN IHRE GRENZEN STOSSEN.

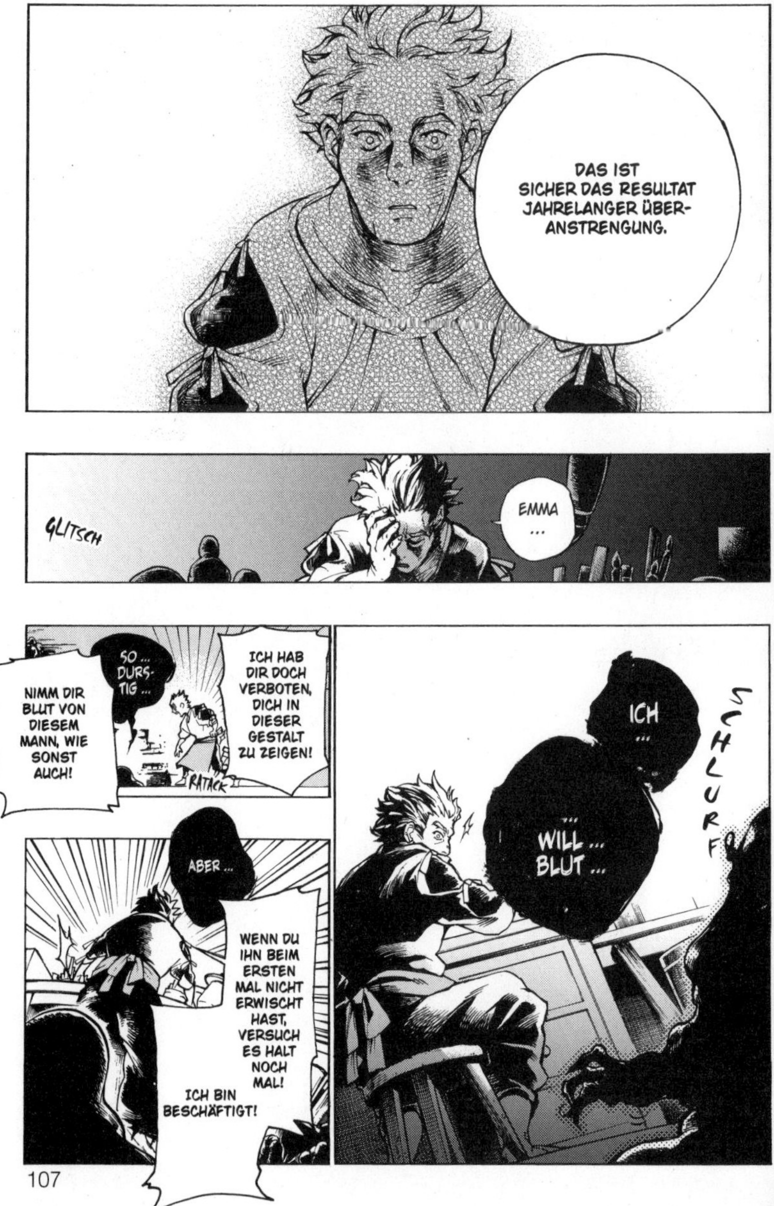

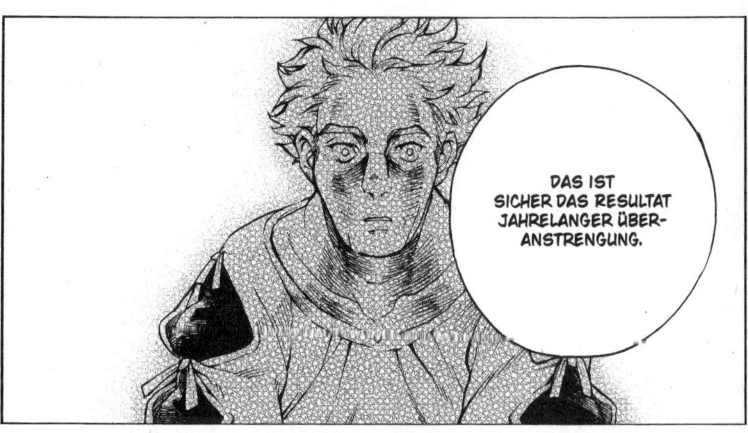

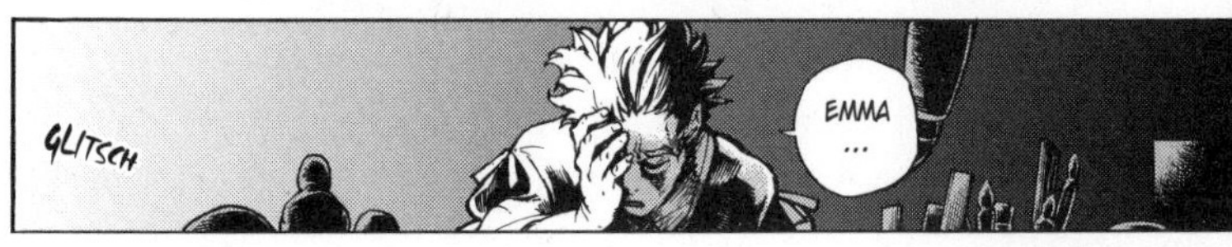

ICH ... WILL ... BLUT ...

SCHLURF

ICH HAB DIR DOCH VERBOTEN, DICH IN DIESER GESTALT ZU ZEIGEN!

RATACK

SO ... DURSTIG ...

NIMM DIR BLUT VON DIESEM MANN, WIE SONST AUCH!

ABER ...

WENN DU IHN BEIM ERSTEN MAL NICHT ERWISCHT HAST, VERSUCH ES HALT NOCH MAL!

ICH BIN BESCHÄFTIGT!

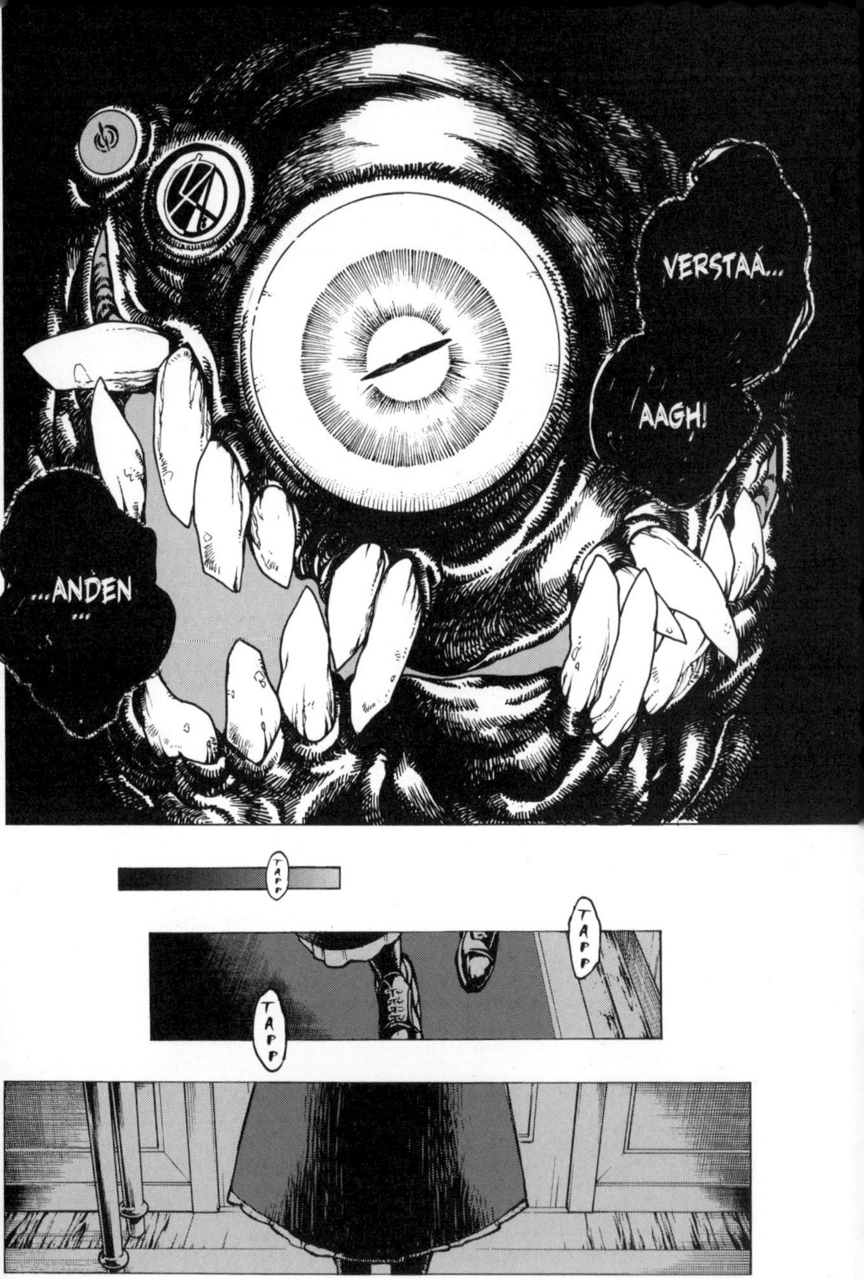

VERSTAÁ...
AAGH!
...ANDEN
...

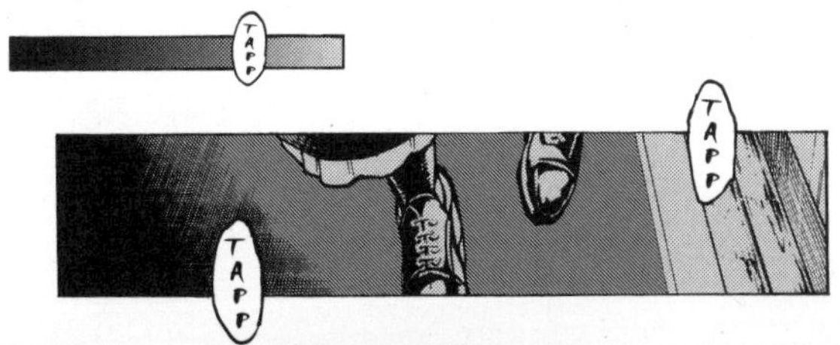

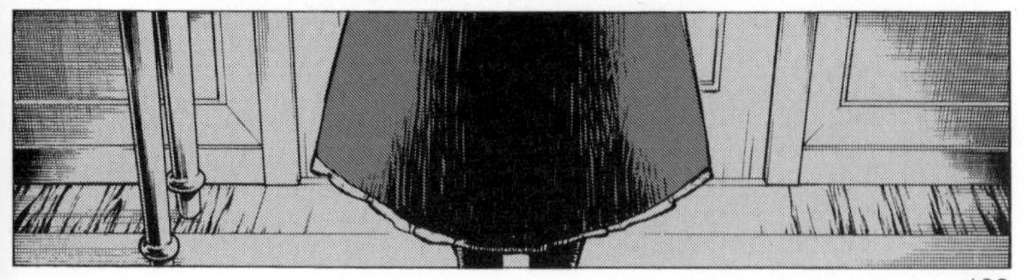

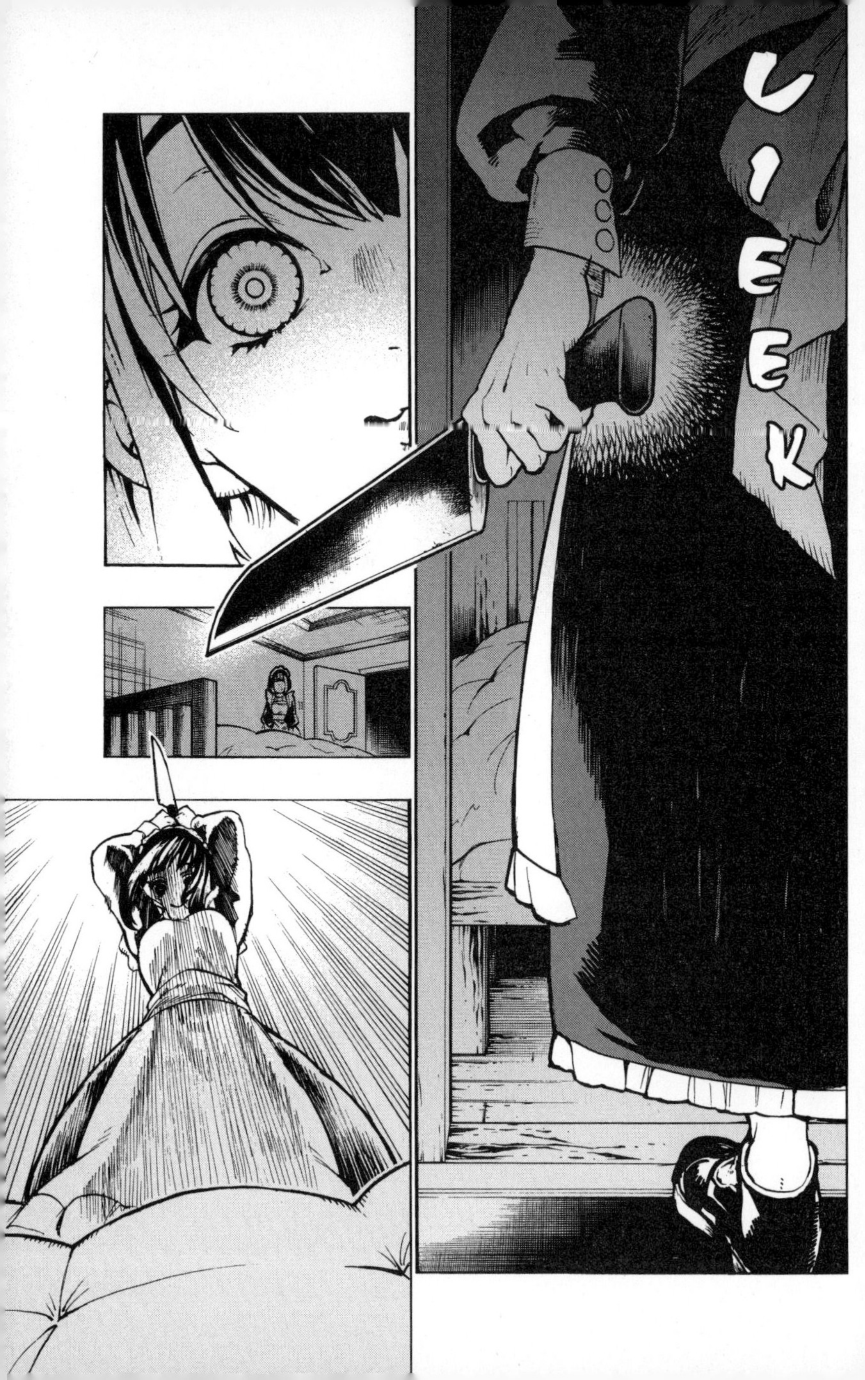
UIEEK

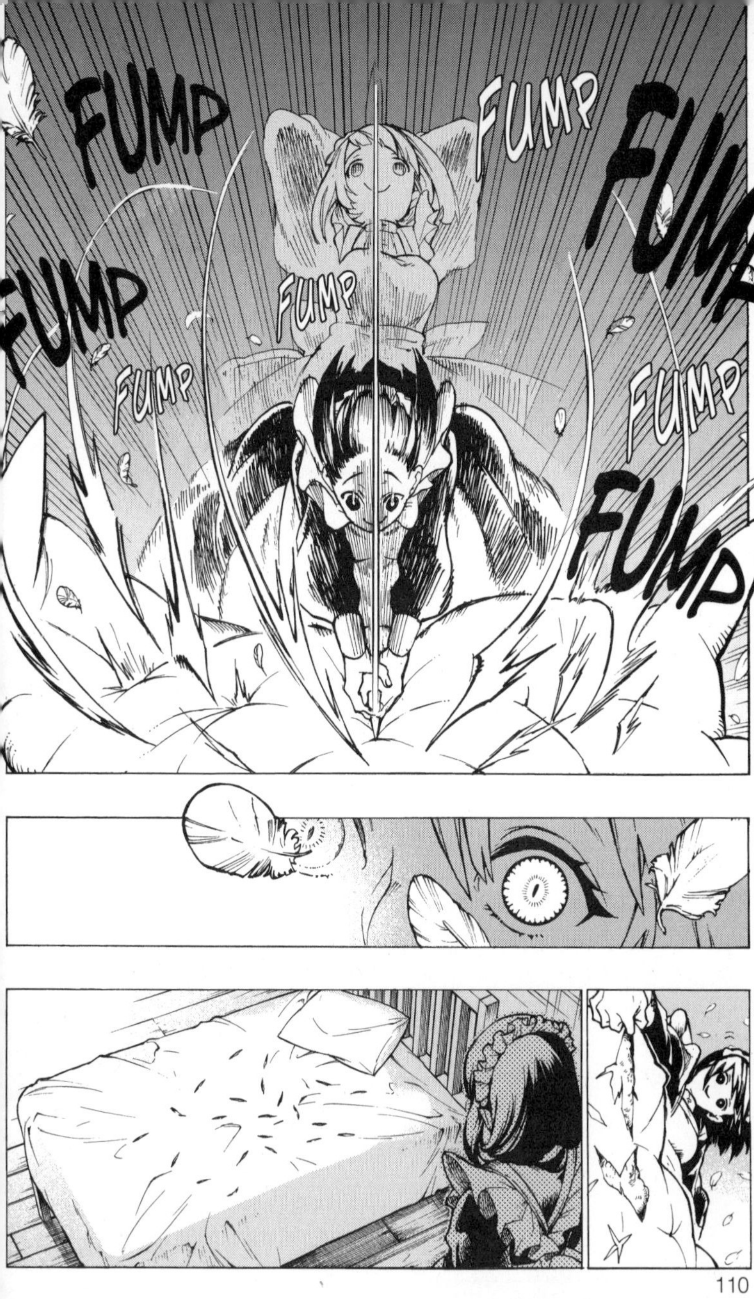

FUMP
FUMP
FUMP
FUMP
FUMP
FUMP
FUMP
FUMP

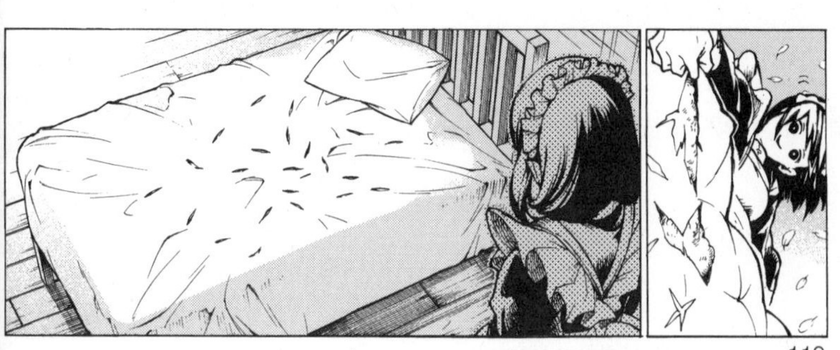

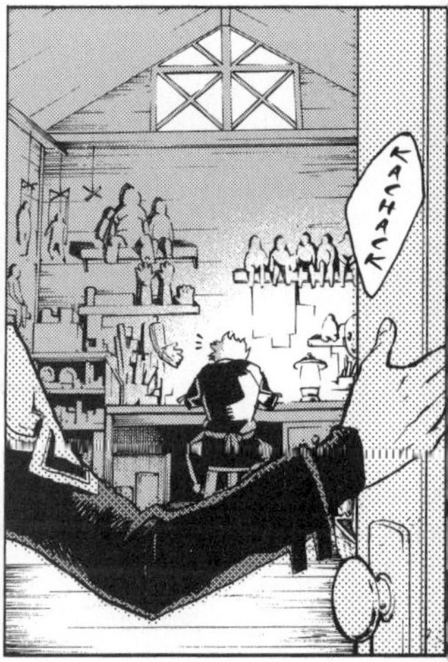
KACHACK

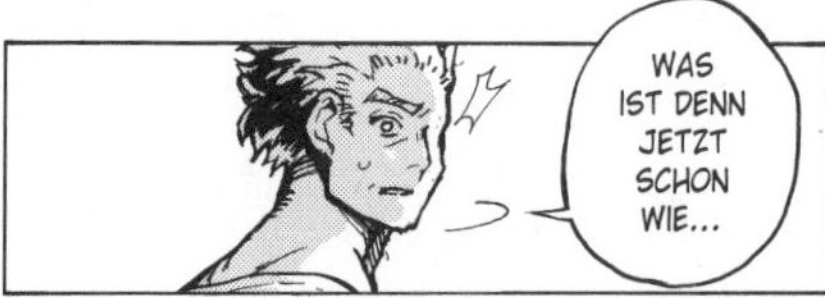
WAS IST DENN JETZT SCHON WIE...

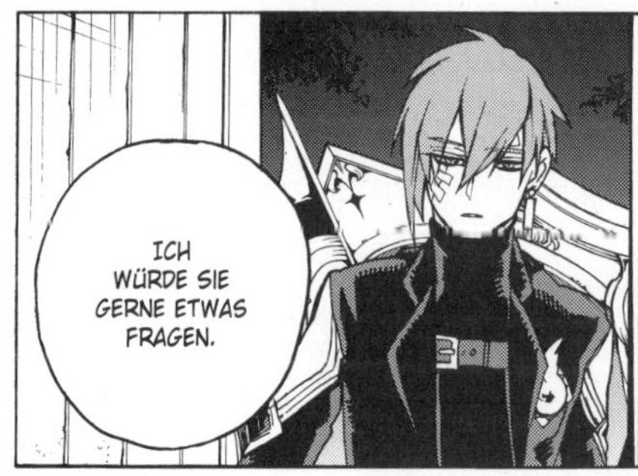
ICH WÜRDE SIE GERNE ETWAS FRAGEN.

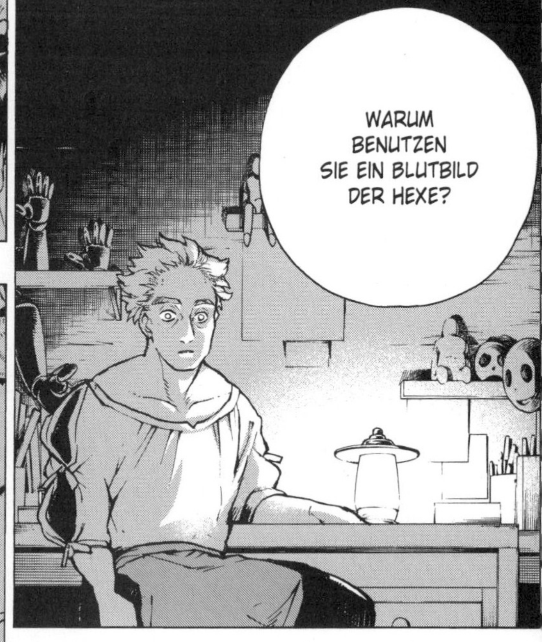
WARUM BENUTZEN SIE EIN BLUTBILD DER HEXE?

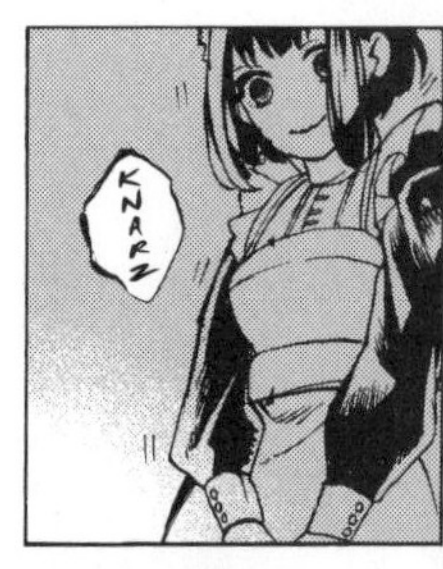
KNARZ

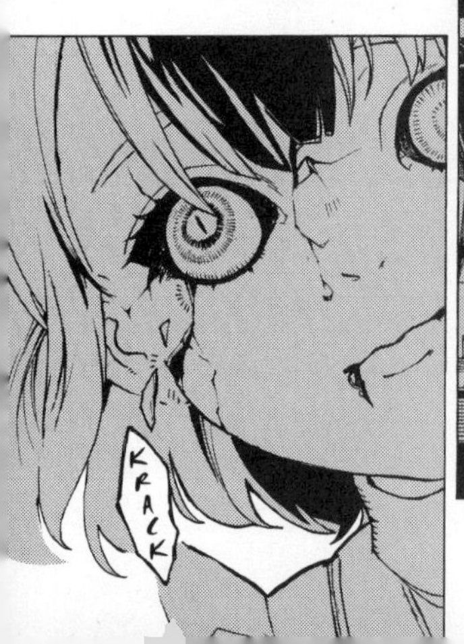
KRACK

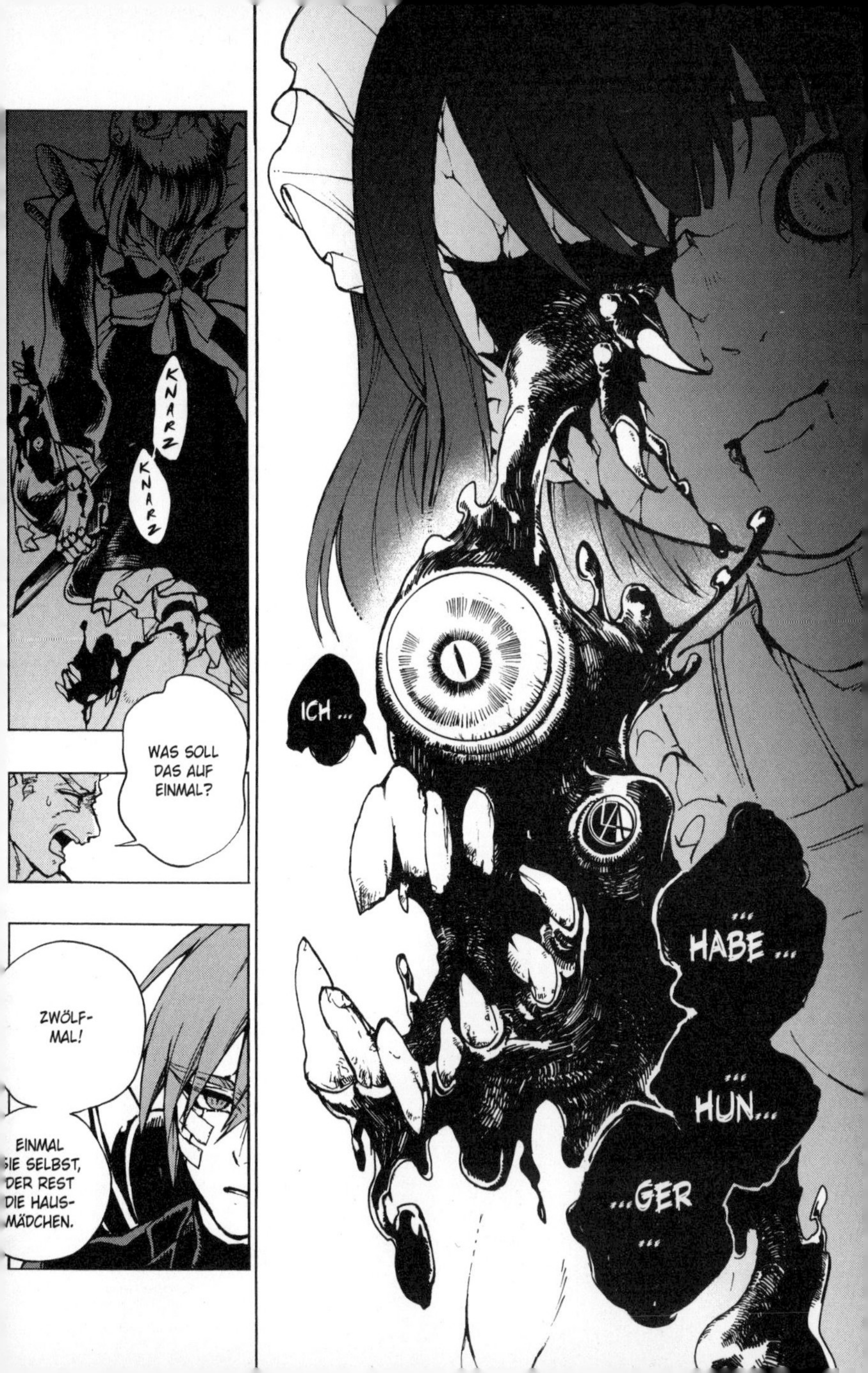

ICH ...
... HABE ...
... HUN...
...GER ...

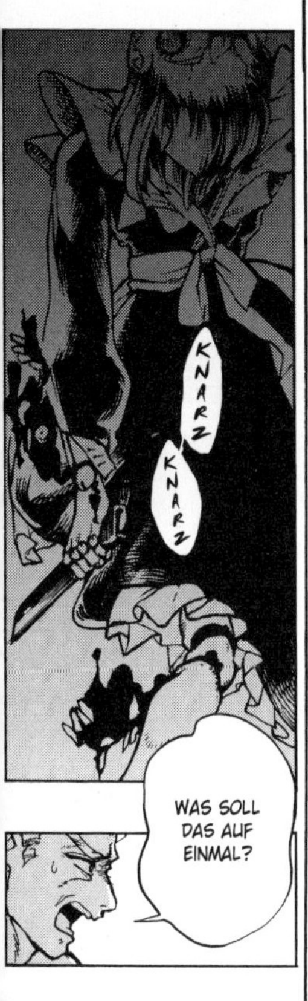
KNARZ
KNARZ
WAS SOLL DAS AUF EINMAL?

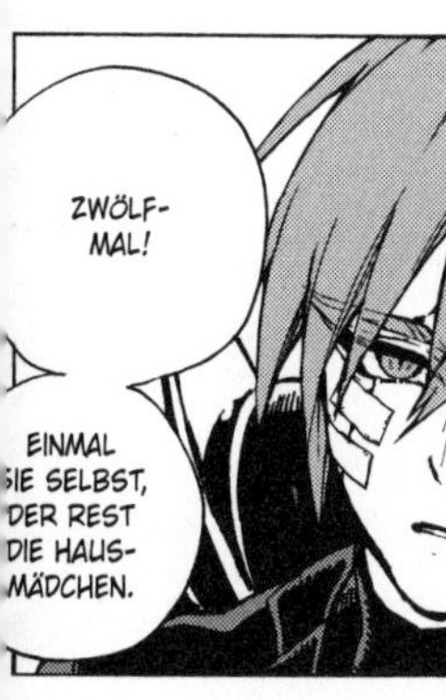
ZWÖLFMAL!
EINMAL SIE SELBST, DER REST DIE HAUSMÄDCHEN.

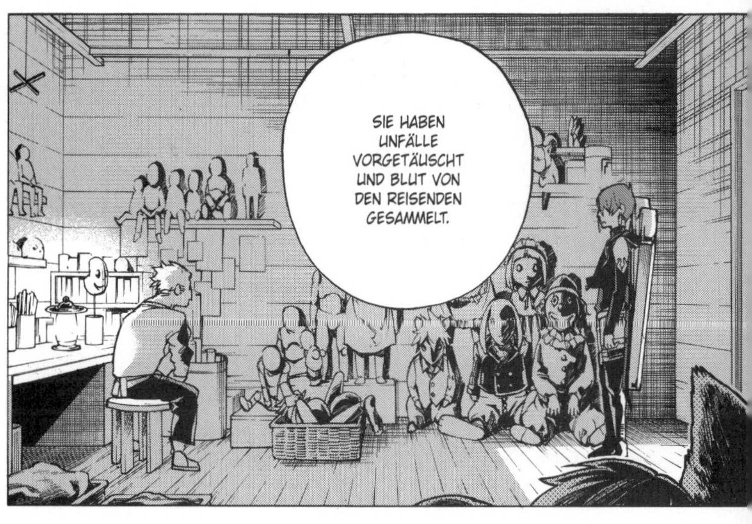
SIE HABEN UNFÄLLE VORGETÄUSCHT UND BLUT VON DEN REISENDEN GESAMMELT.

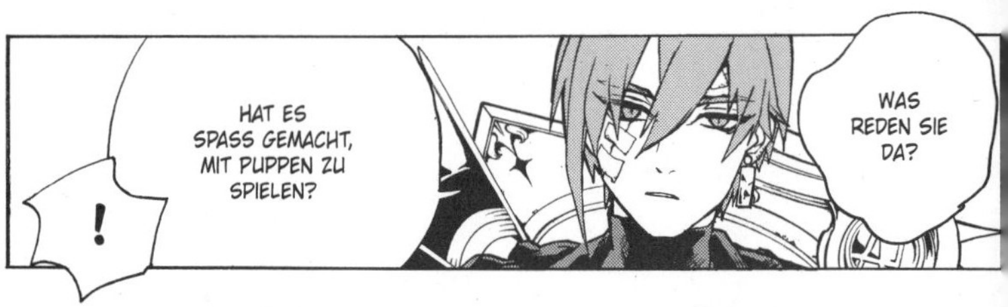
WAS REDEN SIE DA?
HAT ES SPASS GEMACHT, MIT PUPPEN ZU SPIELEN?
!

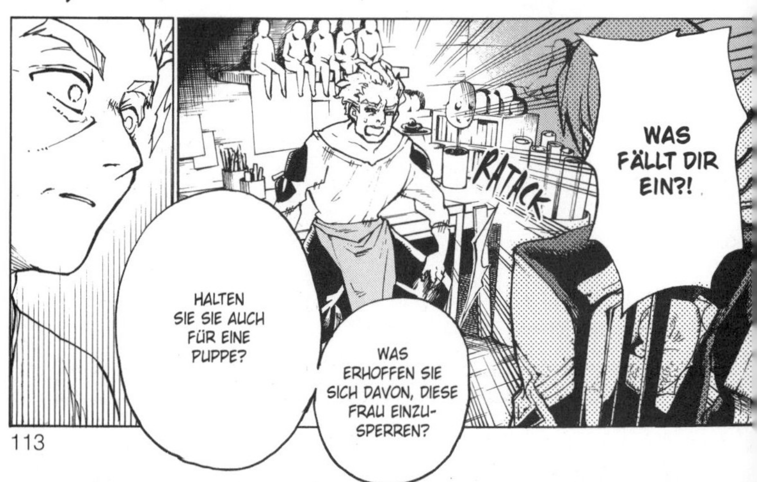
WAS FÄLLT DIR EIN?!
RATACK
HALTEN SIE SIE AUCH FÜR EINE PUPPE?
WAS ERHOFFEN SIE SICH DAVON, DIESE FRAU EINZU-SPERREN?

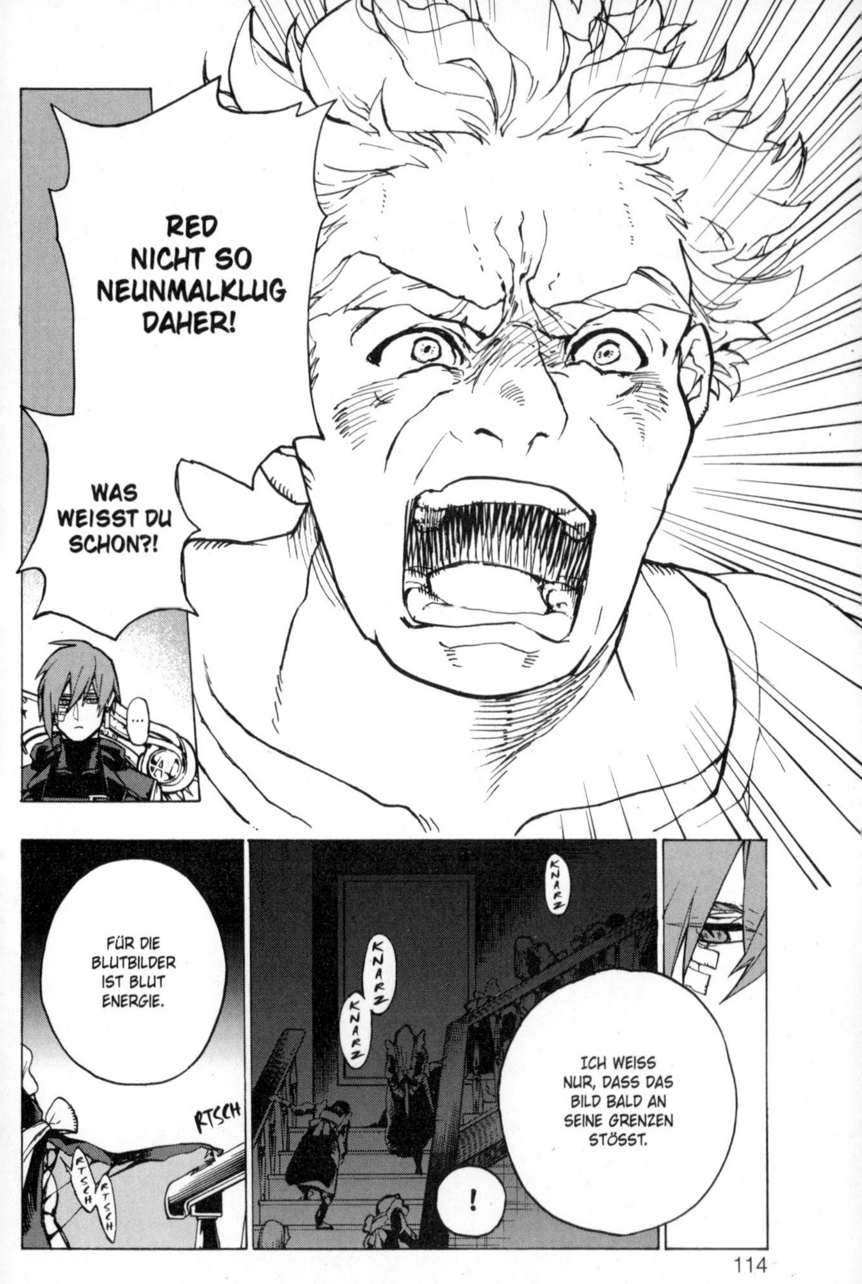
RED NICHT SO NEUNMALKLUG DAHER!
WAS WEISST DU SCHON?!
...
ICH WEISS NUR, DASS DAS BILD BALD AN SEINE GRENZEN STÖSST.
!
KNARZ
KNARZ
KNARZ
FÜR DIE BLUTBILDER IST BLUT ENERGIE.
RTSCH
RTSCH
RTSCH

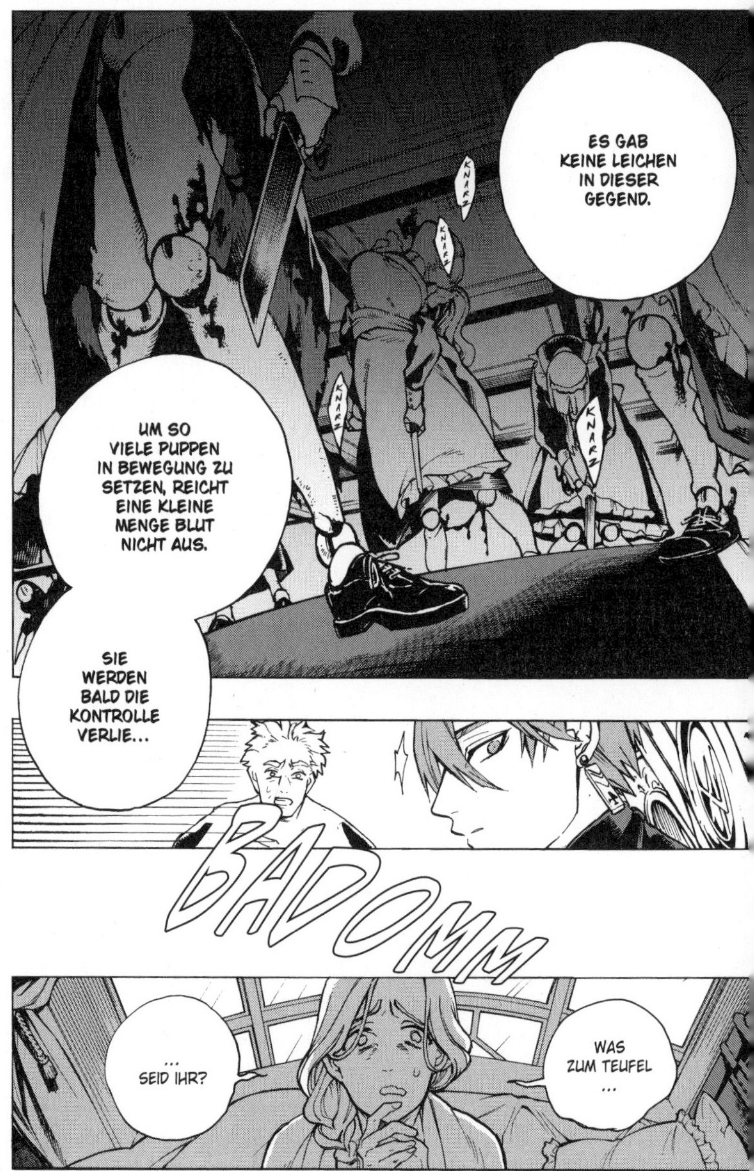
ES GAB KEINE LEICHEN IN DIESER GEGEND.
KNARZ
KNARZ
KNARZ
KNARZ
UM SO VIELE PUPPEN IN BEWEGUNG ZU SETZEN, REICHT EINE KLEINE MENGE BLUT NICHT AUS.
SIE WERDEN BALD DIE KONTROLLE VERLIE…
BADOMM
WAS ZUM TEUFEL …
… SEID IHR?

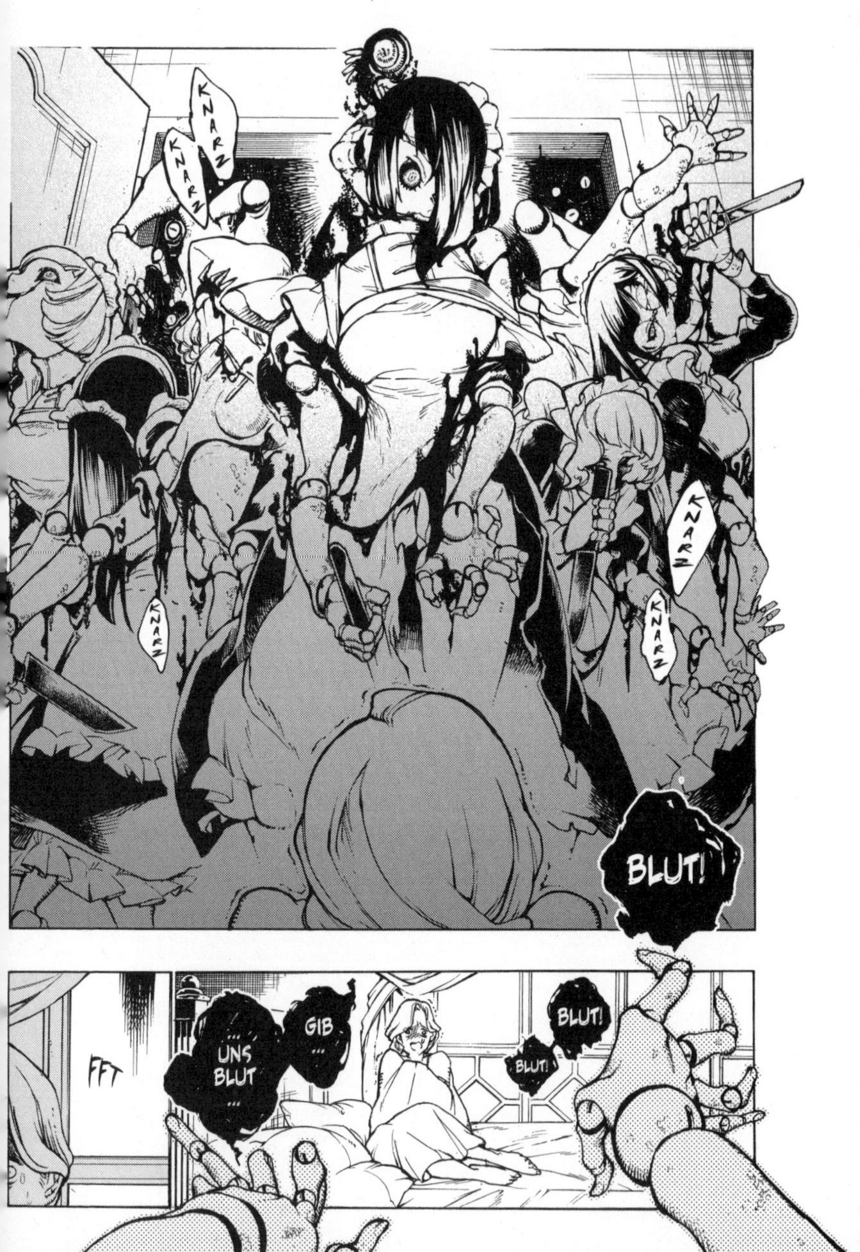
KNARZ
KNARZ
KNARZ
KNARZ
KNARZ
BLUT!
BLUT!
BLUT!
GIB ...
... UNS BLUT ...
FFT

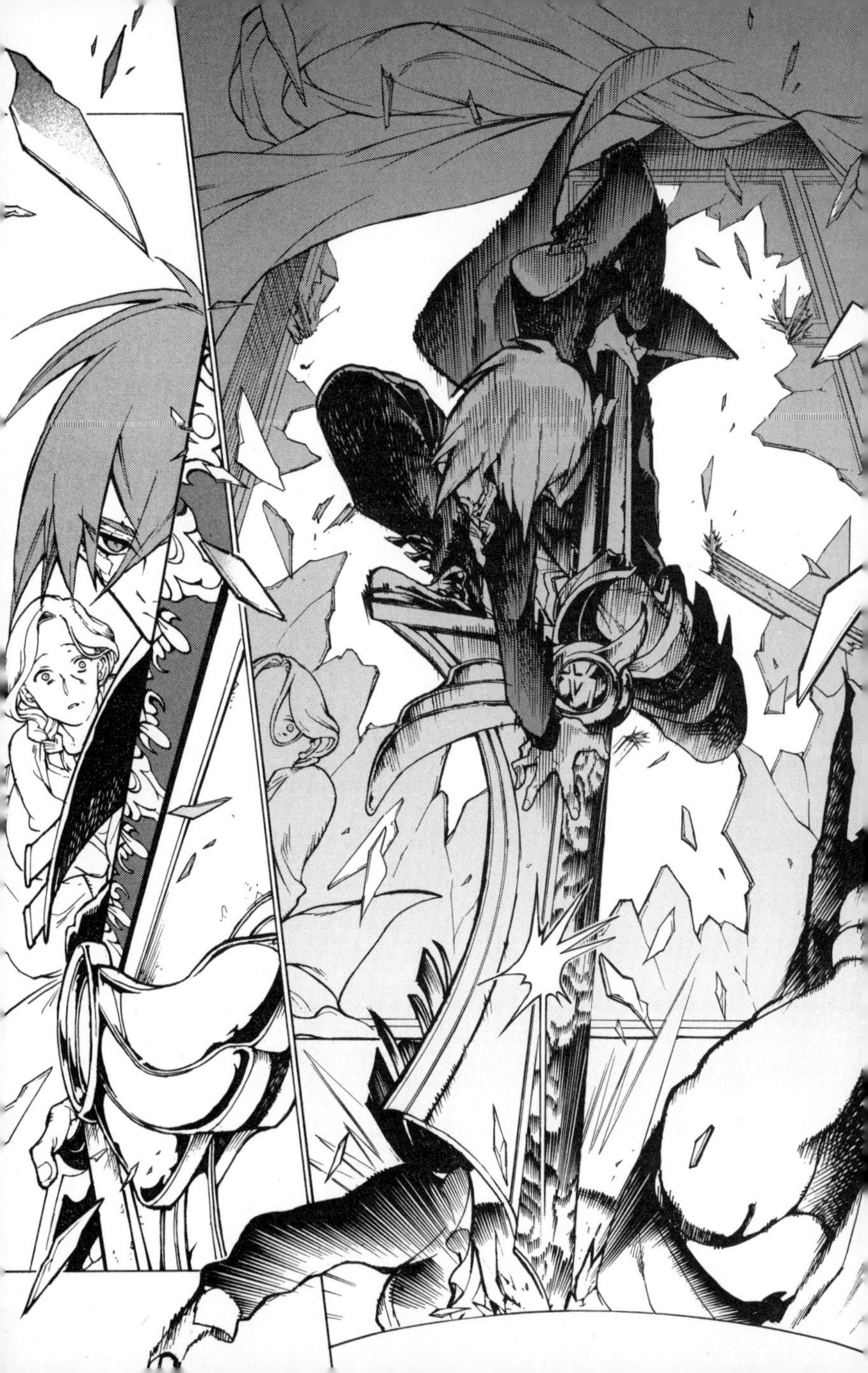

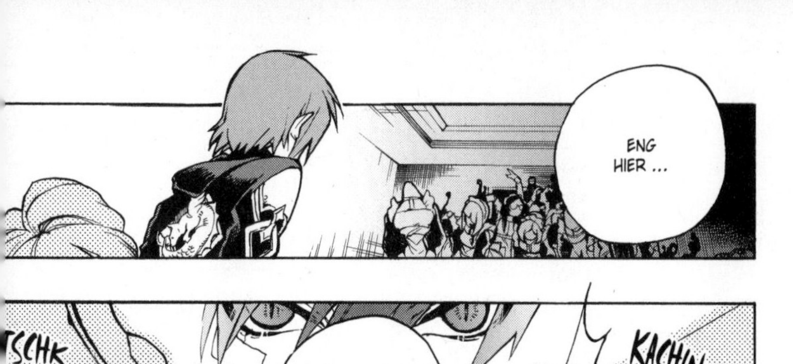
ENG
HIER ...

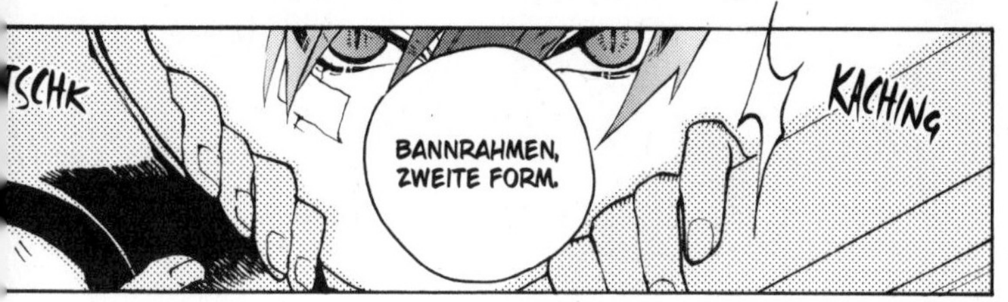
KACHING
BANNRAHMEN,
ZWEITE FORM.
TSCHK

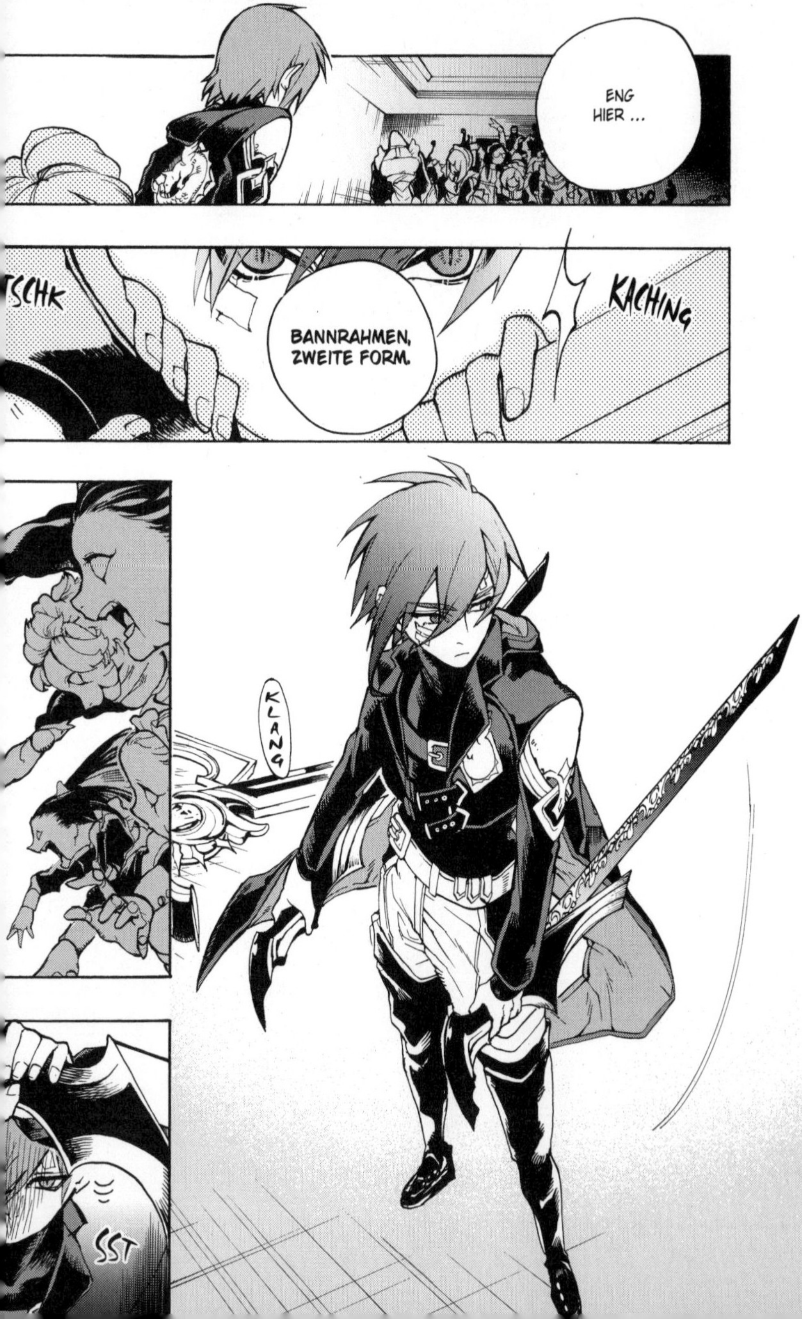

KLANG
SST

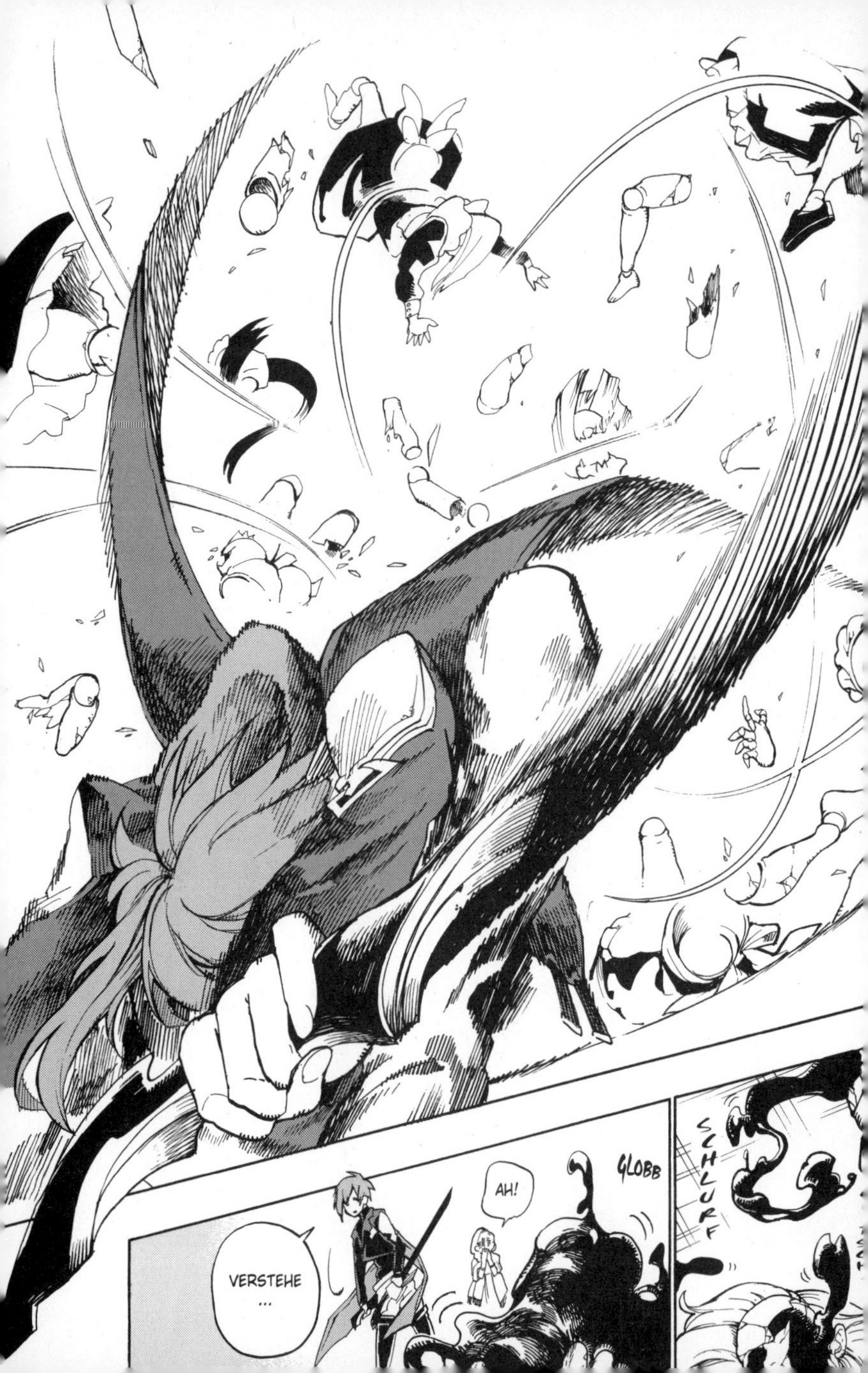
SCHLURF
GLOBB
AH!
VERSTEHE ...

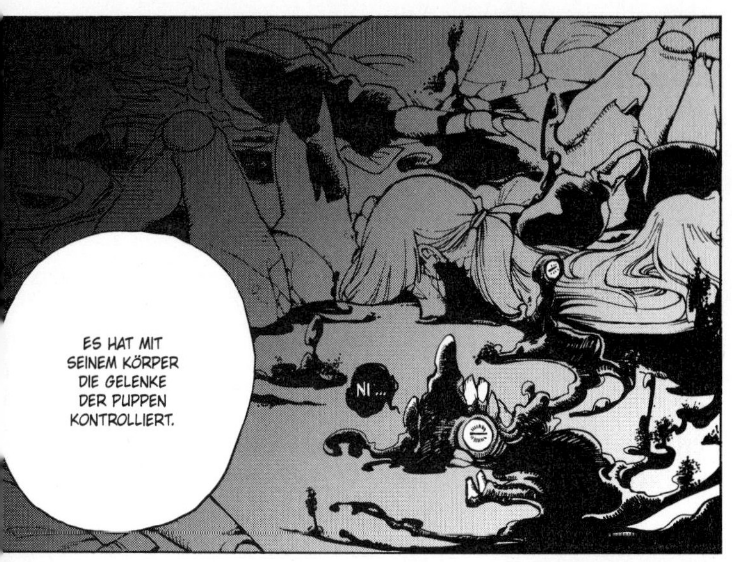
NI ...
ES HAT MIT SEINEM KÖRPER DIE GELENKE DER PUPPEN KONTROLLIERT.

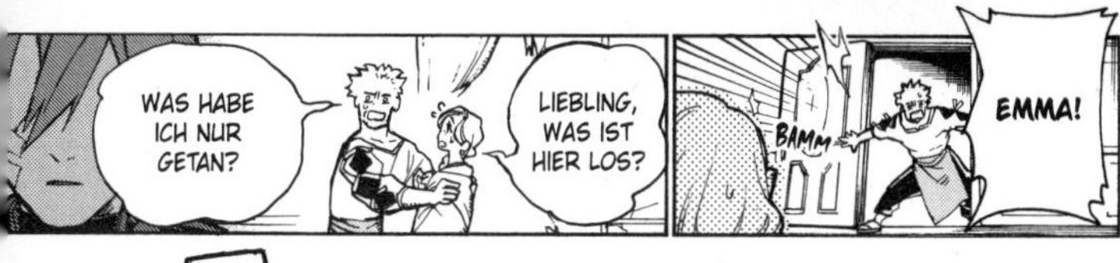
EMMA!
BAMM
LIEBLING, WAS IST HIER LOS?
WAS HABE ICH NUR GETAN?

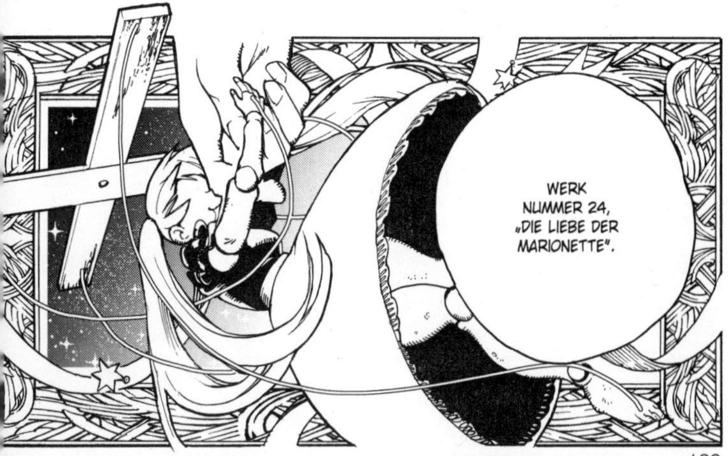
WERK NUMMER 24, „DIE LIEBE DER MARIONETTE".

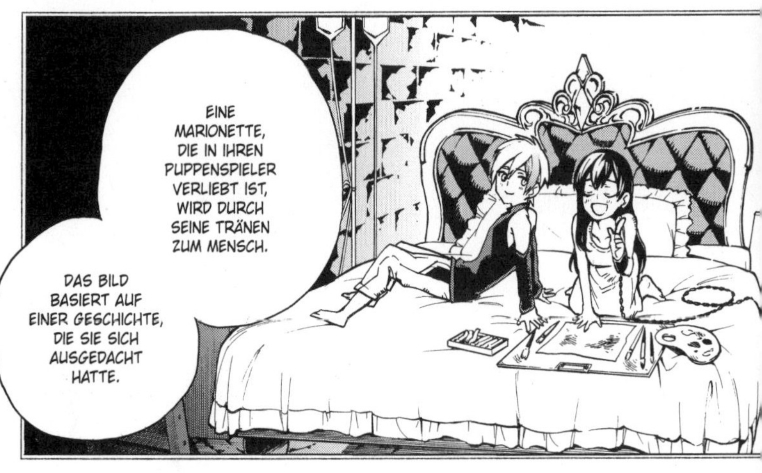
DAS BILD BASIERT AUF EINER GESCHICHTE, DIE SIE SICH AUSGEDACHT HATTE.
EINE MARIONETTE, DIE IN IHREN PUPPENSPIELER VERLIEBT IST, WIRD DURCH SEINE TRÄNEN ZUM MENSCH.

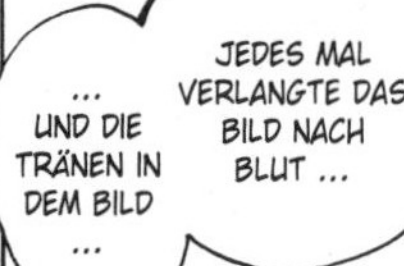
SEIN ERSTER BESITZER FREUTE SICH DARÜBER, DASS SEINE PUPPE ZUM LEBEN ERWACHTE.
DOCH ER GAB SICH MIT EINER NICHT ZUFRIEDEN UND ERSCHUF IMMER MEHR.
JEDES MAL VERLANGTE DAS BILD NACH BLUT ...
... UND DIE TRÄNEN IN DEM BILD ...

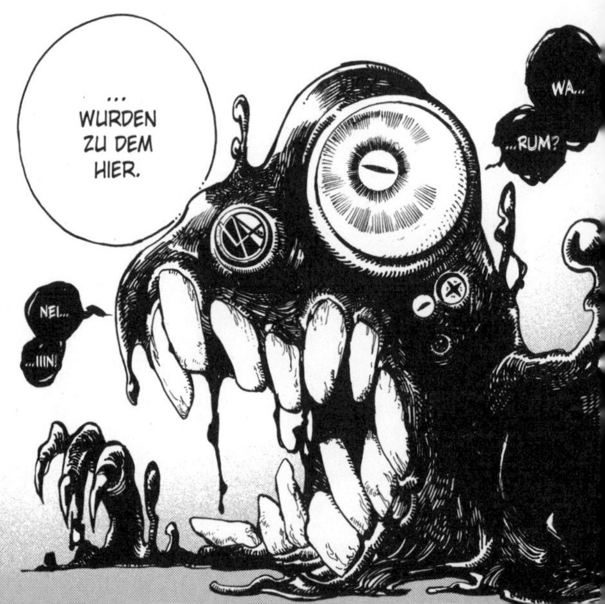
... WURDEN ZU DEM HIER.
WA...
...RUM?
NEI...
...IIN!

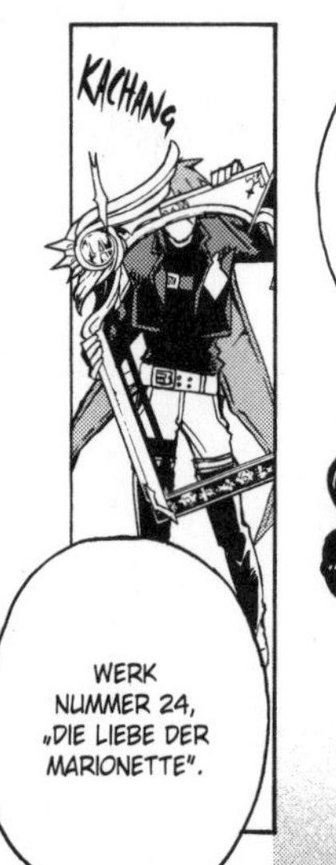
KACHANG
WERK NUMMER 24, „DIE LIEBE DER MARIONETTE".

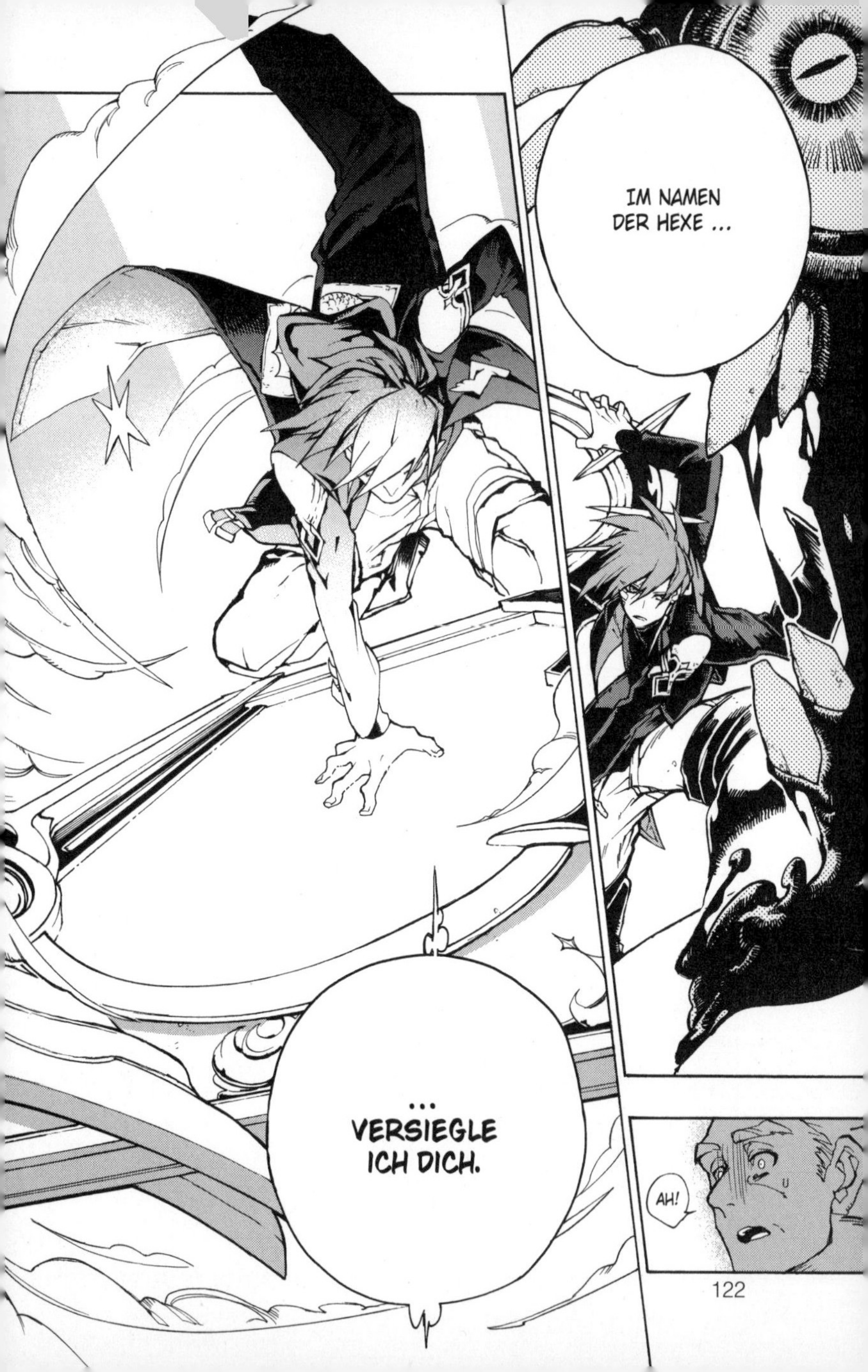
IM NAMEN DER HEXE …
… VERSIEGLE ICH DICH.
AH!

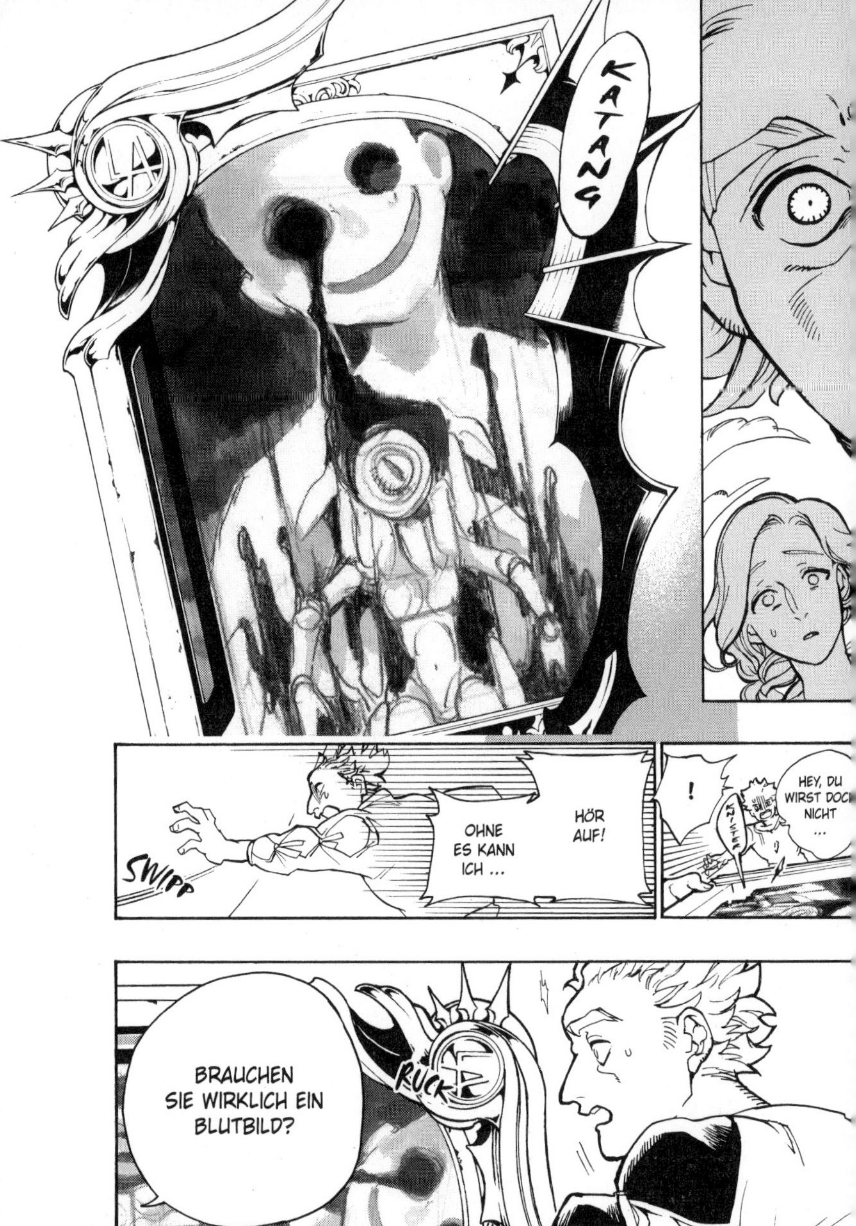
KATANG
HEY, DU WIRST DOC NICHT ...
KNISTER
!
HÖR AUF!
OHNE ES KANN ICH ...
SWIPP
RÜCK
BRAUCHEN SIE WIRKLICH EIN BLUTBILD?

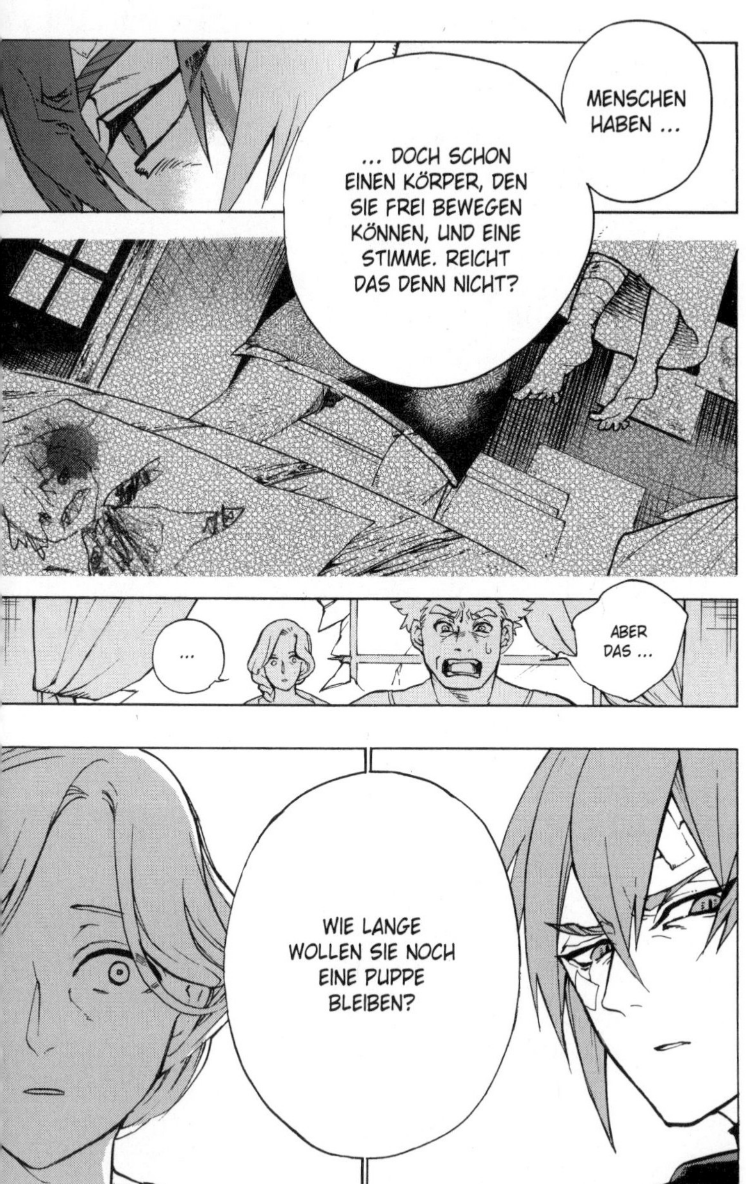
MENSCHEN HABEN …
… DOCH SCHON EINEN KÖRPER, DEN SIE FREI BEWEGEN KÖNNEN, UND EINE STIMME. REICHT DAS DENN NICHT?
ABER DAS …
…
WIE LANGE WOLLEN SIE NOCH EINE PUPPE BLEIBEN?

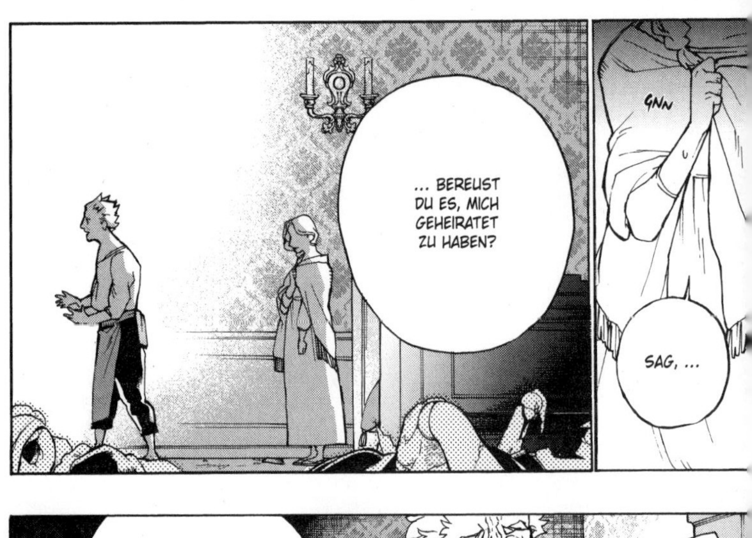
GNN
SAG, …
… BEREUST DU ES, MICH GEHEIRATET ZU HABEN?
…
EMMA!
ICH BEKOMME DICH IN LETZTER ZEIT KAUM ZU GESICHT.
!

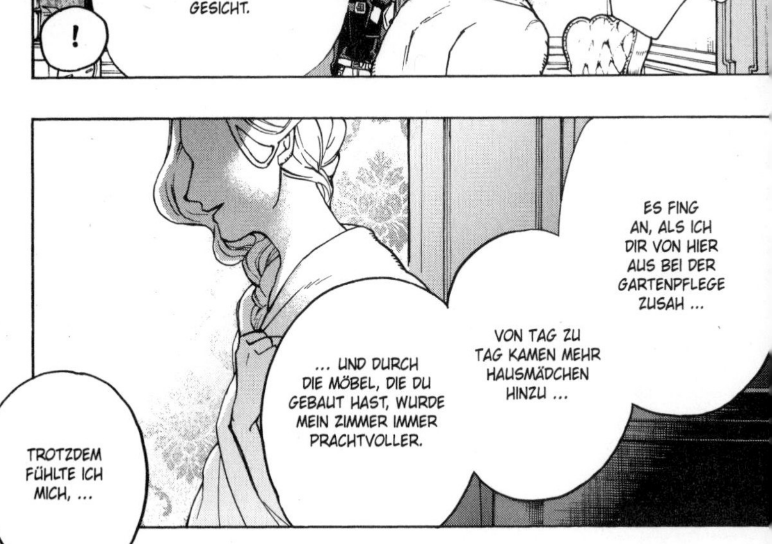
ES FING AN, ALS ICH DIR VON HIER AUS BEI DER GARTENPFLEGE ZUSAH …
VON TAG ZU TAG KAMEN MEHR HAUSMÄDCHEN HINZU …
… UND DURCH DIE MÖBEL, DIE DU GEBAUT HAST, WURDE MEIN ZIMMER IMMER PRACHTVOLLER.
TROTZDEM FÜHLTE ICH MICH, …

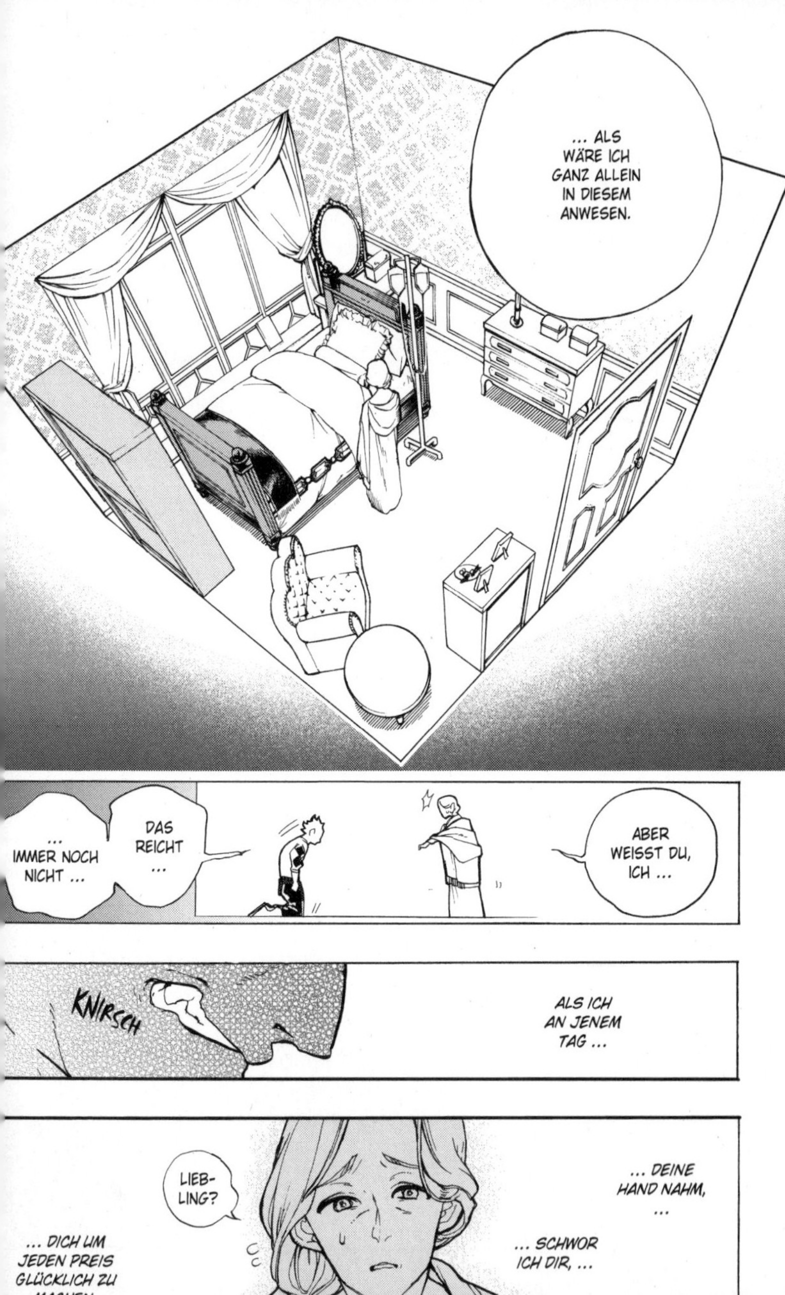

... ALS WÄRE ICH GANZ ALLEIN IN DIESEM ANWESEN.
ABER WEISST DU, ICH ...
DAS REICHT ...
... IMMER NOCH NICHT ...
ALS ICH AN JENEM TAG ...
KNIRSCH
... DEINE HAND NAHM, ...
LIEB-LING?
... SCHWOR ICH DIR, ...
... DICH UM JEDEN PREIS GLÜCKLICH ZU MACHEN.

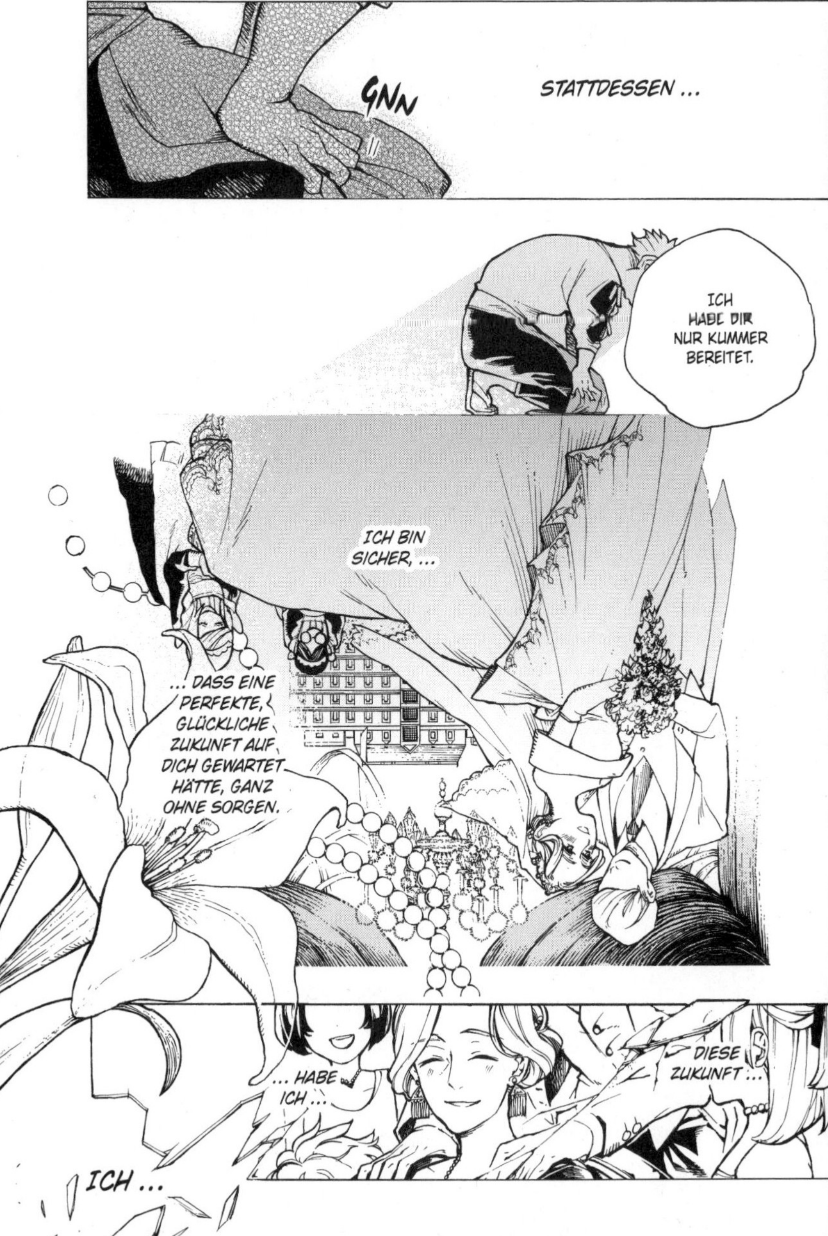
GNN
STATTDESSEN …
ICH HABE DIR NUR KUMMER BEREITET.
ICH BIN SICHER, …
… DASS EINE PERFEKTE, GLÜCKLICHE ZUKUNFT AUF DICH GEWARTET HÄTTE, GANZ OHNE SORGEN.
DIESE ZUKUNFT …
… HABE ICH …
ICH …

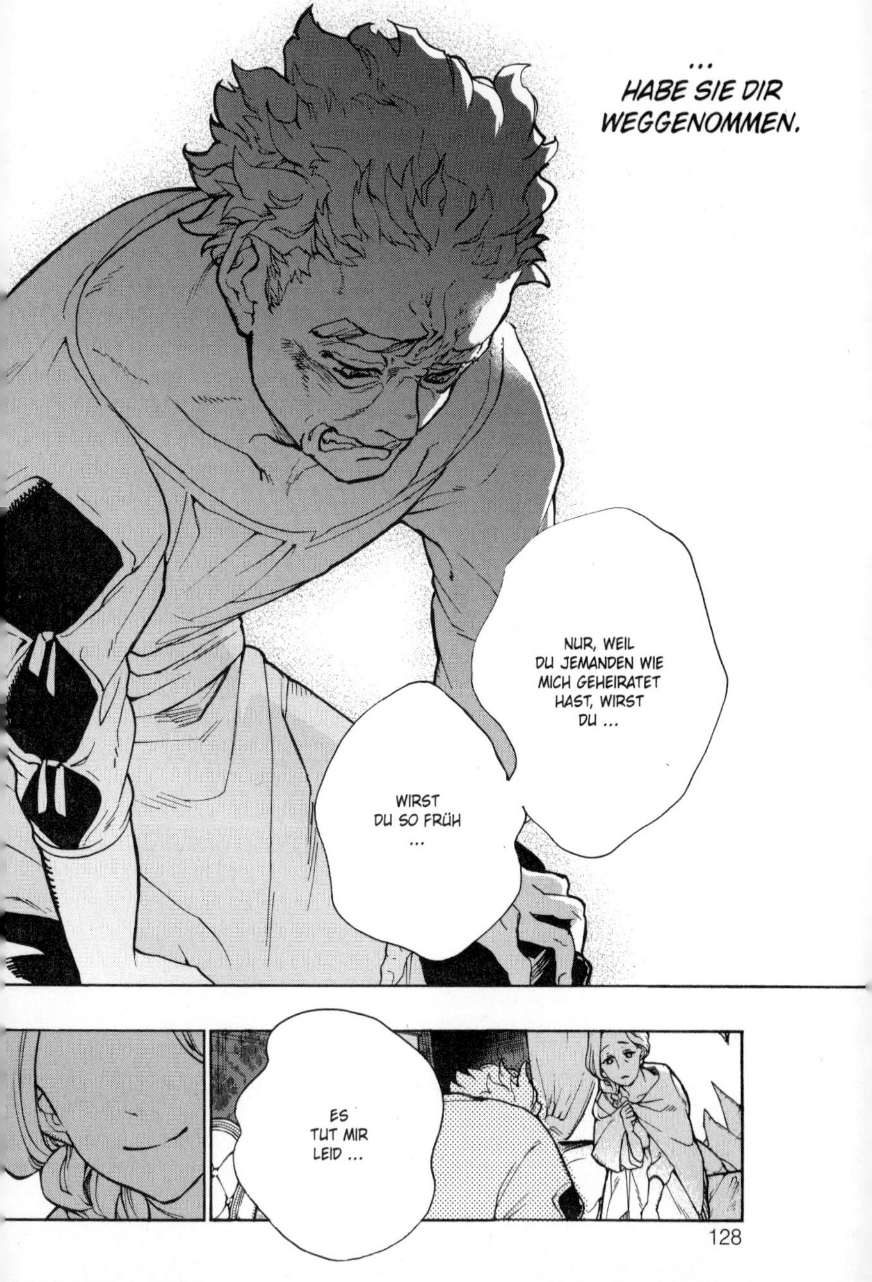

... HABE SIE DIR WEGGENOMMEN.

NUR, WEIL DU JEMANDEN WIE MICH GEHEIRATET HAST, WIRST DU ...

WIRST DU SO FRÜH ...

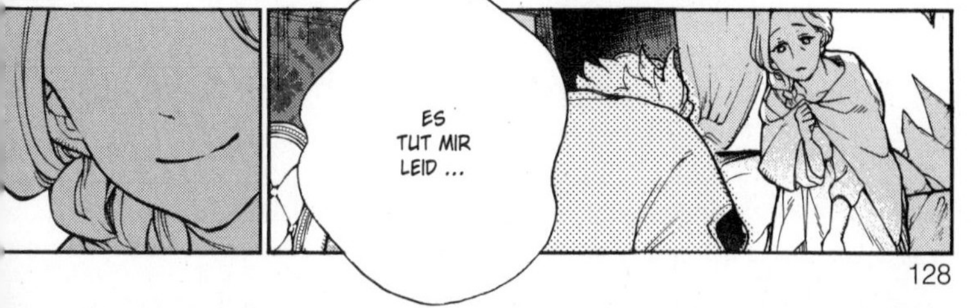

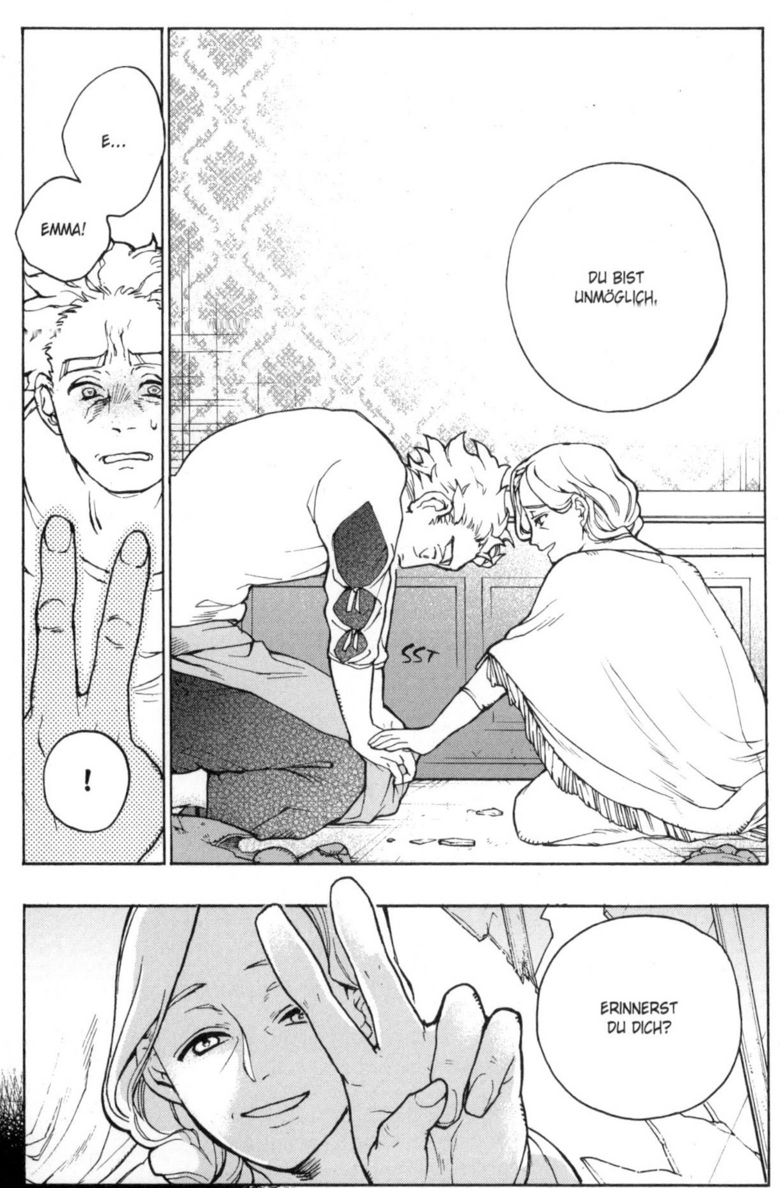
DU BIST UNMÖGLICH,
SST
E...
EMMA!
!
ERINNERST DU DICH?

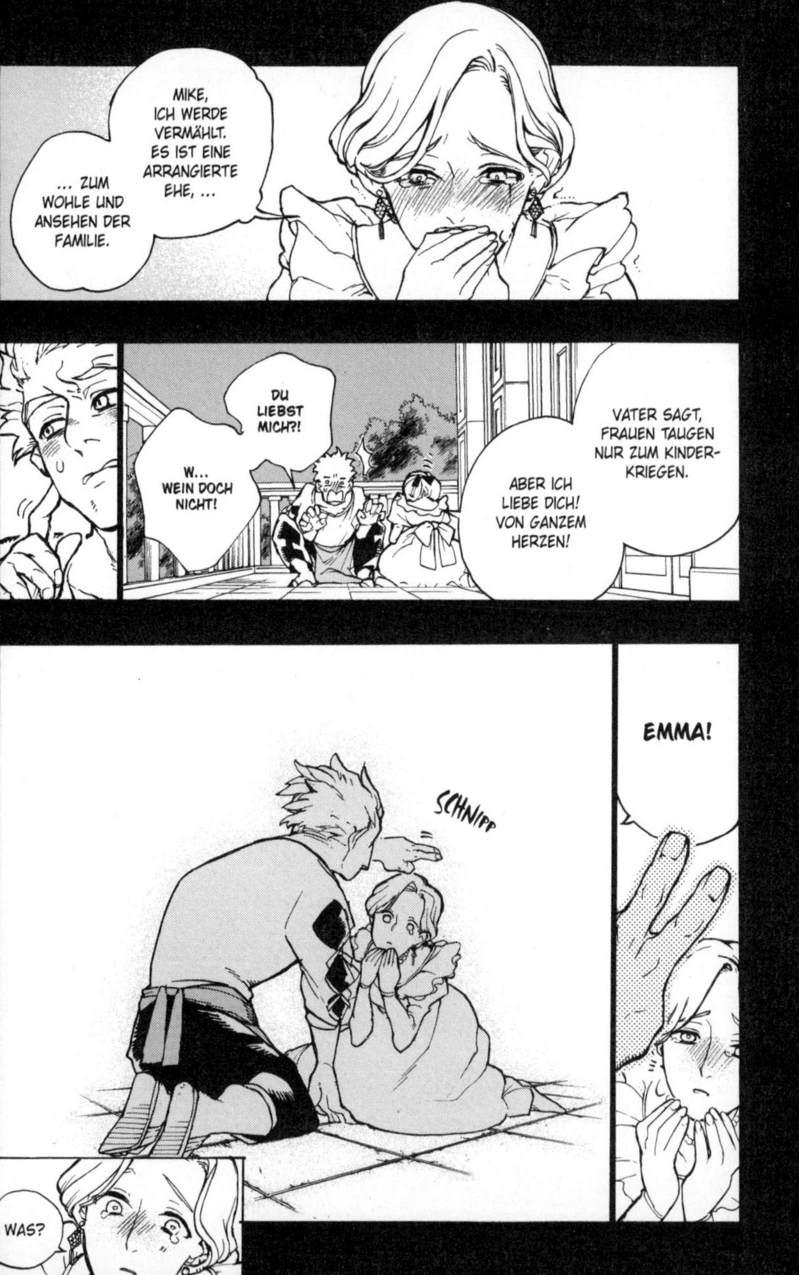
MIKE, ICH WERDE VERMÄHLT. ES IST EINE ARRANGIERTE EHE, …
… ZUM WOHLE UND ANSEHEN DER FAMILIE.
VATER SAGT, FRAUEN TAUGEN NUR ZUM KINDER-KRIEGEN.
ABER ICH LIEBE DICH! VON GANZEM HERZEN!
DU LIEBST MICH?!
W… WEIN DOCH NICHT!
EMMA!
SCHNIPP
WAS?

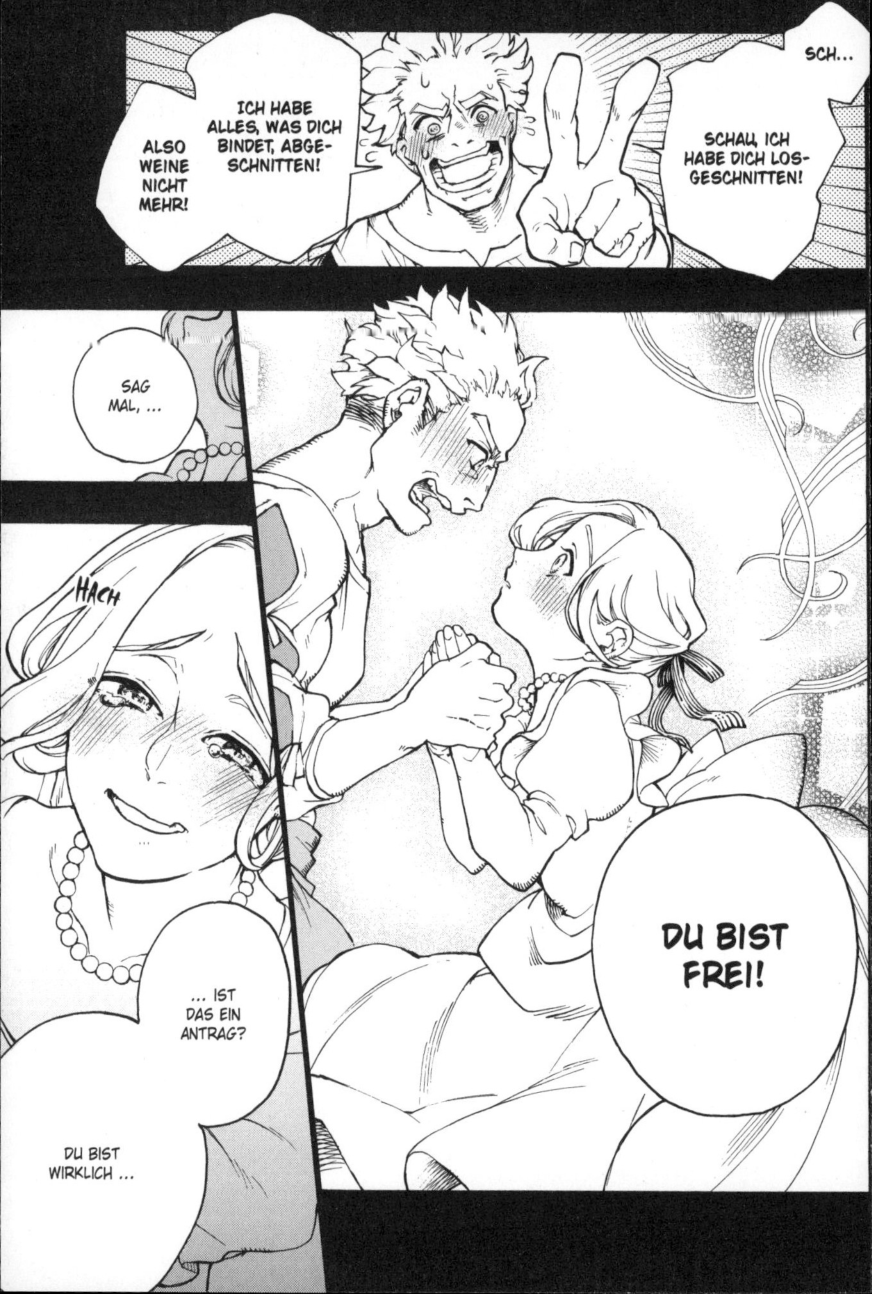
SCH...
SCHAU, ICH HABE DICH LOS-GESCHNITTEN!
ICH HABE ALLES, WAS DICH BINDET, ABGE-SCHNITTEN!
ALSO WEINE NICHT MEHR!
DU BIST FREI!
SAG MAL, ...
HACH
... IST DAS EIN ANTRAG?
DU BIST WIRKLICH ...

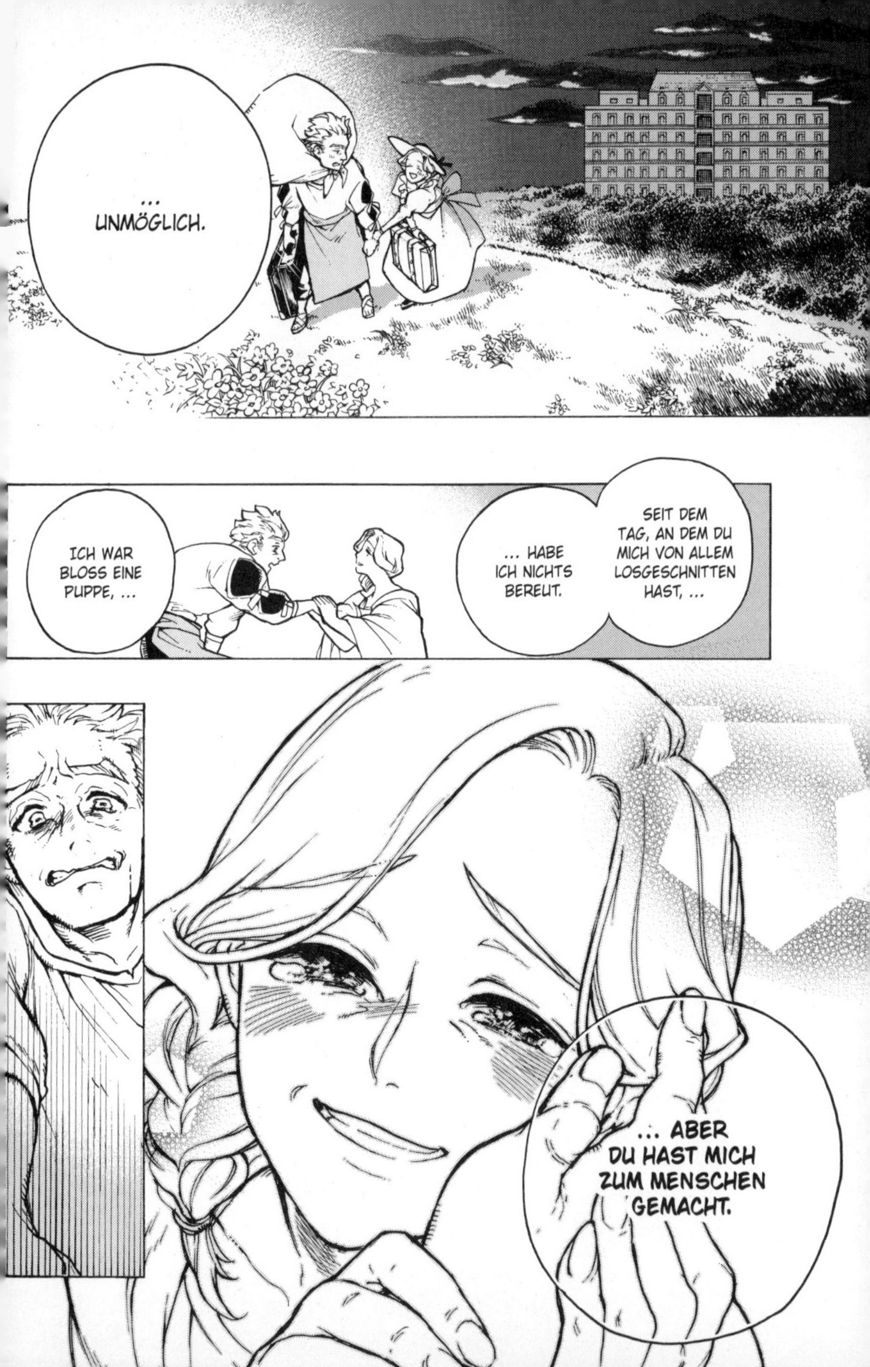
... UNMÖGLICH.
SEIT DEM TAG, AN DEM DU MICH VON ALLEM LOSGESCHNITTEN HAST, ...
... HABE ICH NICHTS BEREUT.
ICH WAR BLOSS EINE PUPPE, ...
... ABER DU HAST MICH ZUM MENSCHEN GEMACHT.

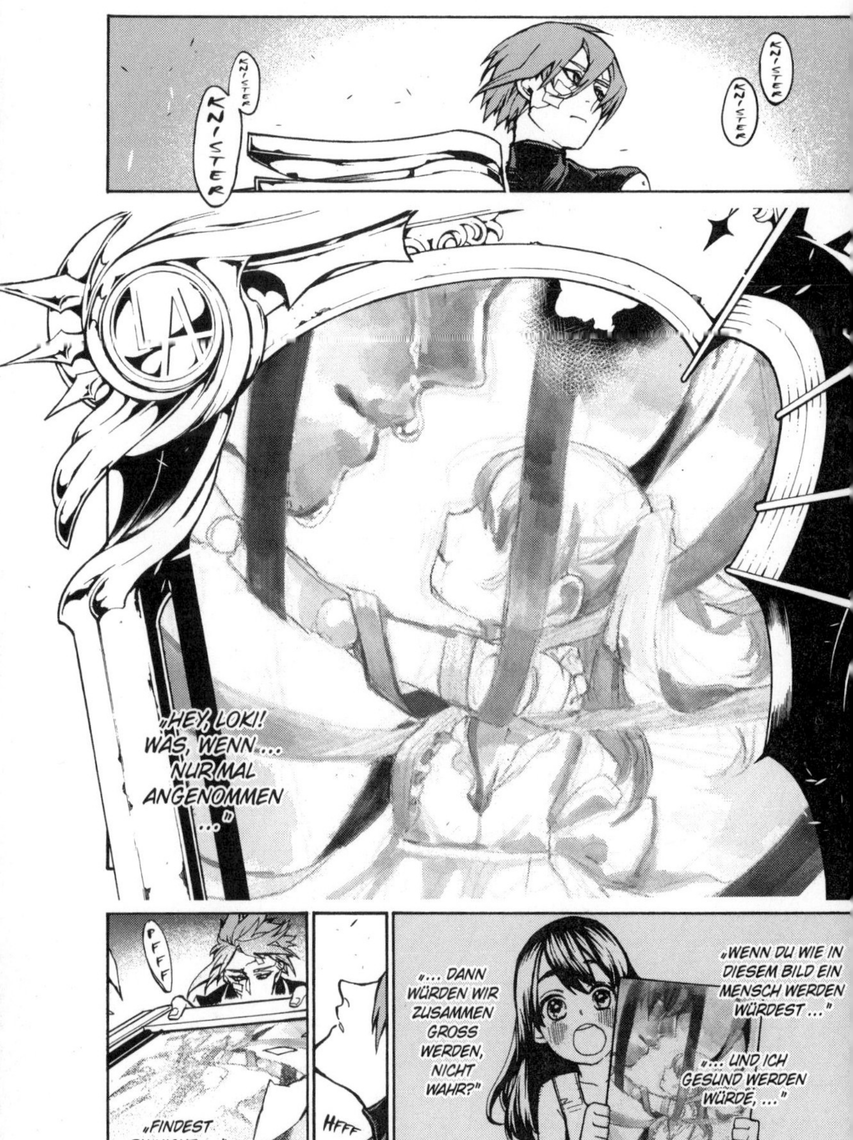
KNISTER
KNISTER
KNISTER
KNISTER
„HEY, LOKI! WAS, WENN ... NUR MAL ANGENOMMEN ...“
„WENN DU WIE IN DIESEM BILD EIN MENSCH WERDEN WÜRDEST ...“
„... UND ICH GESUND WERDEN WÜRDE, ...“
„... DANN WÜRDEN WIR ZUSAMMEN GROSS WERDEN, NICHT WAHR?“
HFFF
PFFF
„FINDEST DU NICHT, ...“

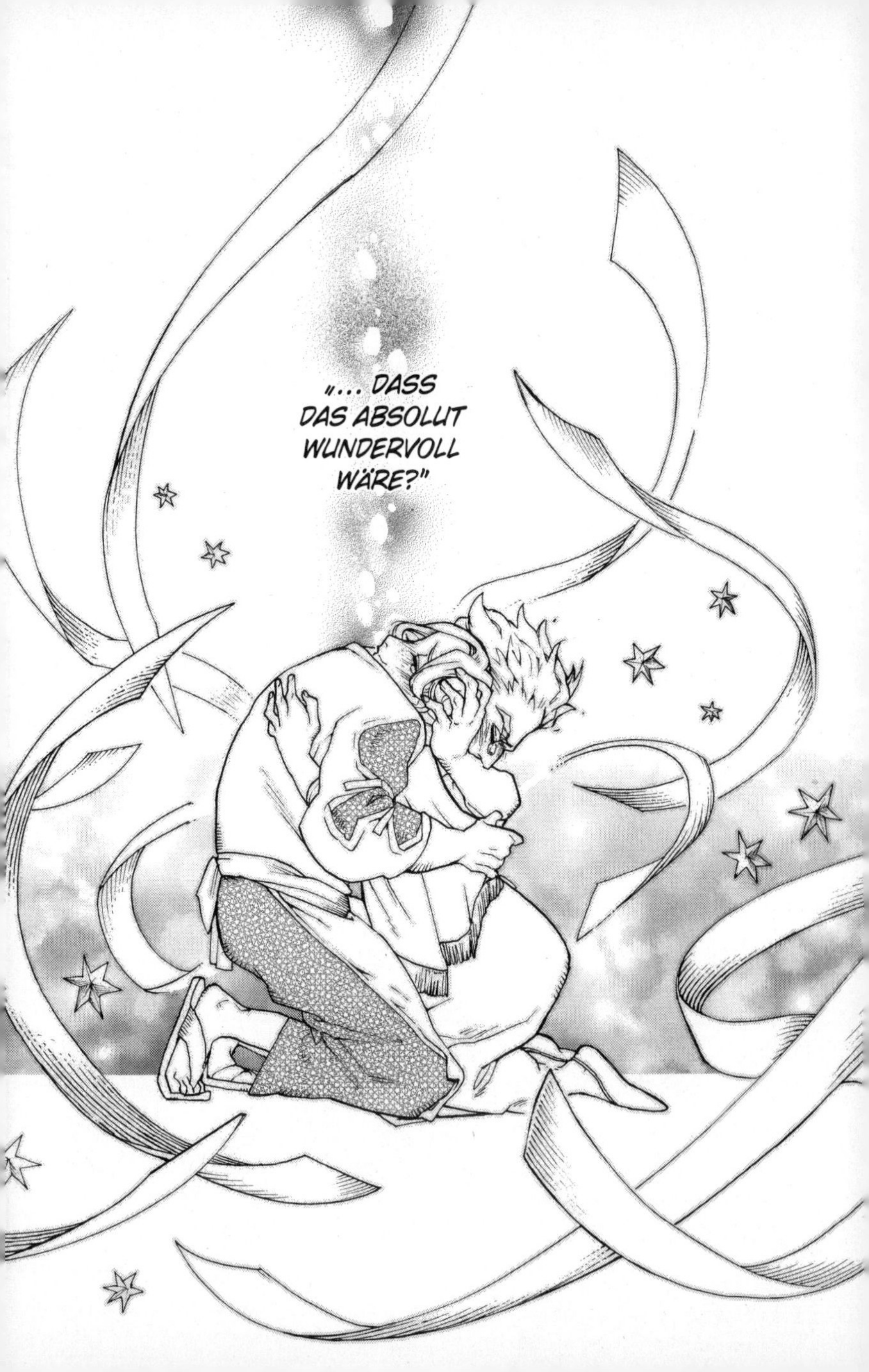
„… DASS DAS ABSOLUT WUNDERVOLL WÄRE?"

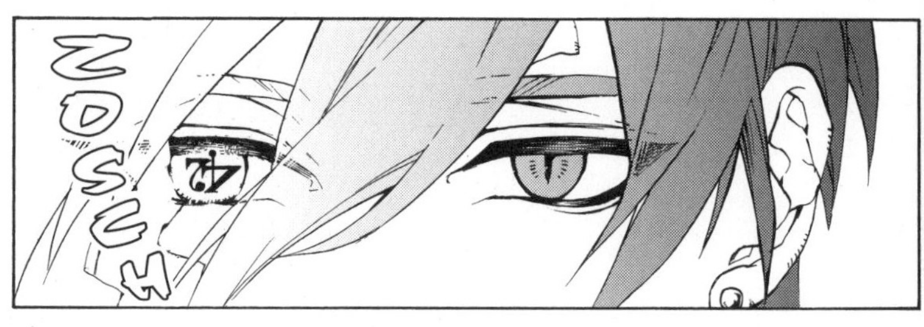

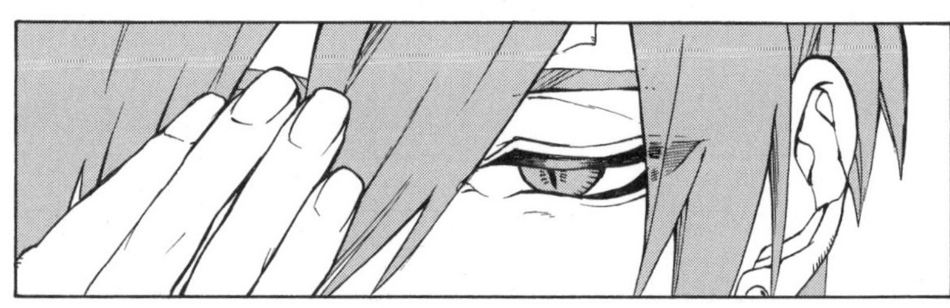

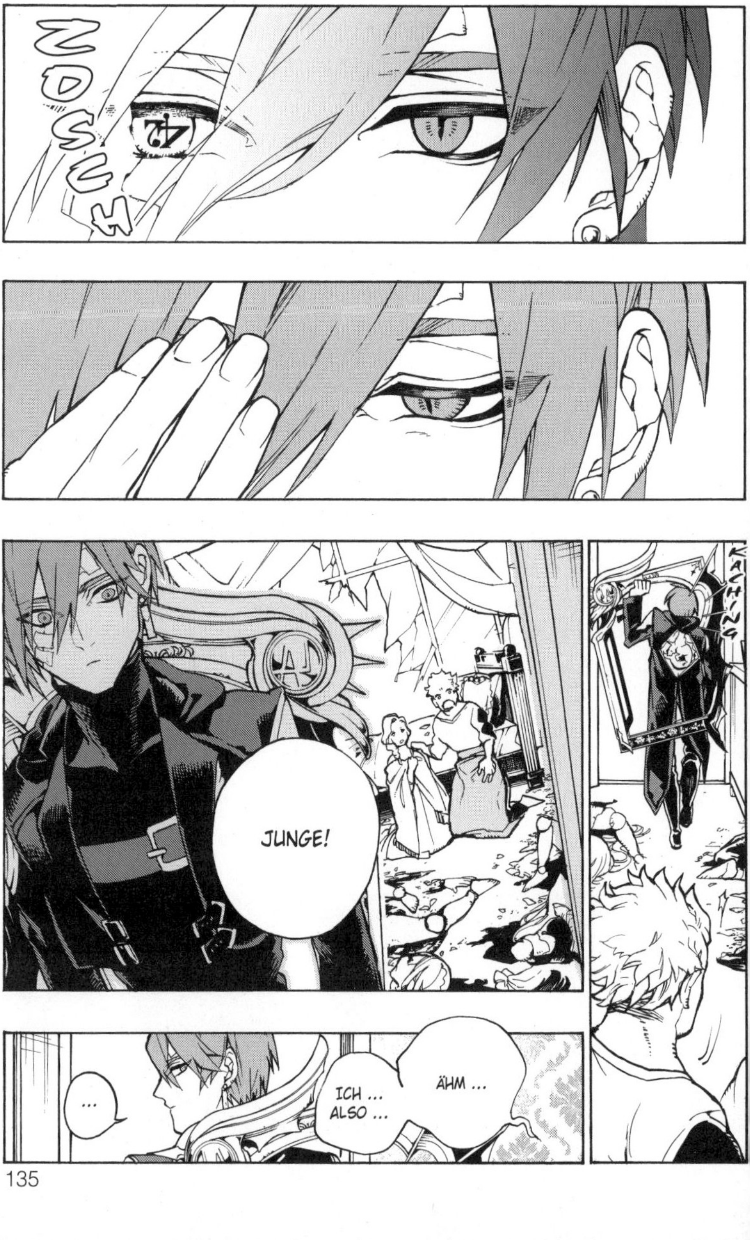

KACHING

JUNGE!

ÄHM ...

ICH ... ALSO ...

...

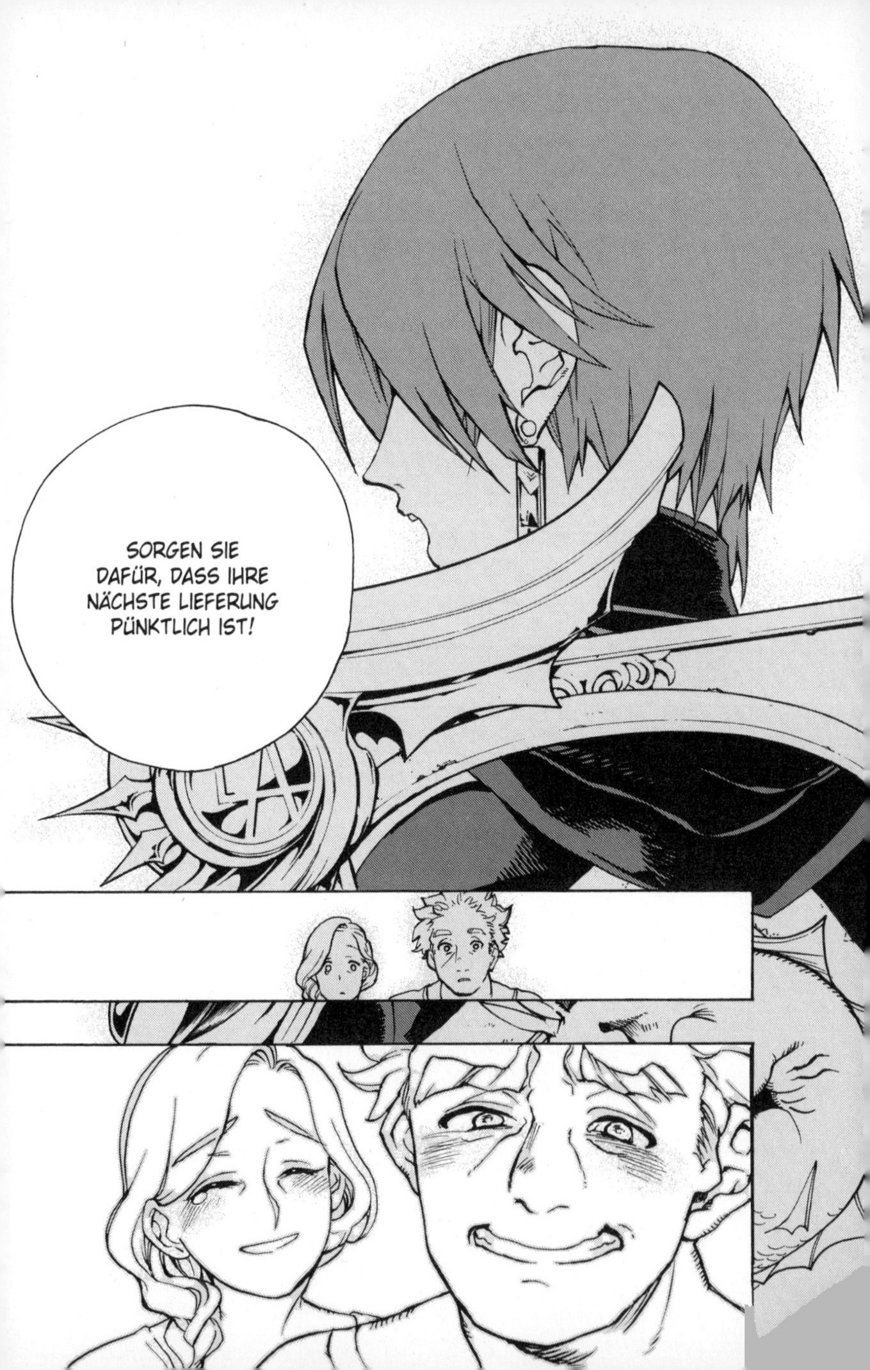
SORGEN SIE DAFÜR, DASS IHRE NÄCHSTE LIEFERUNG PÜNKTLICH IST!

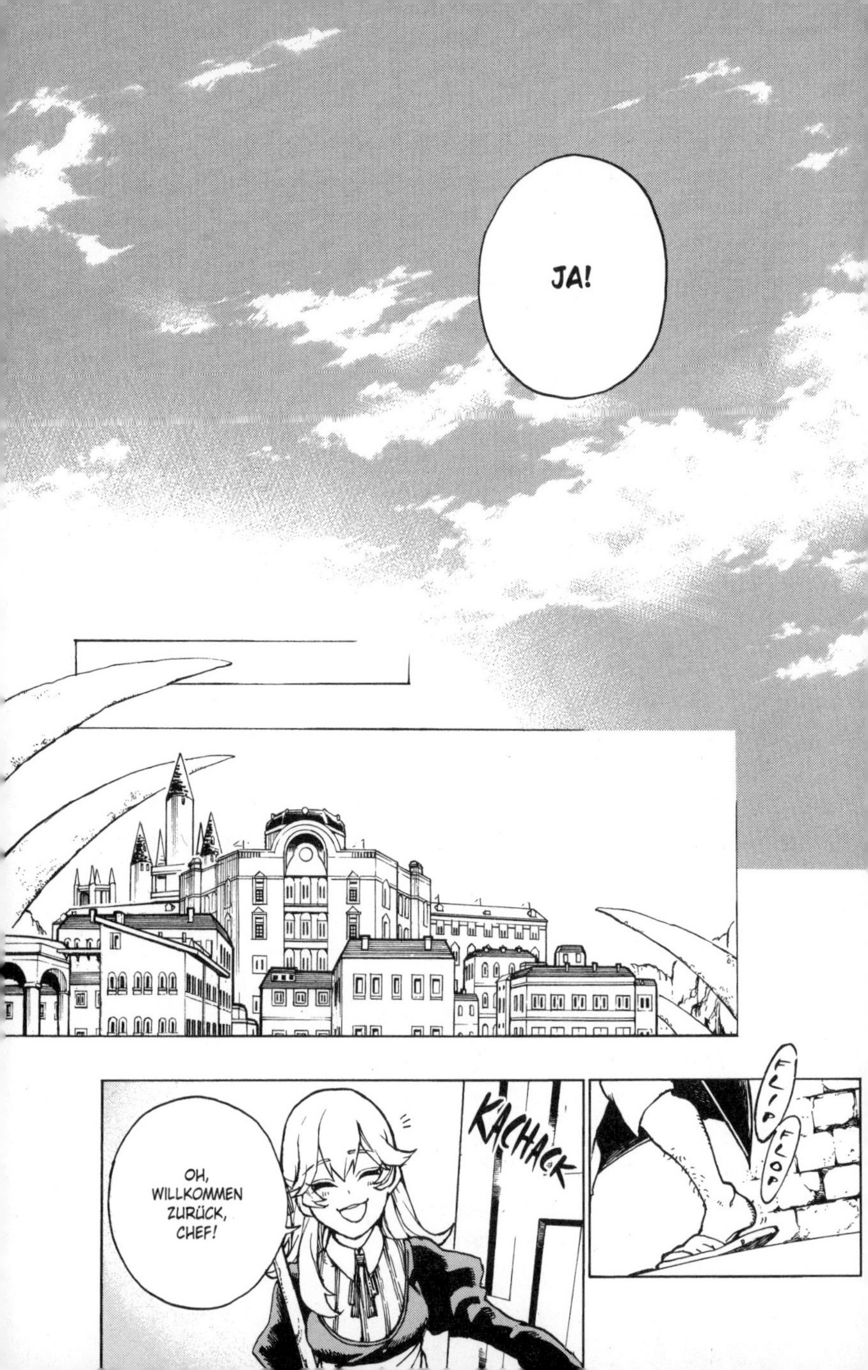
JA!
KACHACK
FLIP FLOP
OH, WILLKOMMEN ZURÜCK, CHEF!

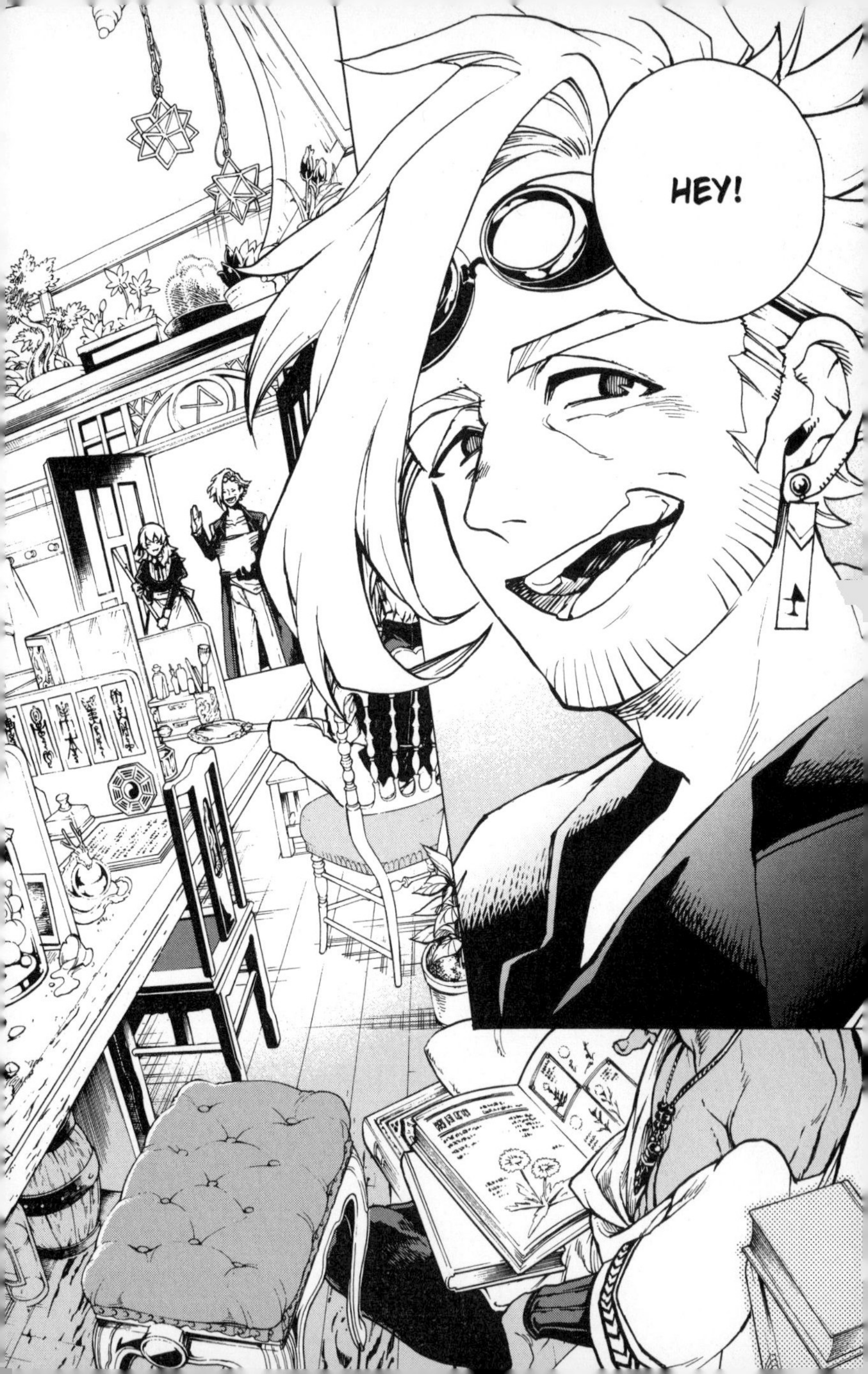
HEY!

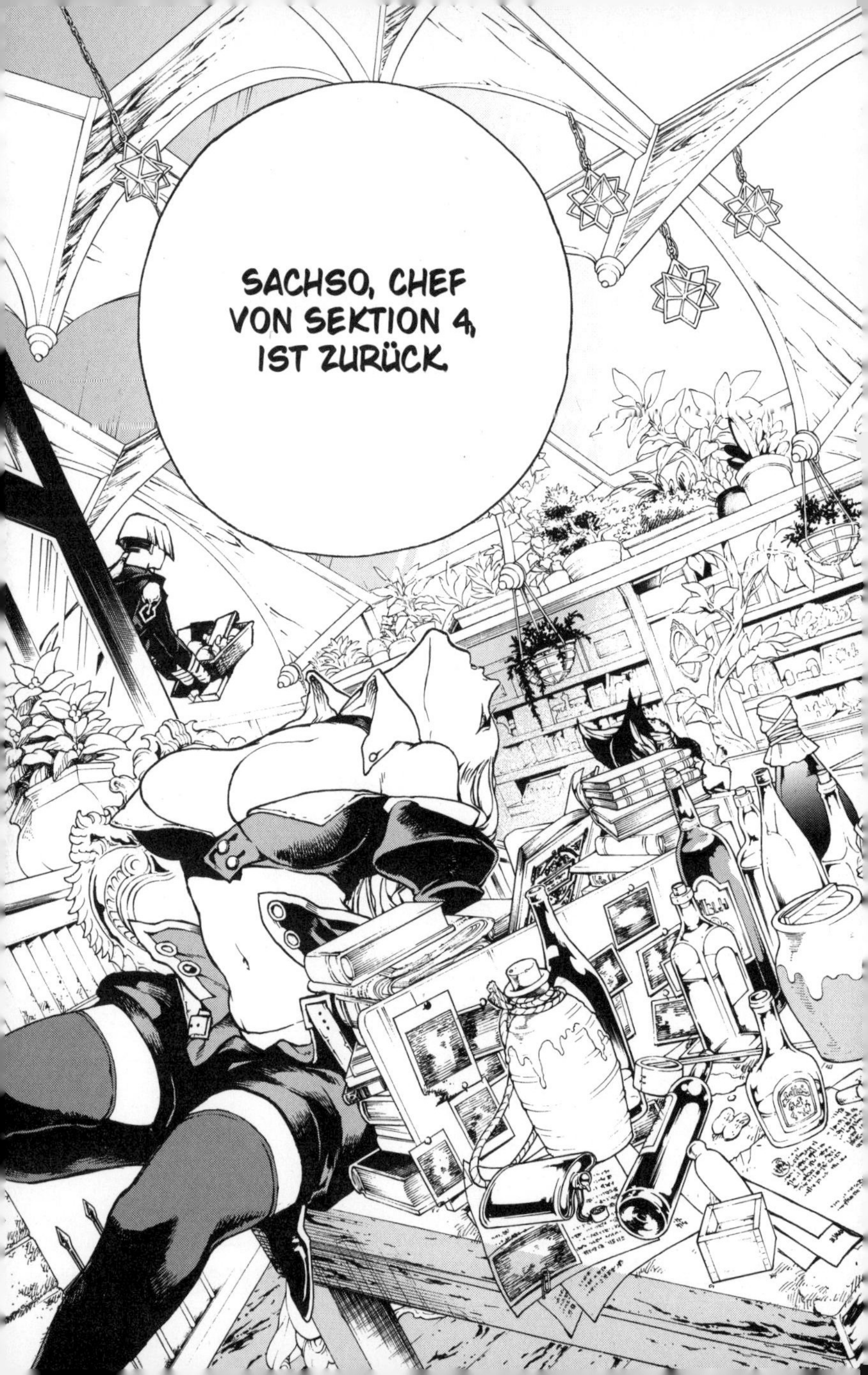
SACHSO, CHEF
VON SEKTION 4,
IST ZURÜCK.

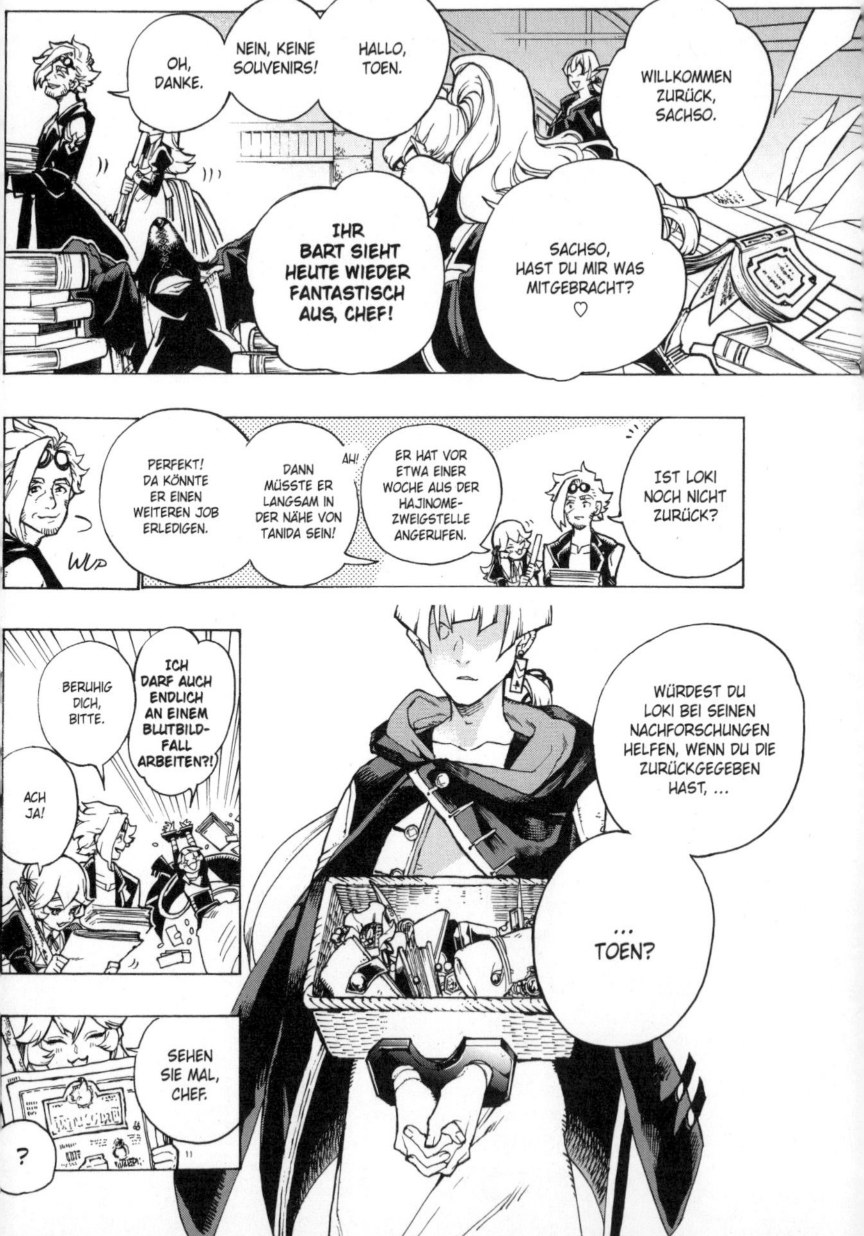

WILLKOMMEN ZURÜCK, SACHSO.

SACHSO, HAST DU MIR WAS MITGEBRACHT? ♡

HALLO, TOEN.

NEIN, KEINE SOUVENIRS!

IHR BART SIEHT HEUTE WIEDER FANTASTISCH AUS, CHEF!

OH, DANKE.

IST LOKI NOCH NICHT ZURÜCK?

ER HAT VOR ETWA EINER WOCHE AUS DER HAJINOME-ZWEIGSTELLE ANGERUFEN.

AH!

DANN MÜSSTE ER LANGSAM IN DER NÄHE VON TANIDA SEIN!

PERFEKT! DA KÖNNTE ER EINEN WEITEREN JOB ERLEDIGEN.

WÜRDEST DU LOKI BEI SEINEN NACHFORSCHUNGEN HELFEN, WENN DU DIE ZURÜCKGEGEBEN HAST, ...

... TOEN?

ICH DARF AUCH ENDLICH AN EINEM BLUTBILD-FALL ARBEITEN?!

BERUHIG DICH, BITTE.

ACH JA!

SEHEN SIE MAL, CHEF.

?

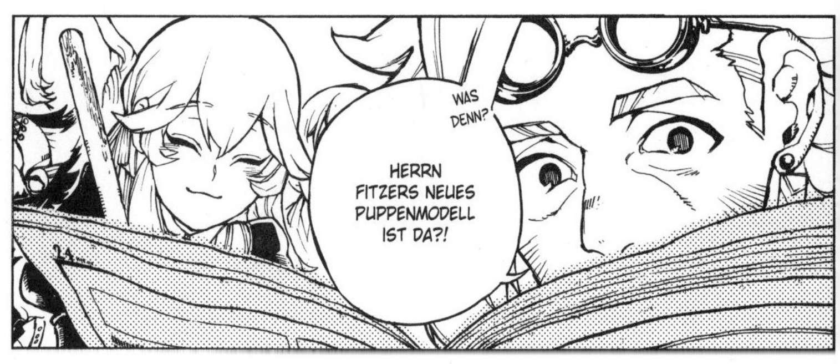

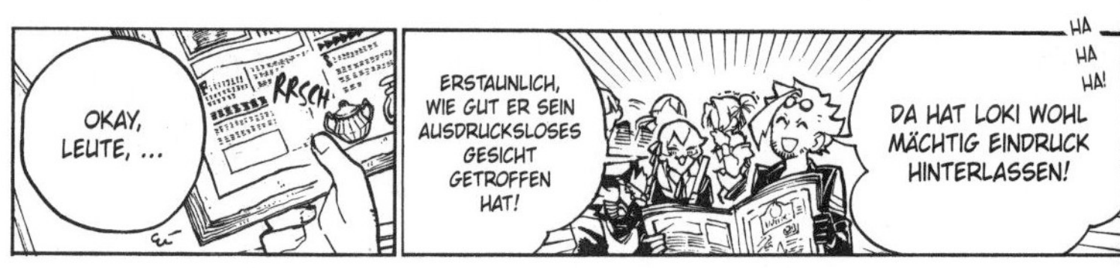

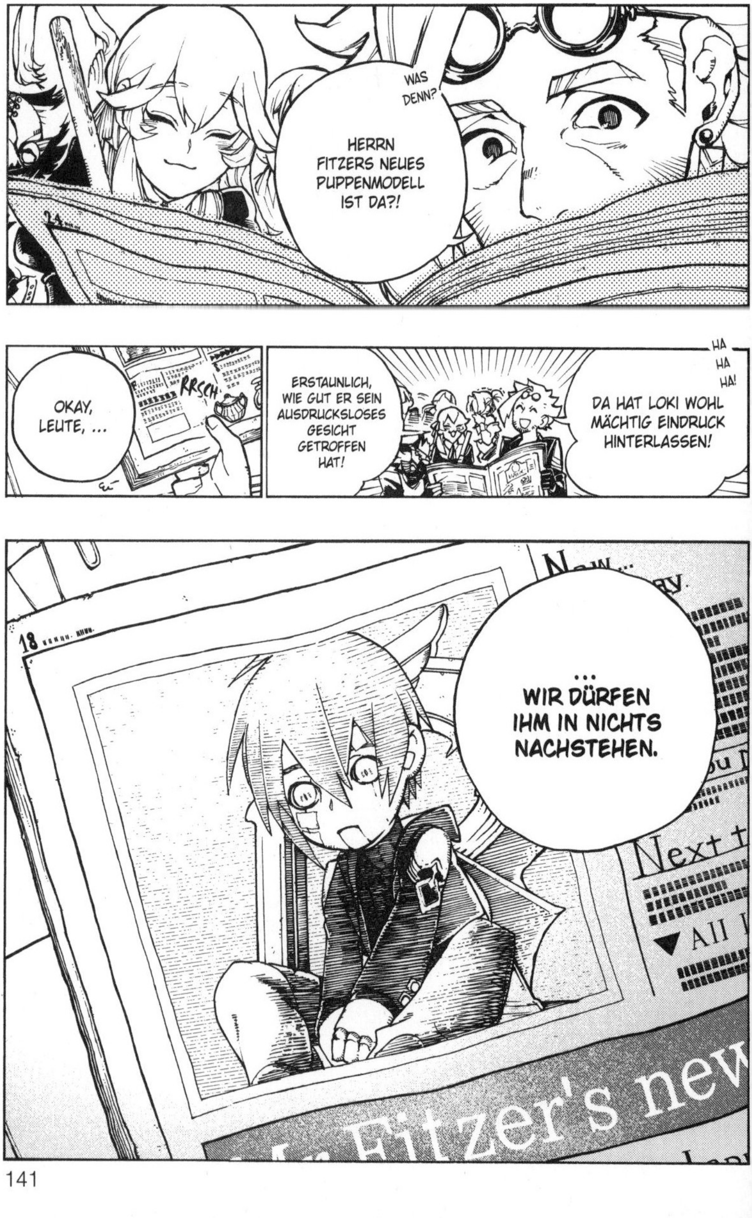

... WIR DÜRFEN IHM IN NICHTS NACHSTEHEN.

DIE BLUTBILDER DER HEXE

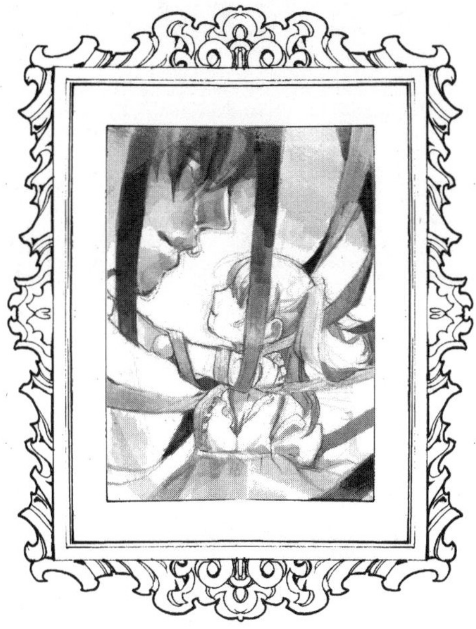

Nr. 24

„Die Liebe der Marionette“

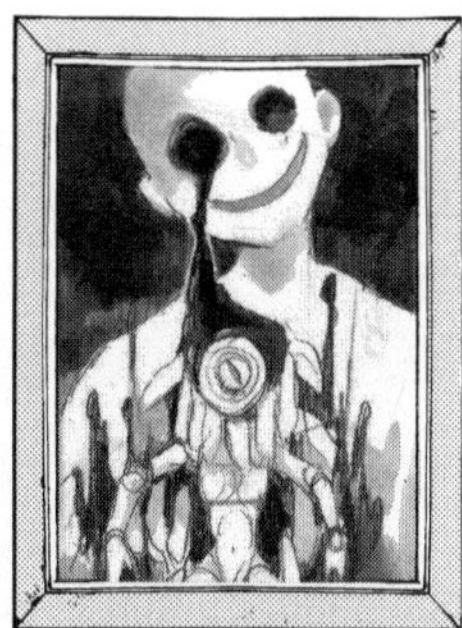

Eine Marionette, die in ihren Puppenspieler verliebt ist, wird durch seine Tränen zum Mensch. Aus dieser selbst erdachten Geschichte hat die Hexe ein Bild erschaffen. Es wurde ihr weggenommen und bei einer Auktion versteigert. Danach erfüllte es den Wunsch seines Besitzers nach immer mehr lebendigen Puppen und wurde dadurch zu einem Blutbild.

Status: Blutbild

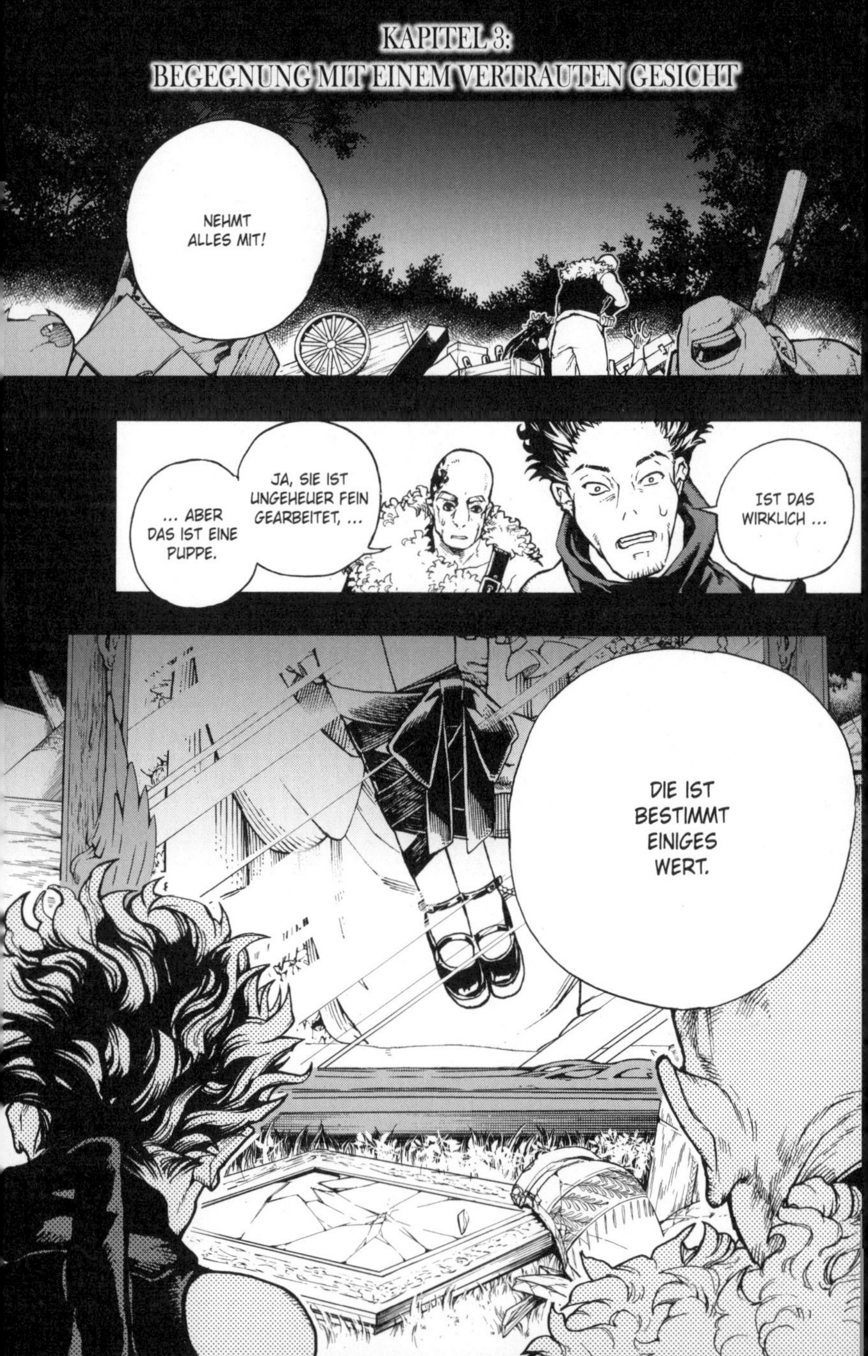
KAPITEL 3:
BEGEGNUNG MIT EINEM VERTRAUTEN GESICHT
NEHMT ALLES MIT!
IST DAS WIRKLICH …
JA, SIE IST UNGEHEUER FEIN GEARBEITET, …
… ABER DAS IST EINE PUPPE.
DIE IST BESTIMMT EINIGES WERT.

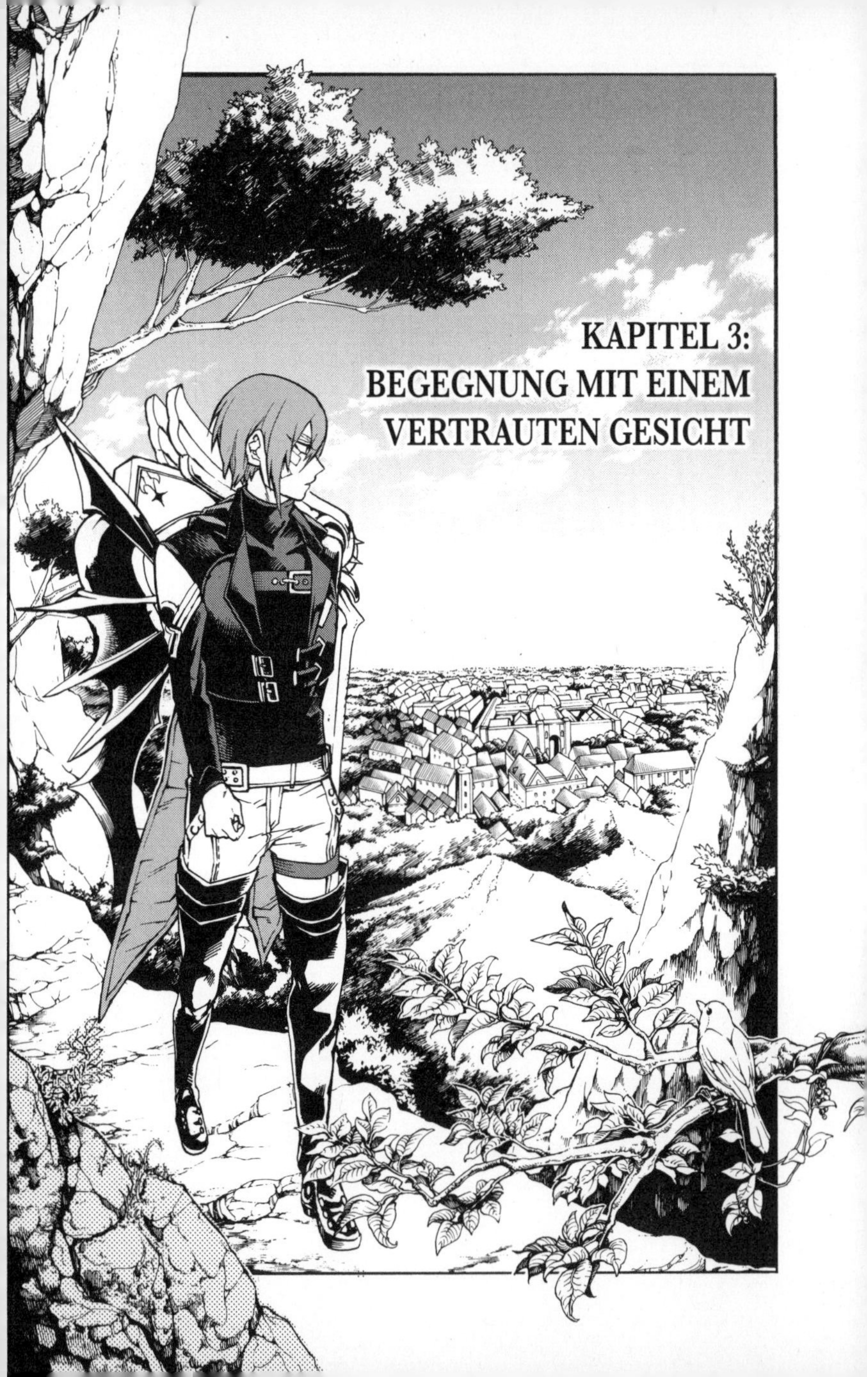
KAPITEL 3:
BEGEGNUNG MIT EINEM
VERTRAUTEN GESICHT

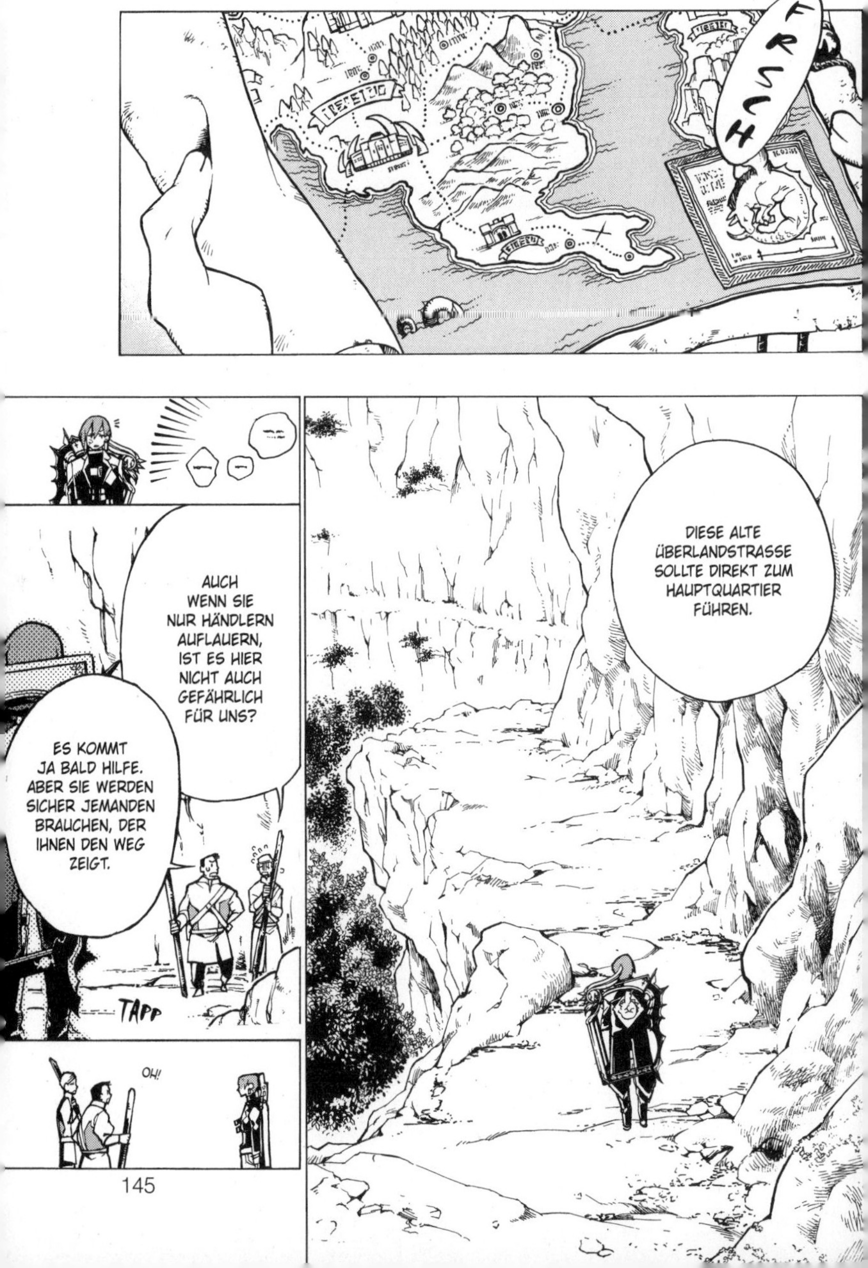

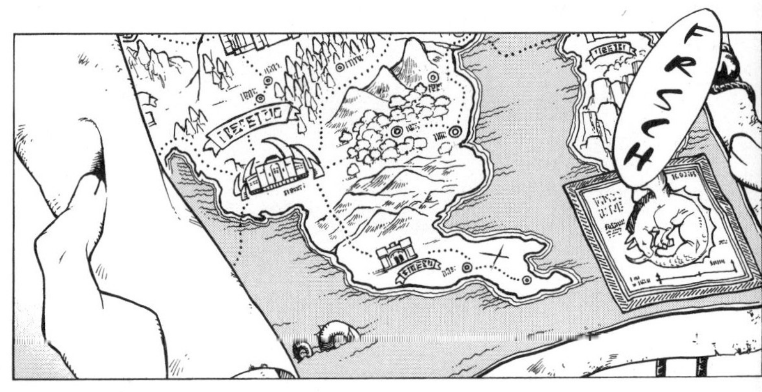

DIESE ALTE ÜBERLANDSTRASSE SOLLTE DIREKT ZUM HAUPTQUARTIER FÜHREN.

AUCH WENN SIE NUR HÄNDLERN AUFLAUERN, IST ES HIER NICHT AUCH GEFÄHRLICH FÜR UNS?

ES KOMMT JA BALD HILFE. ABER SIE WERDEN SICHER JEMANDEN BRAUCHEN, DER IHNEN DEN WEG ZEIGT.

TAPP

OH!

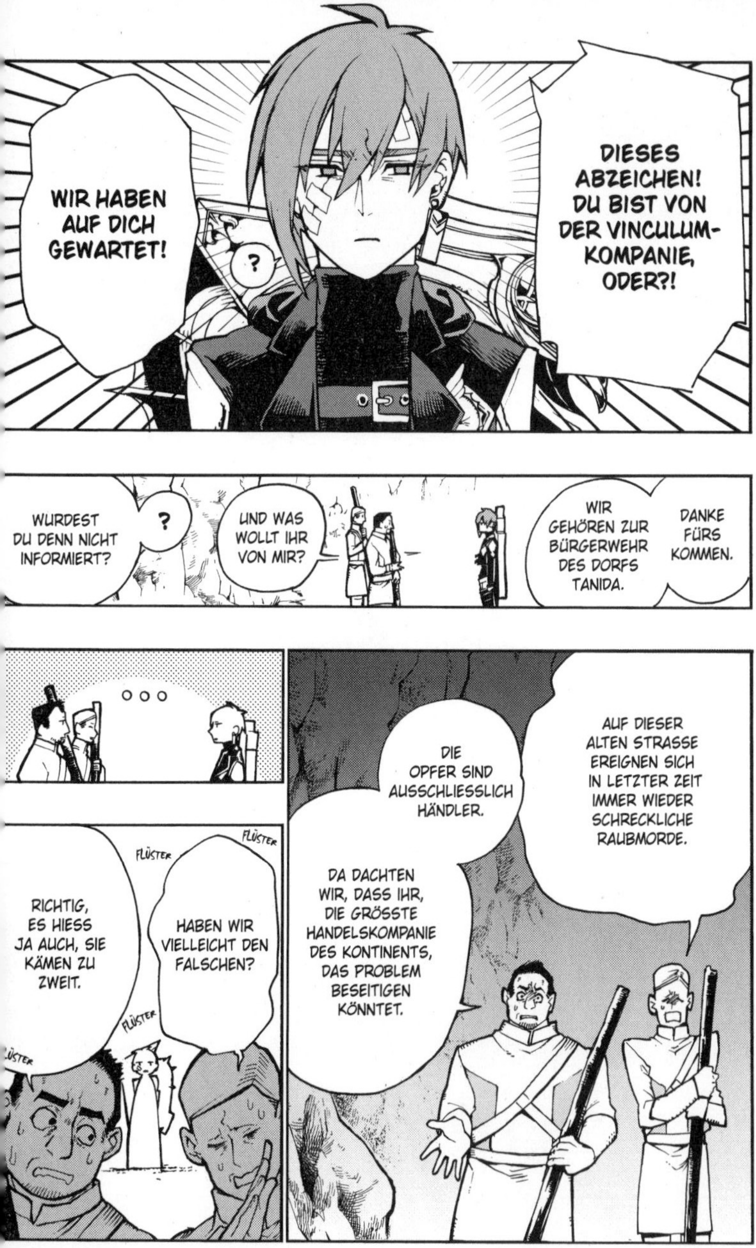

DIESES ABZEICHEN! DU BIST VON DER VINCULUM-KOMPANIE, ODER?!

?

WIR HABEN AUF DICH GEWARTET!

DANKE FÜRS KOMMEN.

WIR GEHÖREN ZUR BÜRGERWEHR DES DORFS TANIDA.

UND WAS WOLLT IHR VON MIR?

?

WURDEST DU DENN NICHT INFORMIERT?

AUF DIESER ALTEN STRASSE EREIGNEN SICH IN LETZTER ZEIT IMMER WIEDER SCHRECKLICHE RAUBMORDE.

DIE OPFER SIND AUSSCHLIESSLICH HÄNDLER.

DA DACHTEN WIR, DASS IHR, DIE GRÖSSTE HANDELSKOMPANIE DES KONTINENTS, DAS PROBLEM BESEITIGEN KÖNNTET.

ooo

FLÜSTER

FLÜSTER

HABEN WIR VIELLEICHT DEN FALSCHEN?

RICHTIG, ES HIESS JA AUCH, SIE KÄMEN ZU ZWEIT.

FLÜSTER

FLÜSTER

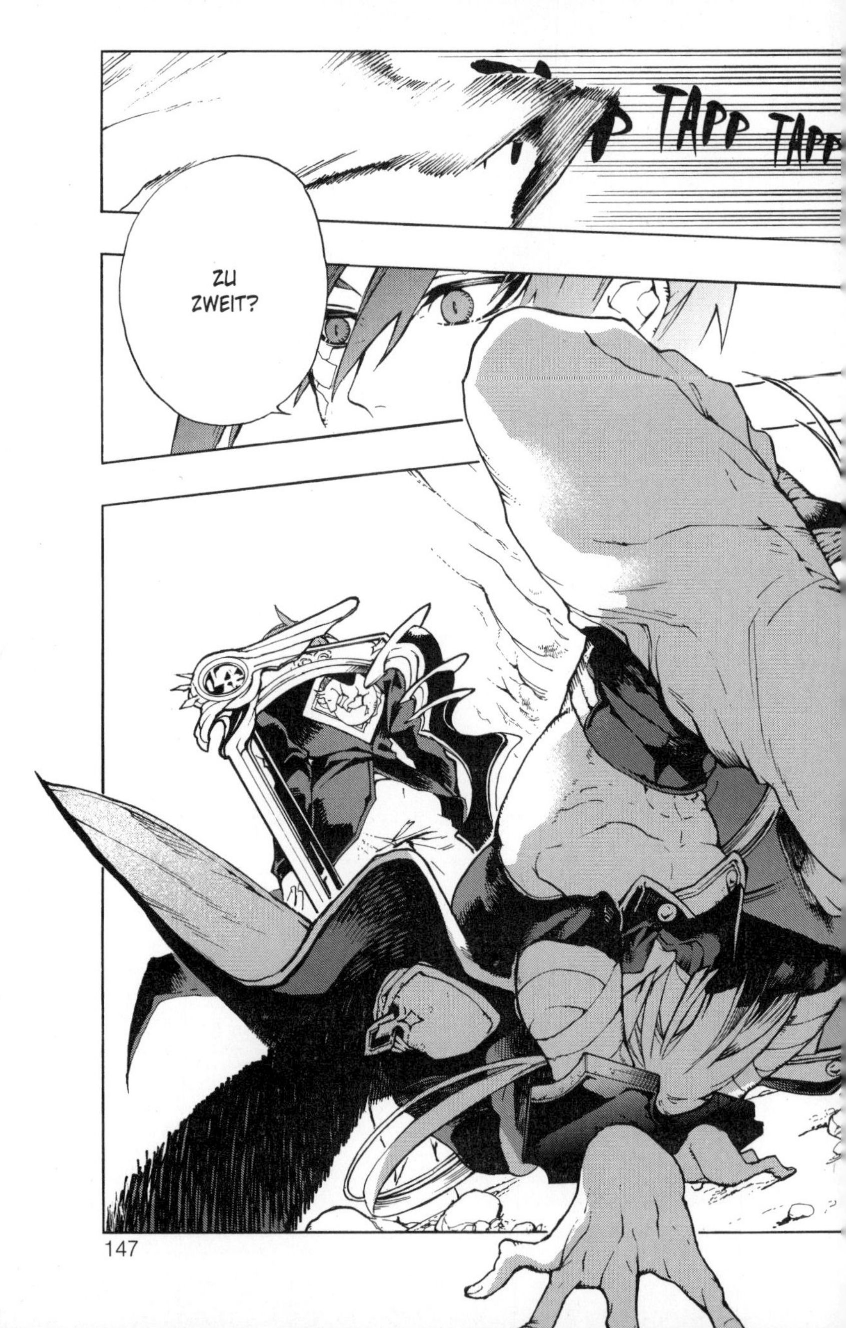

TAPP TAPP
ZU ZWEIT?

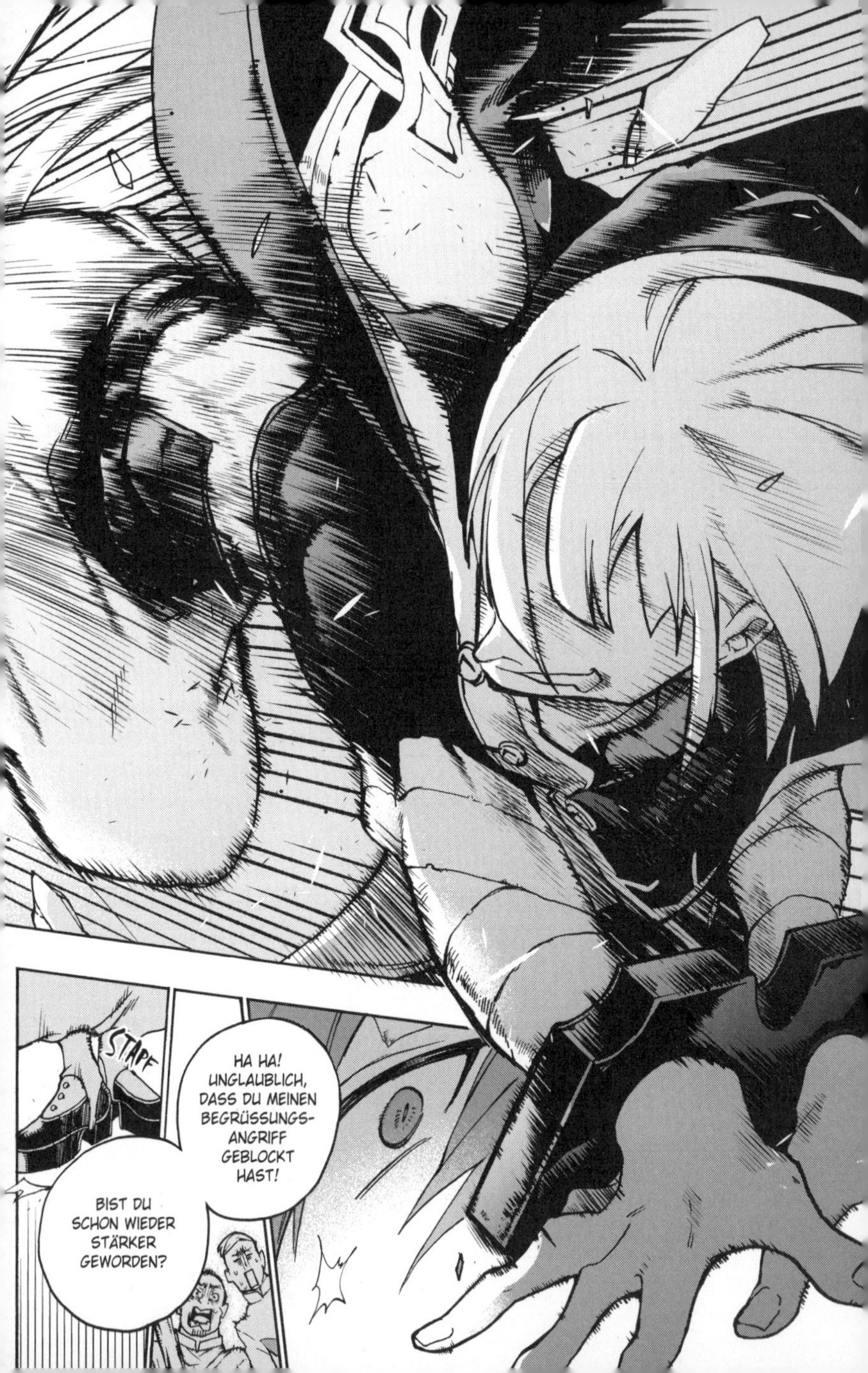
STAPF
HA HA! UNGLAUBLICH, DASS DU MEINEN BEGRÜSSUNGS-ANGRIFF GEBLOCKT HAST!
BIST DU SCHON WIEDER STÄRKER GEWORDEN?

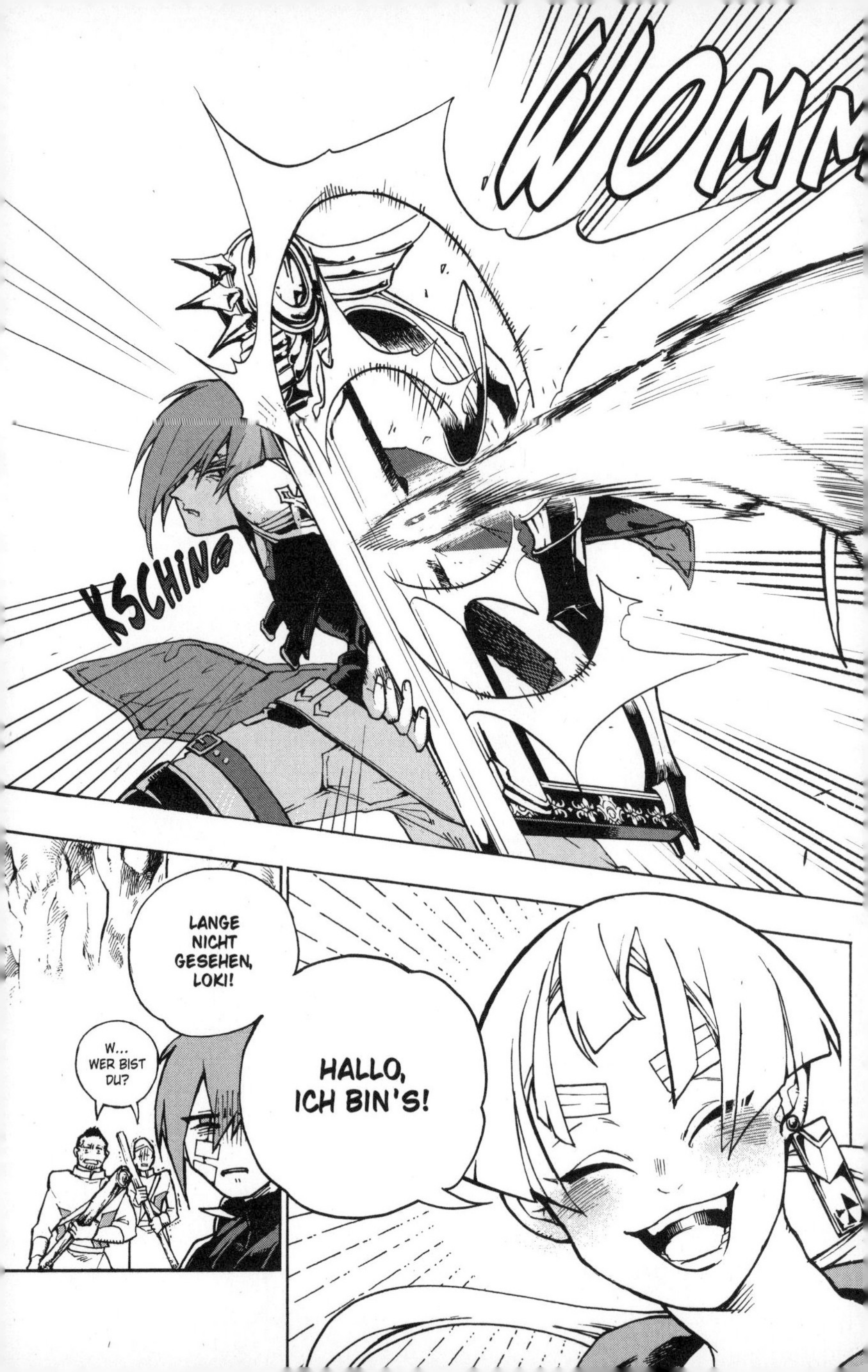
WOMM
KSCHING
HALLO, ICH BIN'S!
LANGE NICHT GESEHEN, LOKI!
W... WER BIST DU?

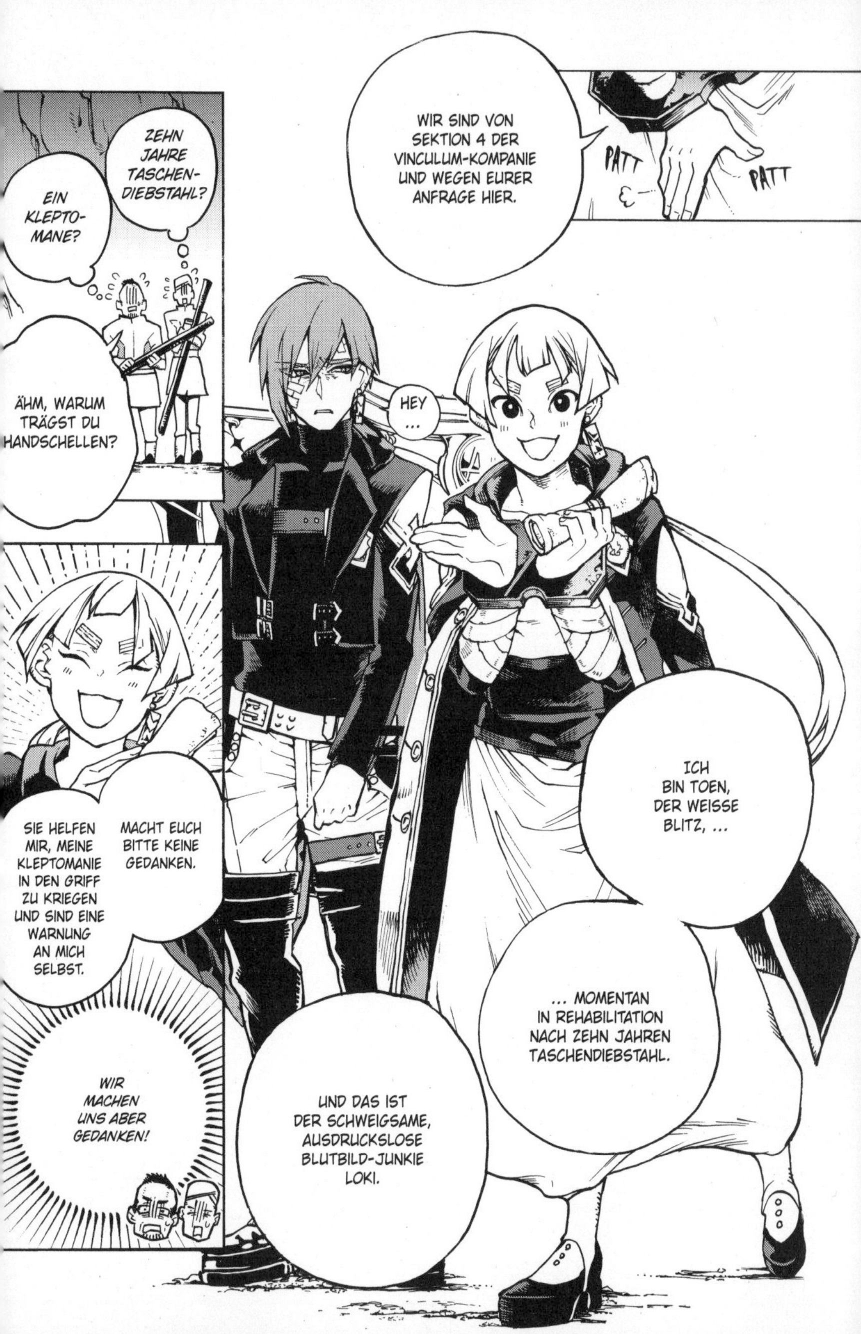
PATT
PATT
WIR SIND VON SEKTION 4 DER VINCULUM-KOMPANIE UND WEGEN EURER ANFRAGE HIER.
HEY ...
ICH BIN TOEN, DER WEISSE BLITZ, ...
... MOMENTAN IN REHABILITATION NACH ZEHN JAHREN TASCHENDIEBSTAHL.
UND DAS IST DER SCHWEIGSAME, AUSDRUCKSLOSE BLUTBILD-JUNKIE LOKI.
ZEHN JAHRE TASCHEN-DIEBSTAHL?
EIN KLEPTO-MANE?
ÄHM, WARUM TRÄGST DU HANDSCHELLEN?
MACHT EUCH BITTE KEINE GEDANKEN.
SIE HELFEN MIR, MEINE KLEPTOMANIE IN DEN GRIFF ZU KRIEGEN UND SIND EINE WARNUNG AN MICH SELBST.
WIR MACHEN UNS ABER GEDANKEN!

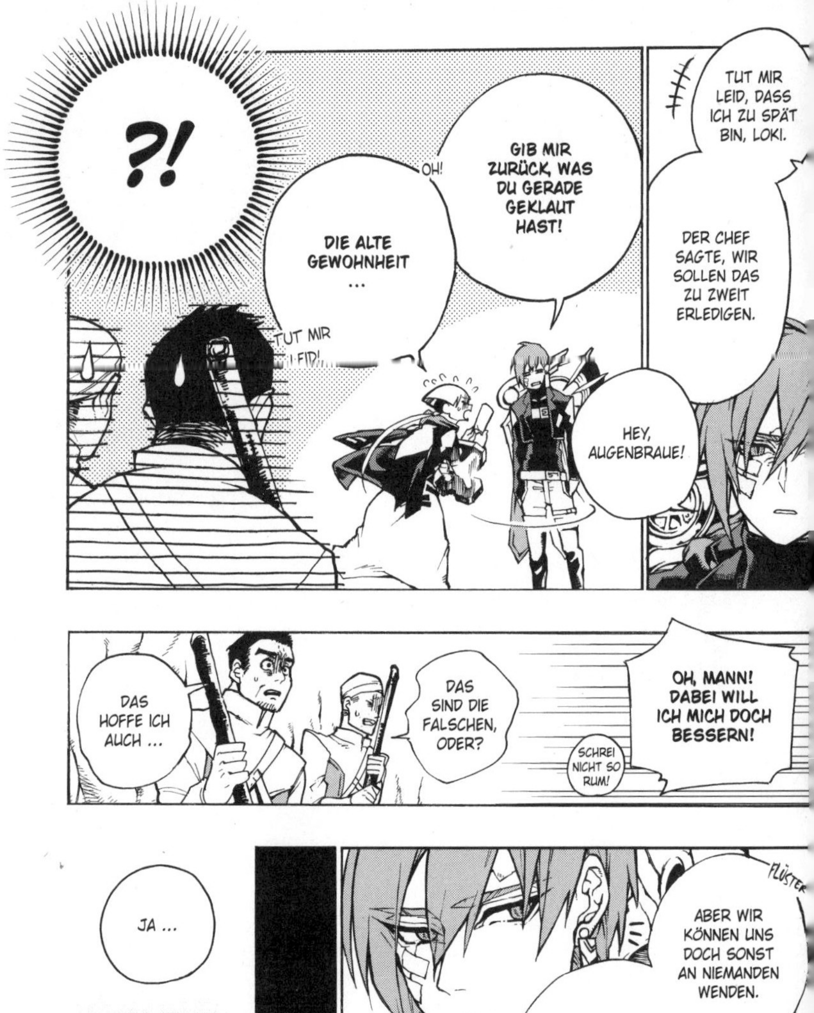

TUT MIR LEID, DASS ICH ZU SPÄT BIN, LOKI.
DER CHEF SAGTE, WIR SOLLEN DAS ZU ZWEIT ERLEDIGEN.
HEY, AUGENBRAUE!
GIB MIR ZURÜCK, WAS DU GERADE GEKLAUT HAST!
OH!
DIE ALTE GEWOHNHEIT …
TUT MIR LEID!
?!
OH, MANN! DABEI WILL ICH MICH DOCH BESSERN!
SCHREI NICHT SO RUM!
DAS SIND DIE FALSCHEN, ODER?
DAS HOFFE ICH AUCH …

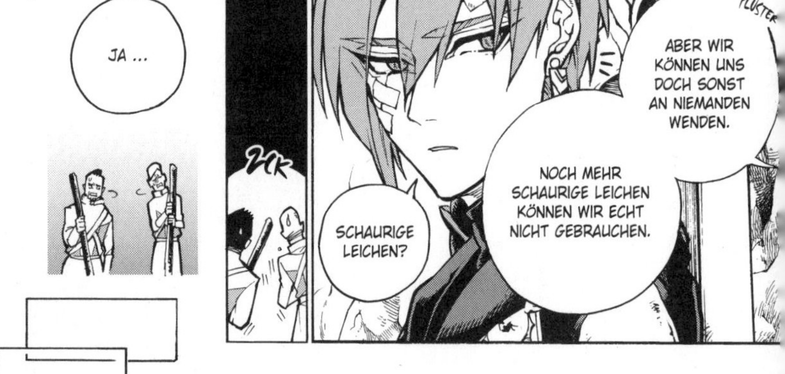

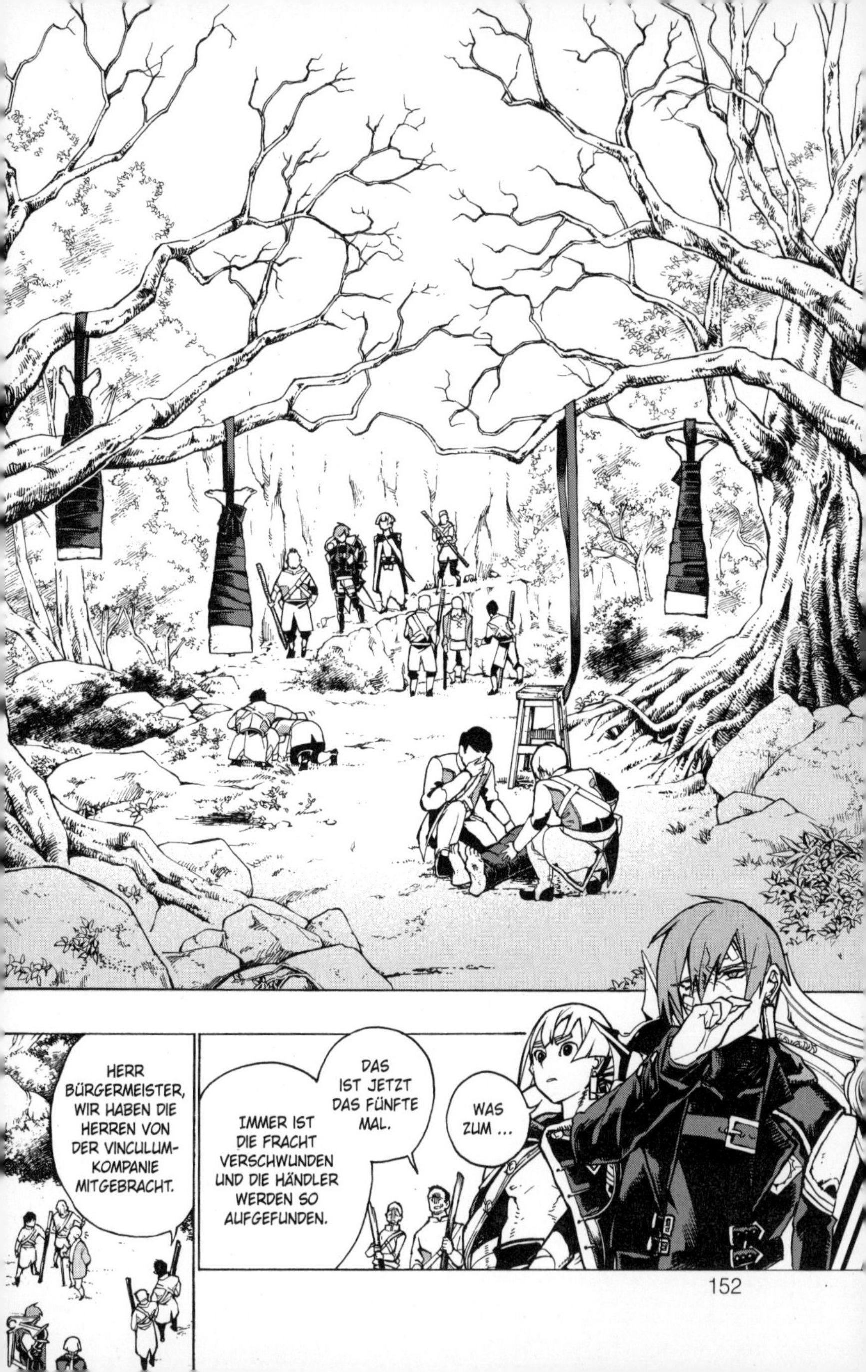
WAS ZUM ...
DAS IST JETZT DAS FÜNFTE MAL.
IMMER IST DIE FRACHT VERSCHWUNDEN UND DIE HÄNDLER WERDEN SO AUFGEFUNDEN.
HERR BÜRGERMEISTER, WIR HABEN DIE HERREN VON DER VINCULUM-KOMPANIE MITGEBRACHT.

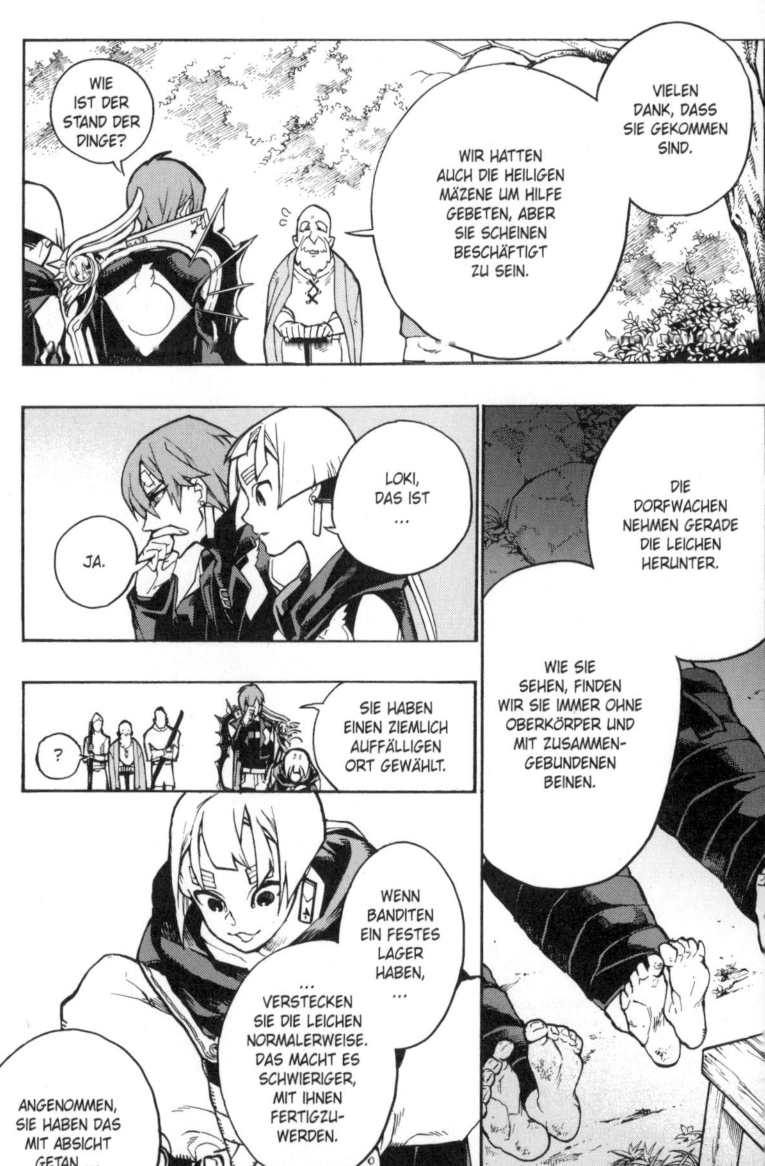
VIELEN DANK, DASS SIE GEKOMMEN SIND.
WIR HATTEN AUCH DIE HEILIGEN MÄZENE UM HILFE GEBETEN, ABER SIE SCHEINEN BESCHÄFTIGT ZU SEIN.
WIE IST DER STAND DER DINGE?
DIE DORFWACHEN NEHMEN GERADE DIE LEICHEN HERUNTER.
LOKI, DAS IST …
JA.
WIE SIE SEHEN, FINDEN WIR SIE IMMER OHNE OBERKÖRPER UND MIT ZUSAMMEN-GEBUNDENEN BEINEN.
SIE HABEN EINEN ZIEMLICH AUFFÄLLIGEN ORT GEWÄHLT.
?
WENN BANDITEN EIN FESTES LAGER HABEN, …
… VERSTECKEN SIE DIE LEICHEN NORMALERWEISE. DAS MACHT ES SCHWIERIGER, MIT IHNEN FERTIGZU-WERDEN.
ANGENOMMEN, SIE HABEN DAS MIT ABSICHT GETAN …

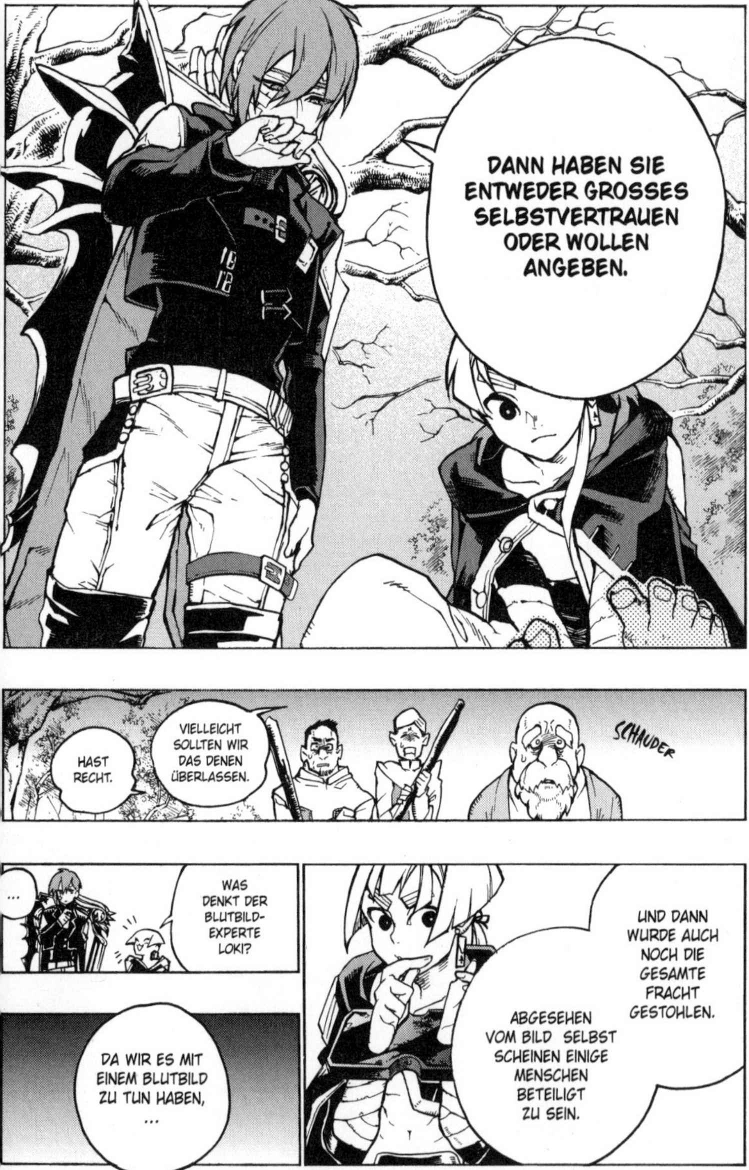

DANN HABEN SIE ENTWEDER GROSSES SELBSTVERTRAUEN ODER WOLLEN ANGEBEN.

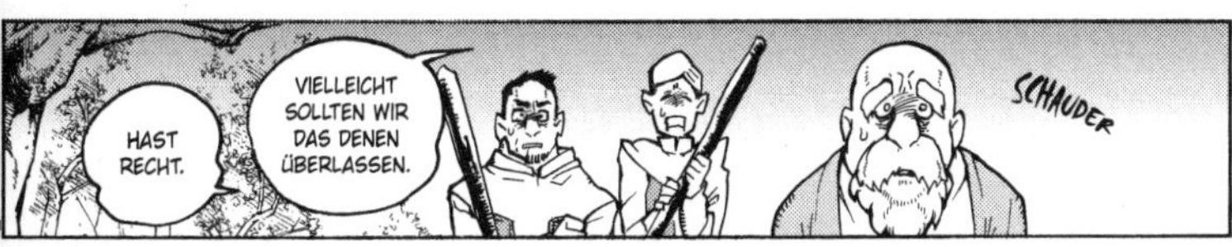

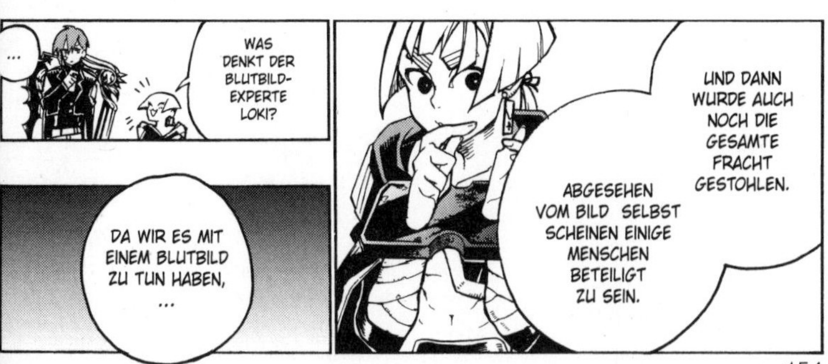

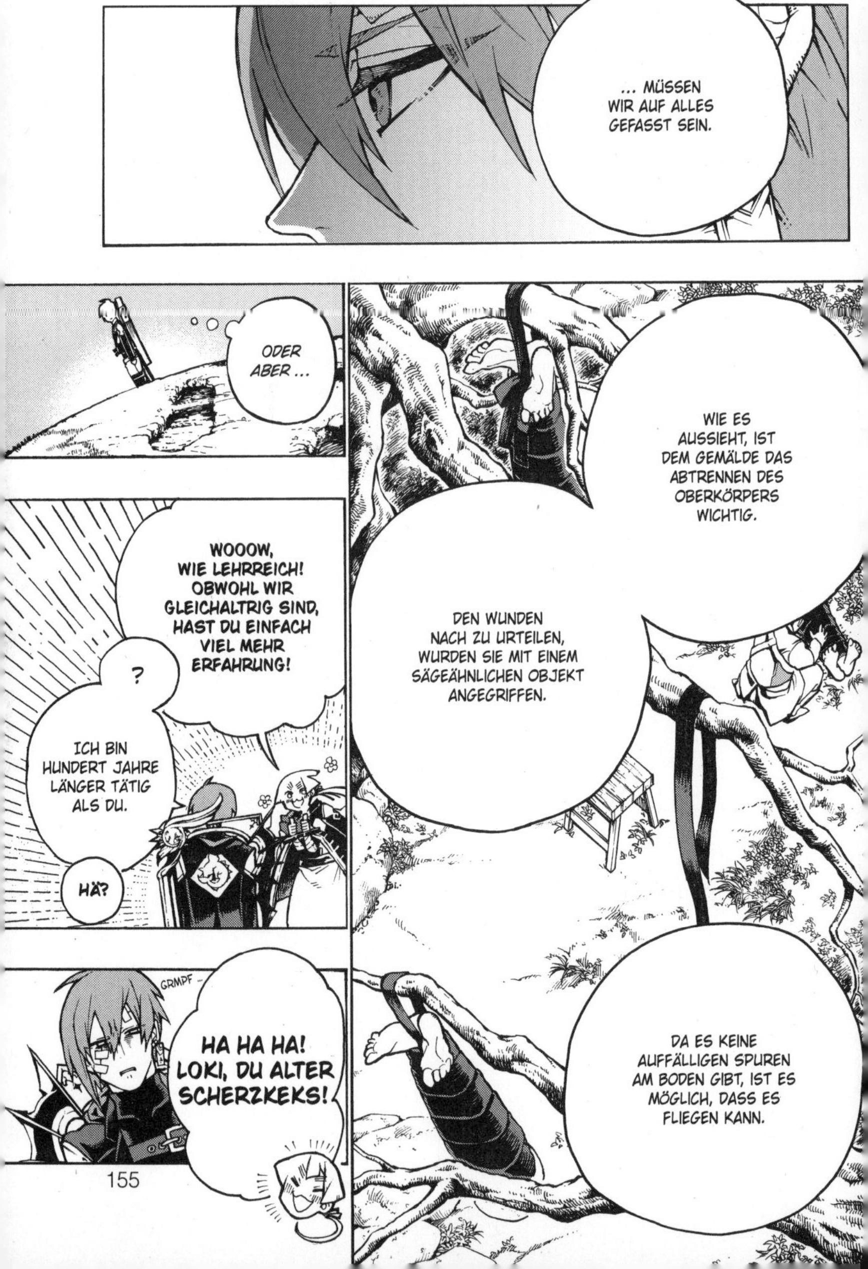

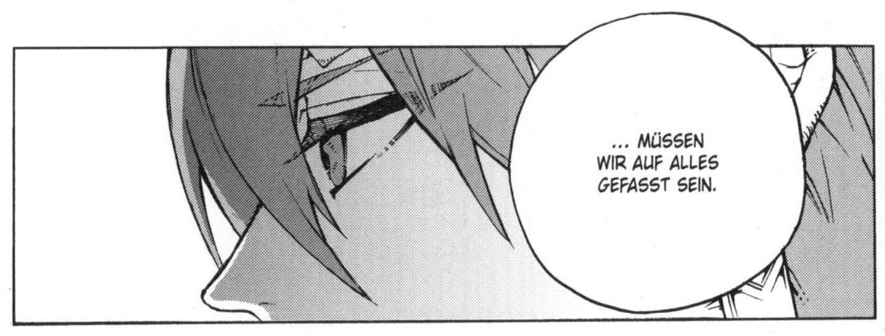

WIE ES AUSSIEHT, IST DEM GEMÄLDE DAS ABTRENNEN DES OBERKÖRPERS WICHTIG.

DEN WUNDEN NACH ZU URTEILEN, WURDEN SIE MIT EINEM SÄGEÄHNLICHEN OBJEKT ANGEGRIFFEN.

DA ES KEINE AUFFÄLLIGEN SPUREN AM BODEN GIBT, IST ES MÖGLICH, DASS ES FLIEGEN KANN.

ODER ABER …

WOOOW, WIE LEHRREICH! OBWOHL WIR GLEICHALTRIG SIND, HAST DU EINFACH VIEL MEHR ERFAHRUNG!

?

ICH BIN HUNDERT JAHRE LÄNGER TÄTIG ALS DU.

HÄ?

GRMPF

HA HA HA! LOKI, DU ALTER SCHERZKEKS!

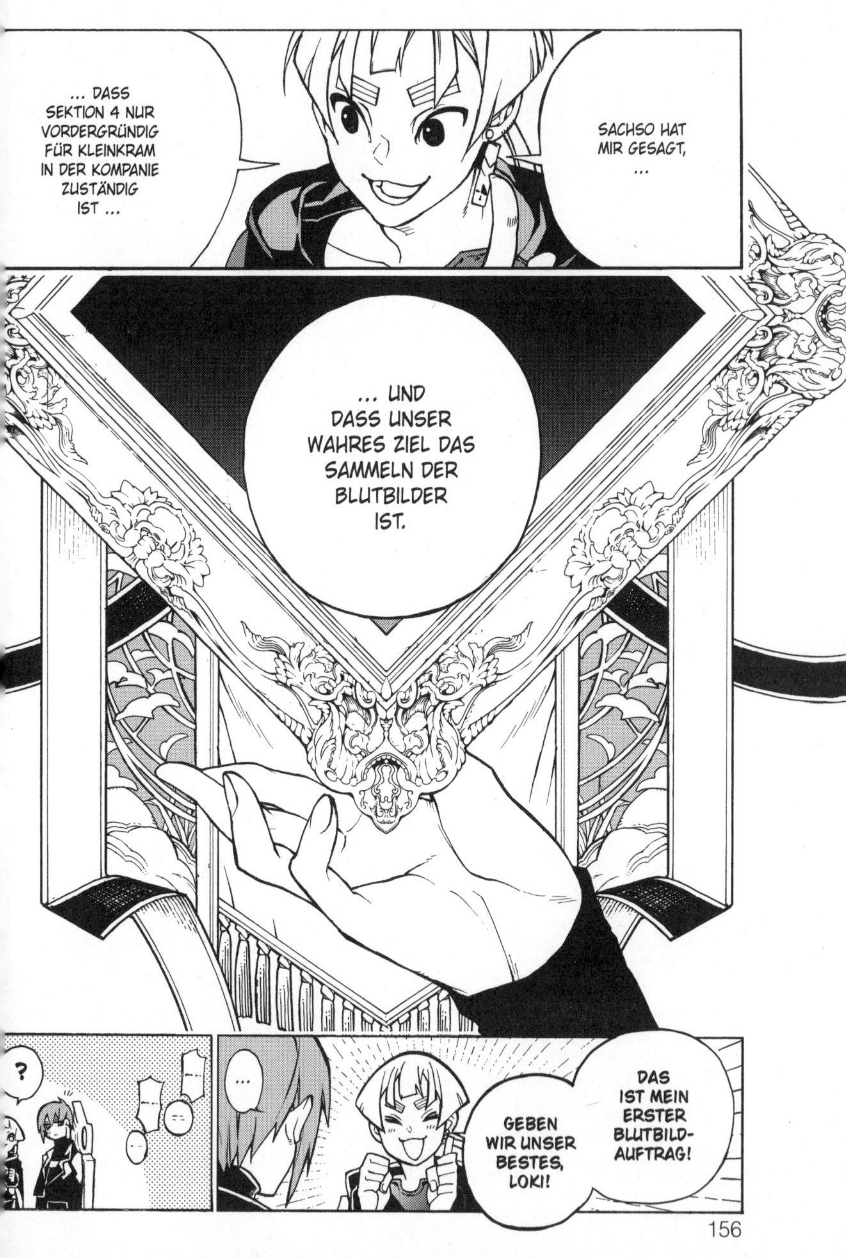
SACHSO HAT MIR GESAGT, ...
... DASS SEKTION 4 NUR VORDERGRÜNDIG FÜR KLEINKRAM IN DER KOMPANIE ZUSTÄNDIG IST ...
... UND DASS UNSER WAHRES ZIEL DAS SAMMELN DER BLUTBILDER IST.
DAS IST MEIN ERSTER BLUTBILD-AUFTRAG!
GEBEN WIR UNSER BESTES, LOKI!
...
?

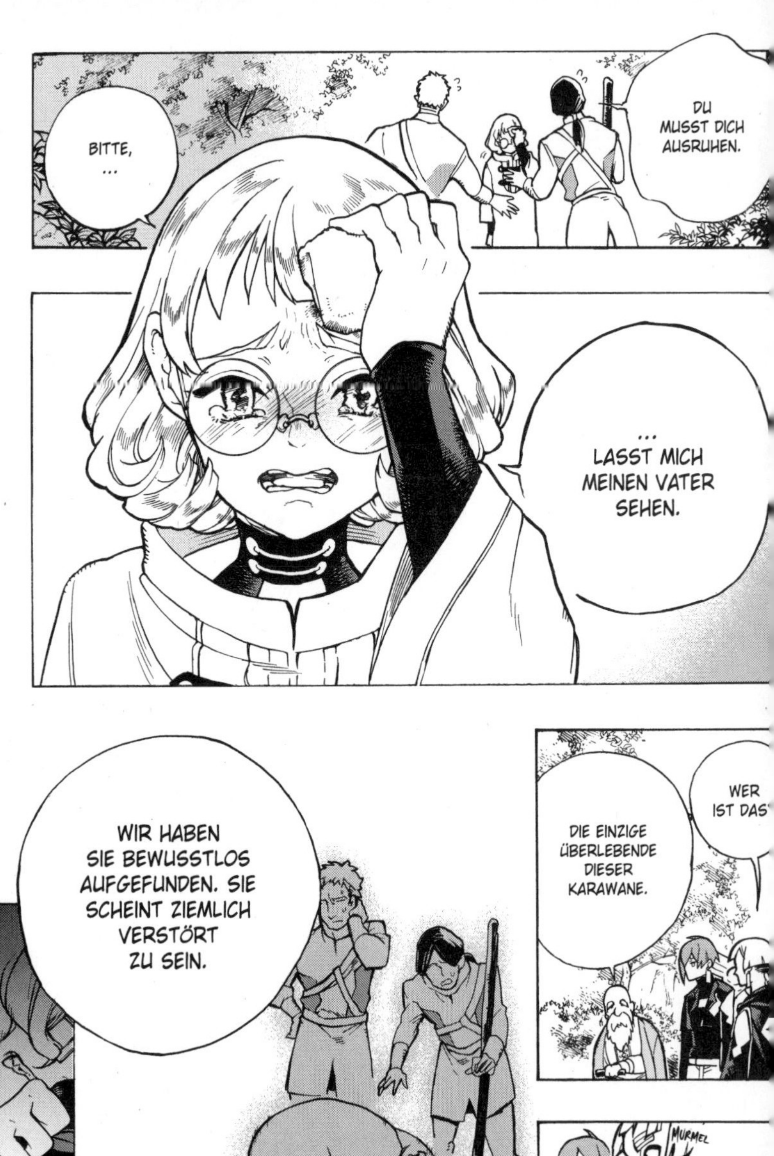
DU MUSST DICH AUSRUHEN.
BITTE, ...
... LASST MICH MEINEN VATER SEHEN.
WER IST DAS
DIE EINZIGE ÜBERLEBENDE DIESER KARAWANE.
WIR HABEN SIE BEWUSSTLOS AUFGEFUNDEN. SIE SCHEINT ZIEMLICH VERSTÖRT ZU SEIN.
MURMEL
ACH SO? VERDÄCHTI
?
GNN

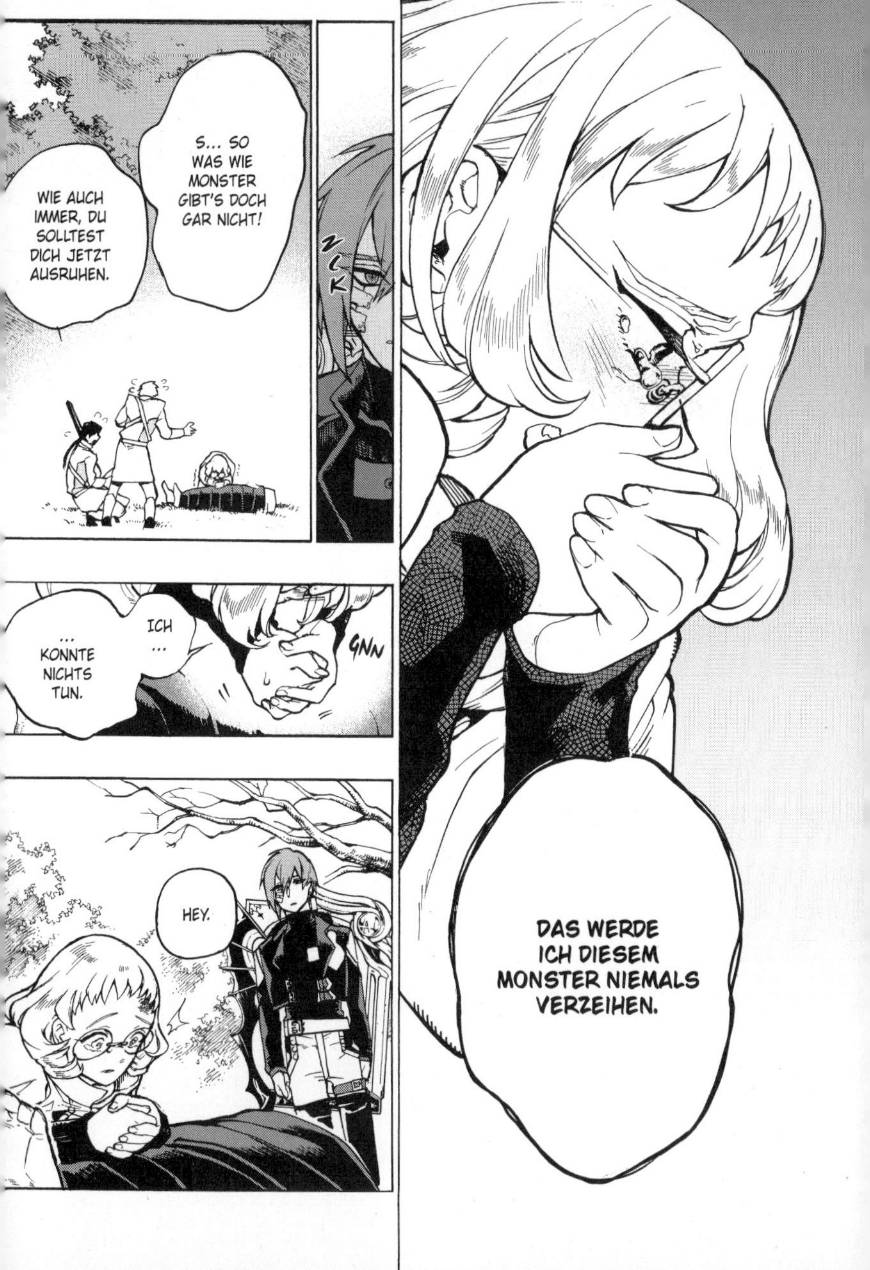

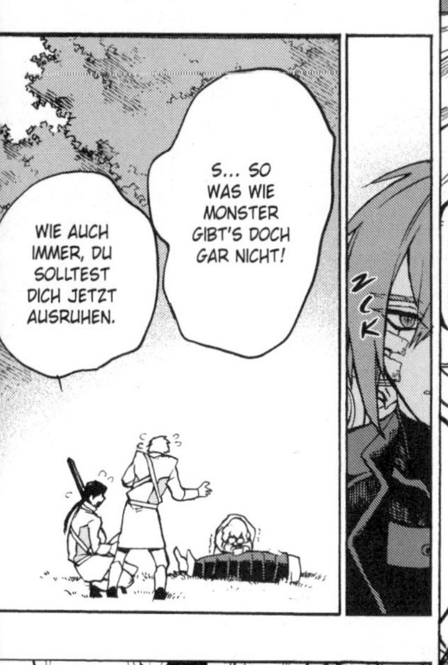

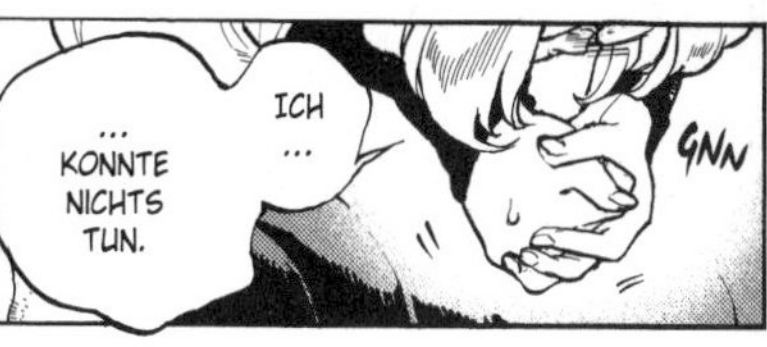

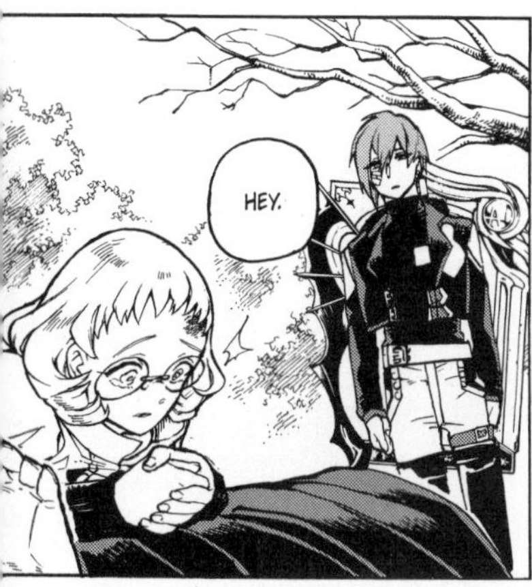

DAS WERDE ICH DIESEM MONSTER NIEMALS VERZEIHEN.

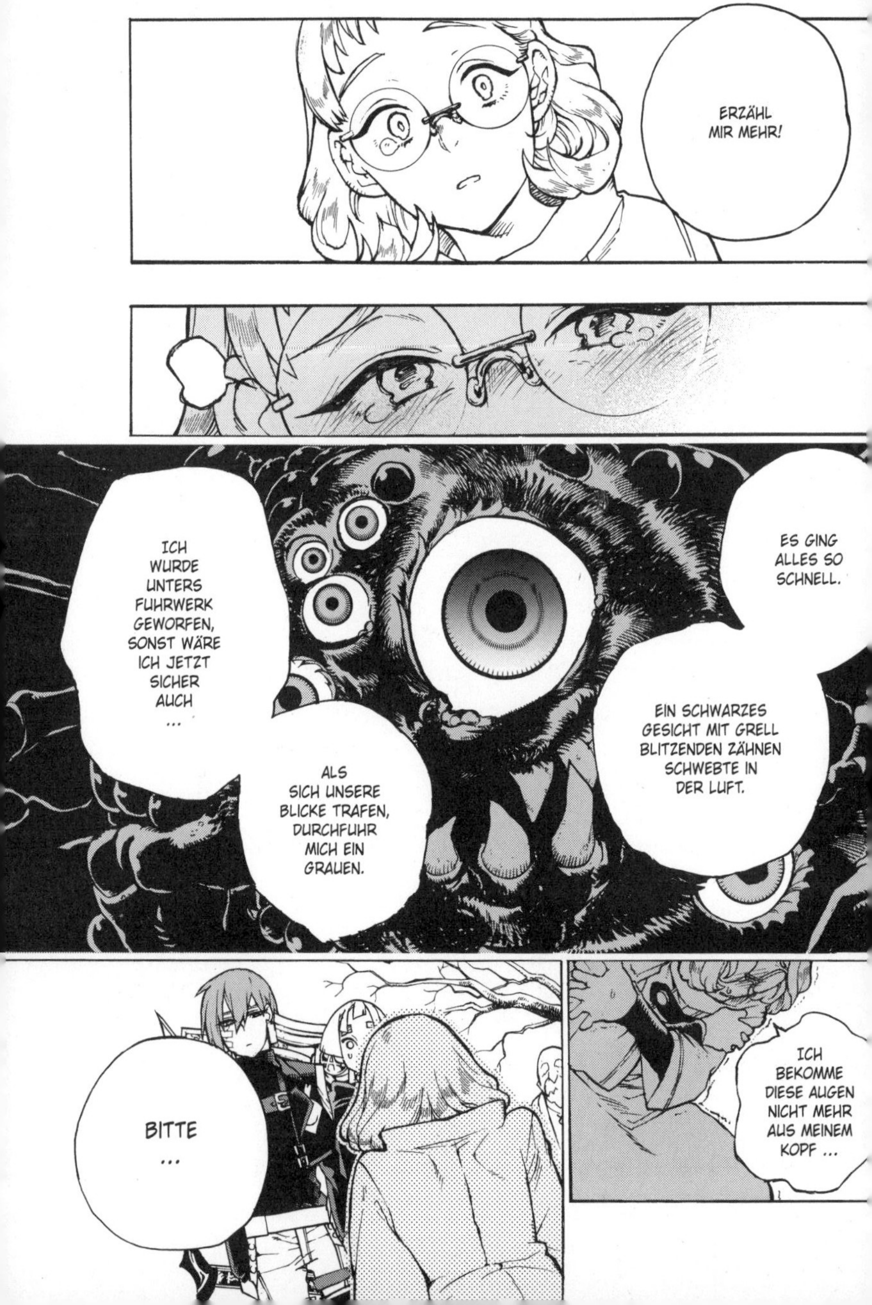

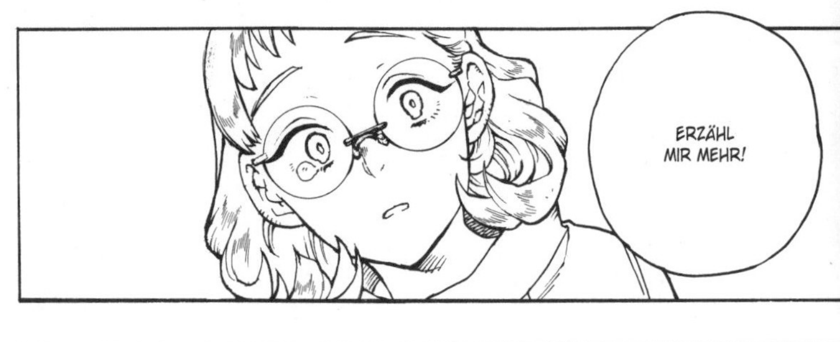
ERZÄHL MIR MEHR!

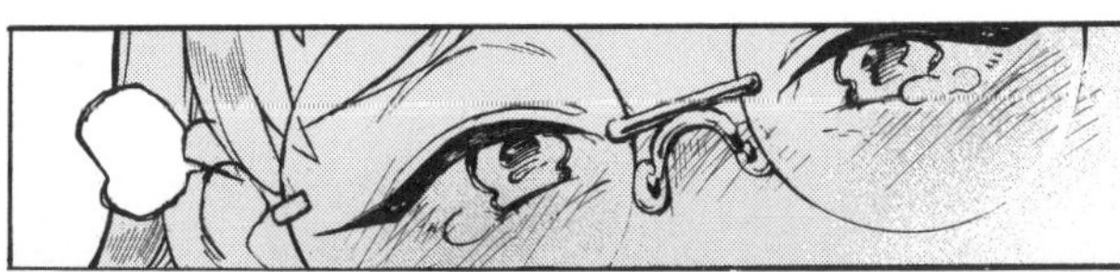

ES GING ALLES SO SCHNELL.
EIN SCHWARZES GESICHT MIT GRELL BLITZENDEN ZÄHNEN SCHWEBTE IN DER LUFT.
ICH WURDE UNTERS FUHRWERK GEWORFEN, SONST WÄRE ICH JETZT SICHER AUCH …
ALS SICH UNSERE BLICKE TRAFEN, DURCHFUHR MICH EIN GRAUEN.

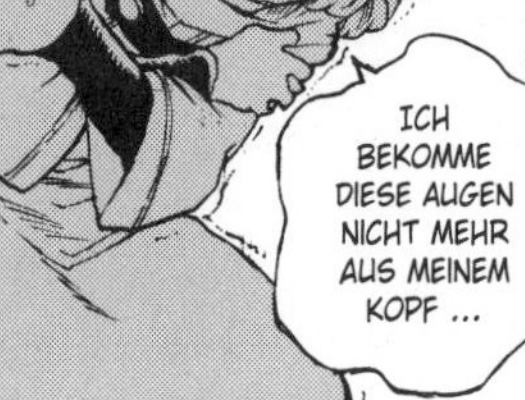
ICH BEKOMME DIESE AUGEN NICHT MEHR AUS MEINEM KOPF …

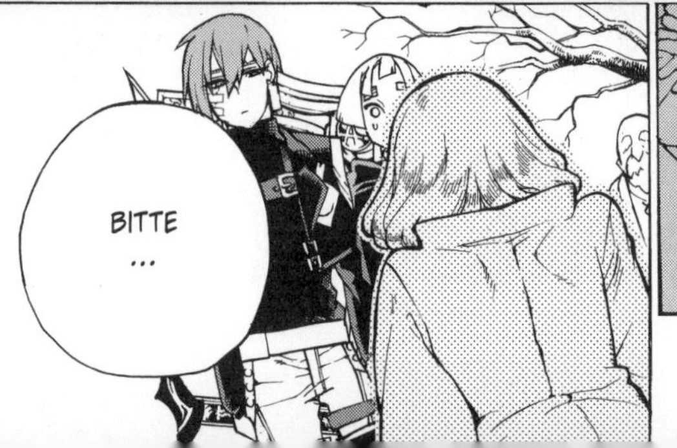
BITTE …

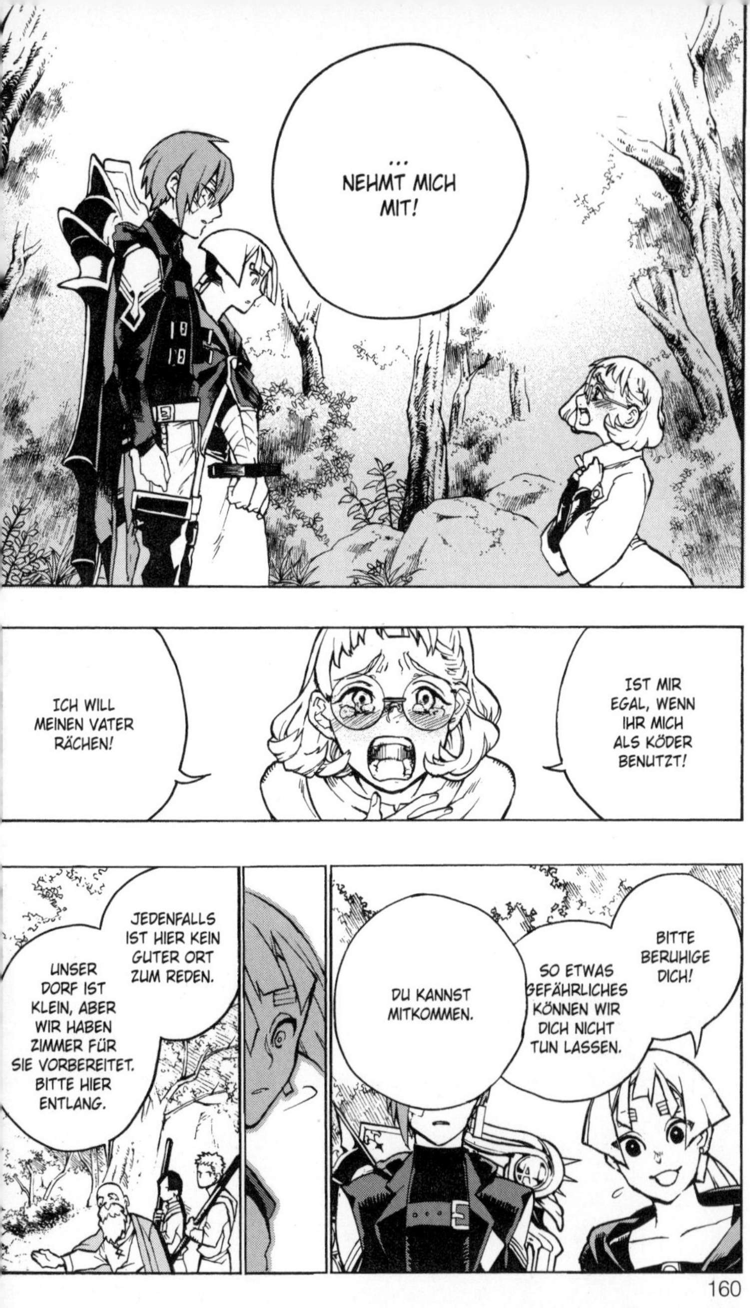

... NEHMT MICH MIT!

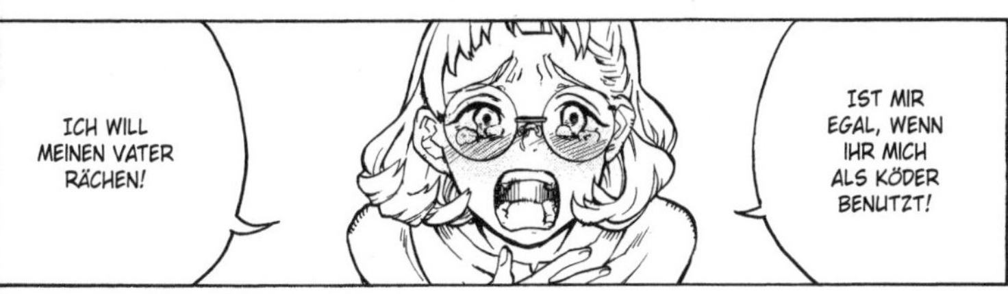

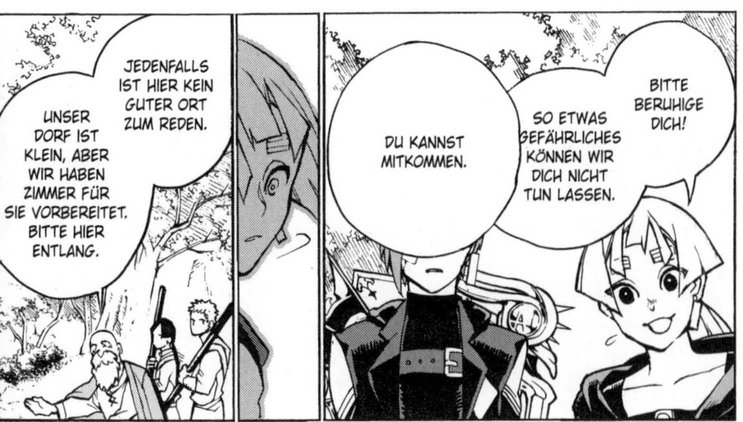

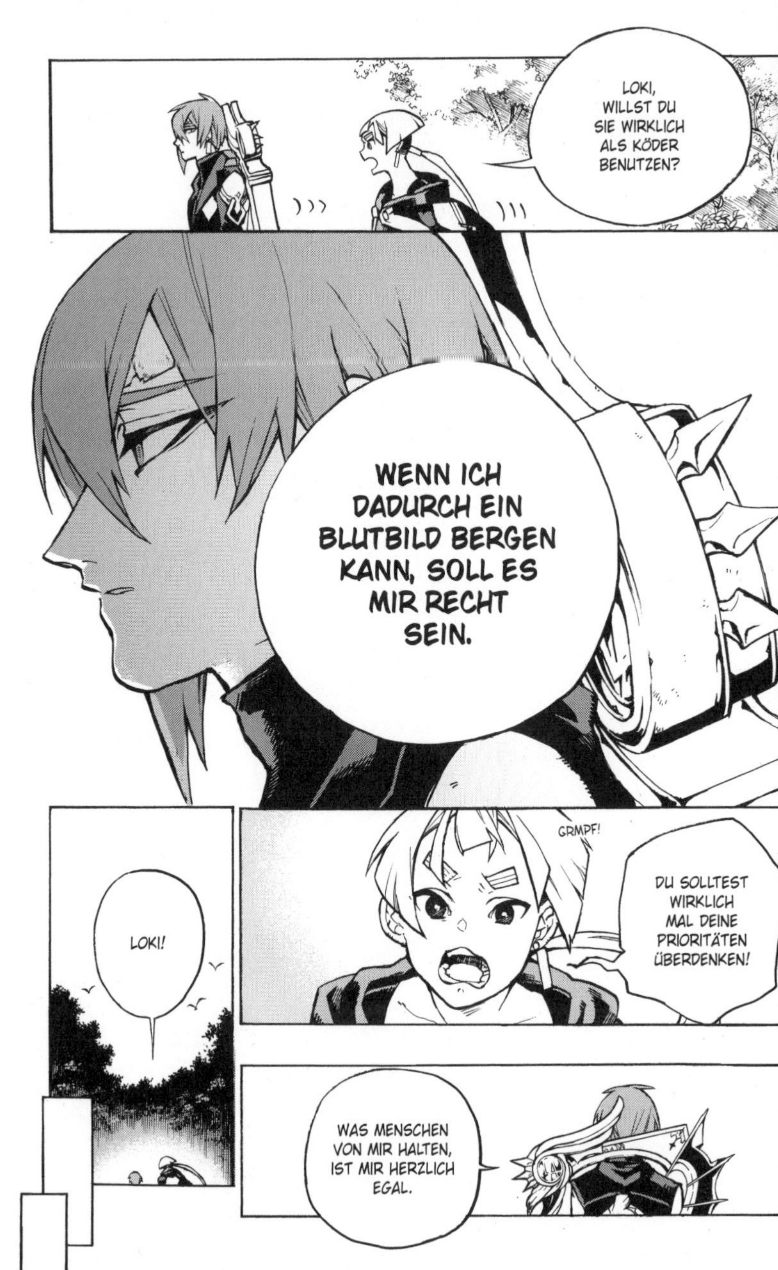
LOKI, WILLST DU SIE WIRKLICH ALS KÖDER BENUTZEN?
WENN ICH DADURCH EIN BLUTBILD BERGEN KANN, SOLL ES MIR RECHT SEIN.
GRMPF!
DU SOLLTEST WIRKLICH MAL DEINE PRIORITÄTEN ÜBERDENKEN!
LOKI!
WAS MENSCHEN VON MIR HALTEN, IST MIR HERZLICH EGAL.

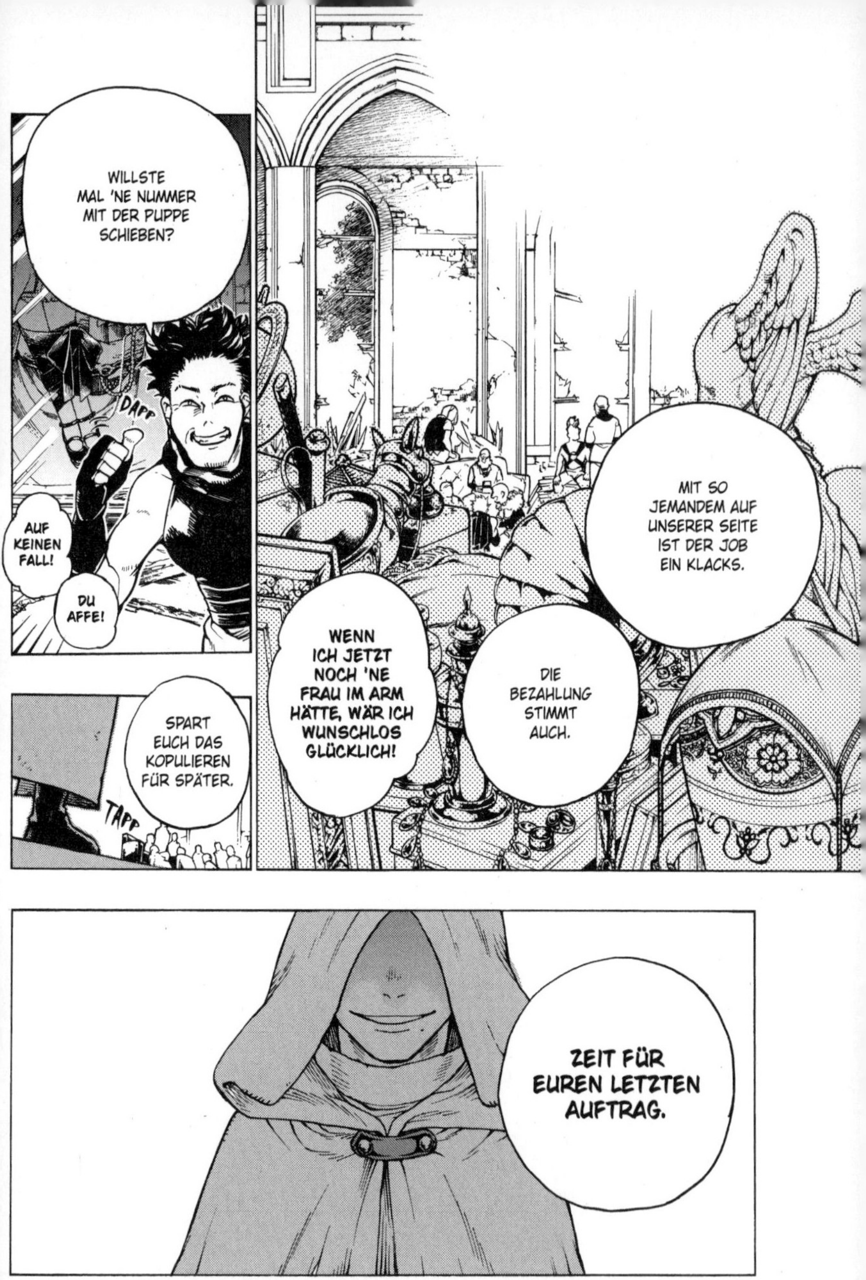

MIT SO JEMANDEM AUF UNSERER SEITE IST DER JOB EIN KLACKS.

DIE BEZAHLUNG STIMMT AUCH.

WENN ICH JETZT NOCH 'NE FRAU IM ARM HÄTTE, WÄR ICH WUNSCHLOS GLÜCKLICH!

WILLSTE MAL 'NE NUMMER MIT DER PUPPE SCHIEBEN?

DAPP

AUF KEINEN FALL!

DU AFFE!

SPART EUCH DAS KOPULIEREN FÜR SPÄTER.

TAPP

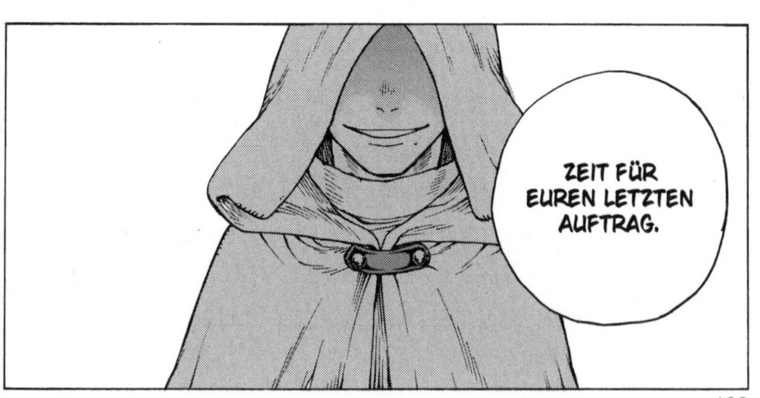

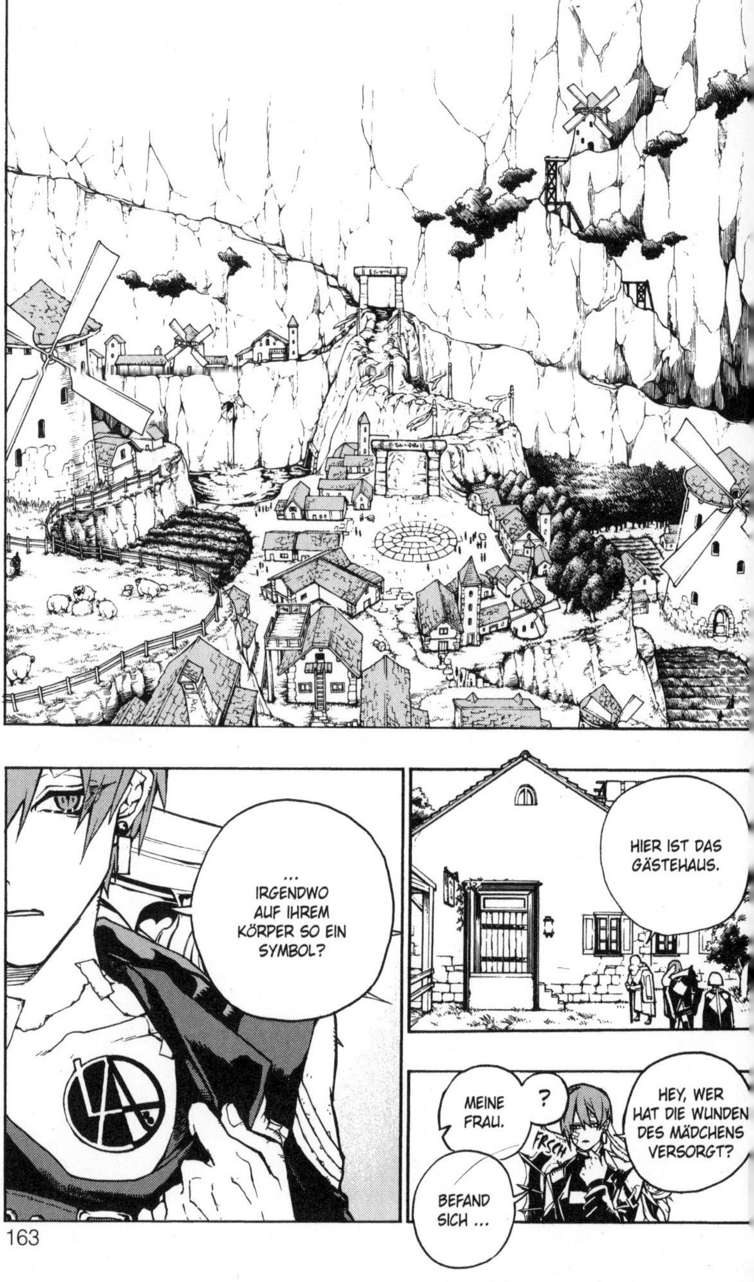

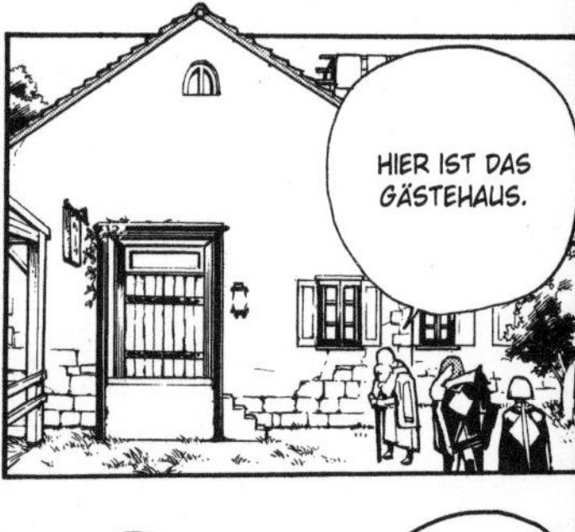
HIER IST DAS GÄSTEHAUS.

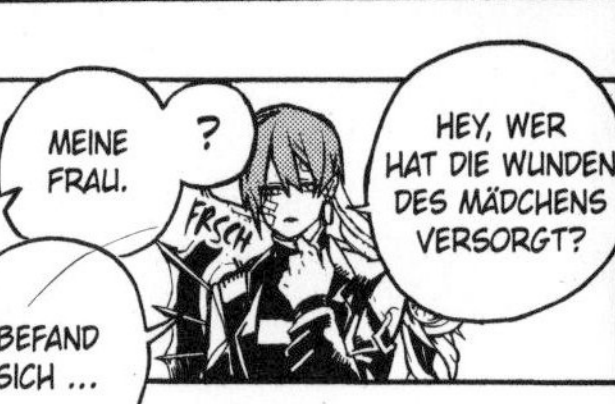
HEY, WER HAT DIE WUNDEN DES MÄDCHENS VERSORGT?
?
FRSCH
MEINE FRAU.
BEFAND SICH ...

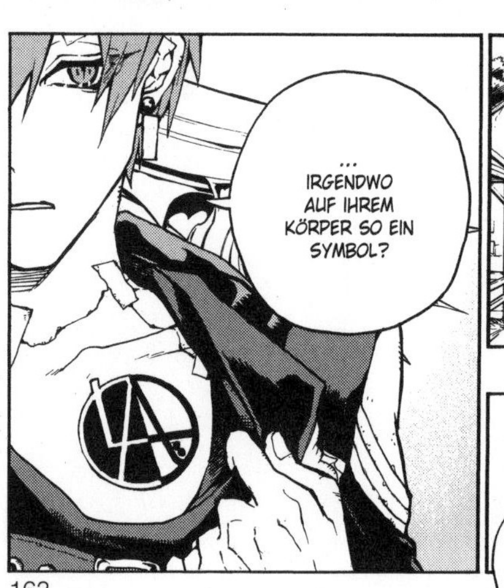
... IRGENDWO AUF IHREM KÖRPER SO EIN SYMBOL?

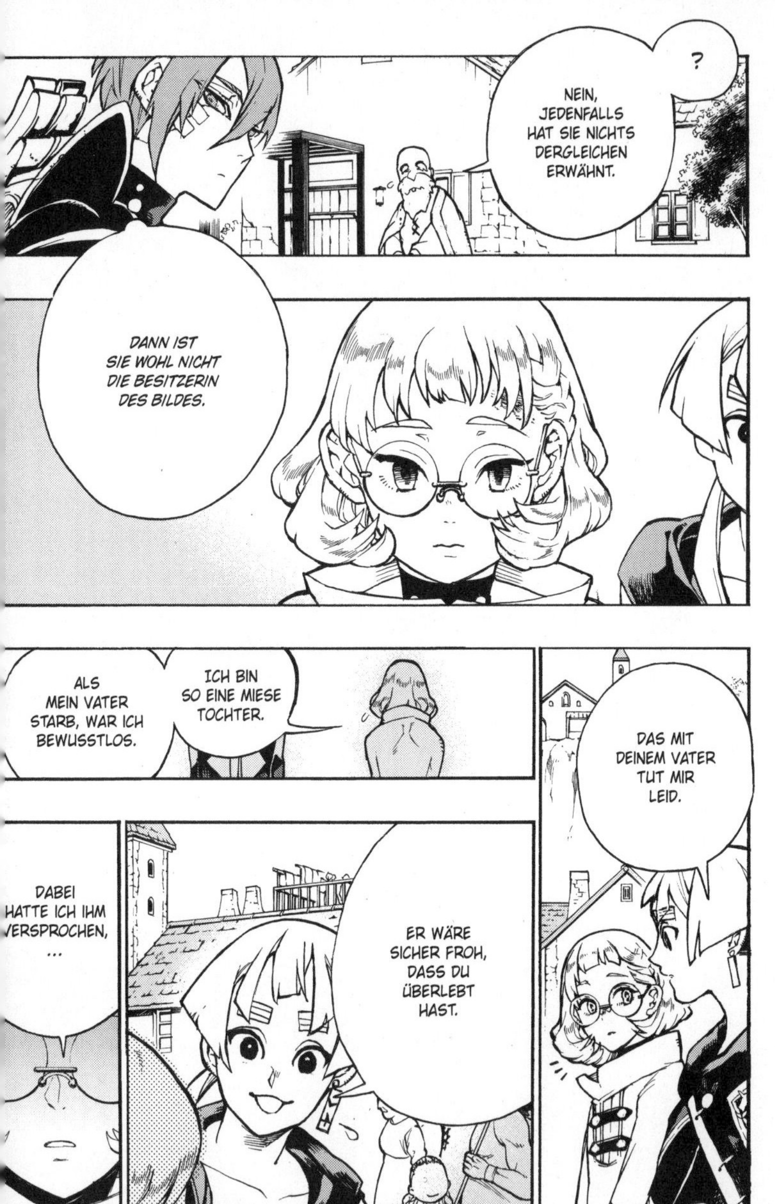
?
NEIN, JEDENFALLS HAT SIE NICHTS DERGLEICHEN ERWÄHNT.
DANN IST SIE WOHL NICHT DIE BESITZERIN DES BILDES.
DAS MIT DEINEM VATER TUT MIR LEID.
ICH BIN SO EINE MIESE TOCHTER.
ALS MEIN VATER STARB, WAR ICH BEWUSSTLOS.
ER WÄRE SICHER FROH, DASS DU ÜBERLEBT HAST.
DABEI HATTE ICH IHM VERSPROCHEN, ...

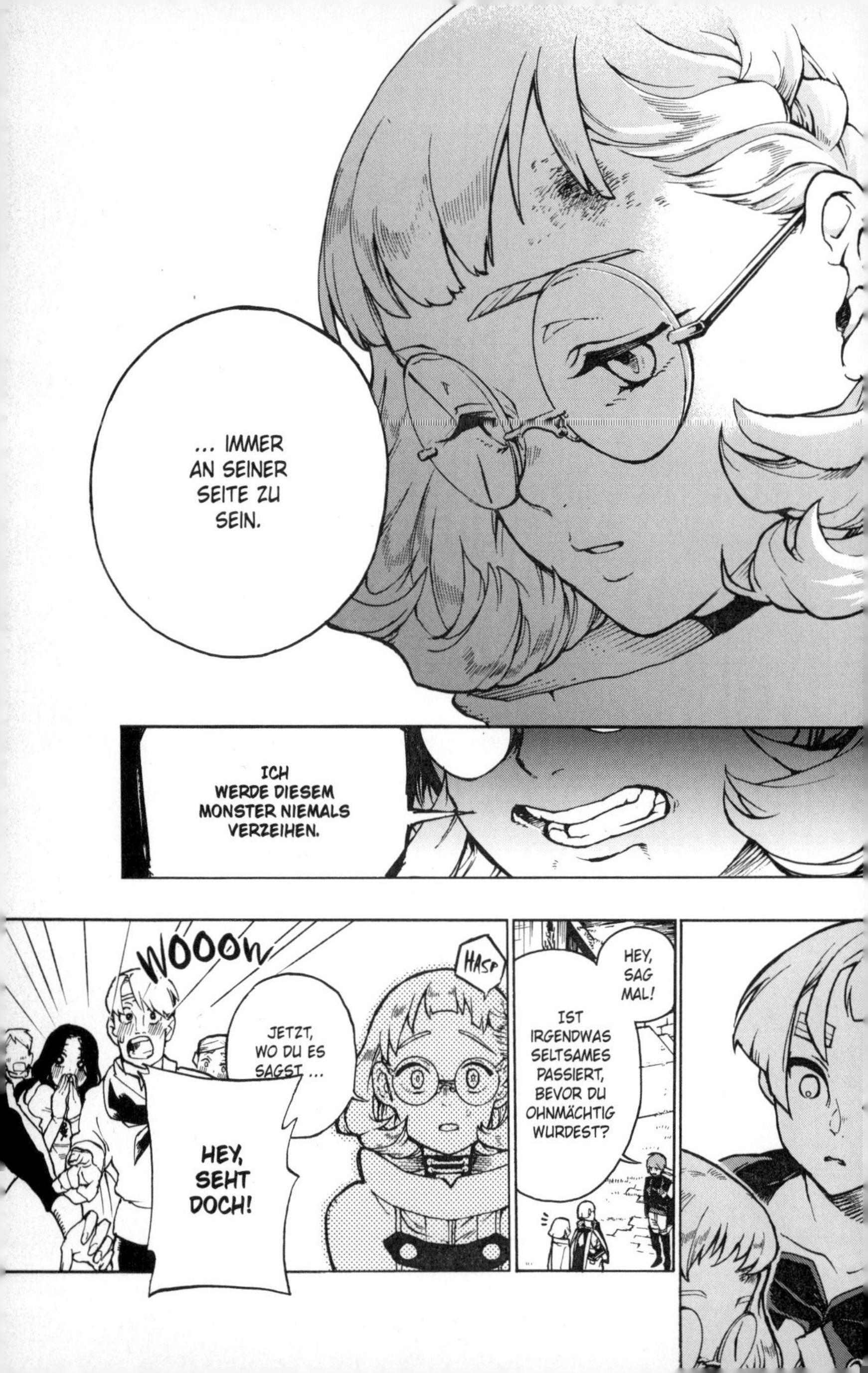

... IMMER AN SEINER SEITE ZU SEIN.

ICH WERDE DIESEM MONSTER NIEMALS VERZEIHEN.

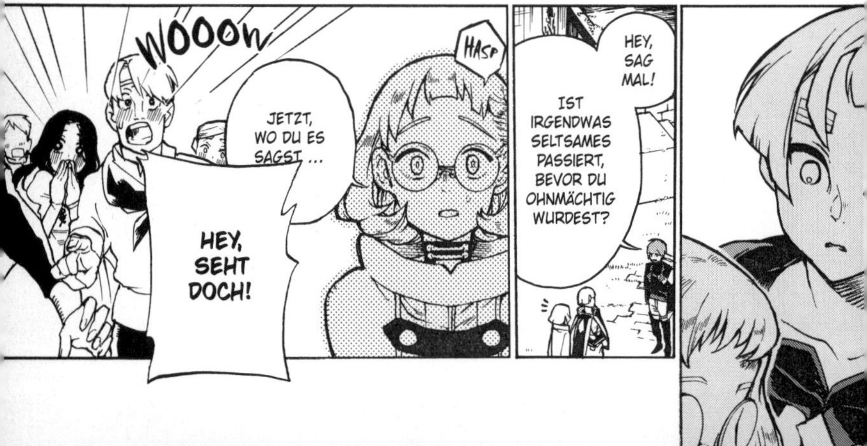

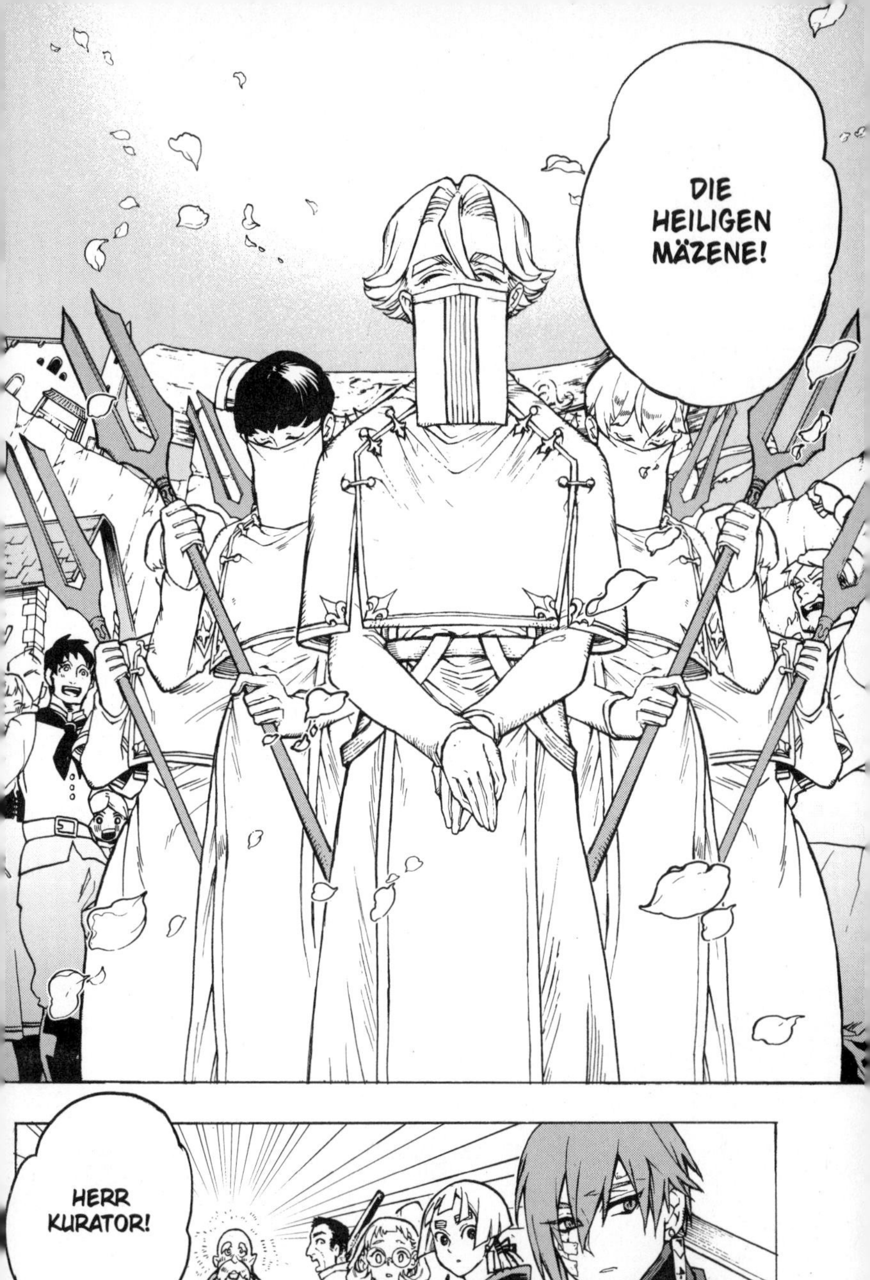
DIE HEILIGEN MÄZENE!
HERR KURATOR!

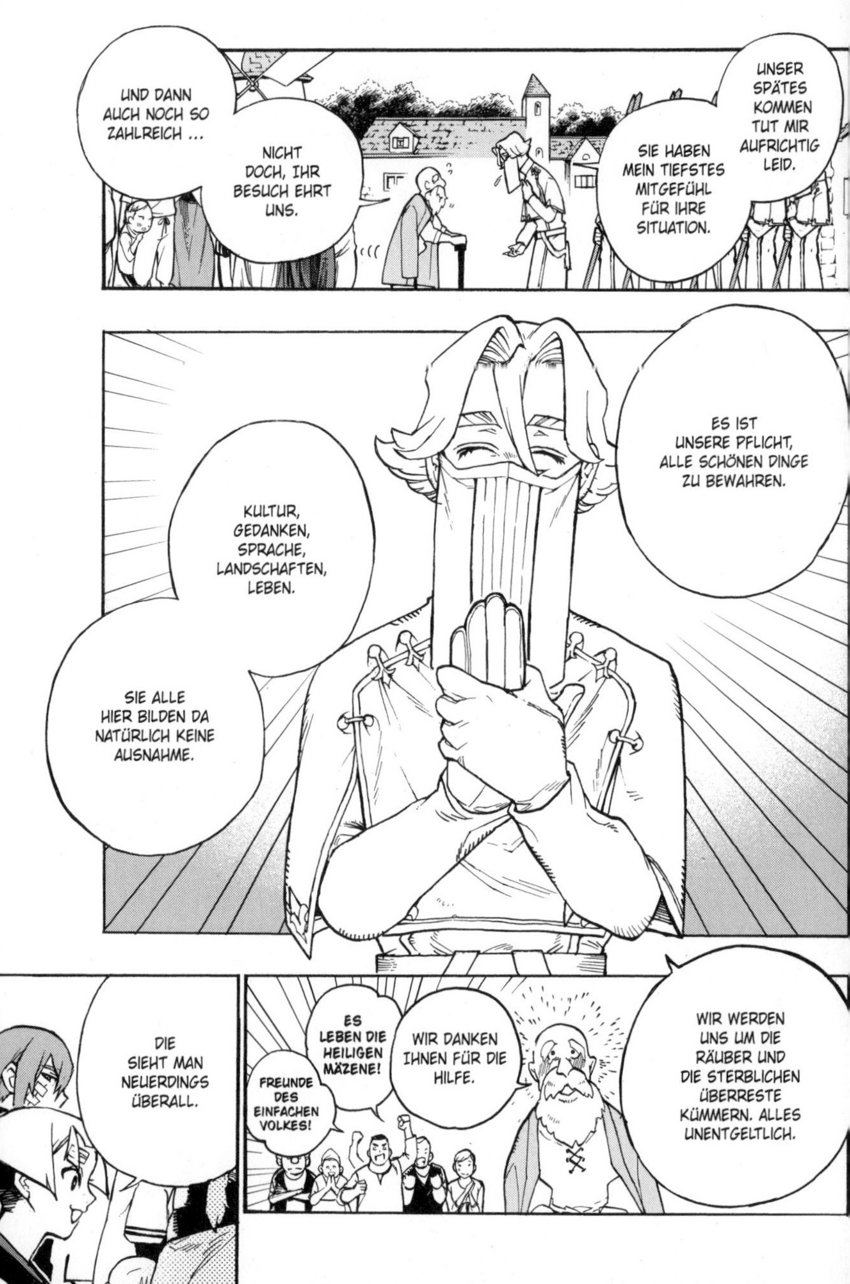
UNSER SPÄTES KOMMEN TUT MIR AUFRICHTIG LEID.
SIE HABEN MEIN TIEFSTES MITGEFÜHL FÜR IHRE SITUATION.
NICHT DOCH, IHR BESUCH EHRT UNS.
UND DANN AUCH NOCH SO ZAHLREICH ...
ES IST UNSERE PFLICHT, ALLE SCHÖNEN DINGE ZU BEWAHREN.
KULTUR, GEDANKEN, SPRACHE, LANDSCHAFTEN, LEBEN.
SIE ALLE HIER BILDEN DA NATÜRLICH KEINE AUSNAHME.
WIR WERDEN UNS UM DIE RÄUBER UND DIE STERBLICHEN ÜBERRESTE KÜMMERN. ALLES UNENTGELTLICH.
WIR DANKEN IHNEN FÜR DIE HILFE.
ES LEBEN DIE HEILIGEN MÄZENE!
FREUNDE DES EINFACHEN VOLKES!
DIE SIEHT MAN NEUERDINGS ÜBERALL.

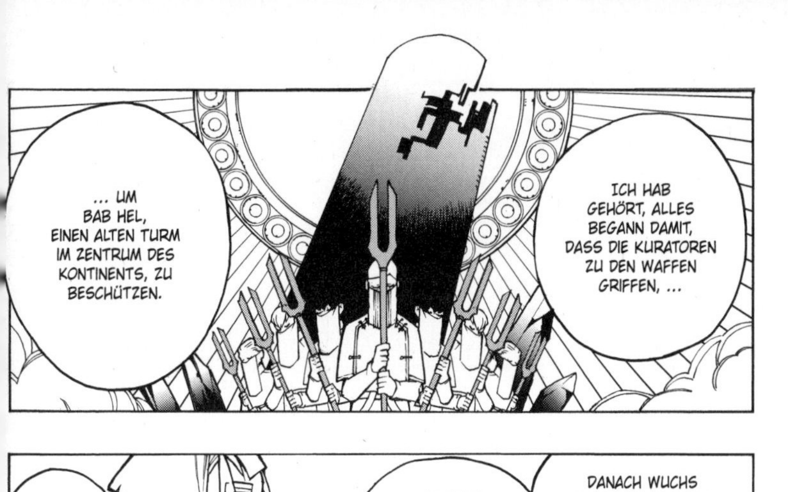

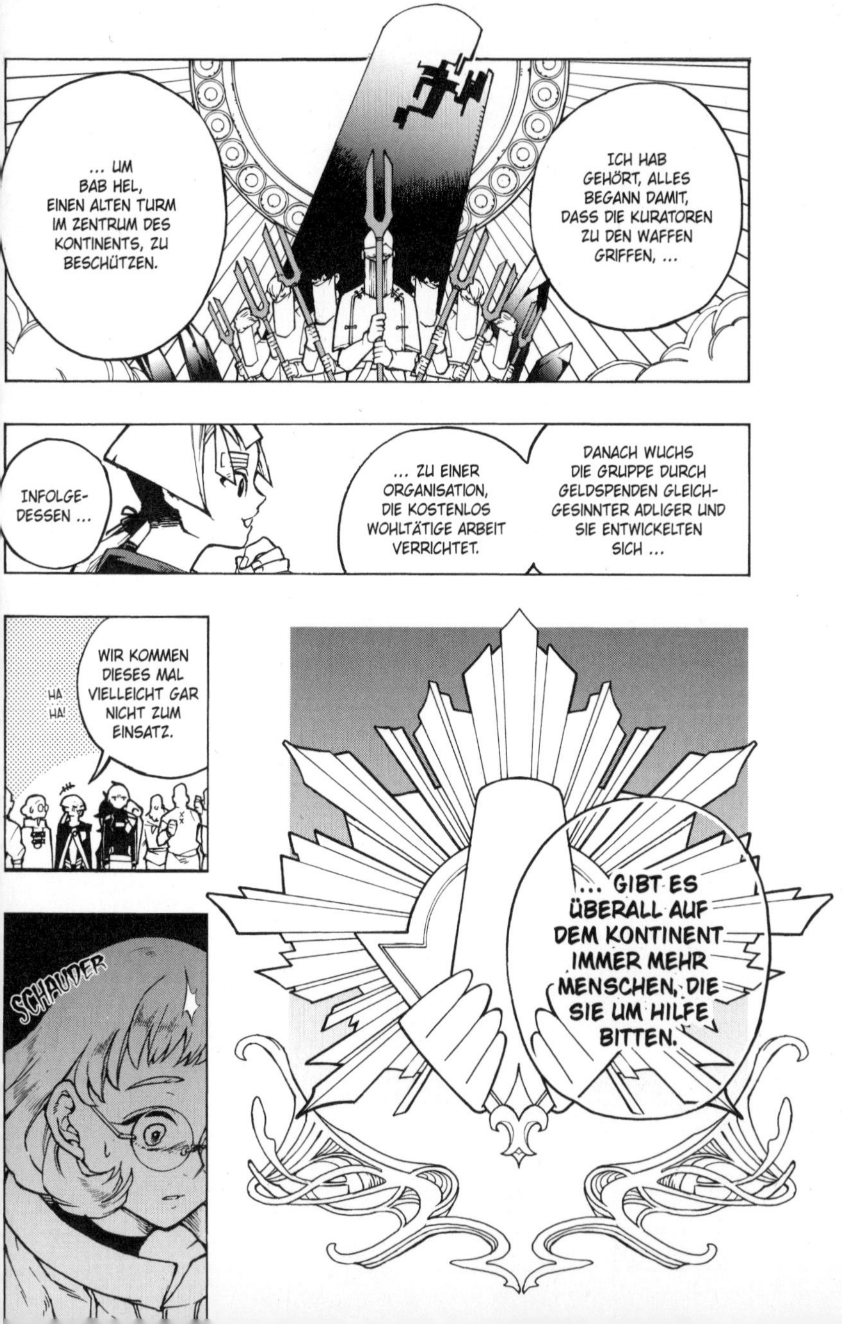

DANACH WUCHS DIE GRUPPE DURCH GELDSPENDEN GLEICH-GESINNTER ADLIGER UND SIE ENTWICKELTEN SICH ...

... ZU EINER ORGANISATION, DIE KOSTENLOS WOHLTÄTIGE ARBEIT VERRICHTET.

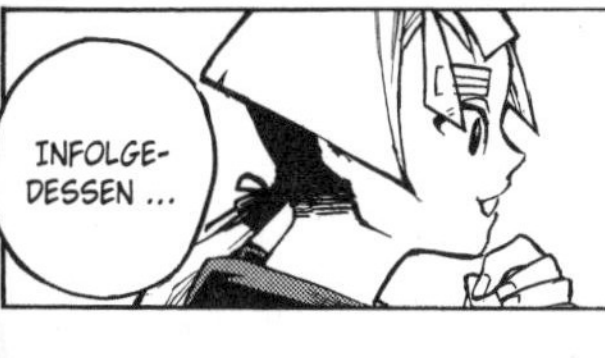

... GIBT ES ÜBERALL AUF DEM KONTINENT IMMER MEHR MENSCHEN, DIE SIE UM HILFE BITTEN.

WIR KOMMEN DIESES MAL VIELLEICHT GAR NICHT ZUM EINSATZ.

HA HA!

SCHAUDER

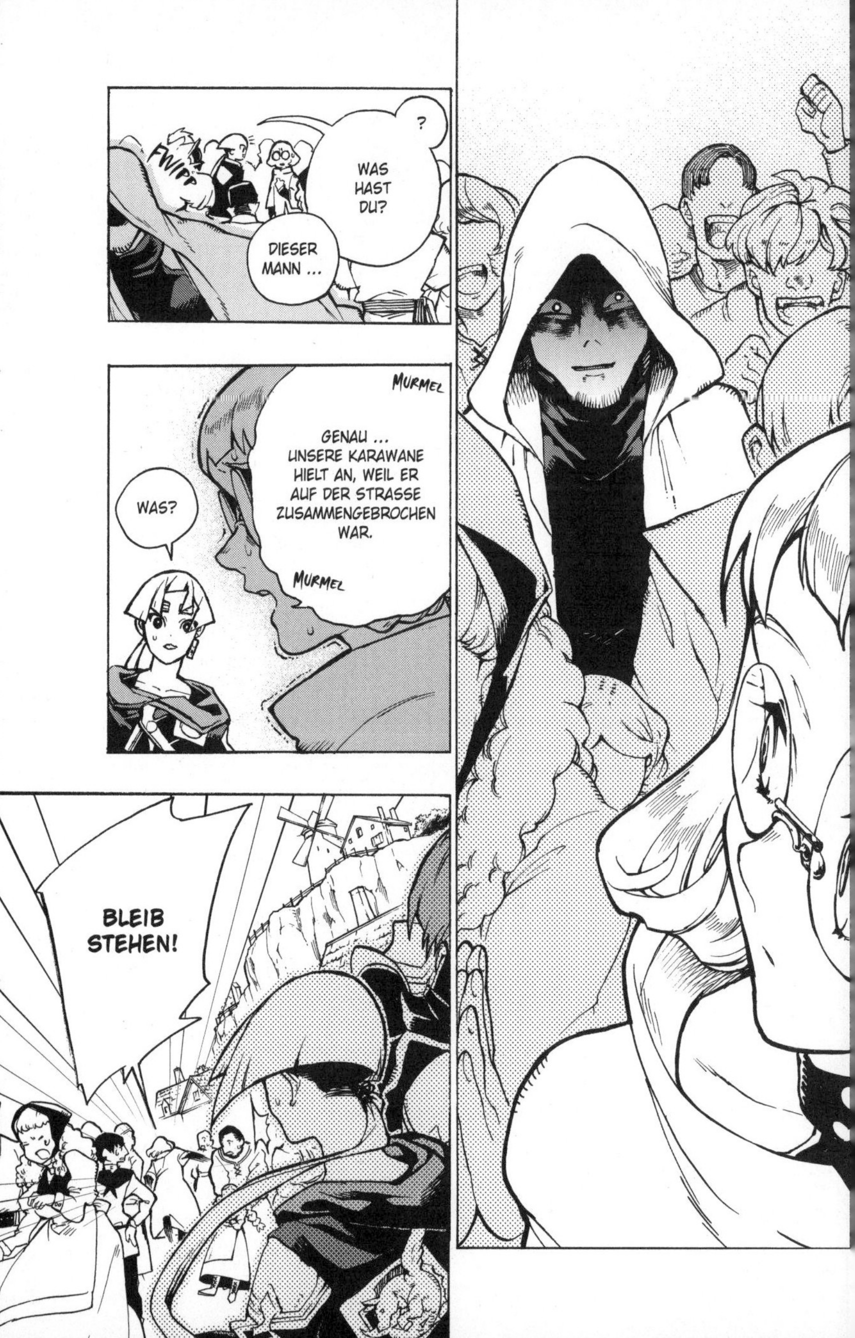
FWIPP
?
WAS HAST DU?
DIESER MANN ...
MURMEL
GENAU ... UNSERE KARAWANE HIELT AN, WEIL ER AUF DER STRASSE ZUSAMMENGEBROCHEN WAR.
MURMEL
WAS?
BLEIB STEHEN!

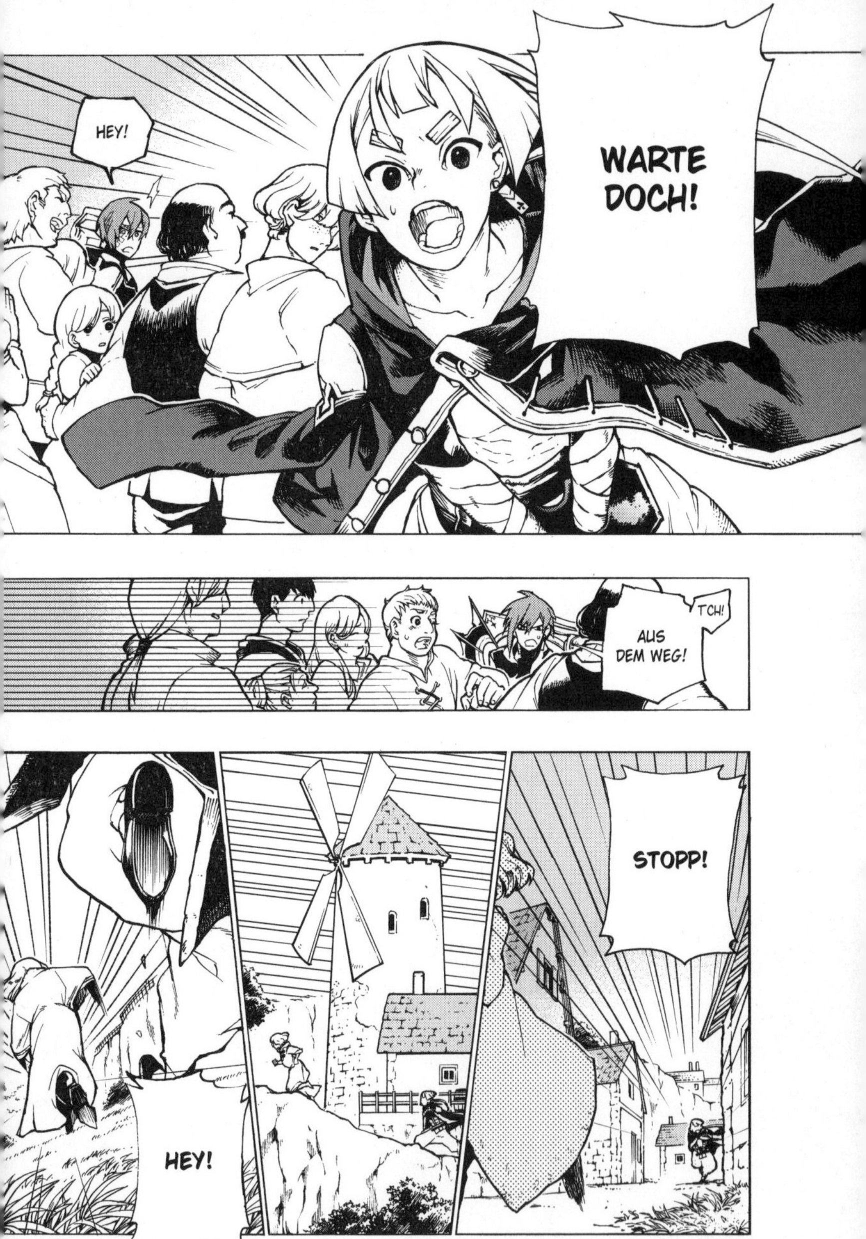

WARTE DOCH!

HEY!

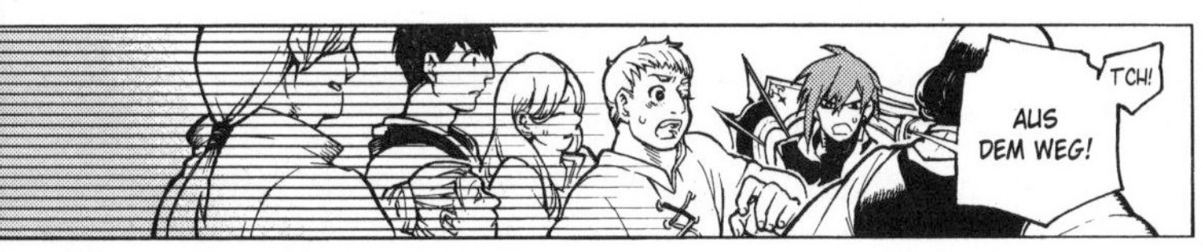

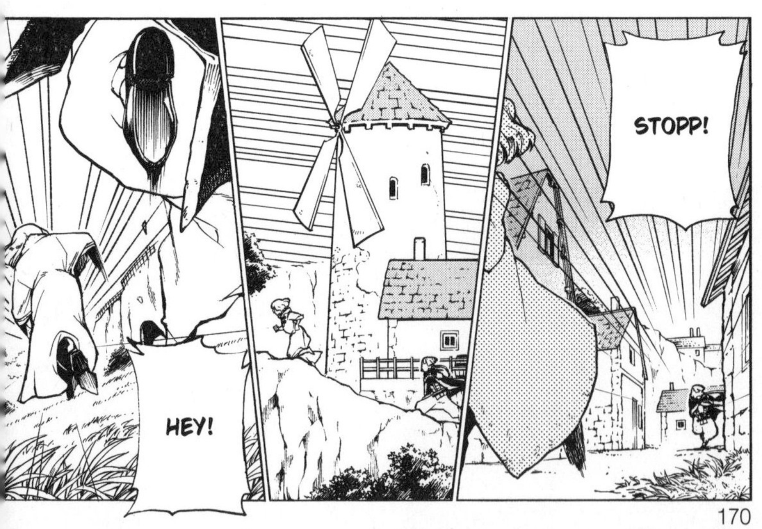

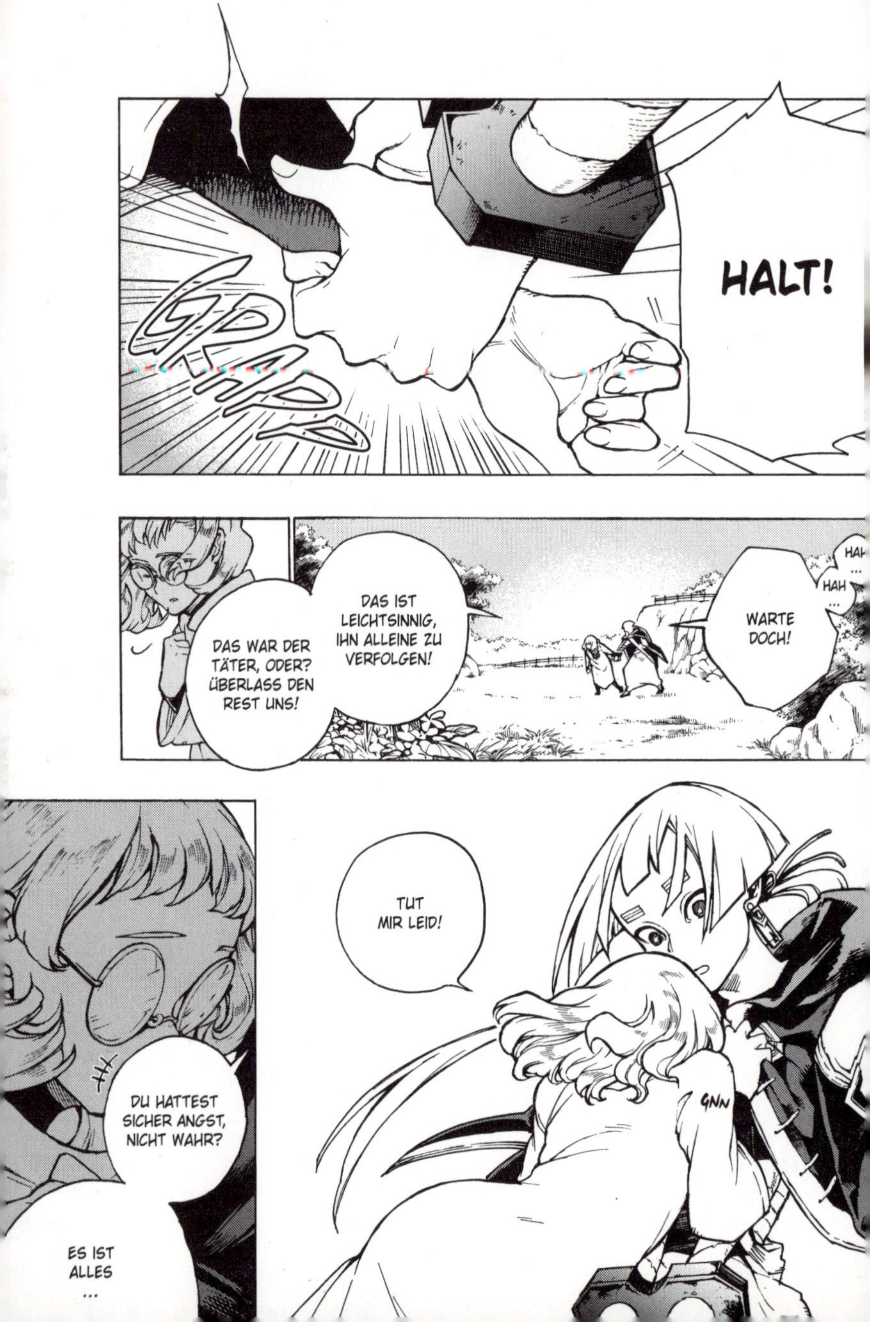

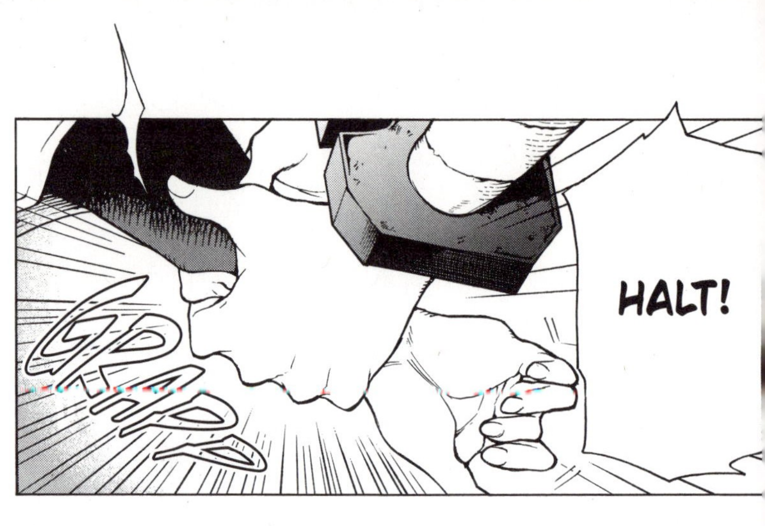

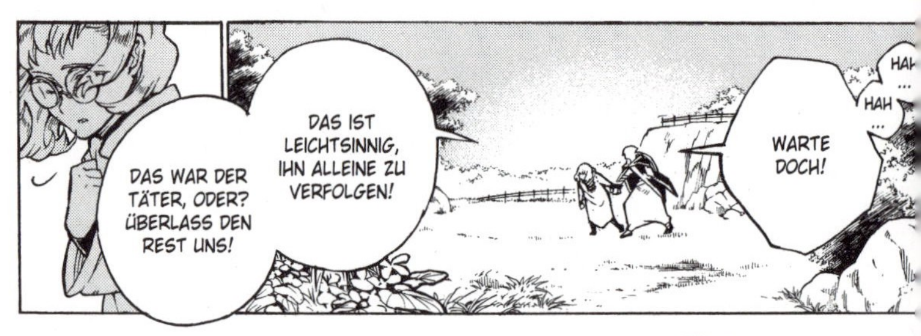

TUT MIR LEID!

GNN

DU HATTEST SICHER ANGST, NICHT WAHR?

ES IST ALLES ...

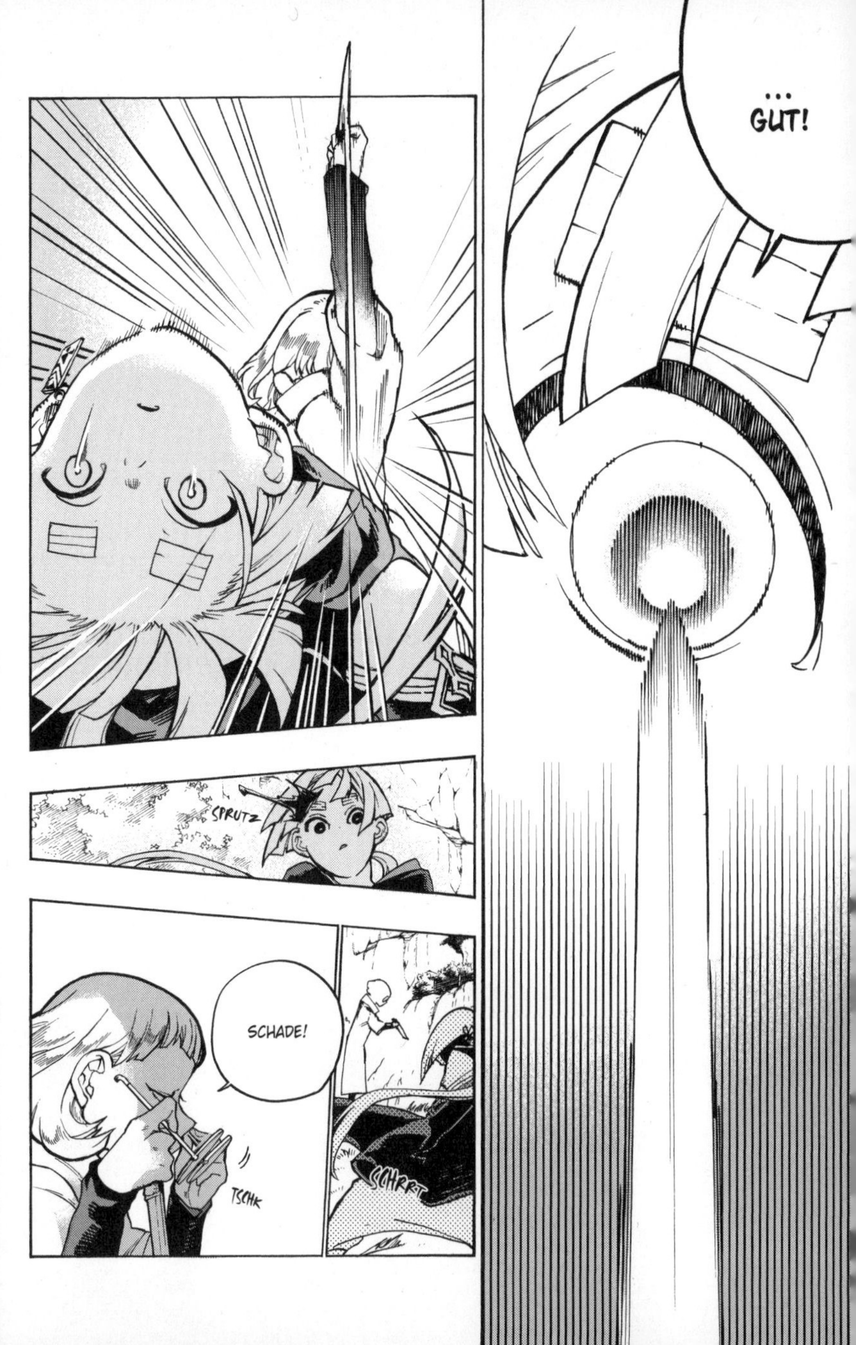
… GUT!
SPRUTZ
SCHRRT
SCHADE!
TSCHK

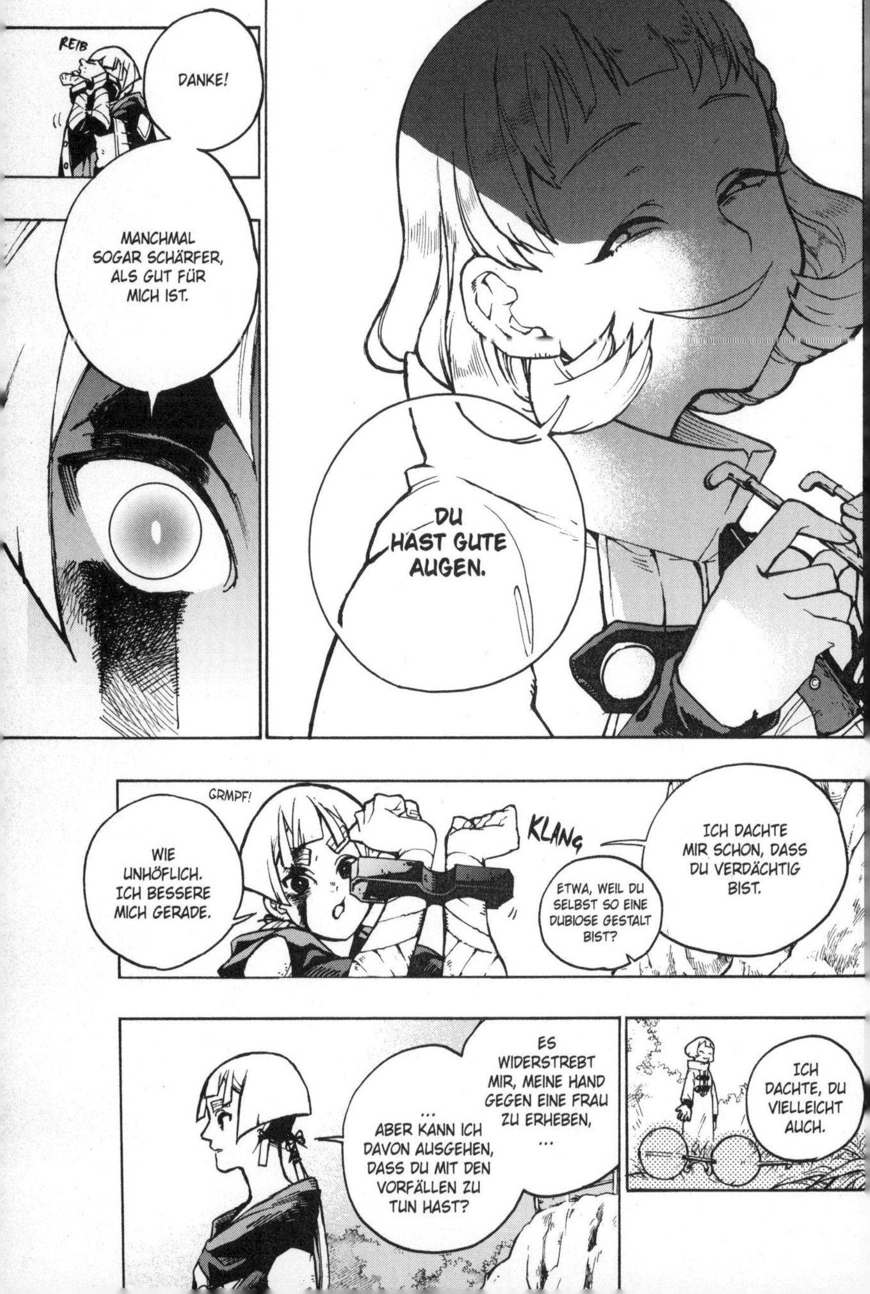

DU HAST GUTE AUGEN.
REIB
DANKE!
MANCHMAL SOGAR SCHÄRFER, ALS GUT FÜR MICH IST.

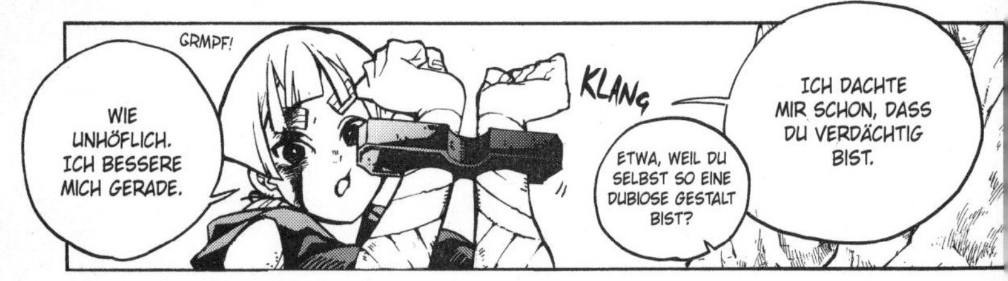

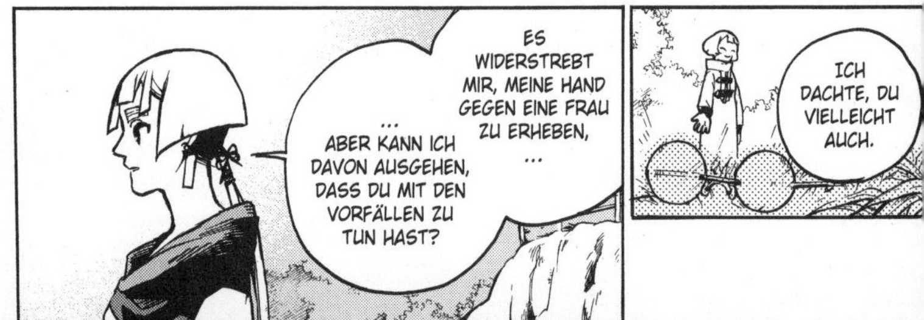

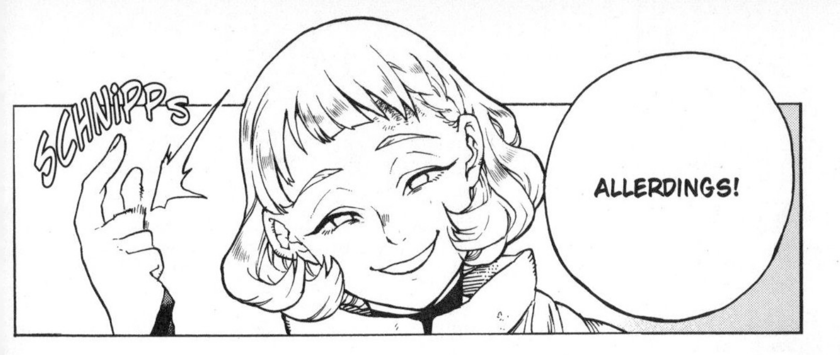

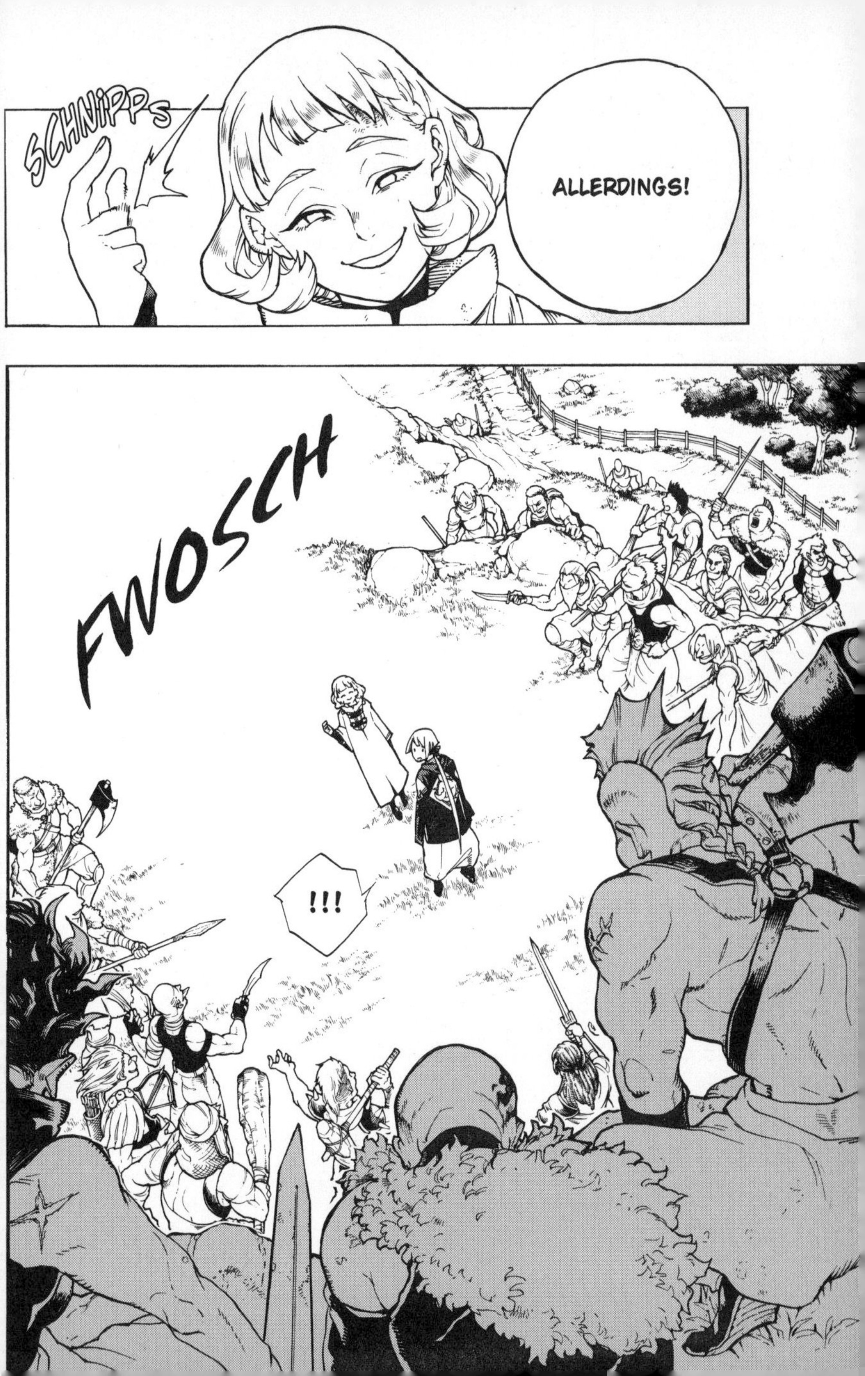

FWOSCH

!!!

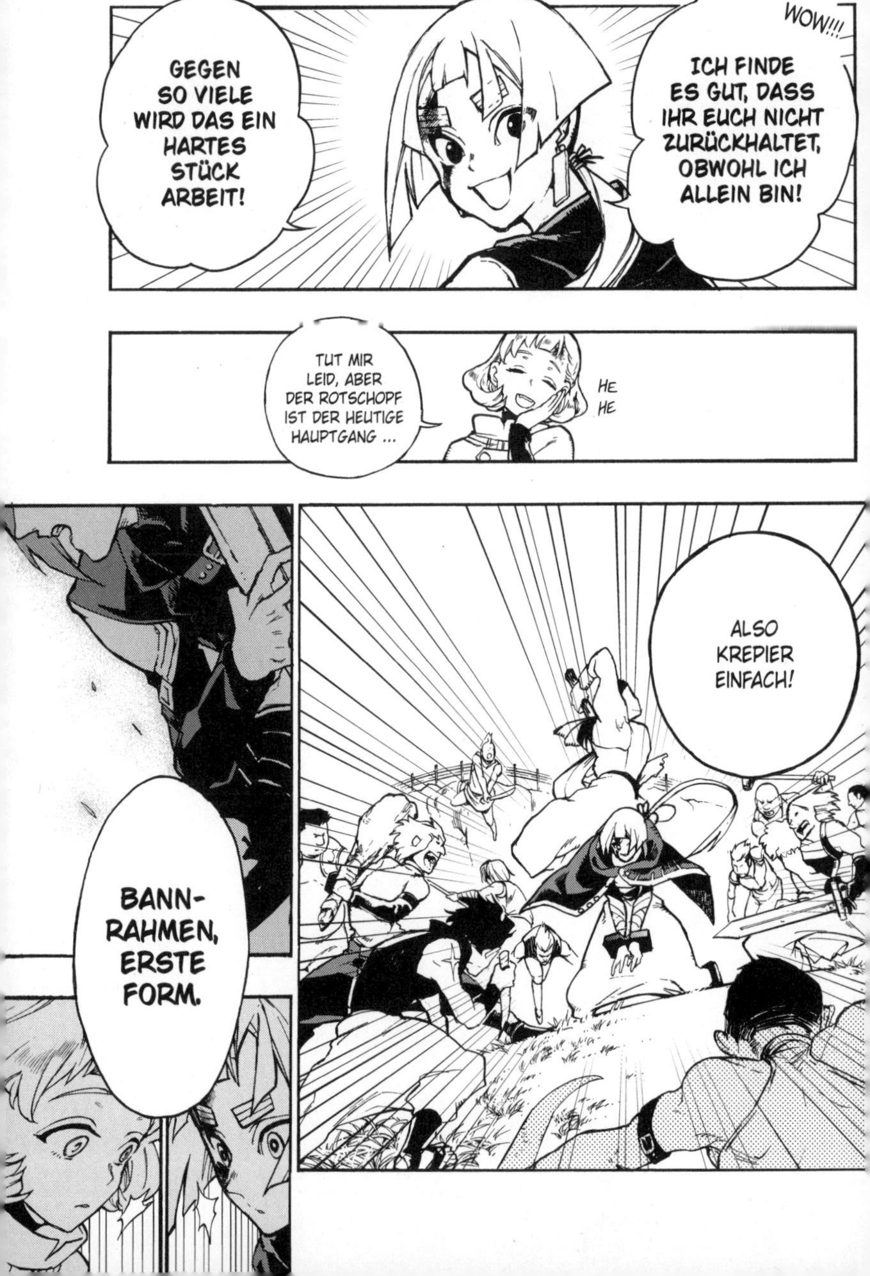

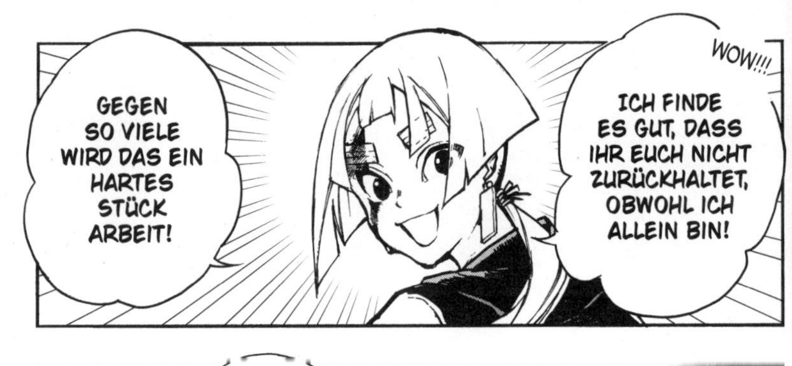

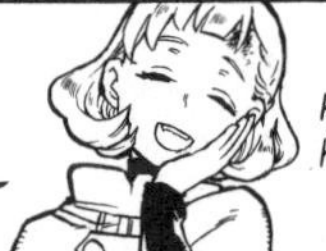

ALSO KREPIER EINFACH!

BANN-RAHMEN, ERSTE FORM.

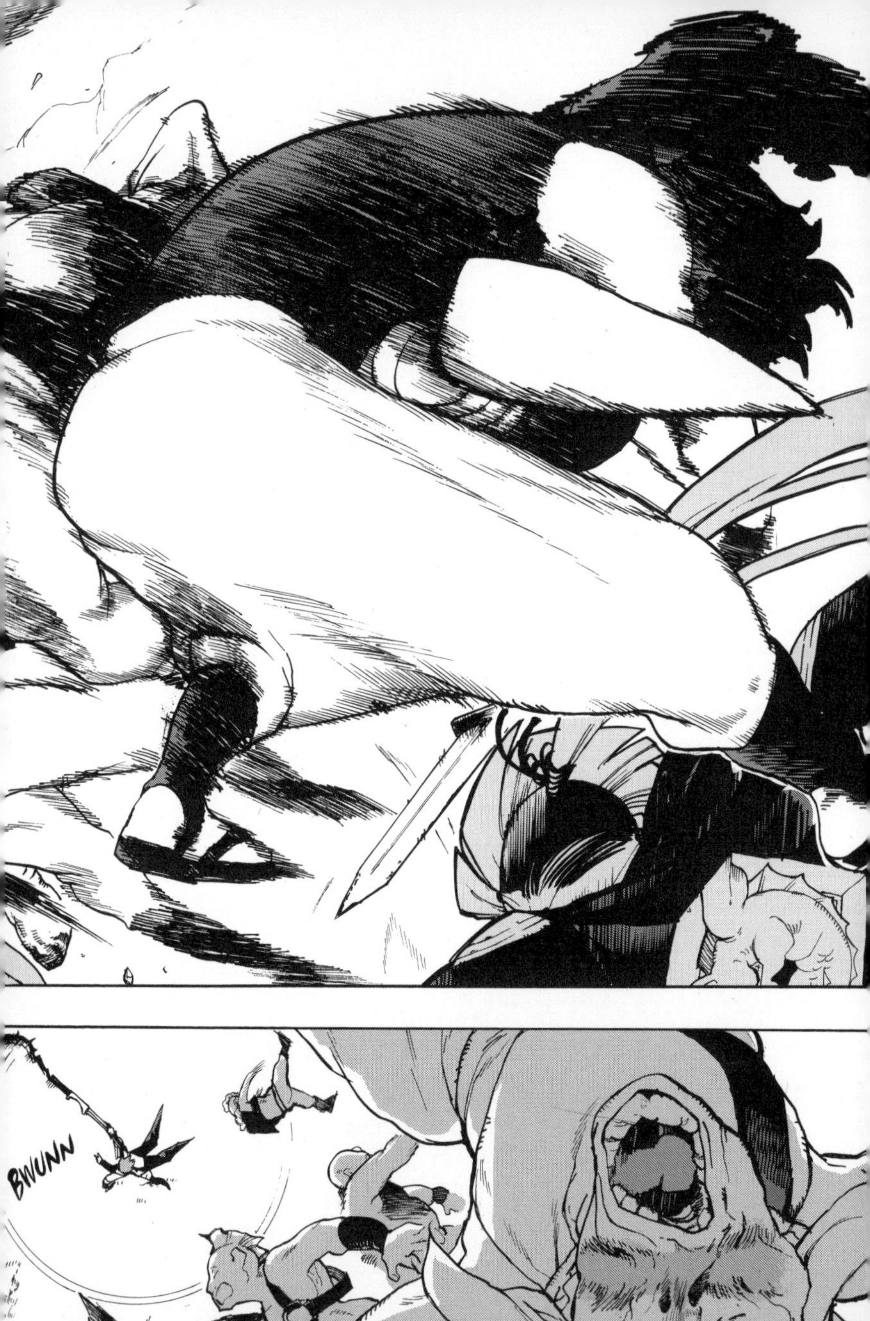
BWUNN

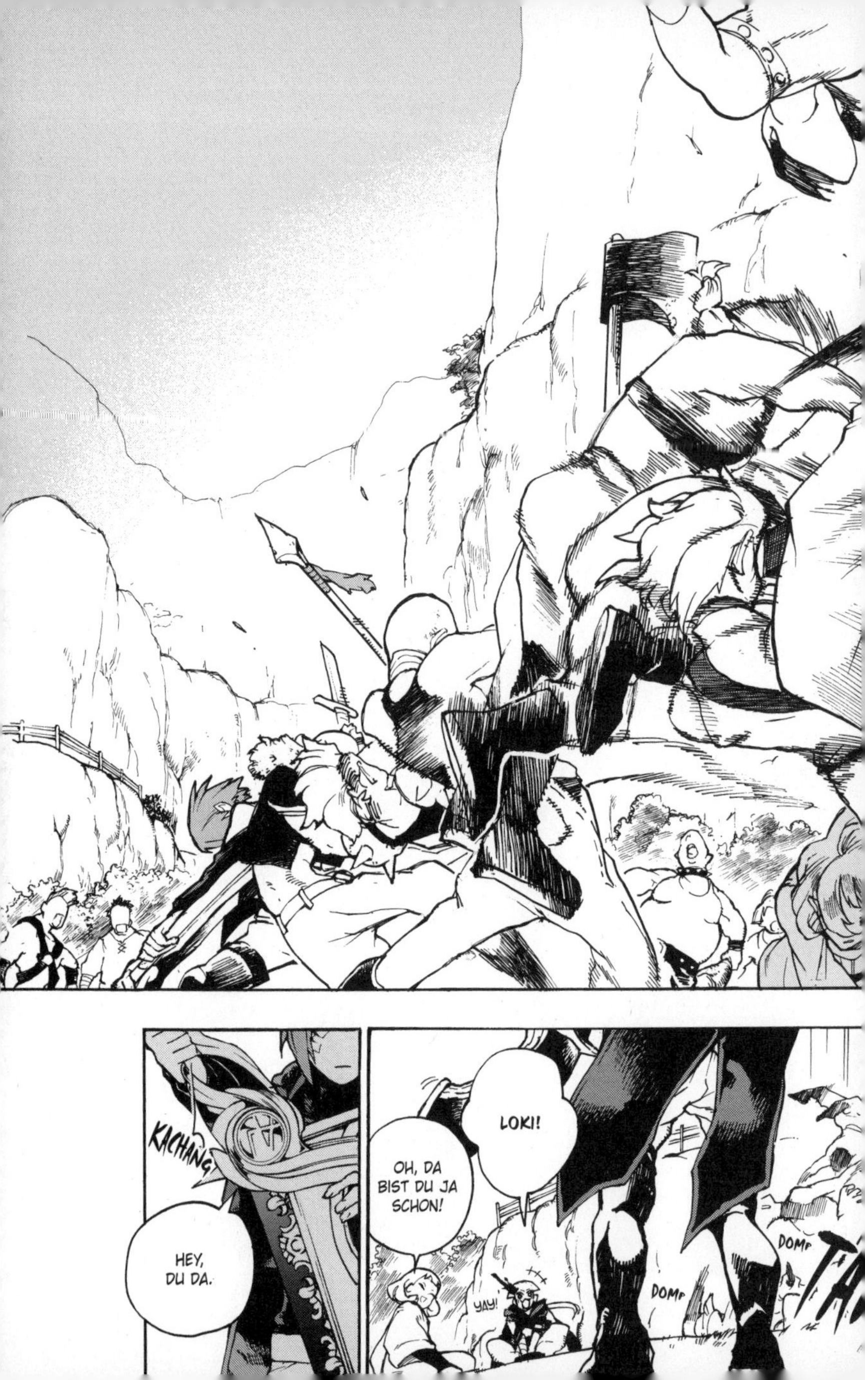

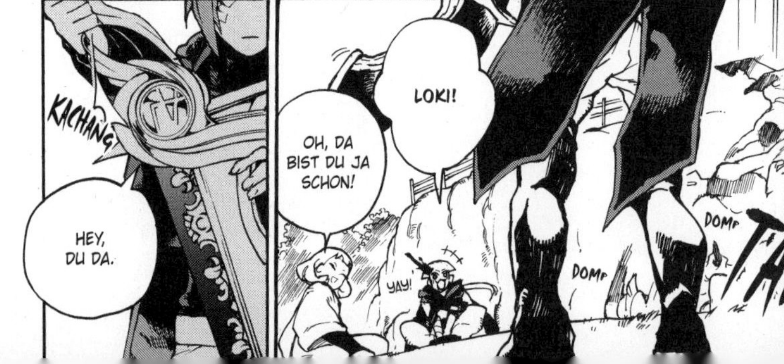
LOKI!
OH, DA BIST DU JA SCHON!
YAY!
DOMP
DOMP
KACHANG
HEY, DU DA.

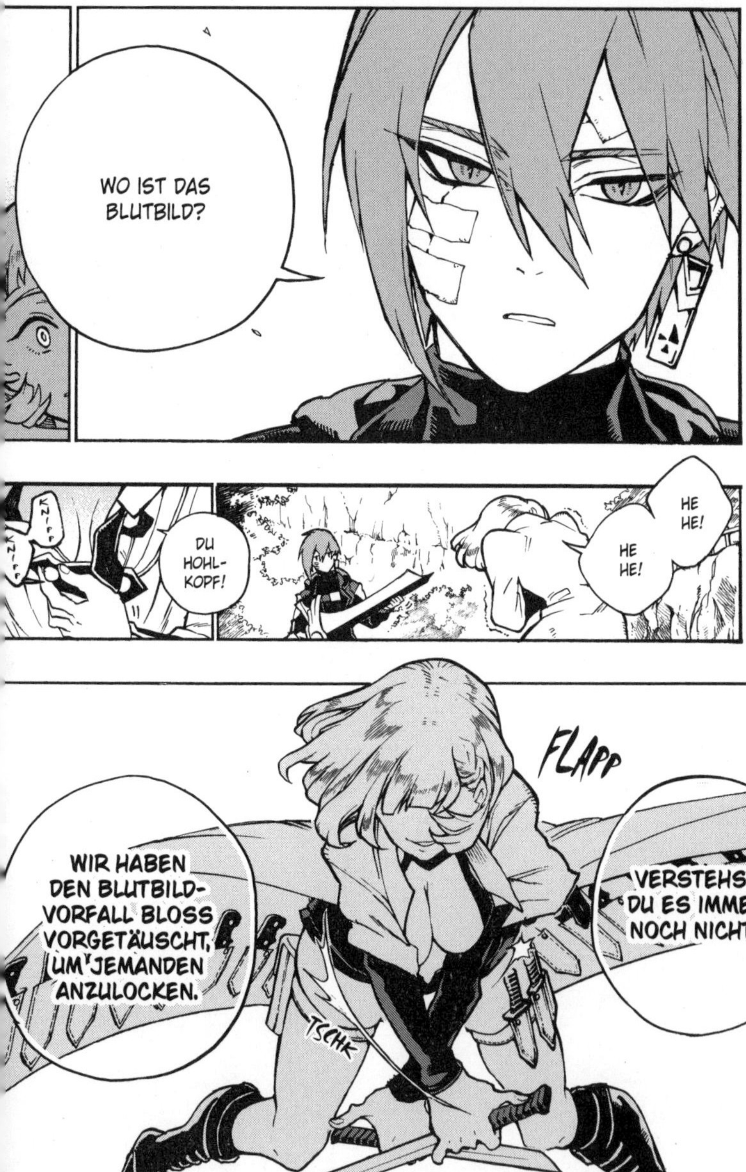

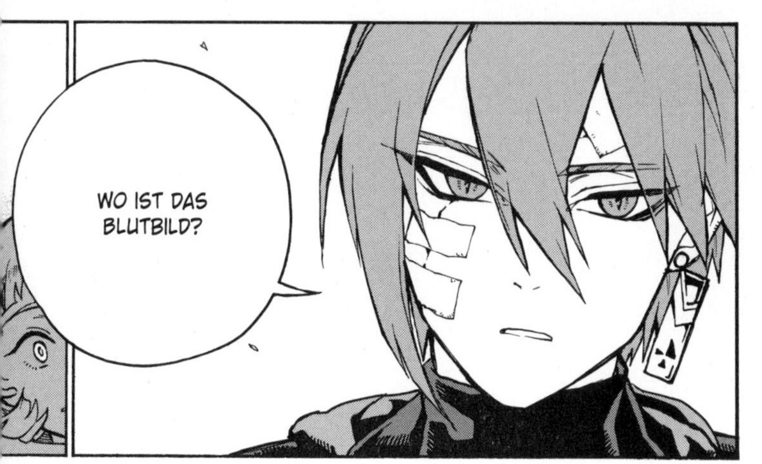

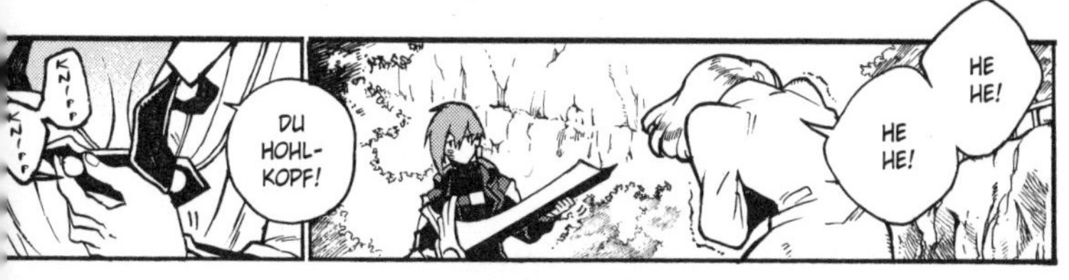

FLAPP
VERSTEHST DU ES IMMER NOCH NICHT?
WIR HABEN DEN BLUTBILD-VORFALL BLOSS VORGETÄUSCHT, UM JEMANDEN ANZULOCKEN.
TSCHK

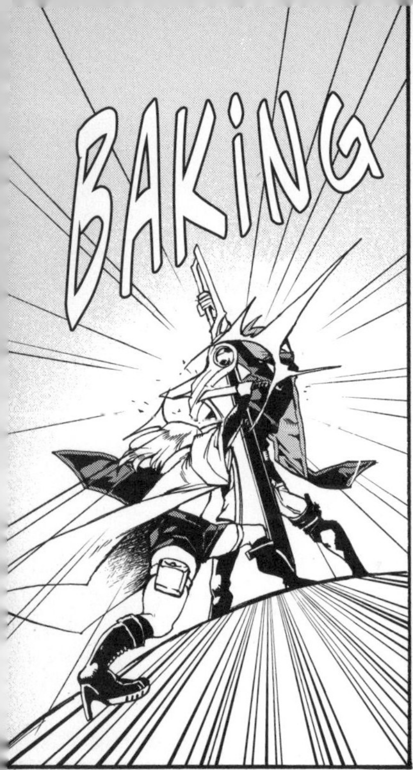
BAKING

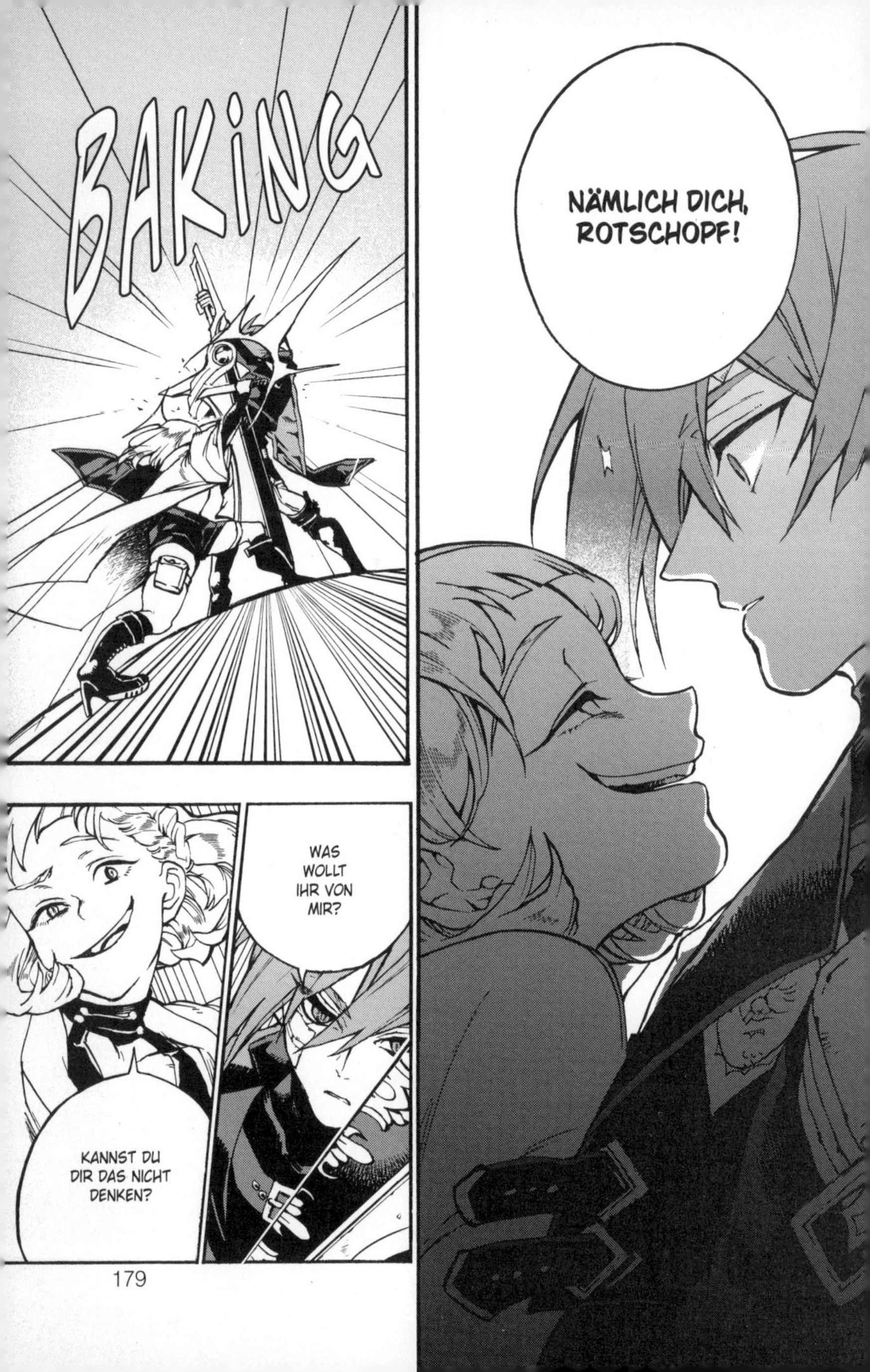

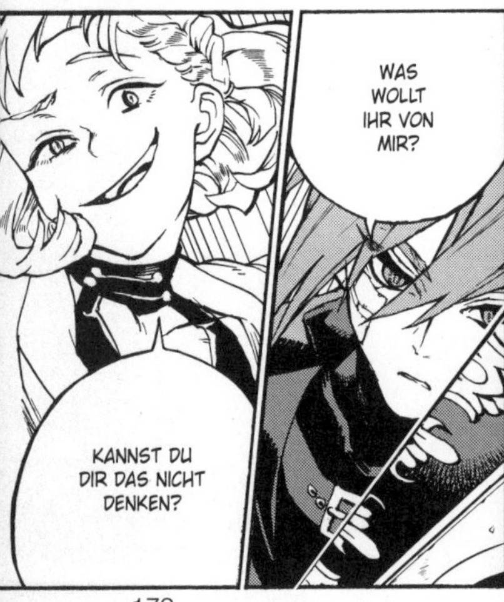
WAS WOLLT IHR VON MIR?
KANNST DU DIR DAS NICHT DENKEN?
NÄMLICH DICH, ROTSCHOPF!

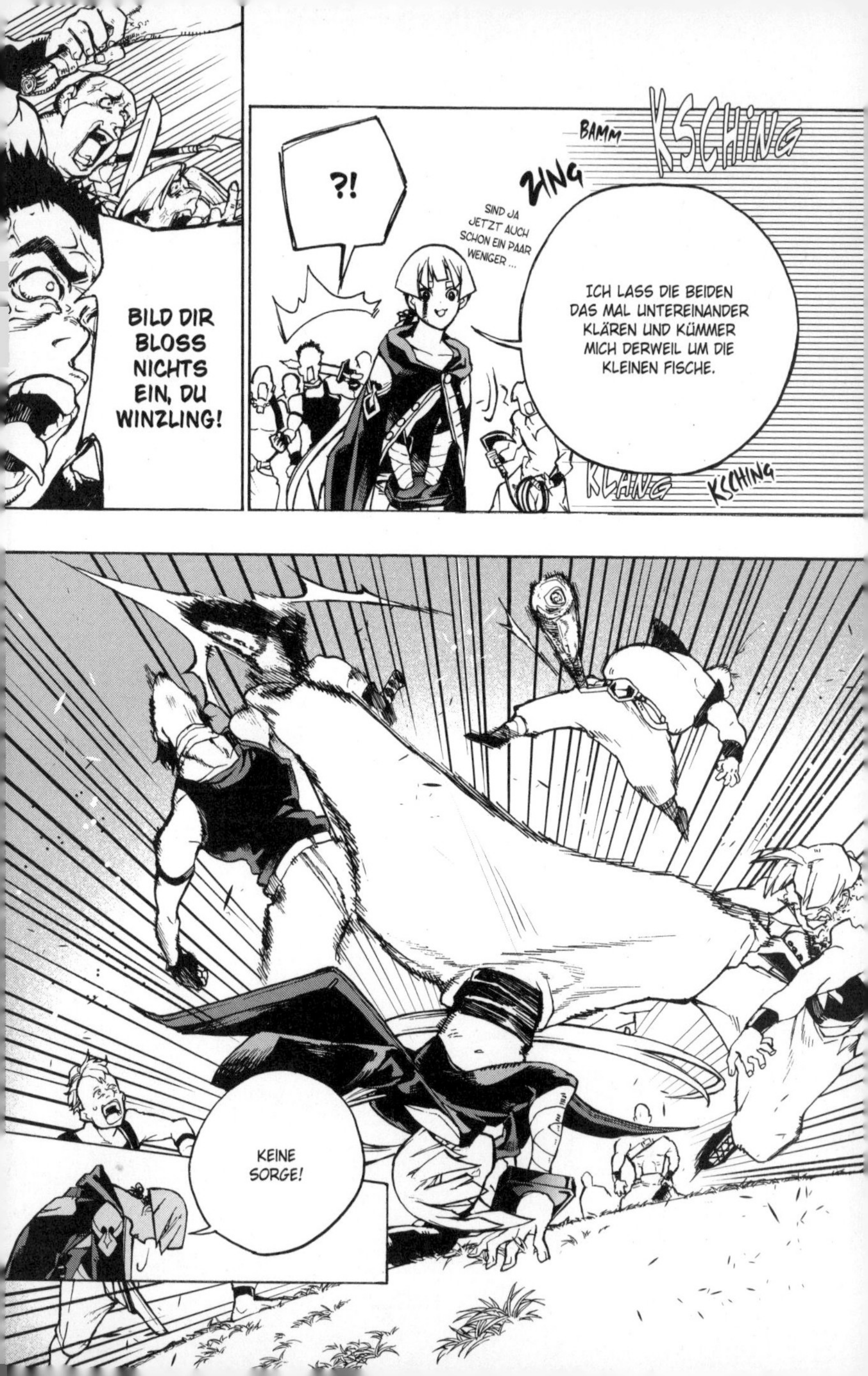

BILD DIR BLOSS NICHTS EIN, DU WINZLING!

?!

SIND JA JETZT AUCH SCHON EIN PAAR WENIGER ...

BAMM

KSCHING

ZING

ICH LASS DIE BEIDEN DAS MAL UNTEREINANDER KLÄREN UND KÜMMER MICH DERWEIL UM DIE KLEINEN FISCHE.

KLANG

KSCHING

KEINE SORGE!

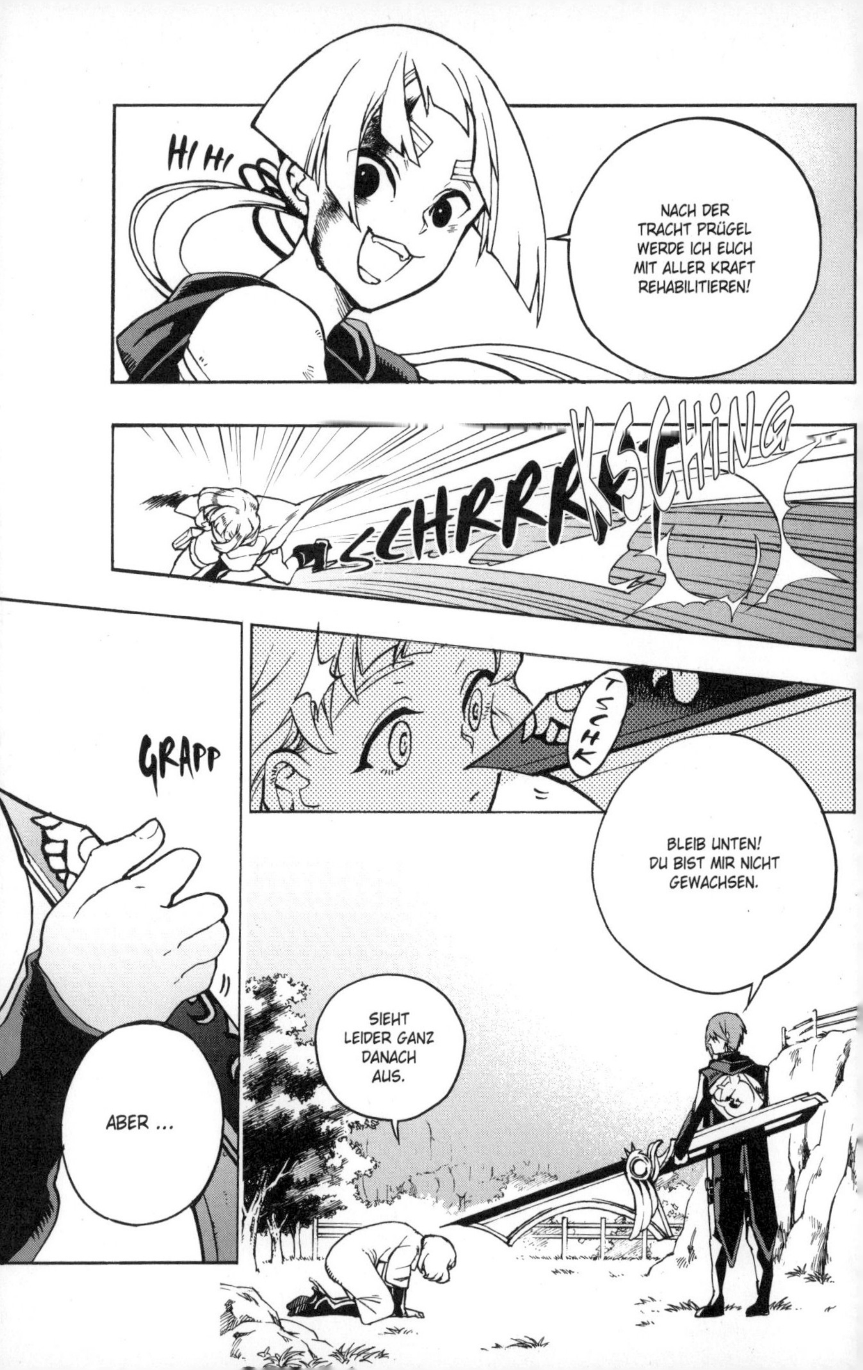
HI HI
NACH DER TRACHT PRÜGEL WERDE ICH EUCH MIT ALLER KRAFT REHABILITIEREN!
SCHRRRR
KSCHING
TSCHK
GRAPP
BLEIB UNTEN! DU BIST MIR NICHT GEWACHSEN.
SIEHT LEIDER GANZ DANACH AUS.
ABER ...

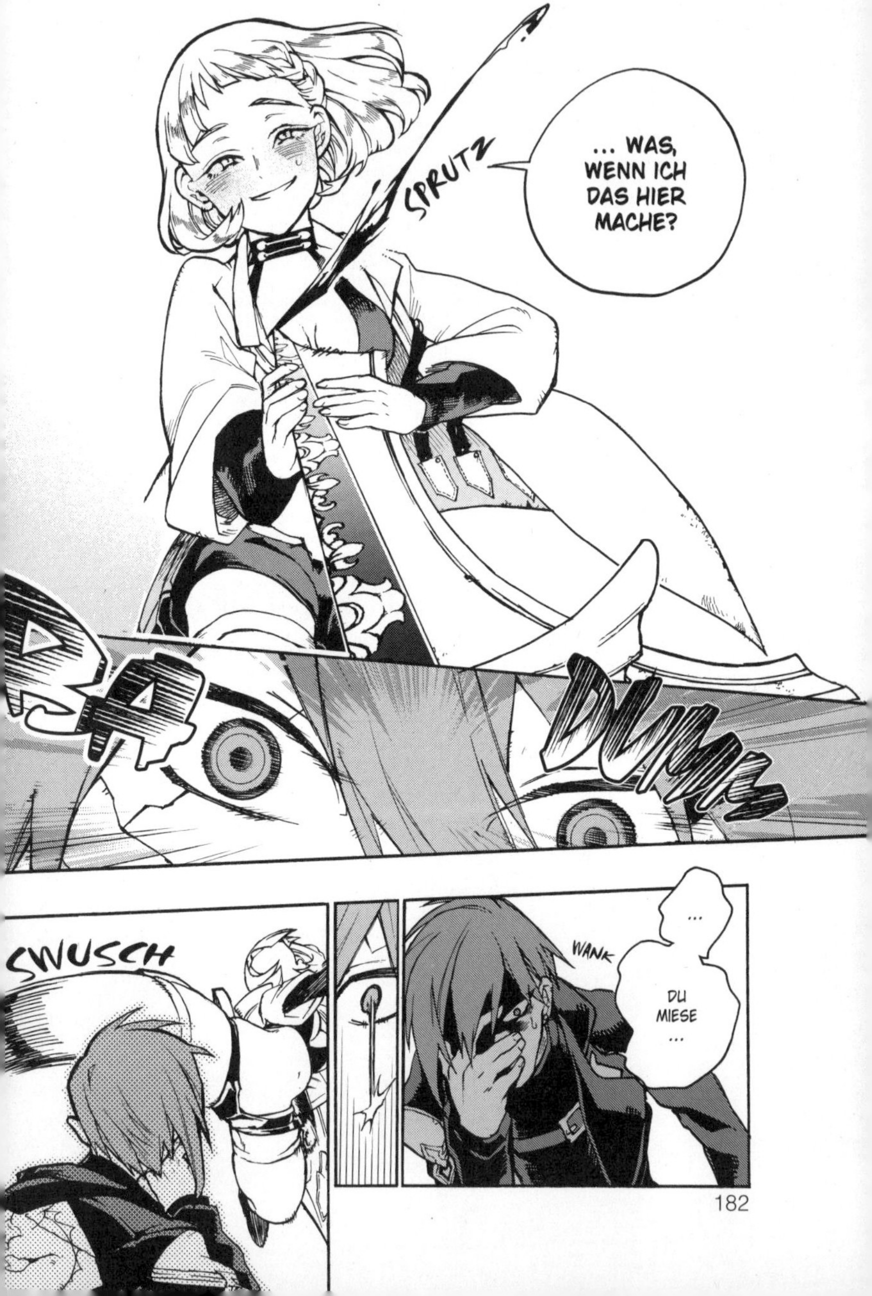

SPRUTZ

... WAS, WENN ICH DAS HIER MACHE?

DUMM

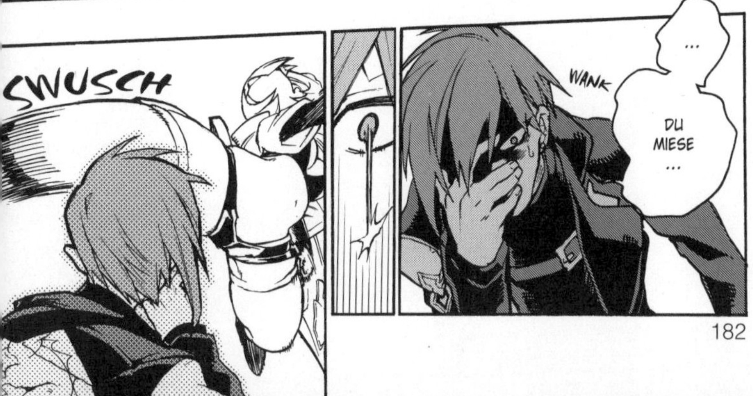

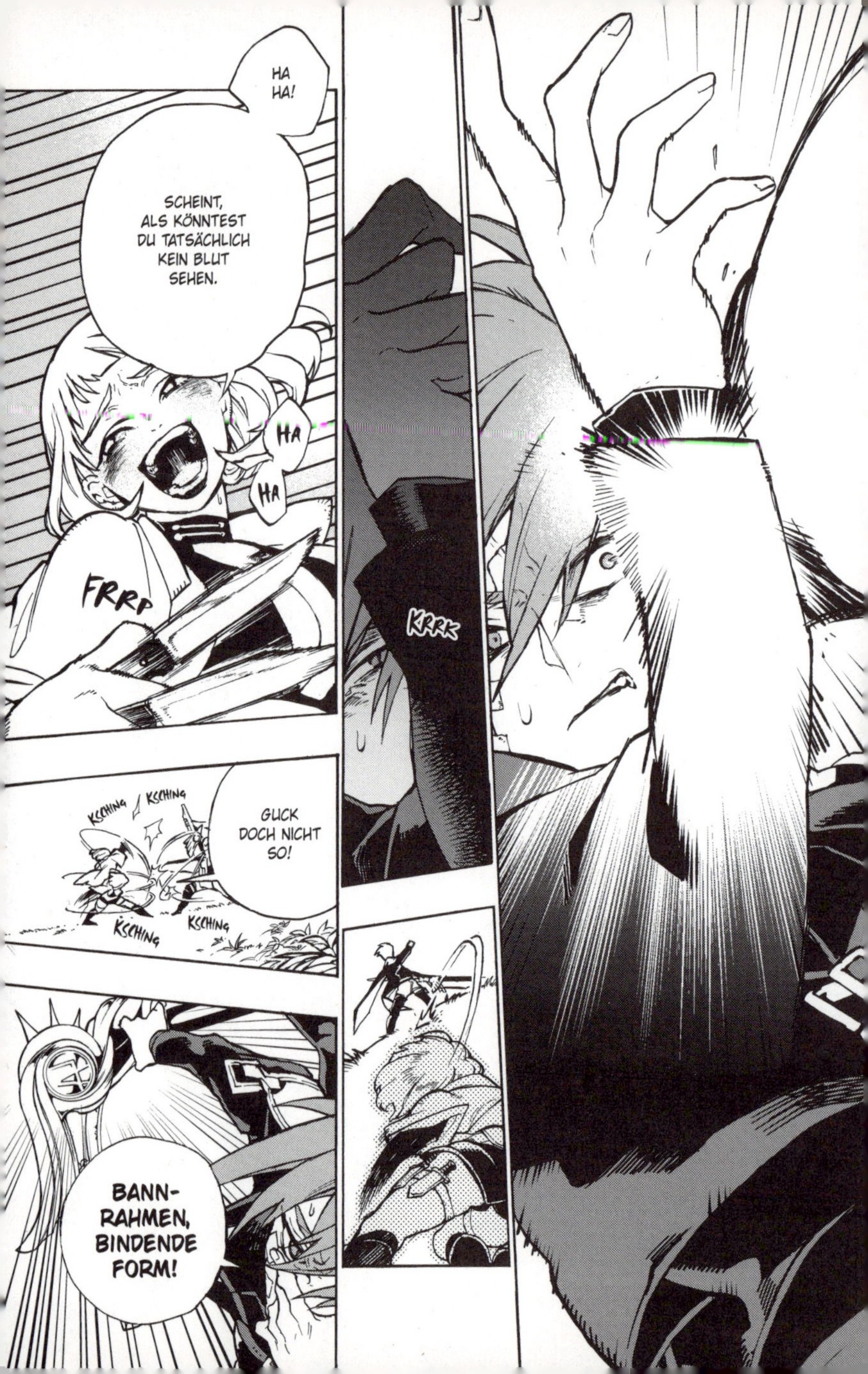
HA HA!
SCHEINT, ALS KÖNNTEST DU TATSÄCHLICH KEIN BLUT SEHEN.
HA
HA
FRRP
KRRK
GUCK DOCH NICHT SO!
KSCHING
KSCHING
KSCHING
KSCHING
BANN-RAHMEN, BINDENDE FORM!

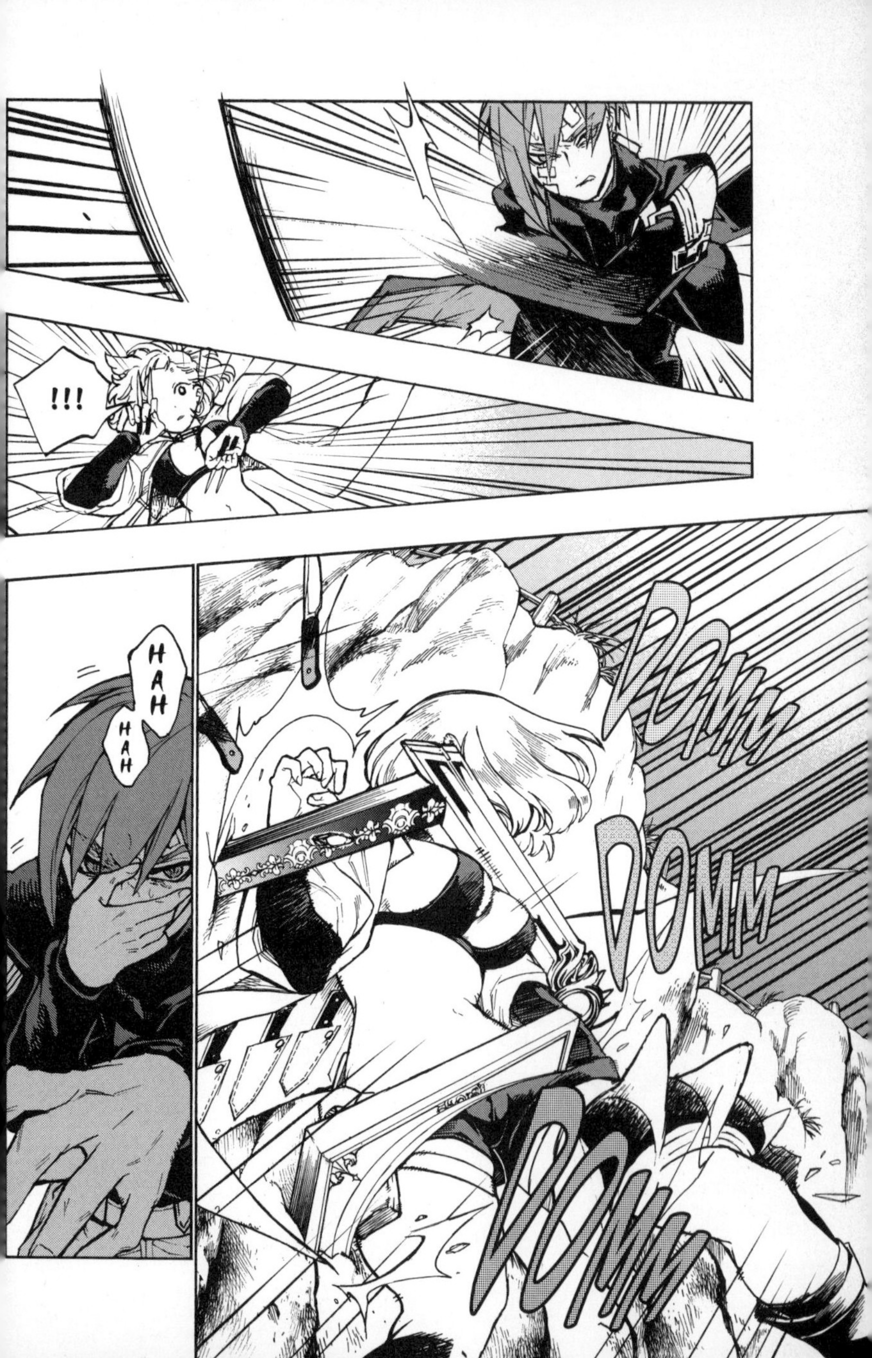

!!!
DOMM
DOMM
DOMM
HAH
HAH

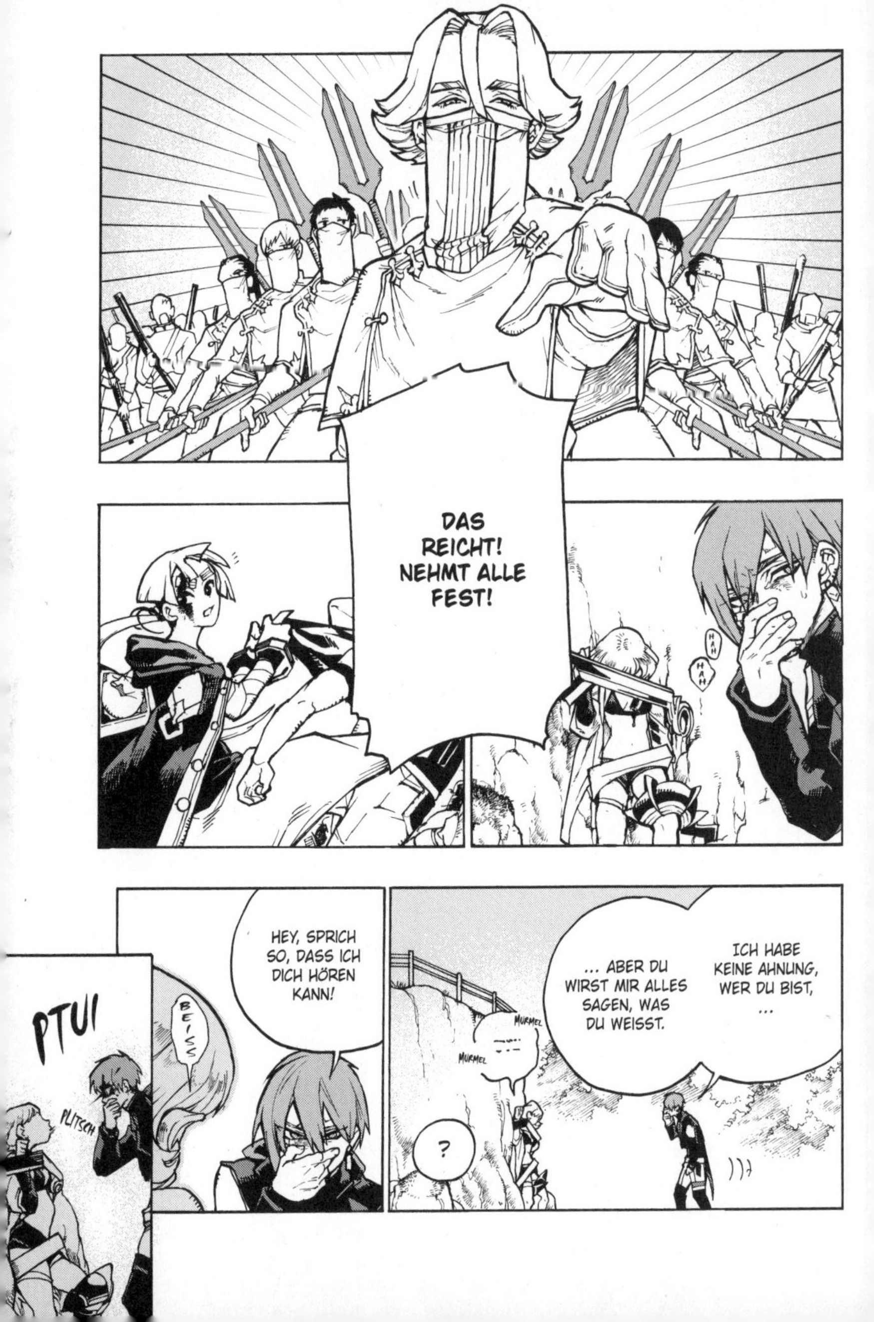

DAS REICHT! NEHMT ALLE FEST!

HAH

HAH

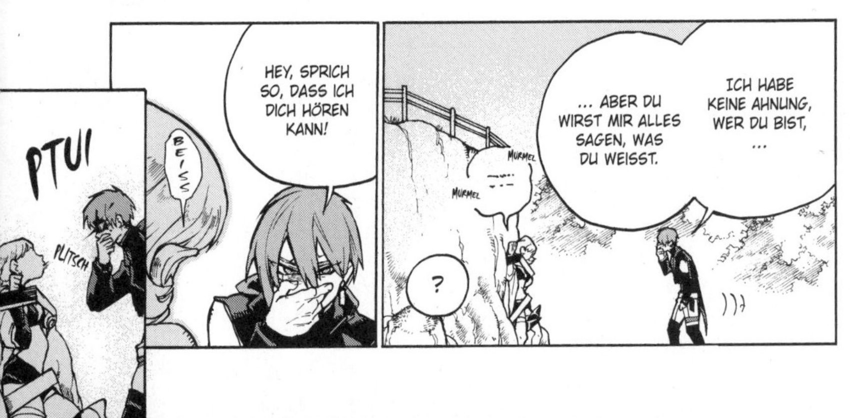

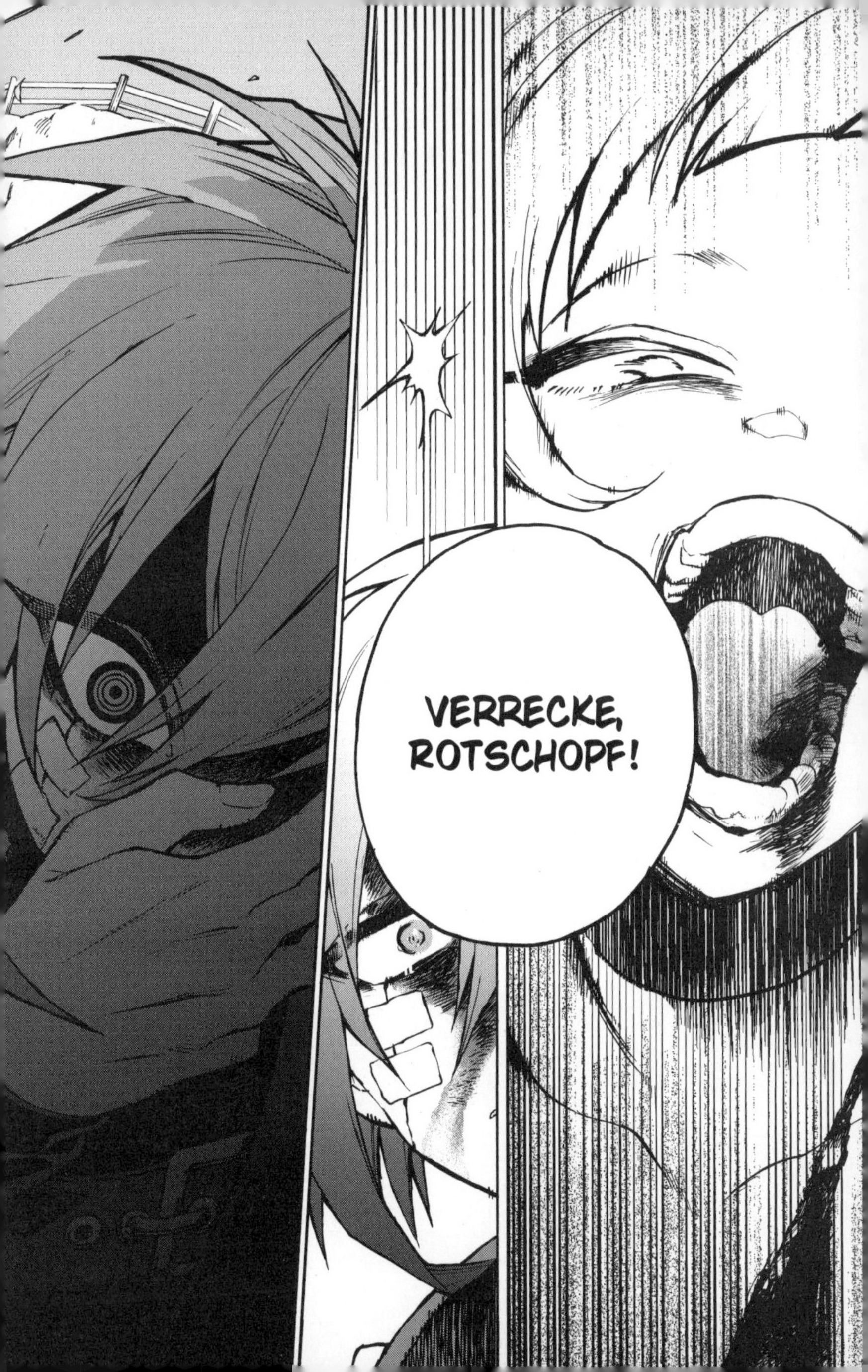
VERRECKE, ROTSCHOPF!

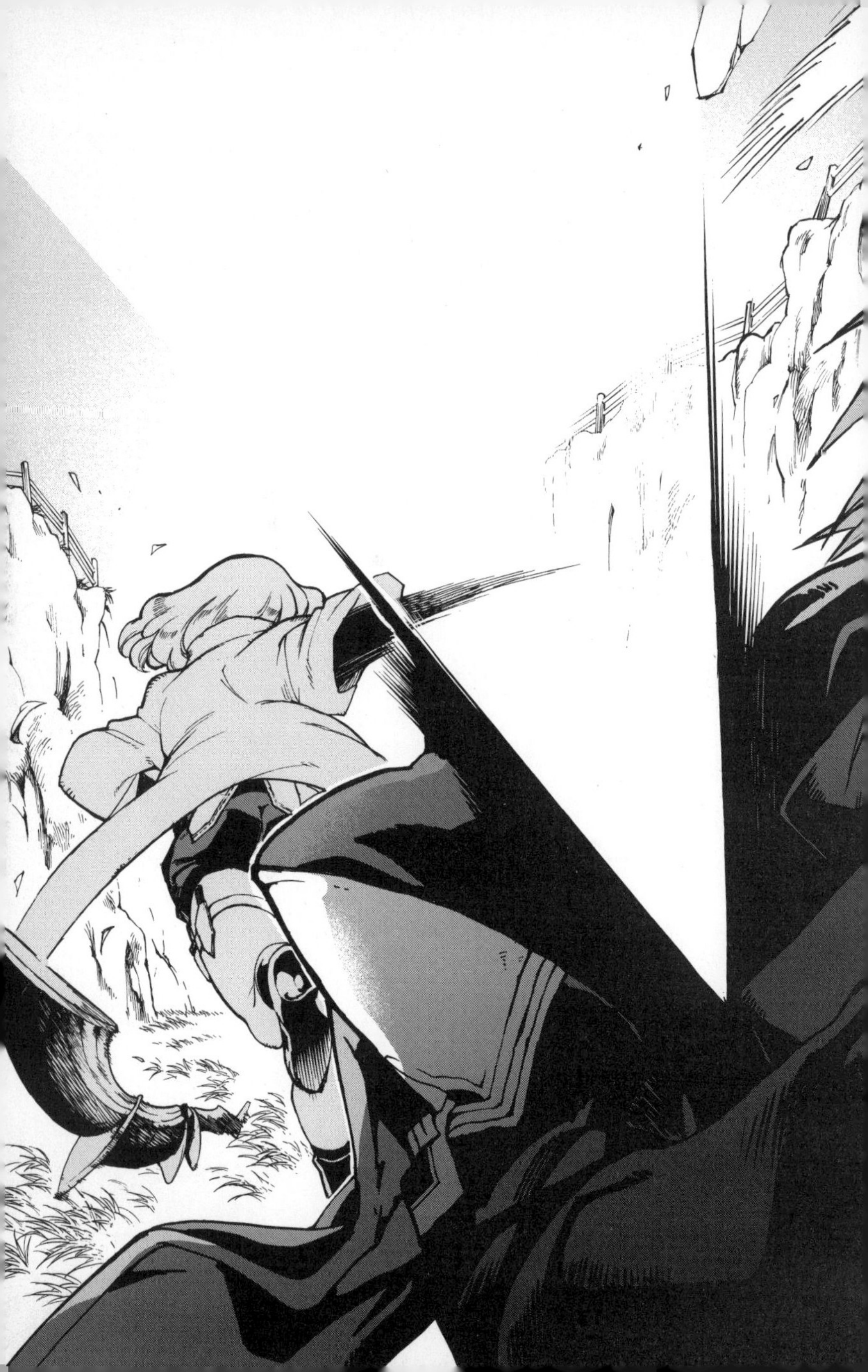

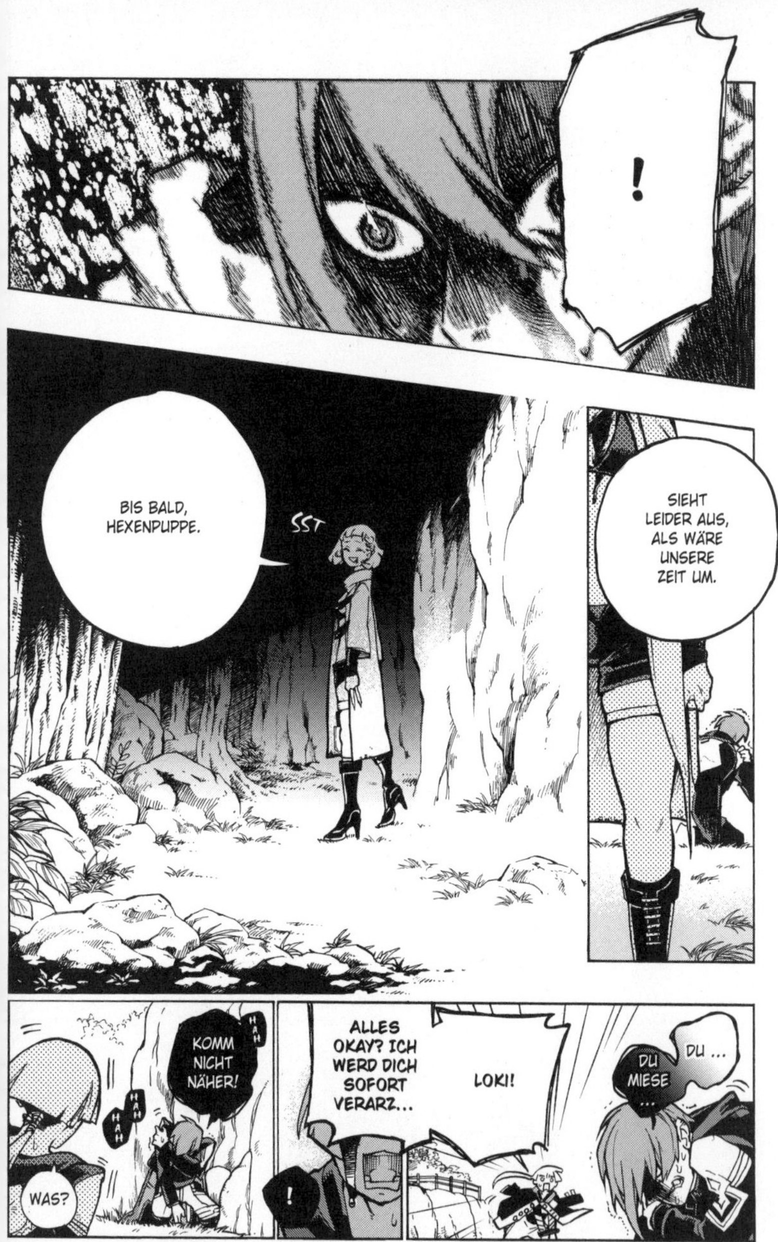
!
SIEHT LEIDER AUS, ALS WÄRE UNSERE ZEIT UM.
SST
BIS BALD, HEXENPUPPE.
DU ...
DU MIESE ...
LOKI!
ALLES OKAY? ICH WERD DICH SOFORT VERARZ...
!
HAH HAH
KOMM NICHT NÄHER!
HAH HAH
WAS?

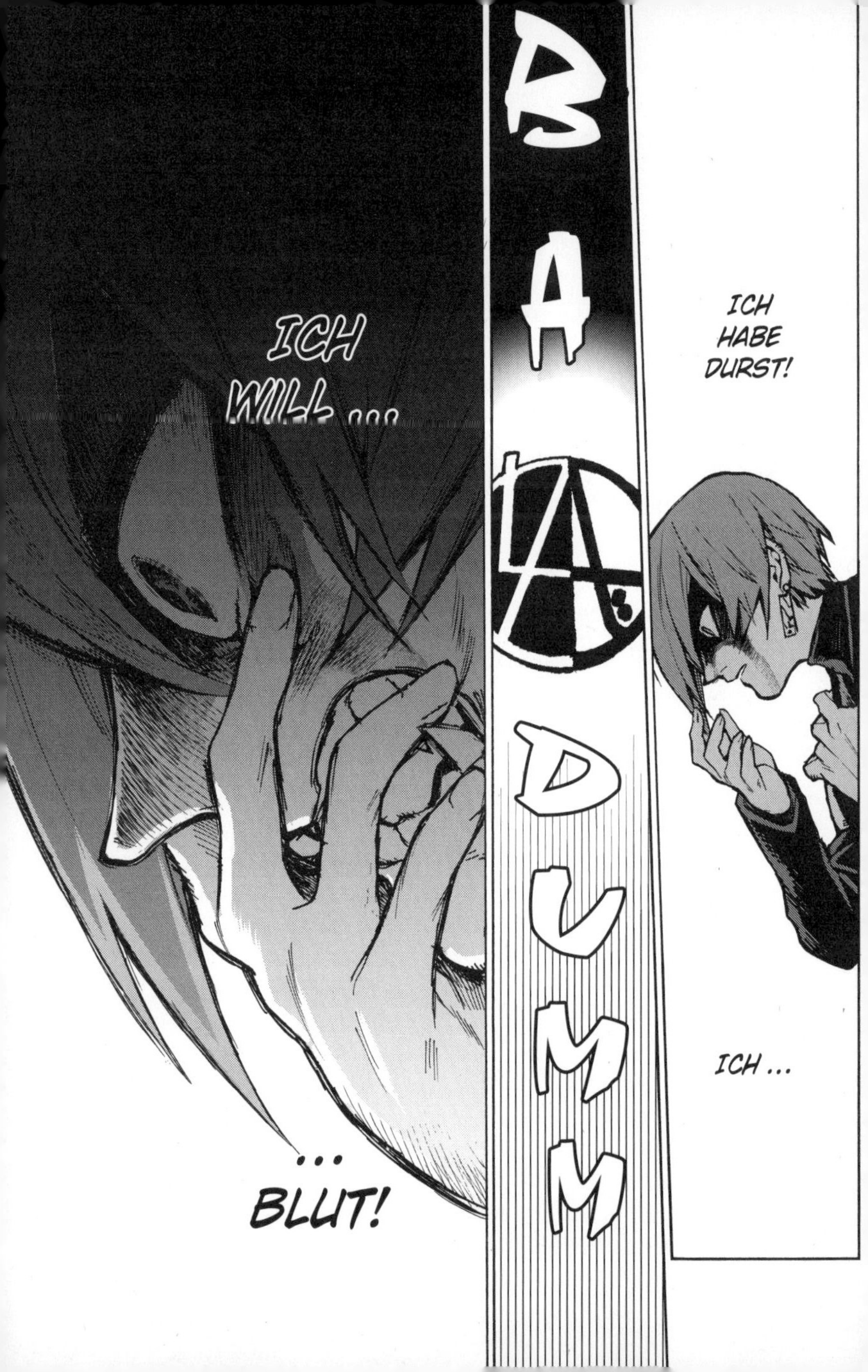

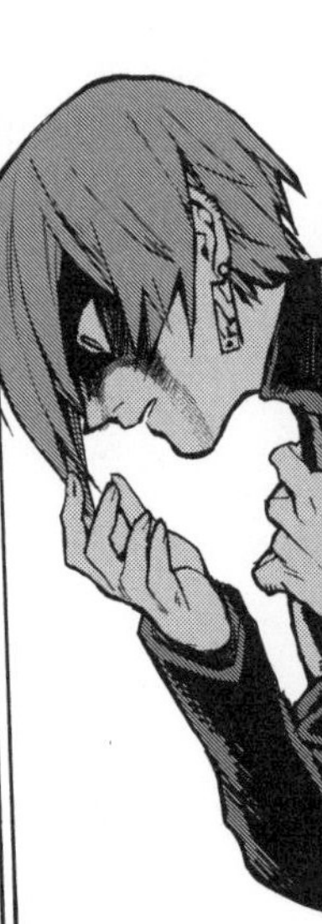

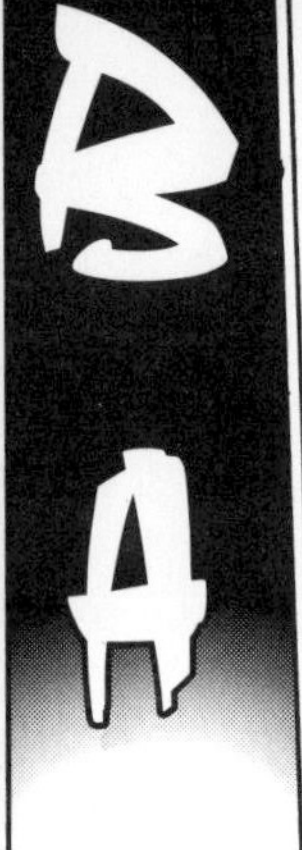

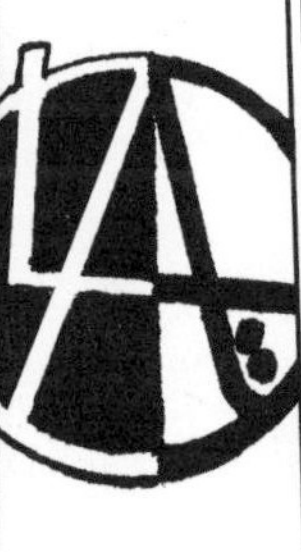

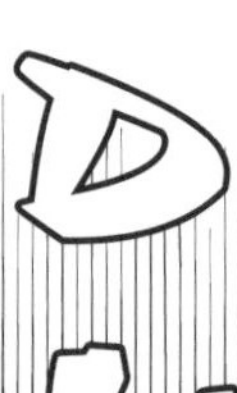

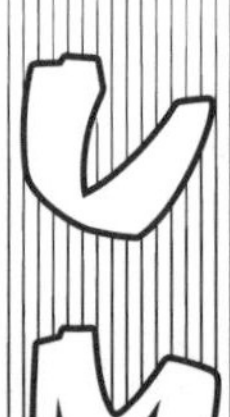

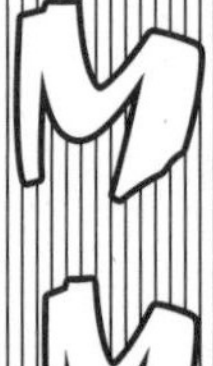

ICH WILL ...

... BLUT!

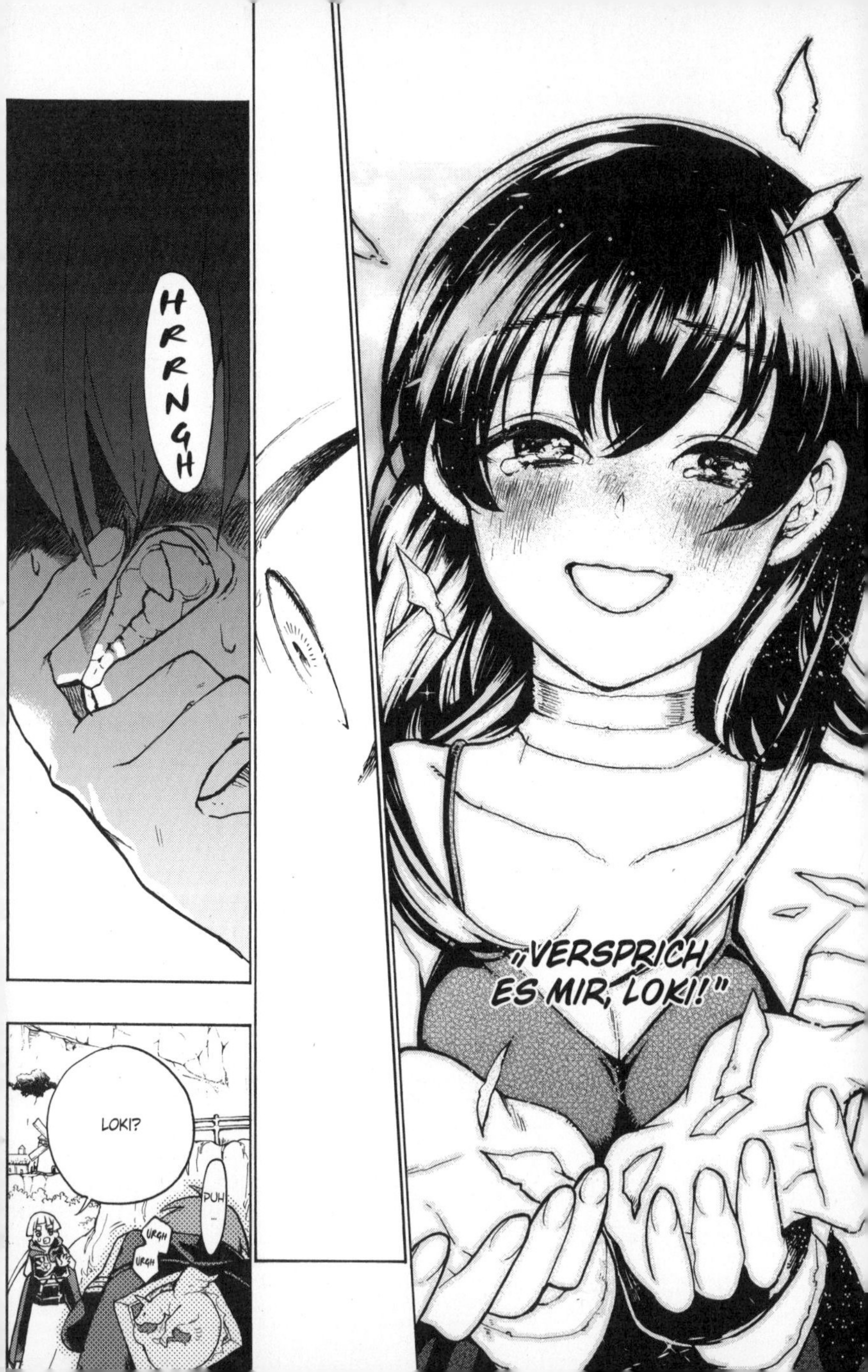
„VERSPRICH ES MIR, LOKI!"
HRRNGH
PUH ...
LOKI?
URGH
URGH

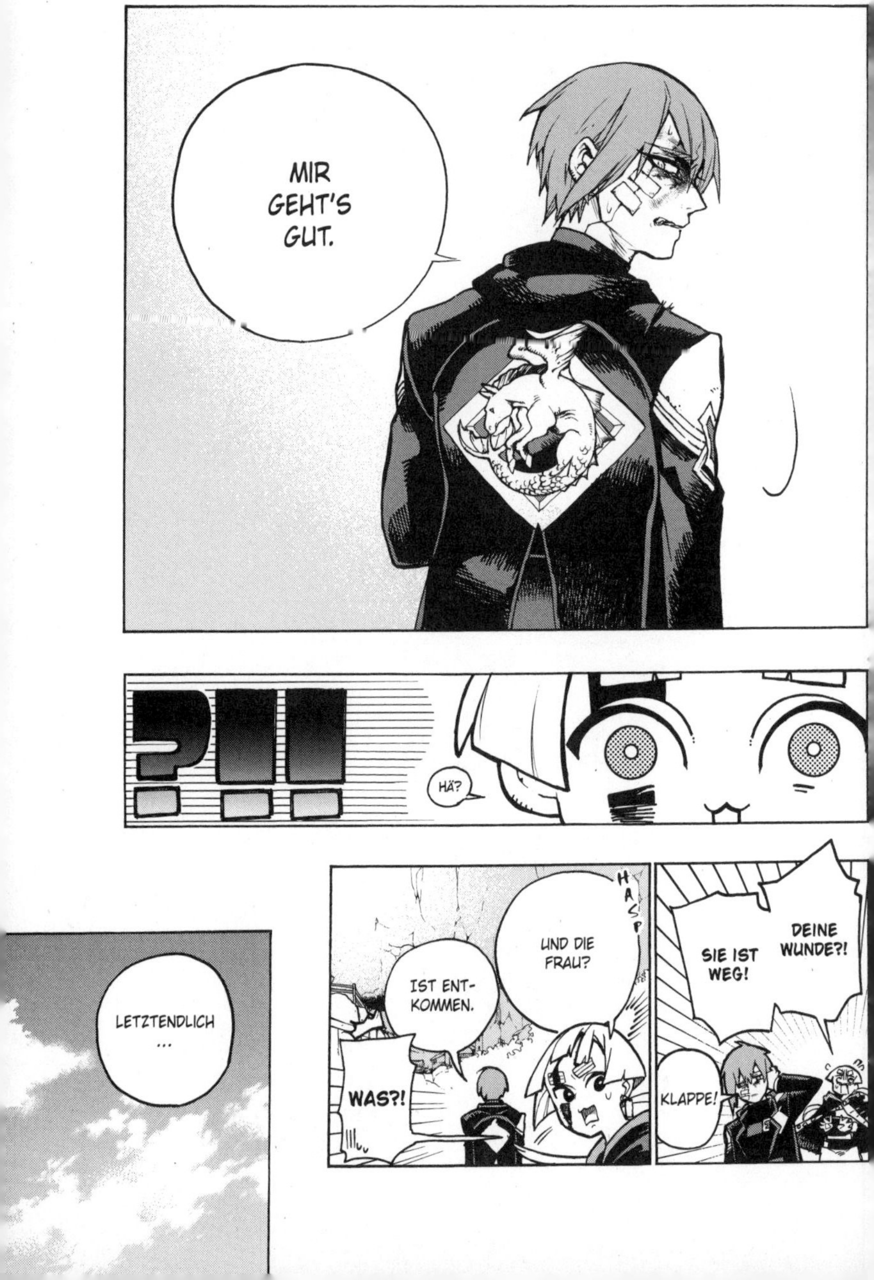

MIR GEHT'S GUT.

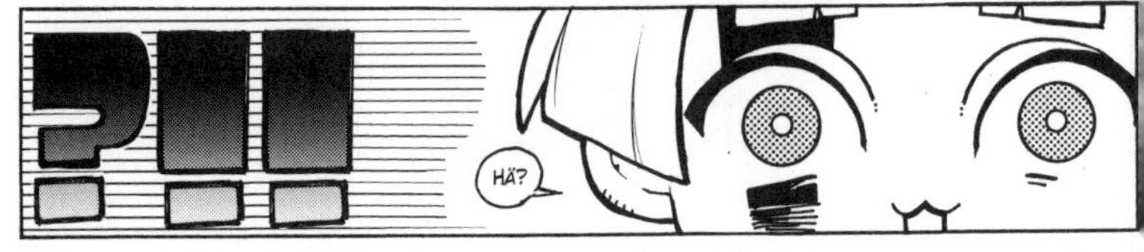

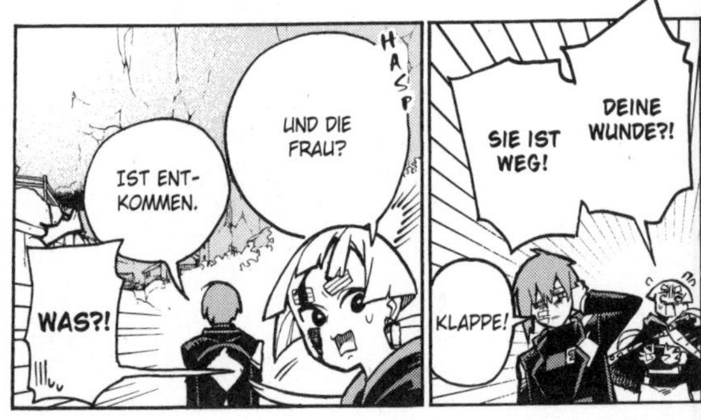

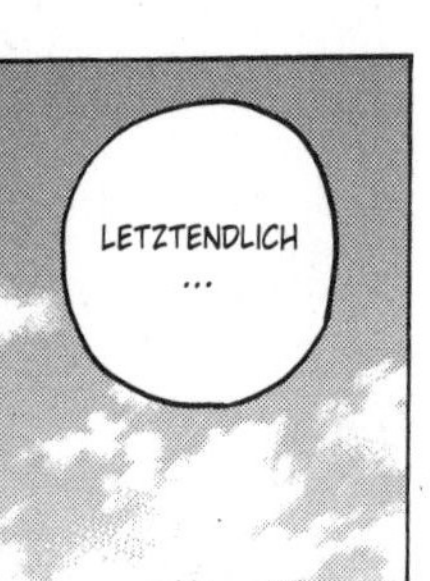

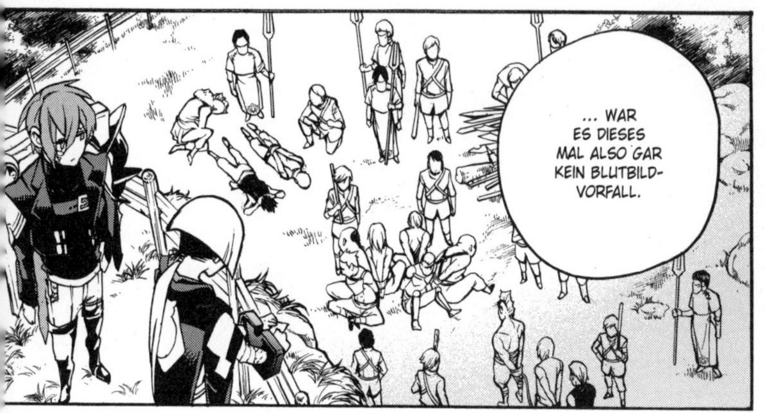
... WAR ES DIESES MAL ALSO GAR KEIN BLUTBILD-VORFALL.

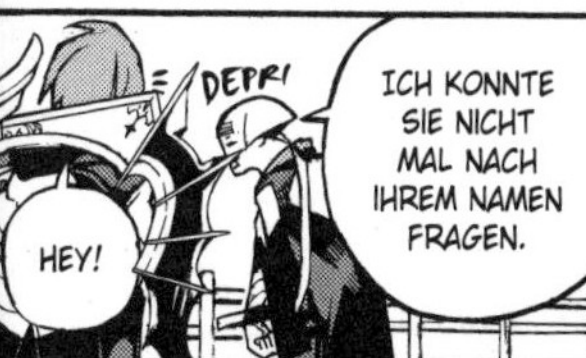
DEPRI
ICH KONNTE SIE NICHT MAL NACH IHREM NAMEN FRAGEN.
HEY!

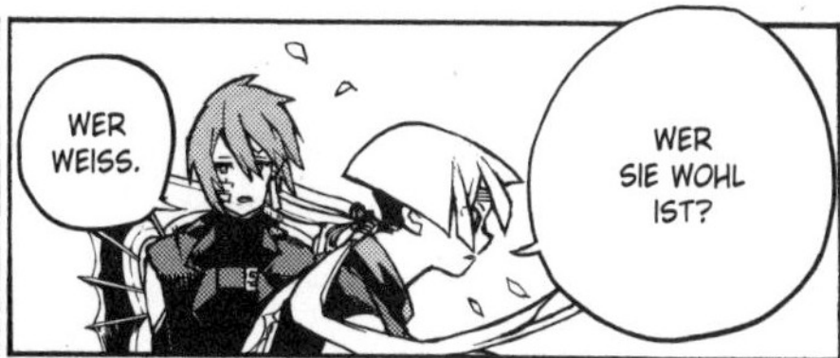
WER SIE WOHL IST?
WER WEISS.

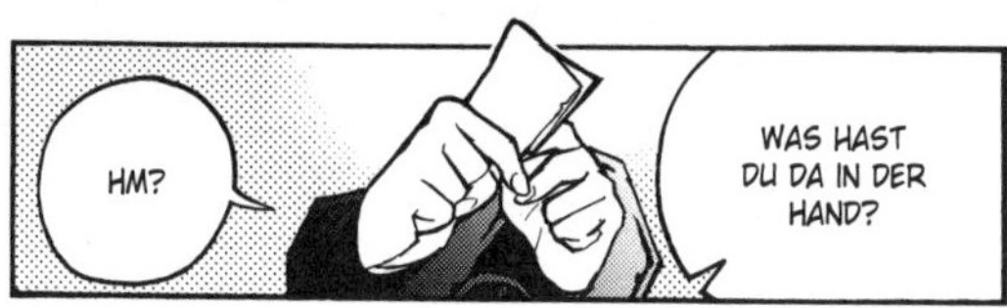
WAS HAST DU DA IN DER HAND?
HM?

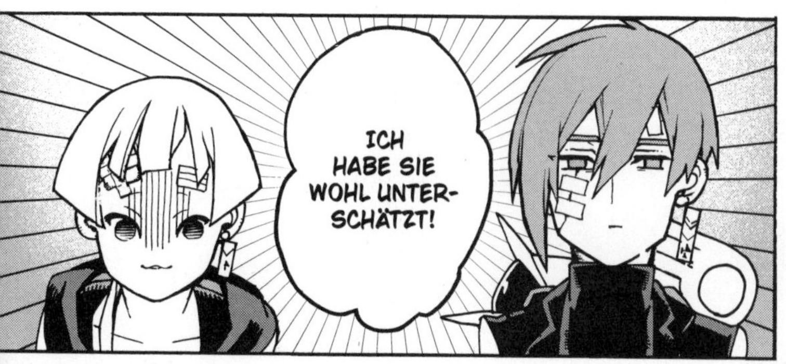
ICH HABE SIE WOHL UNTER-SCHÄTZT!

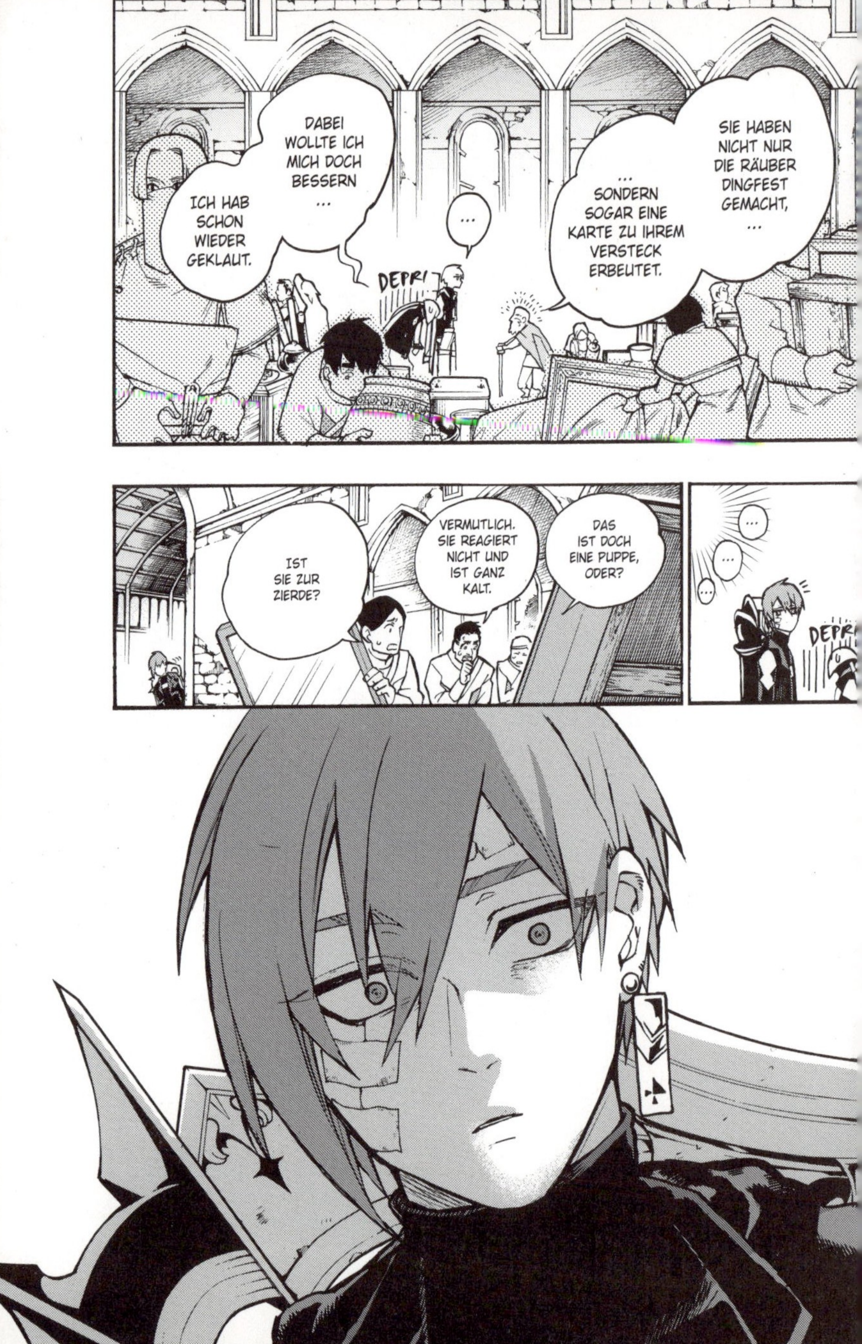
SIE HABEN NICHT NUR DIE RÄUBER DINGFEST GEMACHT, ...
... SONDERN SOGAR EINE KARTE ZU IHREM VERSTECK ERBEUTET.
...
DABEI WOLLTE ICH MICH DOCH BESSERN ...
ICH HAB SCHON WIEDER GEKLAUT.
DEPRI
...
...
...
DEPRI
DAS IST DOCH EINE PUPPE, ODER?
VERMUTLICH. SIE REAGIERT NICHT UND IST GANZ KALT.
IST SIE ZUR ZIERDE?

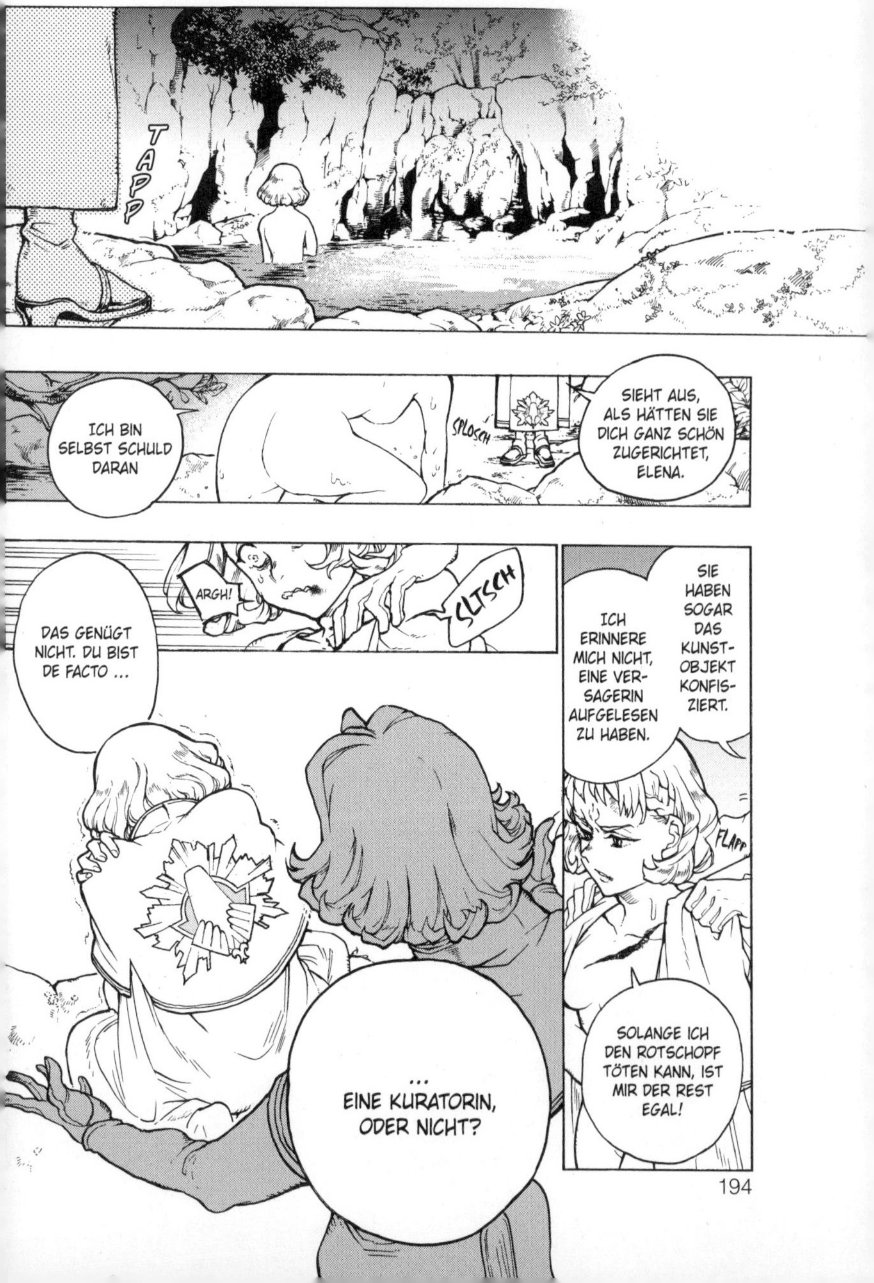

TAPP

SIEHT AUS, ALS HÄTTEN SIE DICH GANZ SCHÖN ZUGERICHTET, ELENA.

SPLOSCH

ICH BIN SELBST SCHULD DARAN

SLITSCH

ARGH!

DAS GENÜGT NICHT. DU BIST DE FACTO …

… EINE KURATORIN, ODER NICHT?

SIE HABEN SOGAR DAS KUNST-OBJEKT KONFIS-ZIERT.

ICH ERINNERE MICH NICHT, EINE VER-SAGERIN AUFGELESEN ZU HABEN.

FLAPP

SOLANGE ICH DEN ROTSCHOPF TÖTEN KANN, IST MIR DER REST EGAL!

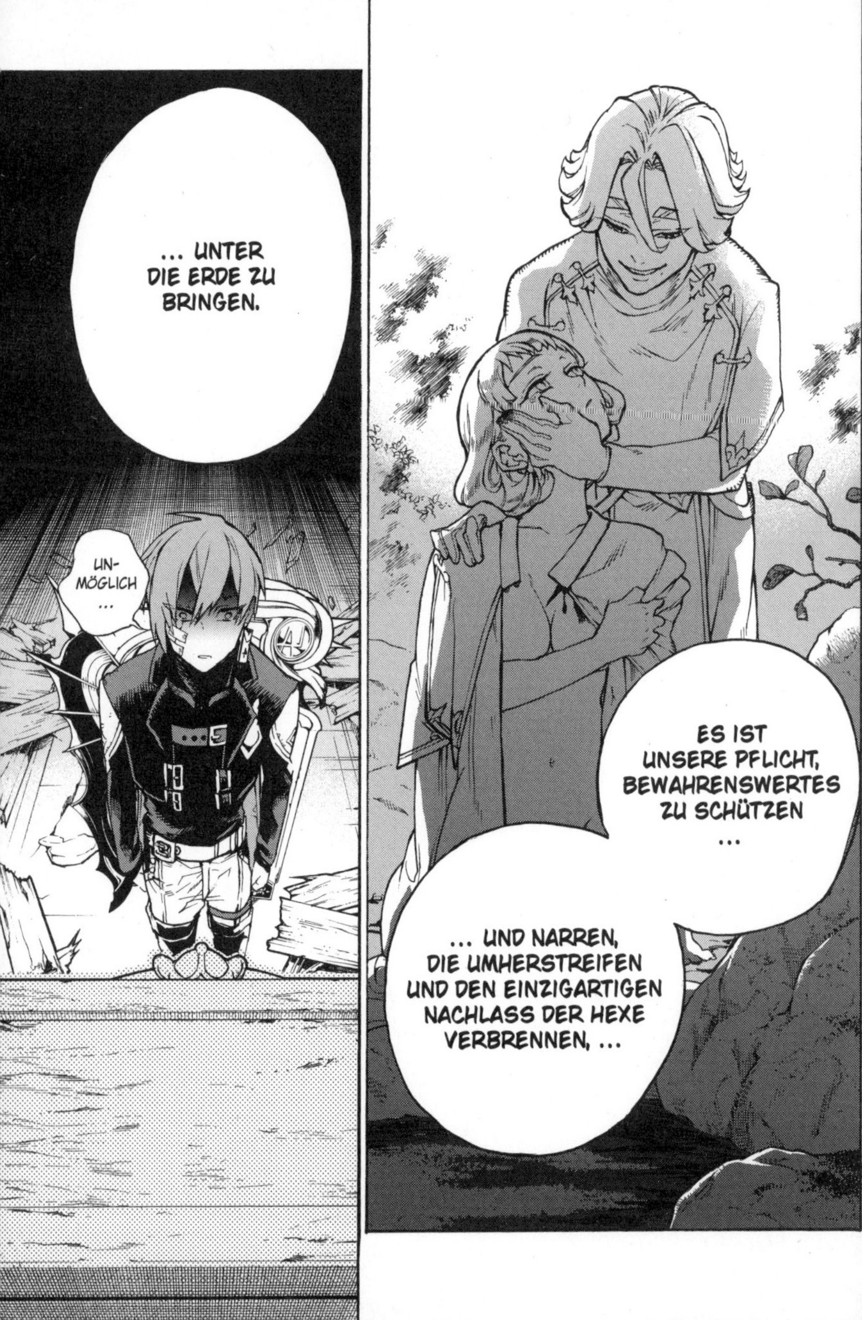
ES IST UNSERE PFLICHT, BEWAHRENSWERTES ZU SCHÜTZEN ...
... UND NARREN, DIE UMHERSTREIFEN UND DEN EINZIGARTIGEN NACHLASS DER HEXE VERBRENNEN, ...
... UNTER DIE ERDE ZU BRINGEN.
UN-MÖGLICH ...

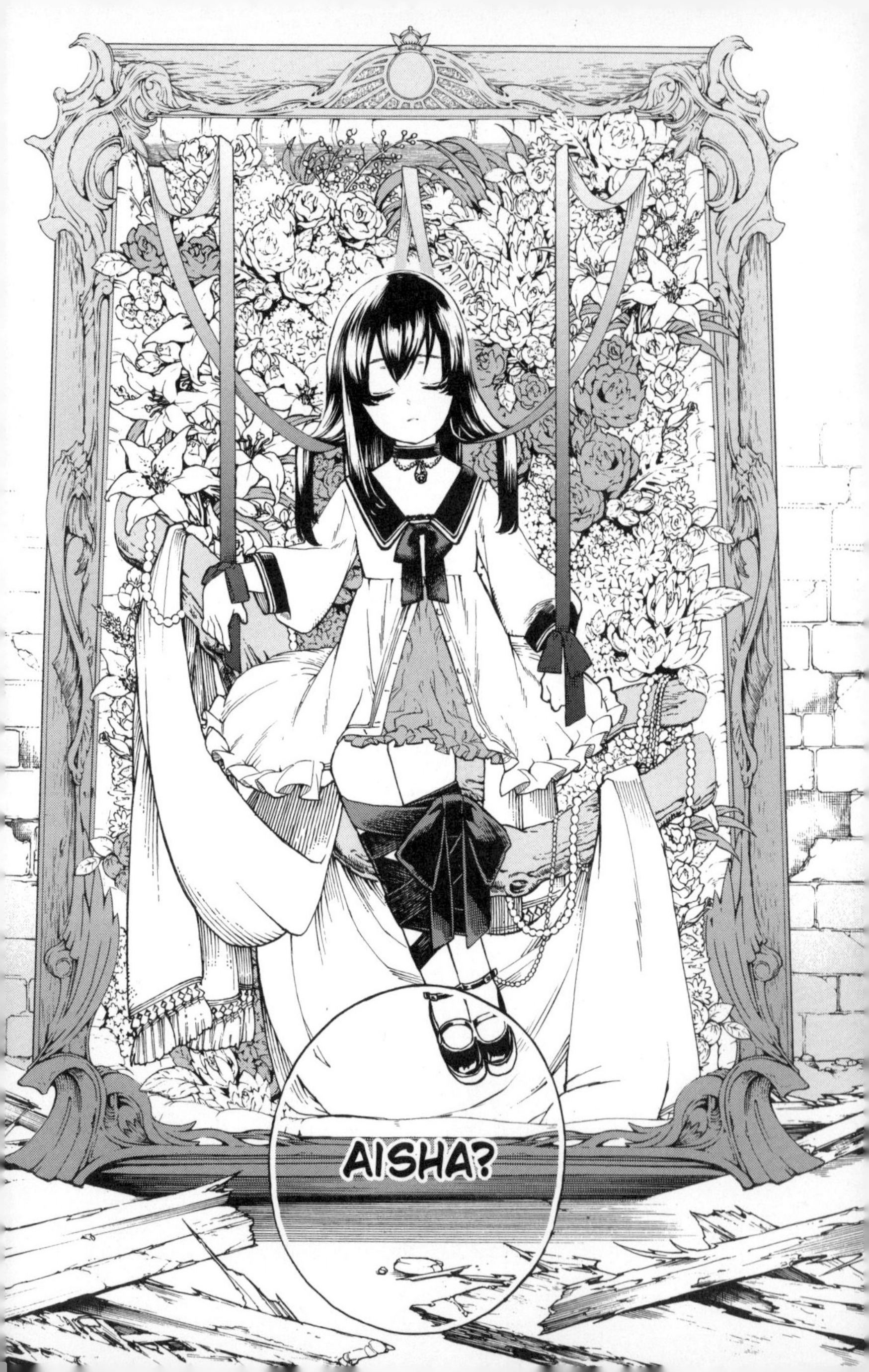
AISHA?

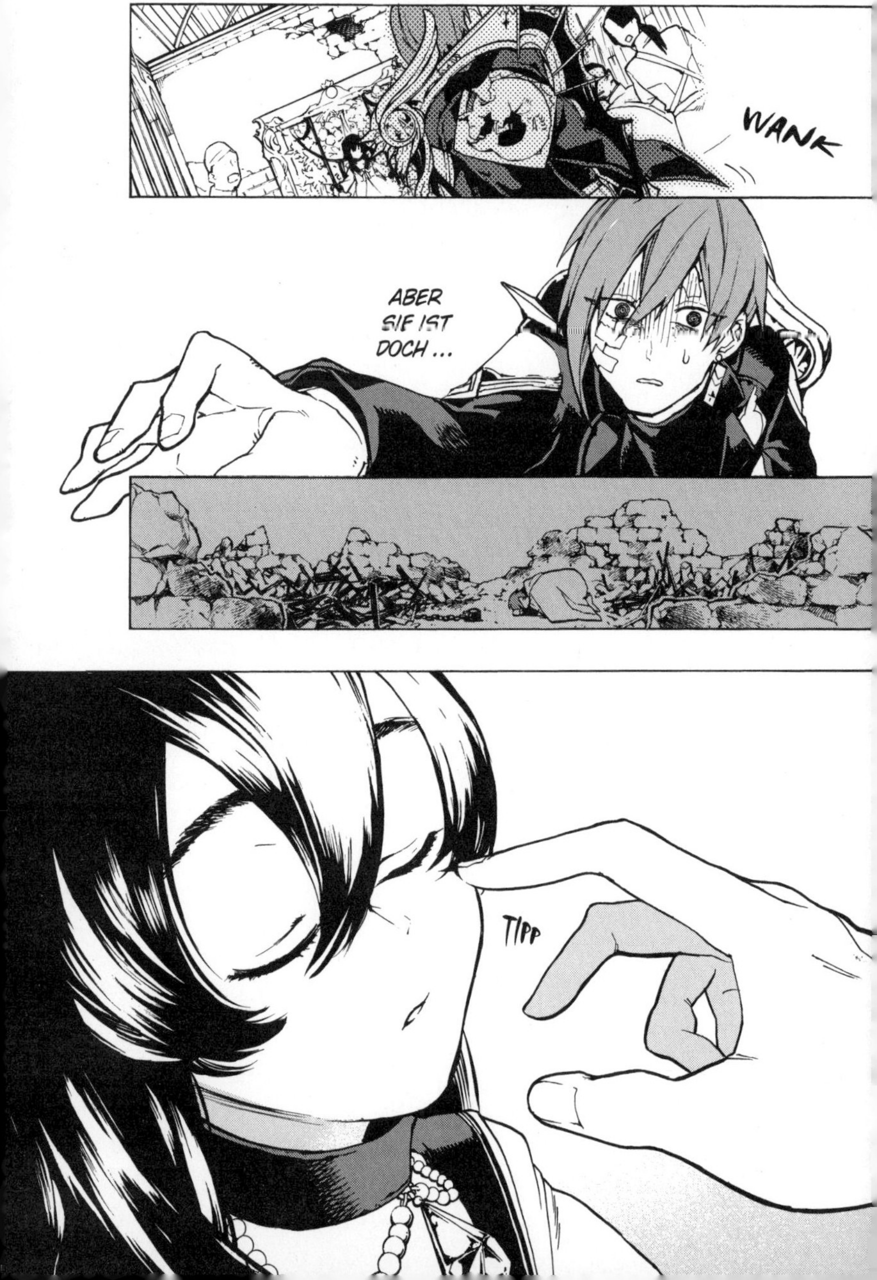

WANK

ABER SIE IST DOCH ...

TIPP

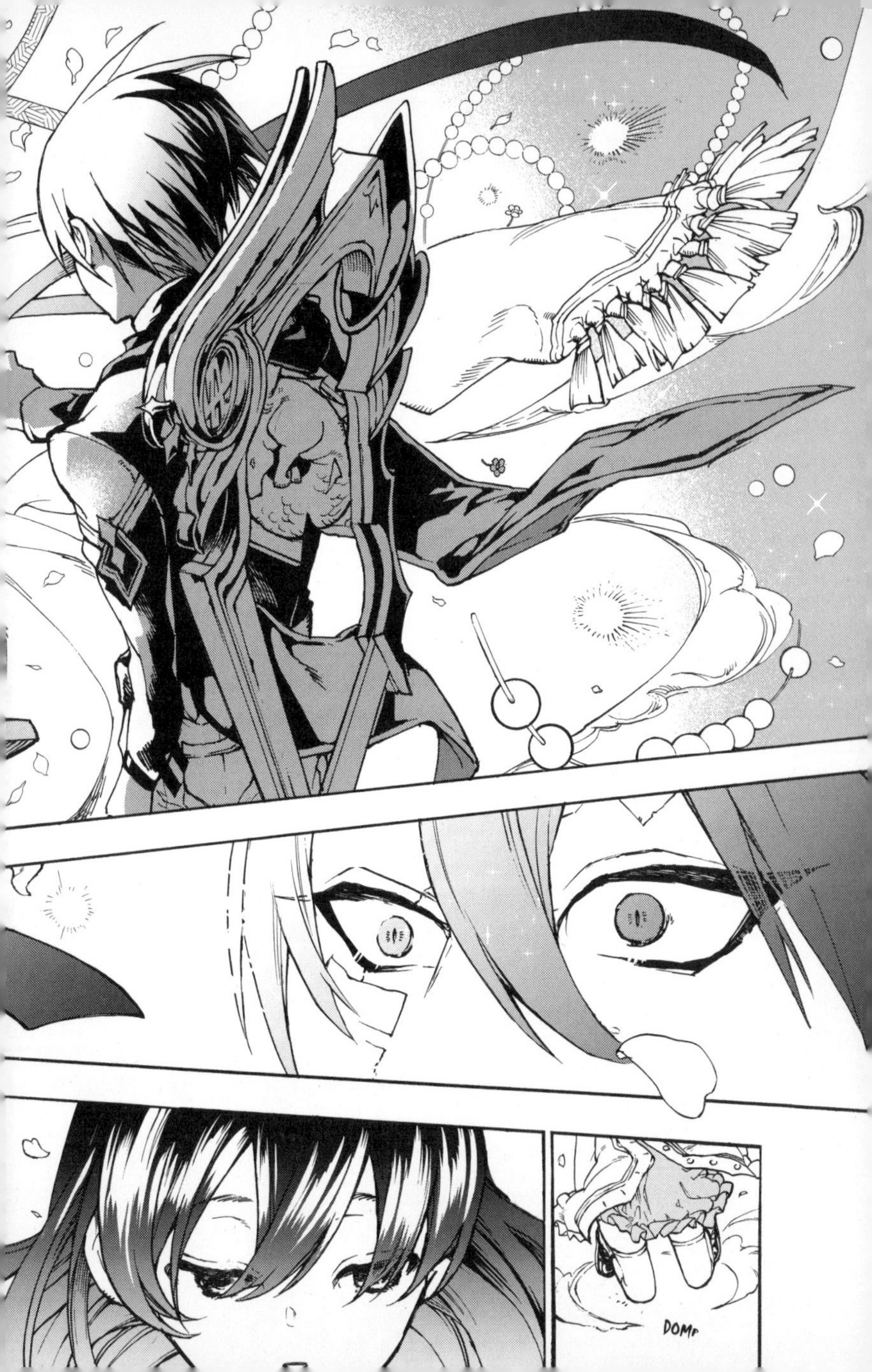
DOMP

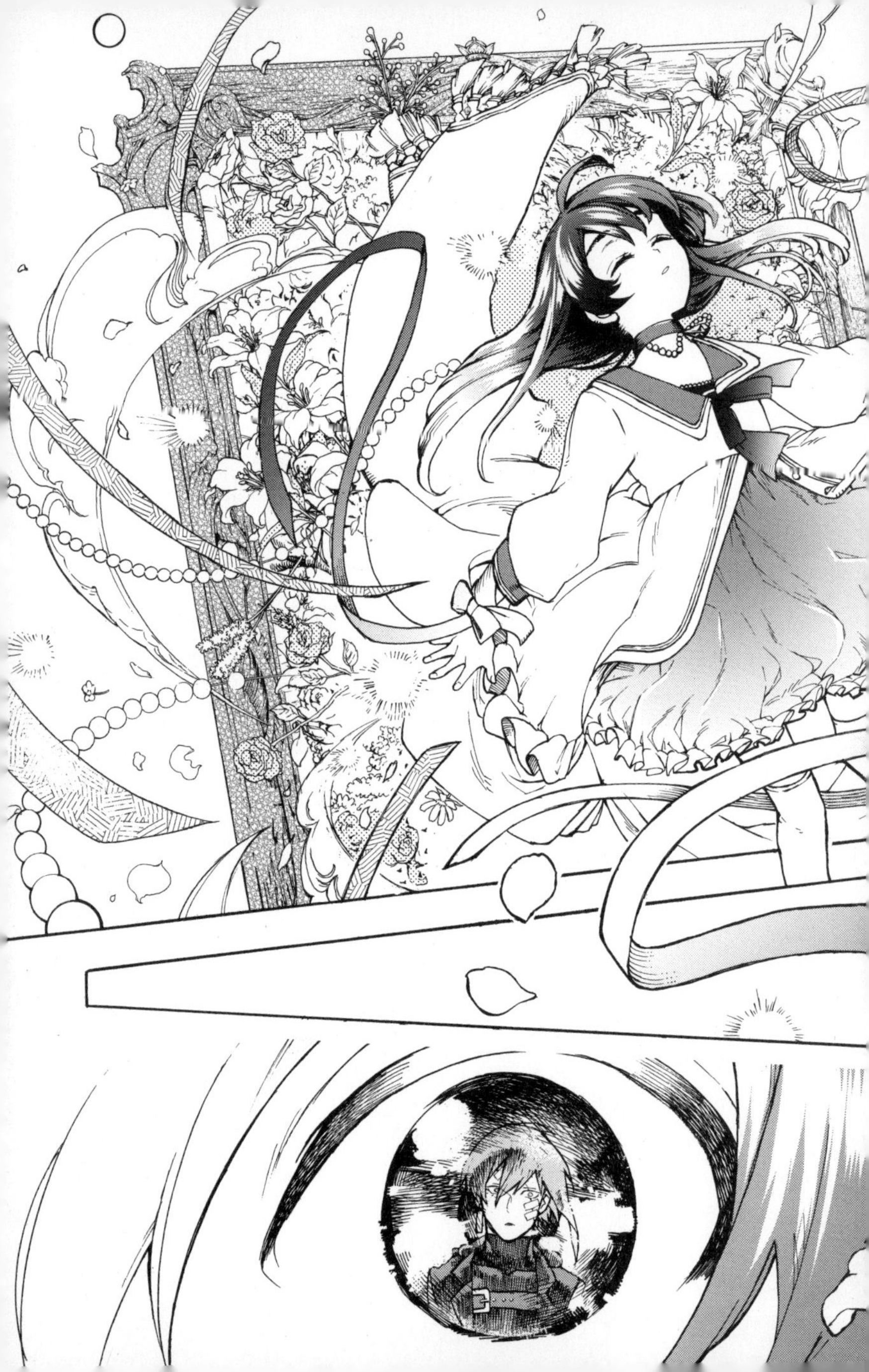

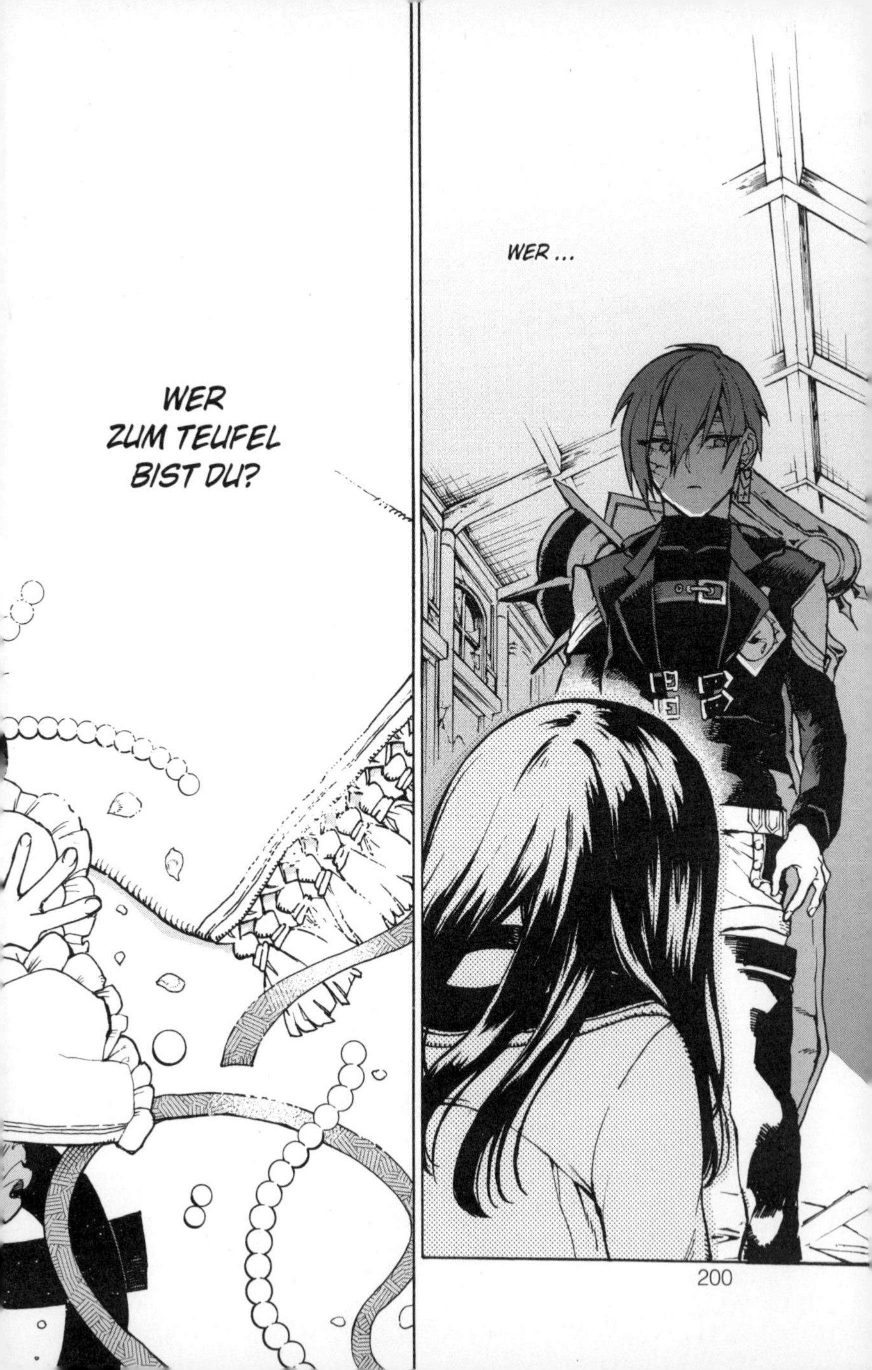
WER ...
WER ZUM TEUFEL BIST DU?

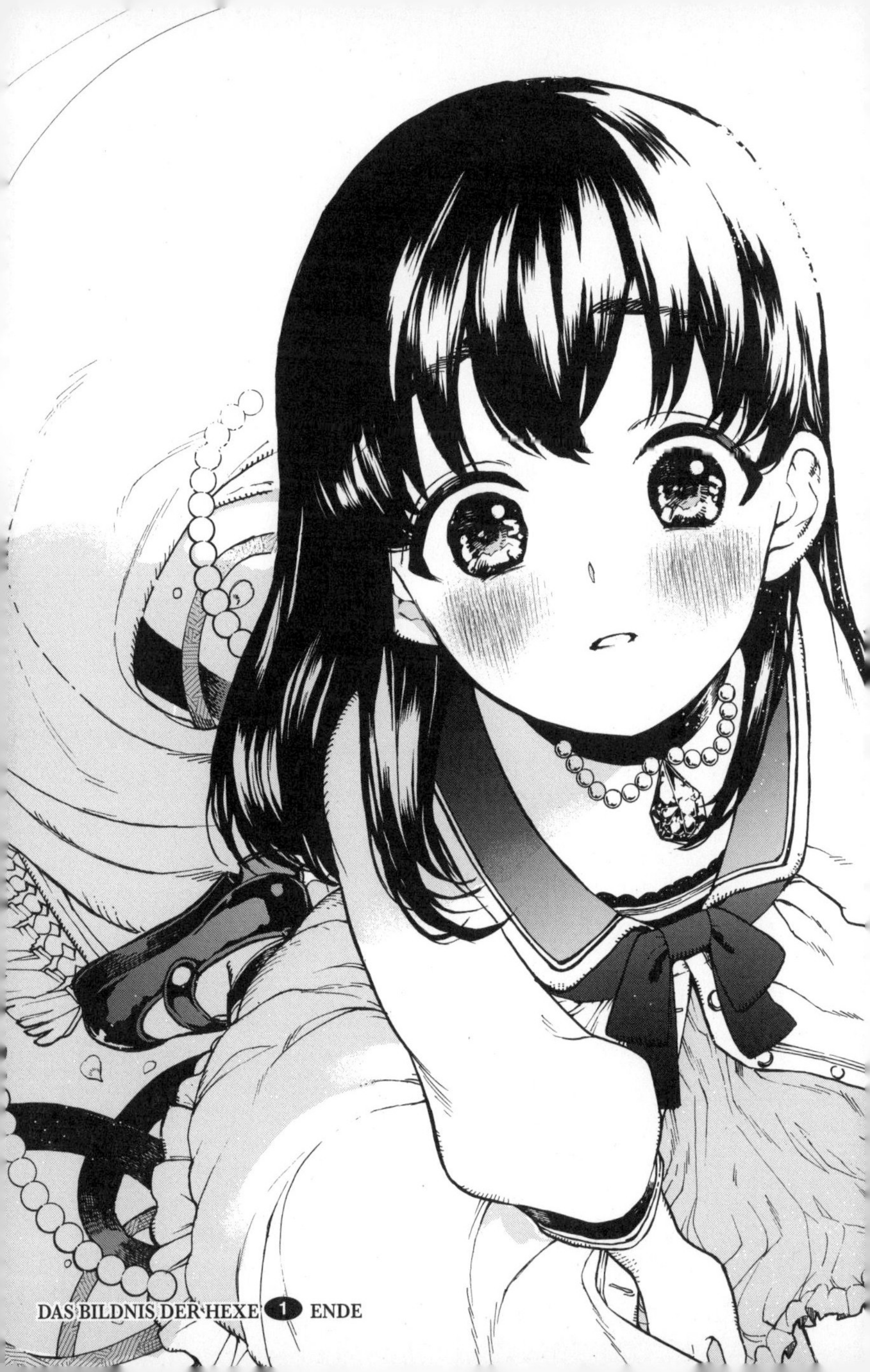
DAS BILDNIS DER HEXE 1 ENDE

Das Bildnis der Hexe

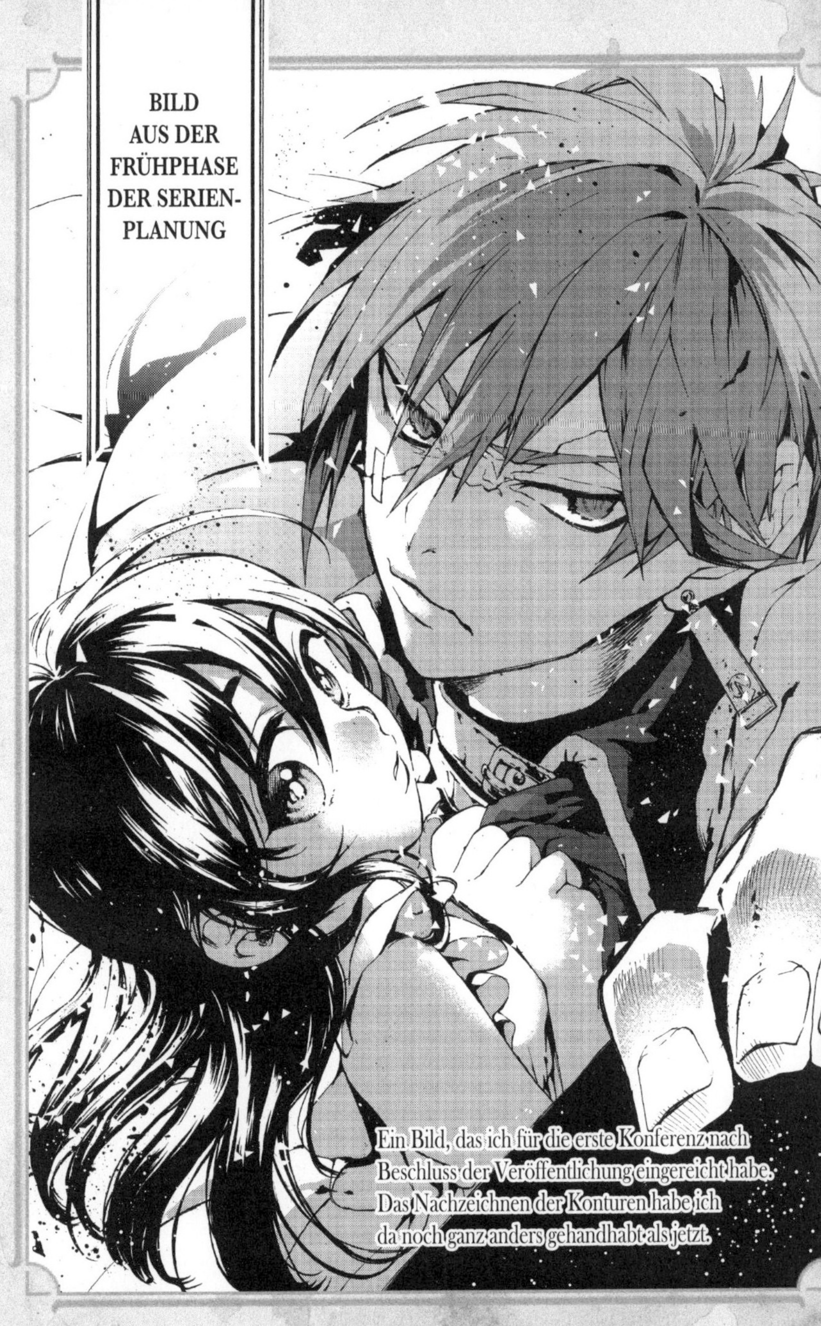
BILD
AUS DER
FRÜHPHASE
DER SERIEN-
PLANUNG
Ein Bild, das ich für die erste Konferenz nach
Beschluss der Veröffentlichung eingereicht habe.
Das Nachzeichnen der Konturen habe ich
da noch ganz anders gehandhabt als jetzt.

SKIZZEN

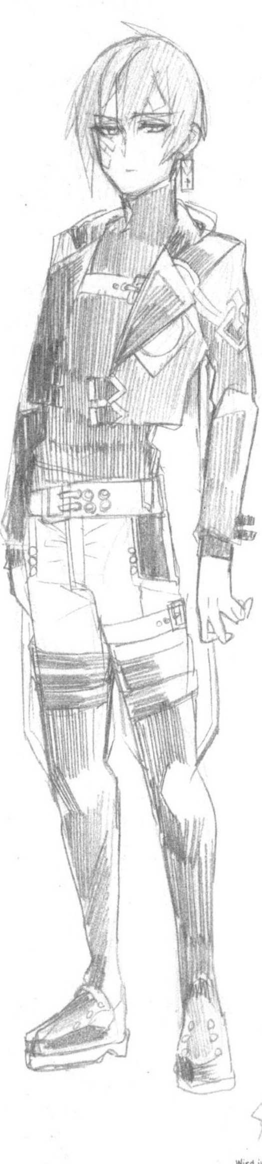

Der schweigsame
Blutbild-Junkie

Loki

★ Scheinbares Alter: 18 Jahre
(Tatsächliches Alter: 127 Jahre)

★ Haarfarbe: Rot
Augenfarbe: Gelbgrün

★ Größe: 188 cm

★ Obwohl ich ihn seit dem One-Shot zeichne, habe ich mich immer noch nicht an sein Gesicht gewöhnt. Ihn als Kind zu zeichnen, fällt mir dagegen bemerkenswert leicht und ich hoffe, dass ich mich bis zum Ende der Serie an ihn gewöhnt habe.

★ Er ist der Hexe Aisha treu ergeben und führt ihren Wunsch mit ganzer Kraft aus.
Dennoch, da seit seiner Fleischwerdung über hundert Jahre vergangen sind, sind seine Ansichten und sein Verhalten Menschen gegenüber ganz anders als zu Beginn. Er wird sich auch in Zukunft nach und nach verändern, also behaltet ihn im Auge!

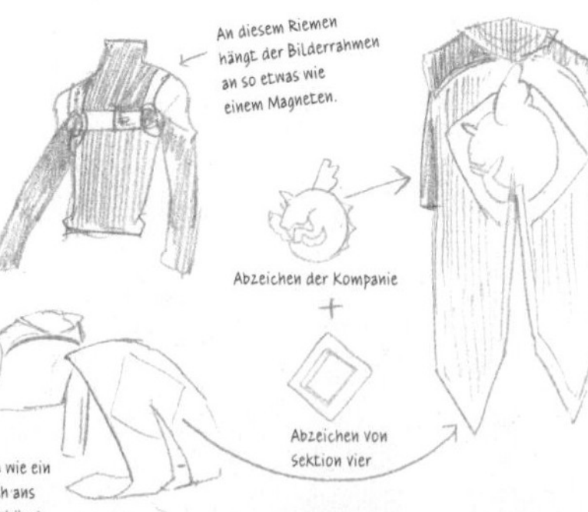

FRÜHE KONZEPT-ZEICHNUNGEN

Vor der Serie hatte ich „Das Bildnis der Hexe“ ja als One-Shot konzipiert. Diese Rohentwürfe verwendete ich bei der Korrespondenz mit dem Redakteur.

Nachdem ich ständig Absagen für eine Serie und nach langer Zeit endlich eine Anfrage für einen One-Shot bekommen hatte, war das die erste Skizze, die ich dem Redakteur zeigte. →

Ich erzählte dem Redakteur von meinem Konzept, dass der Protagonist die aus den Bildern herausspringenden Monster mit einem transformierbaren Bilderrahmen bekämpft. Nachdem ich grünes Licht bekommen hatte, stellte ich den One-Shot gefühlt mit irrsinniger Geschwindigkeit fertig. Nur die Gestaltung des Helden gelang nicht so ganz, daher hat sich aus einem Rebellen ohne Augenbrauen der gut aussehende Loki entwickelt.

Ein früher Loki, über den gesagt wurde: „Das ist nicht das Gesicht eines Helden!“ ↓

Von hier an hatte Loki rote Haare. Die Frisur des Serien-Lokis ist auf der linken Seite länger geworden. →

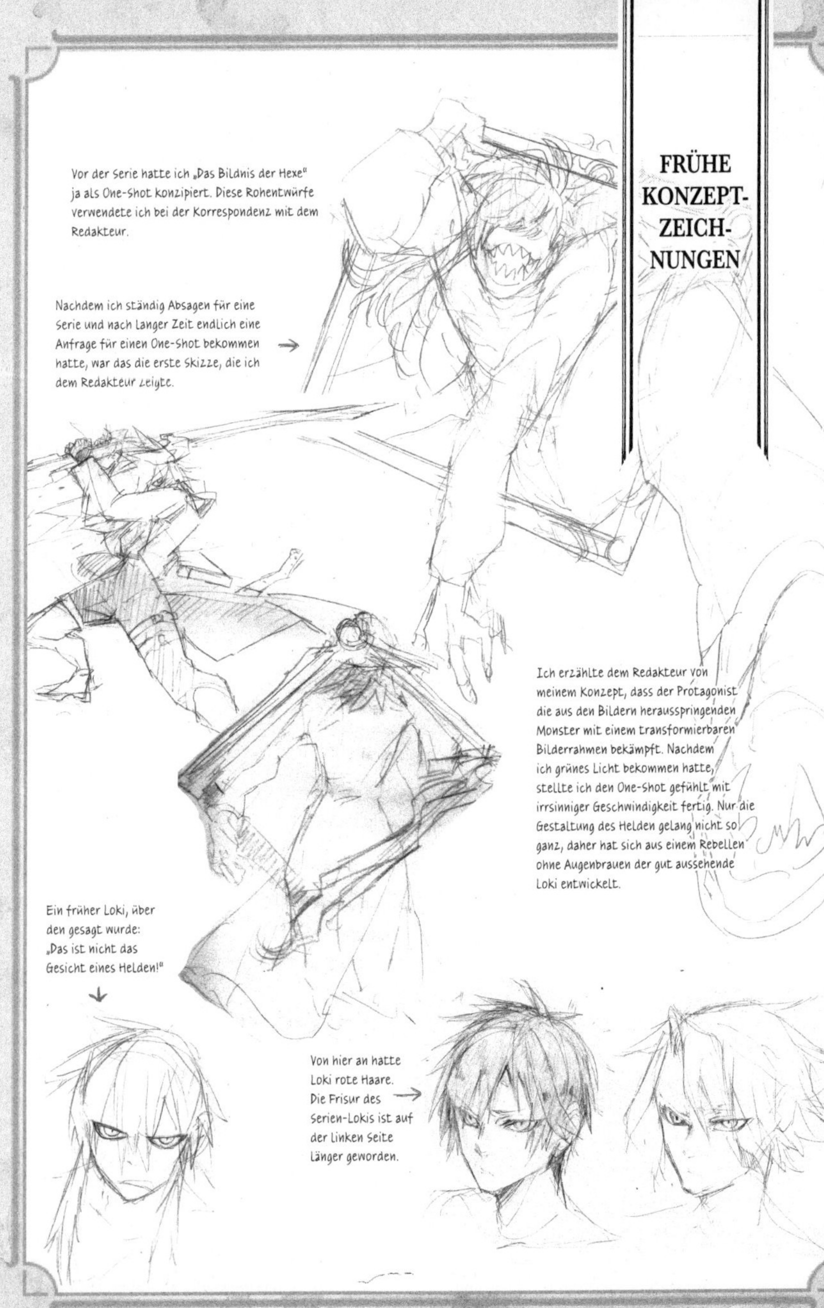

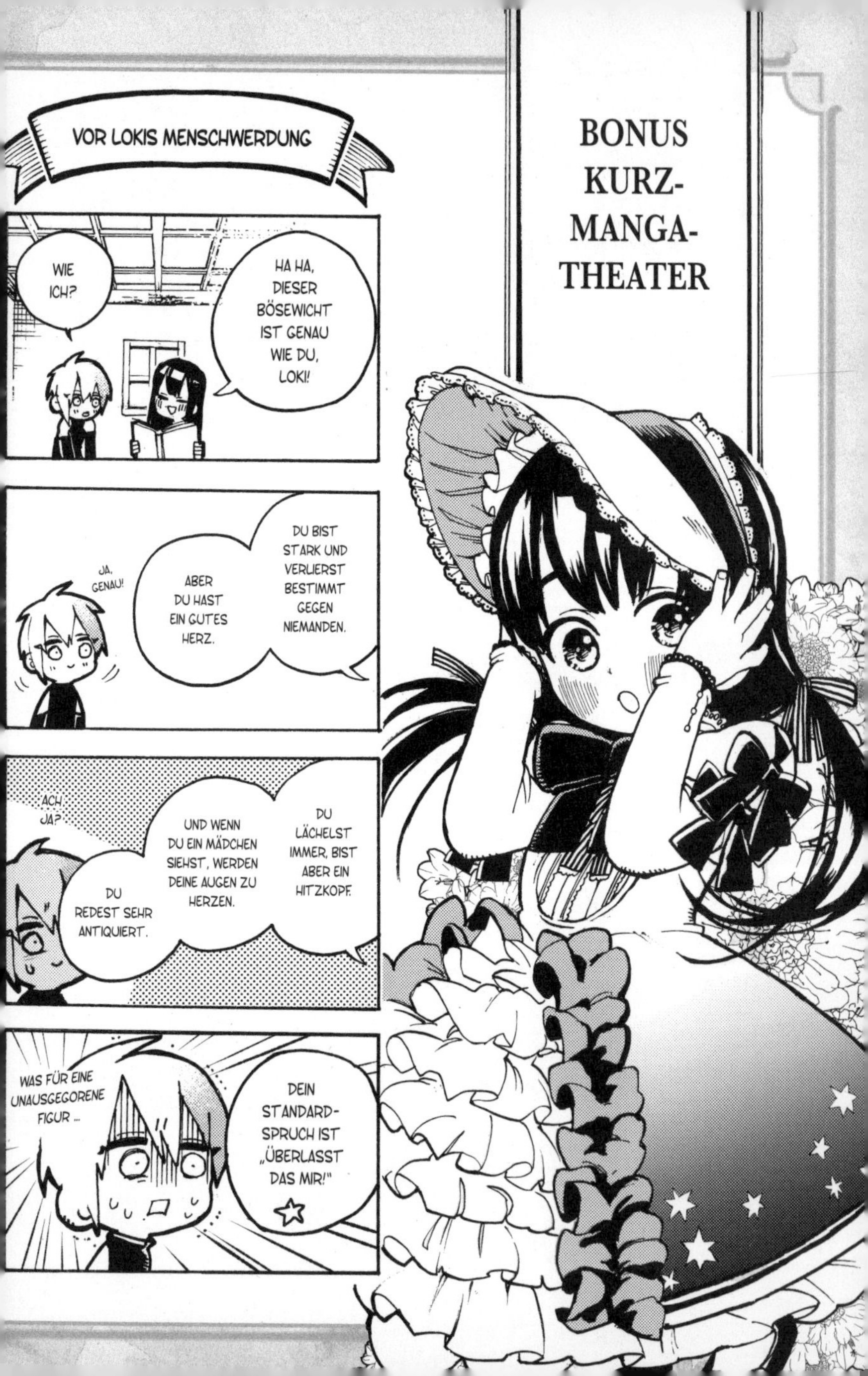
BONUS KURZ-MANGA-THEATER
VOR LOKIS MENSCHWERDUNG
HA HA, DIESER BÖSEWICHT IST GENAU WIE DU, LOKI!
WIE ICH?
DU BIST STARK UND VERLIERST BESTIMMT GEGEN NIEMANDEN.
ABER DU HAST EIN GUTES HERZ.
JA, GENAU!
DU LÄCHELST IMMER, BIST ABER EIN HITZKOPF.
UND WENN DU EIN MÄDCHEN SIEHST, WERDEN DEINE AUGEN ZU HERZEN.
DU REDEST SEHR ANTIQUIERT.
ACH, JA?
DEIN STANDARD-SPRUCH IST „ÜBERLASST DAS MIR!"
WAS FÜR EINE UNAUSGEGORENE FIGUR ...

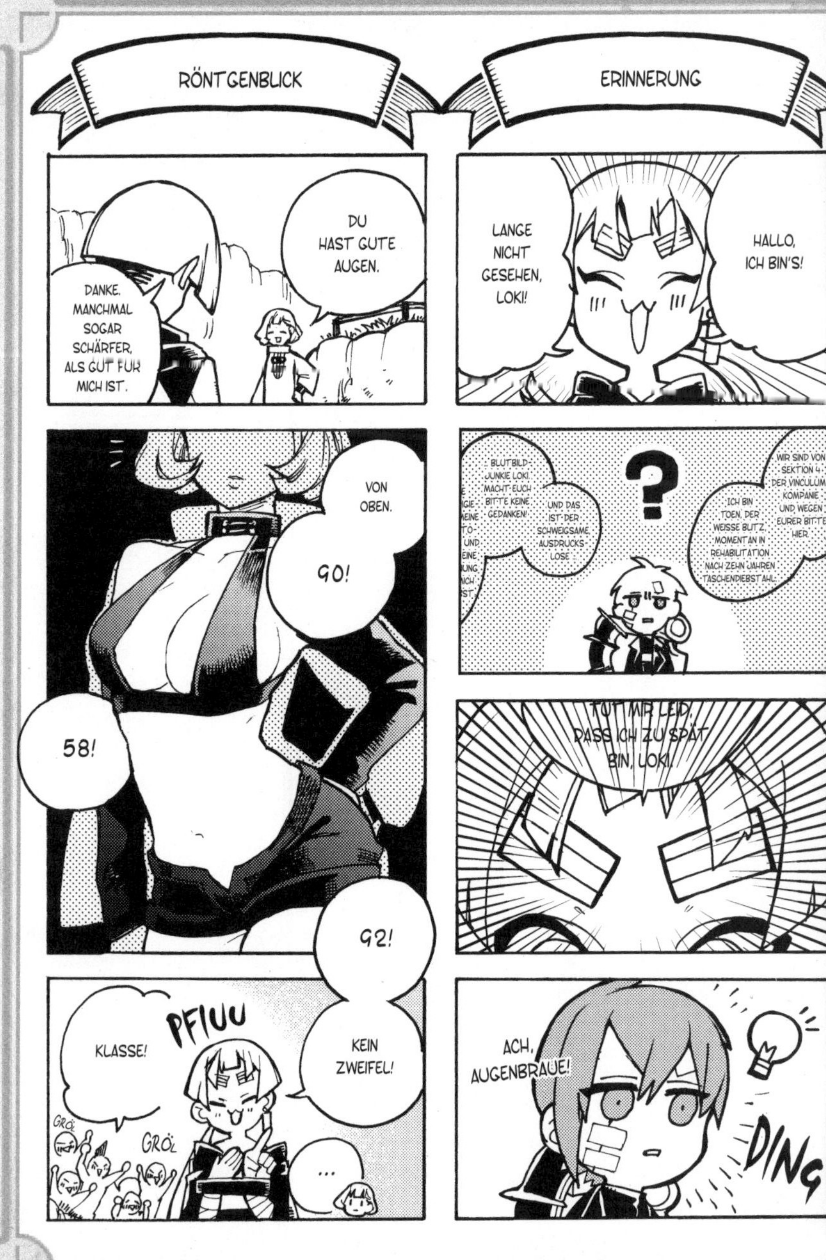
ERINNERUNG
HALLO, ICH BIN'S!
LANGE NICHT GESEHEN, LOKI!
WIR SIND VON SEKTION 4 DER VINCULUM KOMPANIE UND WEGEN EURER BITTE HIER.
ICH BIN TOEN, DER WEISSE BLITZ, MOMENTAN IN REHABILITATION NACH ZEHN JAHREN TASCHENDIEBSTAHL.
UND DAS IST DER SCHWEIGSAME, AUSDRUCKSLOSE ...
BLUTBILD-JUNKIE LOKI. MACHT EUCH BITTE KEINE GEDANKEN!
?
TUT MIR LEID, DASS ICH ZU SPÄT BIN, LOKI!
ACH, AUGENBRAUE!
DING
RÖNTGENBLICK
DU HAST GUTE AUGEN.
DANKE. MANCHMAL SOGAR SCHÄRFER, ALS GUT FÜR MICH IST.
VON OBEN.
90!
58!
92!
KEIN ZWEIFEL!
PFIUU
KLASSE!
GRÖL
GRÖL
...

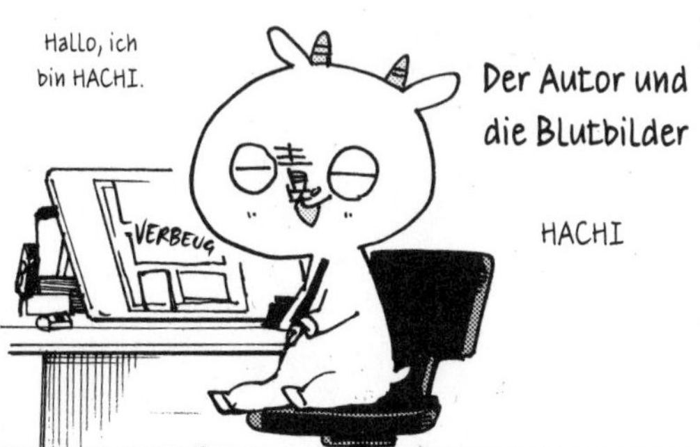
Der Autor und die Blutbilder
HACHI
Hallo, ich bin HACHI.
Vielen Dank, dass ihr „Das Bildnis der Hexe“ gekauft habt.
VERBEUG

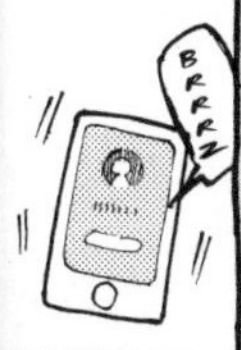
Eines Tages im Jahr 2017: Nachdem ich bei Wettbewerben immer wieder verloren hatte, bekam ich einen Anruf.
BRRRZ

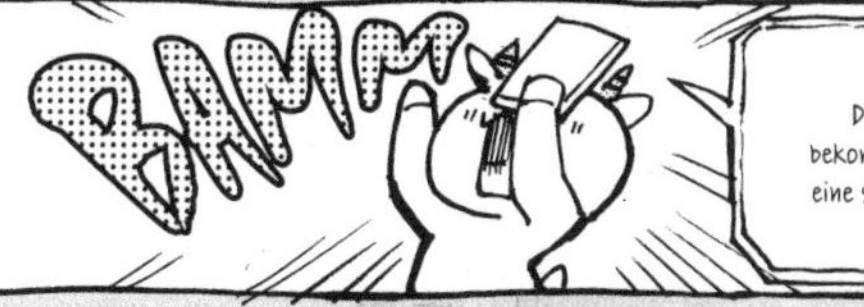
Du bekommst eine Serie!
Redakteur
BAMM
An die Freude erinnere ich mich auch jetzt noch genau.

Als ich auf Twitter davon berichtete, habe ich ...

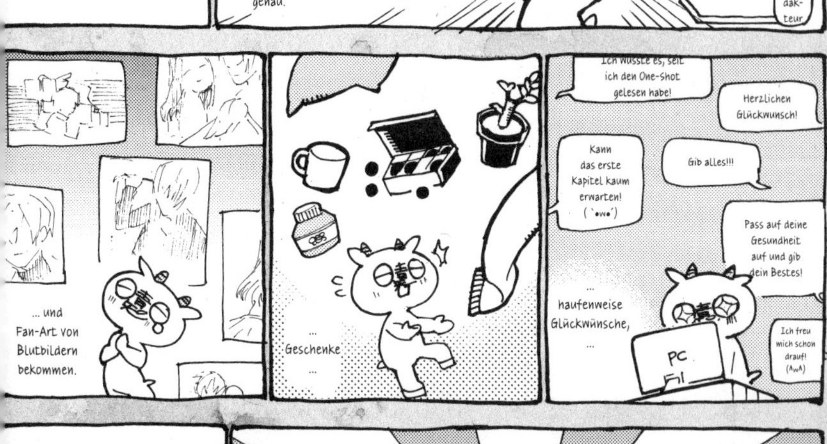
Ich wusste es, seit ich den One-Shot gelesen habe!
Herzlichen Glückwunsch!
Kann das erste Kapitel kaum erwarten!
Gib alles!!!
Pass auf deine Gesundheit auf und gib dein Bestes!
Ich freu mich schon drauf!
PC
... haufenweise Glückwünsche, ...
... Geschenke ...
... und Fan-Art von Blutbildern bekommen.

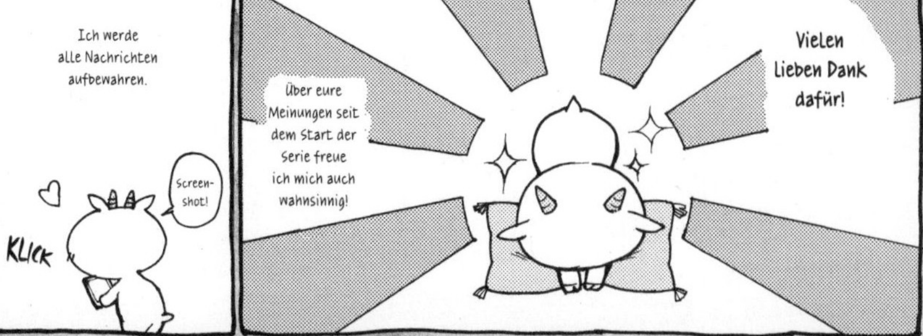
Vielen lieben Dank dafür!
Über eure Meinungen seit dem Start der Serie freue ich mich auch wahnsinnig!
Ich werde alle Nachrichten aufbewahren.
Screenshot!
KLICK

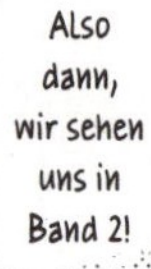

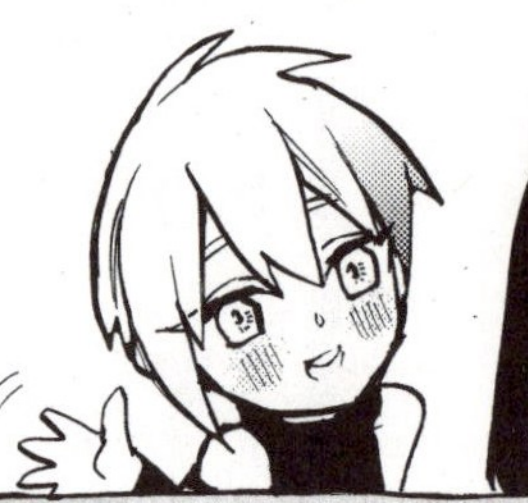
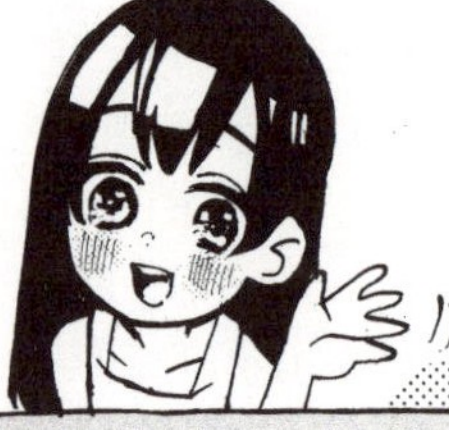

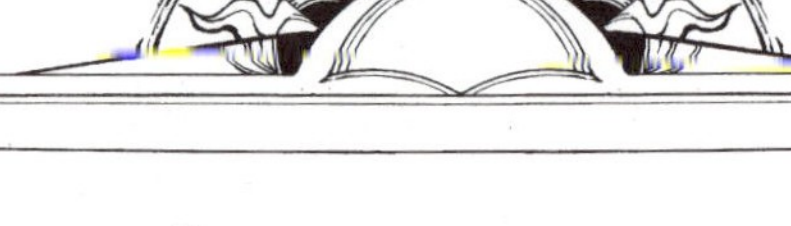

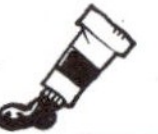

MITARBEITER

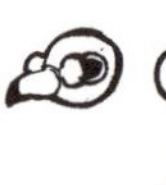
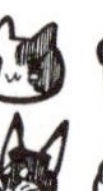
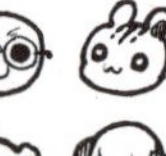
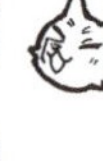
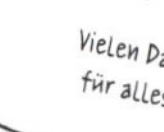

Akira Iwaya / Asaki / Akane Itomachi
Fu / Hiroshi Kawasaki
Yamato Fujie / Goto / Aya Umoto
(zufällige Anordnung)

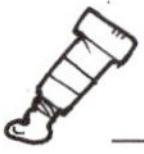

SPECIAL THANKS

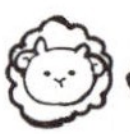

Akie Furuya
Varsan

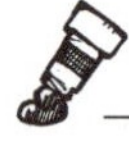

VERANTWORTLICHER REDAKTEUR

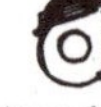

Takuya Ogawa

Das Bildnis der Hexe

MAJO NO KAIGASHUU

First published in Japan in 2017 by SHUEISHA Inc., Tokyo.
German translation rights in Germany, Austria, German-speaking Switzerland and Luxembourg arranged by SHUEISHA Inc.

Verlegt unter dem Label KAZÉ MANGA
durch VIZ Media Switzerland SA

Aus dem Japanischen von Markus Lange

Redaktion: Christopher Micksch
Herstellung: Sonja Lesch
Lettering: Studio Charon
Druck und Bindung: GGP Media GmbH, Pößneck

ISBN: 978-2-88921-363-4